MBA教育三十周年成果荟萃
校友企业篇

创新发展三十年

中国MBA教育的力量

全国工商管理专业学位研究生教育指导委员会 ◎编

机械工业出版社
CHINA MACHINE PRESS

本书精选28篇MBA校友企业案例，旨在从企业实践角度还原并展现MBA校友助推社会进步的风采，梳理并总结我国MBA教育服务经济发展的成果。案例中的企业分布地域广、涉及行业多，案例内容生动翔实，谱写出一条条企业的创新成长之路，描绘出一幅幅校友砥砺奋斗的画卷，展现出企业家精神与MBA教育的融汇及传承。

本书适合广大MBA校友和学员阅读，也适合有志于成为MBA学员和企业管理者的人士参考学习。

图书在版编目（CIP）数据

创新发展三十年：中国 MBA 教育的力量 / 全国工商管理专业学位研究生教育指导委员会编. —北京：机械工业出版社，2023.10
ISBN 978-7-111-73903-6

Ⅰ. ①创… Ⅱ. ①全… Ⅲ. ①工商行政管理 - 研究生教育 - 研究 - 中国 Ⅳ. ① F203.9-4

中国国家版本馆 CIP 数据核字（2023）第 184508 号

机械工业出版社（北京市百万庄大街22号　邮政编码100037）
策划编辑：吴亚军　　　　　　责任编辑：吴亚军
责任校对：韩佳欣　李　婷　　责任印制：张　博
保定市中画美凯印刷有限公司印刷
2023年12月第1版第1次印刷
185mm×260mm・20.75印张・1插页・526千字
标准书号：ISBN 978-7-111-73903-6
定价：99.00元

电话服务　　　　　　　　　网络服务
客服电话：010-88361066　　机　工　官　网：www.cmpbook.com
　　　　　010-88379833　　机　工　官　博：weibo.com/cmp1952
　　　　　010-68326294　　金　书　网：www.golden-book.com
封底无防伪标均为盗版　机工教育服务网：www.cmpedu.com

序

2021年是我国MBA教育办学三十周年的重要里程碑。为此，《创新发展三十年：中国MBA教育的力量》编纂成书。本书中所精选的校友企业案例，经由MBA培养院校的各位校友和老师共同挑选、编写，由全国工商管理专业学位研究生教育指导委员会各位委员和秘书处各位同事审编成册，其中凝聚了多方努力和各界关注，是我国MBA教育办学成果的缩影，也是我国MBA教育助推经济社会发展的见证。

三十载勤耕，波澜壮阔。MBA作为我国第一个专业学位，是我国专业学位教育的一个标杆。从1989年国家教育委员会组织成立专家组对在我国设立MBA学位和试办MBA教育的可行性进行研究论证，到1991年中国人民大学、清华大学等第一批9所院校招收94名MBA学员、开始试办MBA教育，至2021年底，全国共有MBA培养院校270多所，MBA（含EMBA）年招生规模达4万余人。三十年历程，MBA教育在规模和质量上蓬勃发展，同时也取得了令人瞩目的成就。我们的前辈——几代中国MBA教育家发挥了极强的首创精神，凝心聚力，自信自强，为中国MBA事业披荆斩棘、保驾护航。第一个专业学位，第一次成立指导委员会，第一次开展质量评估，第一次进行考试改革，第一次开展EMBA教育，第一次按类别授予学位，第一次开展高质量认证等开创性成绩的取得，充分说明MBA教育有力地推动并引领了我国专业学位研究生教育的改革与发展。

三十载光阴，育人初心。三十年间，我国MBA教育在提高我国工商管理学科、专业学位教育发展水平的同时，其最根本的任务也是最关键的成果，是为我国经济社会的发展和进步培育了一大批高层次的专业人才。截至2021年12月，我国MBA（含EMBA）学位授予总人数已突破60万，MBA教育已经成为我国培养高层次应用型人才的重要渠道。广大校友们扎根各行各业，如繁星闪耀。无论处于什么行业、什么企业，或是企业的什么阶段、什么部门，校友们都认真务实、知行合一、攻坚克难、开拓创新，有效地为企业发展注力量，为行业前行赋新能，对我国社会经济的稳步发展起到了非常重要的作用。

出版本书，旨在从企业实践角度还原并展现MBA校友助推社会进步的风采，梳理并总结我国MBA教育服务经济发展的成果。本书中所精选的案例广泛涵盖不同地域、行业、选题，谱写出一条条企业的创新成长之路，描绘出一幅幅校友砥砺奋斗的画卷，展现出企业家精神与MBA教育的融汇及传承，是一部校友管理实践的"实录"、一张本土企业管理的"剪影"、一则MBA教育领域"中国故事"的初篇。

最后，谨代表全国工商管理专业学位研究生教育指导委员会对参与本书案例编写的各位老师、校友，对一直致力于我国MBA教育事业的各位前辈和院校同人，对一向关心和支持我国MBA教育发展的各界人士致以由衷的感谢！

中国MBA教育在过去的三十年间茁壮成长，未来的三十年，更值得我们共同期待和创造！

编者
2023年4月

| 目　录 |

序

凤凰涅槃：重钢的混改重生之路　/ 1
◎徐细雄　耿萌

降本增效：JT公司生产设备维修管理变革　/ 17
◎王萍　张学明

砥砺奋进二十载，栉风沐雨铸辉煌：新开普的"新蓝海"之路　/ 25
◎李祺　于照永

坚守还是蜕变：邮储银行"自营＋代理"运营模式路在何方　/ 33
◎郭捷　樊非　马超　吕佐付　李舒轩

益路援昌：电商品牌官鹅雅兰经营的"天大"故事　/ 41
◎马向阳　王硕　李艺　等

守一份初心，尽一份责任：仅一履行企业社会责任的管理理念和管理实践　/ 50
◎张喆　苏田　谷里虹　吴立平

管理会计信息系统变革中财务人员的阻力与管理者应对：鲁花集团的案例分析　/ 60
◎李鹤尊　孙瑞琦　卢大亮

"打卡品牌"茶颜悦色该不该走出长沙　/ 73
◎刘洪深　朱晋　黄梦婷

戈壁滩，破壳而出：晓鸣股份的成长之路　/ 79
◎王仲梅　张淑萍　康凌翔　等

创新型企业的机会识别及资源整合：中港电力成长之路　/ 88
◎周申蓓　许娟娟

以债务重组之刃，破中国铁物困局　/ 101
◎孙彩虹　陈蜜　赵熙　伍茗名

从追赶到超越：骆驼集团的持续创新之路　/ 114
◎张爱武　刘婷

爱人如己，卓尔不凡：爱尔眼科，传承湖湘精神的行业领导者　/ 126
◎万炜　朱国玮　彭璐珞　曾薇　彭璐　陈邵莎

江财双硕士校友及其上市公司恒大高新的成长之路　/ 141
◎胡海波　吴群

达拉的青春：贫困山区脱贫攻坚路上的创业者　/ 150
◎吕宛青　陈伟　宋乐　邓伟升　兰洪超

鑫垚餐饮：互联网时代创业的逆行者　/ 159
◎孟令熙　周云　李榕霞

千亿企业，百年温氏：温志芬的"后MBA时代"　/ 167
◎陈明　李飞娜　莫英罗娜

唯精唯一：龙华薄膜的技术创新之路　/ 178
◎张霜　李海红　张华　胡树林

"郭牌西瓜"助力乡村振兴之路　/ 194
◎李忠华　王新军　由守昌　张立涛

口述创业史：为何是王宁，为何是泡泡玛特　/ 205
◎张一弛　王小龙

创新创业的高地，城市更新的范例：上海长阳创谷改革发展简析　/ 221
◎徐勤　奚荣庆　苏涛永　许涛　施骞　谢恩

东风股份的业务战略转型　/ 234
◎文豪　余岳峰　王艳明

窝趣：前路向何方　/ 251
◎朱沆　杨稷　温舒婷

励精更始,开放融合:朝阳集团管理变革之路　　/ 262
◎蒋晓荣　秦婧怡

"开心"就是生产力:开心麻花基于价值共创的成长之道　　/ 273
◎王学秀　陈琰

以精专树立品牌,携真诚服务于民:南京容平药房的"精诚"发展之路　　/ 290
◎丁晟春　叶子　蔡律　包舟

管理的力量:华西医院应急韧性锤炼　　/ 300
◎吴鹏　吴昊　金茂竹　李珊　郑蕾

东方电机:领导力铸就"硬核"实力　　/ 313
◎万军　马嘉　白冰峰

凤凰涅槃：
重钢的混改重生之路

◎ 徐细雄　耿萌①

2020年6月30日，中国宝武与重庆钢铁管理对接大会在重庆钢铁会议中心举行。时任中国宝武党委书记、董事长陈德荣在会上提出，重庆钢铁股份有限公司（简称重钢或重钢股份）要加快创新发展，成为中国宝武旗下企业的标杆，为中国宝武成为全球钢铁业引领者发挥领头作用。如今，在中国宝武"一基五元""弯弓搭箭"战略布局的引领下，新重钢正以蓬勃英姿，朝着打造千万吨级钢铁企业、打造"美丽重钢，山水重钢"、成为中国西南地区钢铁业引领者、实现高质量发展目标坚定前行。

谁能想到，短短几年前，重钢还深陷持续亏损、面临破产重整的泥潭。2017年之前的几年，公司的流动比率和现金比率都呈现逐年下降的趋势，这意味着重钢的变现能力越来越差。同时公司的资产负债率越来越高，自2007年起就超过了50%并呈现逐年上升的趋势。到2016年底，重钢已经到了资不抵债的地步，面临退市和破产危机。

从濒临破产到焕发生机，重钢历经劫难，终于雨后见彩虹。重钢几年来的嬗变与重生都源于一场轰轰烈烈的破产重整和混改之路。

一、重钢的辉煌与困境

重钢的前身为晚清湖广总督张之洞于1890年创办的汉阳铁厂，被誉为"华夏钢源"和"中国民族钢铁工业的摇篮"。抗战时期，重钢西迁重庆，为抗战胜利发挥了关键作用，成为我国重要的军工钢、品种钢研制以及生产基地之一。重钢1997年在香港联合交易所上市（股票代码：H01053），2007年在上海证券交易所（简称上交所）发行A股股票（股票代码：

---

① 作者简介：徐细雄，1978年生，男，重庆大学经济与工商管理学院教授，博士生导师，企业管理系主任；耿萌，1998年生，女，重庆大学经济与工商管理学院硕士研究生。

A601005）。重庆钢铁集团（简称重钢集团）持有重钢47%的股份，保持着重钢的控股股东地位，实际控制人为重庆市国有资产监督管理委员会（简称重庆市国资委）。

该公司主营业务包括生产、加工和销售板材、型材等各种钢材，产品应用于机械、建筑、工程、汽车、造船等行业，具备年产钢840万吨的生产能力。2006年，重钢实施环保搬迁改造工程，从位于重庆市主城区的大渡口区转移至主城区东北方向的长寿区。此次环保搬迁于2013年完成。

由于外部环境不利以及经营不善，重钢自2011年起连续多年处于亏损状态。2017年4月，重钢被上交所实行退市风险警示，股票简称由"重庆钢铁"变更为"*ST重钢"[①]。

倘若重钢在2017年底之前无法实现盈利，那么将会面临退市警告及风险。此时，重钢只剩下两条路可走，一是破产清算，二是破产重整。

从重钢成立以来的混改进程看，重钢于成立同年（1997年）选择在我国香港地区上市，2007年在上交所上市，尽管通过上市募集了更多资金，引入了公众投资者，但重钢集团仍然持有重钢47%的股份，保持着重钢的控股股东地位。[②] 重钢在成立初期及快速成长期采用上市的混改方式，目的是拓宽资金募集渠道，并不涉及战略投资者的引入和公司治理层面的变动。2017年，重钢经资产重组引入了重要战略投资者：四源合（上海）钢铁产业股权投资基金中心（有限合伙）（以下简称四源合基金）。2018年，重钢开始推行员工持股计划。2020年，四源合基金退出，重钢的实际控制人变更。

重钢股份的发展历程如图1-1所示。

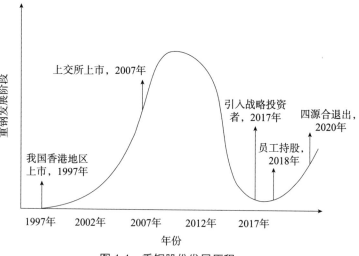

图1-1 重钢股份发展历程

二、重钢混改的来龙去脉

（一）深陷经营和债务困境

随着我国经济逐步向高质量发展转变，产能过剩已然成为制约制造类企业发展的结构性问题。我国钢铁行业整体存在供给多、布局不合理、结构性错配这三个典型问题，其主要原因是行业集中度过低。钢铁行业本身是典型的周期性行业，供需不平衡使得钢材价格自2010年起

[①] 张栋，谢志华，王靖雯. 中国僵尸企业及其认定：基于钢铁业上市公司的探索性研究[J]. 中国工业经济，2016（11）：90-107.

[②] 冯飞，张永生，张定胜. 企业绩效与产权制度：对重庆钢铁集团的案例研究[J]. 管理世界，2006（4）：130-139.

呈现下滑趋势，企业利润不断被挤压，整个钢铁行业都进入了"寒冬期"。

除了外部环境恶化，重钢自身也存在诸多方面的短板。第一是战略定位问题。公司对市场的敏感程度不够，对市场需求信息了解不充分，产业布局分散，导致产品结构与目标市场需求失衡。在重庆乃至整个西南地区较为发达的是汽车产业、建筑钢材以及笔记本电脑产业等。然而，重钢并未把目光和经营重心放在为本地区优势产业提供原材料上，反而选择生产船舶用钢。这与重庆地处西南内陆的区位特征完全不符。没有沿海地区的便利交通，重庆生产的船舶用钢成本要比沿海地区生产的高出30%，这使得重钢的产品完全缺乏价格优势。重钢的产品工艺简单、附加值较低，没有形成独特的竞争力。第二是公司治理问题。管理者没有较强的动机提高公司治理水平，导致重钢组织架构冗余，运作效率低。

在内外部环境逐渐恶化的情况下，重钢连续多年经营亏损。自2006年启动环保搬迁工作起，越来越多的问题开始出现。原本可能成为新发展机遇的环保搬迁，却成了重钢经营恶化的导火线。此次环保搬迁初始预算为150亿元，然而由于规划和实施不到位，重钢新址建设投入历经多次调整，预算（150亿元）与实际支出（367亿元）相差巨大，重钢的巨额债务也由此显露苗头。

从重钢的偿债能力可以看出，公司资产负债率在2007年就已超过了50%，截至2016年底呈现逐年上升趋势。[一] 重钢的债台越筑越高，雪球越滚越大，截至2016年底，公司总资产为364.4亿元，而负债高达365.5亿元，资产负债率已超过100%，账面净资产已然为负，到了资不抵债的地步。

当企业经营状况良好时，企业可以通过财务杠杆获取更多利益；但是当企业经营管理不善时，其自身资金实力无法满足偿债要求，会进一步加剧财务状况的恶化。与此同时，重钢的现金流趋近枯竭。越来越高的债务风险以及越来越差的经营业绩，都成了压垮重钢的重要因素。重钢的领导只能四处借钱填补亏损；工人们则人心惶惶，对公司丧失信心，看不到公司的未来。于是，重钢骨干出走、工厂停摆、生产停滞……

2017年4月，在重钢资不抵债之际，债权人来去源公司向法院发起对重钢的破产重整申请，标志着重钢重整的开端。多家债权人均相继对重钢提起诉讼，重钢陷入至暗时刻：经营活动全面中止、职工工资发放困难、无现金购买原材料进行生产周转，同时公司面临退市风险。

（二）四源合"接盘"与债务重整

为了拯救重钢、保护广大债权人以及员工的合法权益，重庆市委对重钢的困境及施救方案进行了深度讨论和商榷，并成立了重庆钢铁改革脱困工作领导小组。尽管重钢迫切地需要外部投资者，但其他企业都不敢轻易入局：成功率太低，很可能把自己也搭进去。2017年7月，重钢经重庆市第一中级人民法院裁定，正式进入司法重整，制定了"利用资本公积转增股本、以股抵债，辅以低效、无效资产剥离"的重整方案。经多方磋商之后，只有四源合基金接过了这个"烫手山芋"。双方都希望通过注入民营资本，提高企业的治理水平和竞争能力。[二]

此次重钢混改的主导方四源合基金于2017年4月发起成立。它是由两家央企（中国宝武持股25%，招商局集团持股24%）、一家外资企业（美国WL Ross & Co.，持股26%）和一家

[一] 见附录1-2。
[二] 綦好东，郭骏超，朱炜.国有企业混合所有制改革：动力、阻力与实现路径[J].管理世界，2017（10）：8-19.

基金公司（中美绿色东方投资管理有限公司，持股25%）共同出资建立的，实际牵头方是中国规模最大的钢铁企业：中国宝武钢铁集团有限公司。四源合基金是由中外合资共同建立的第一支钢铁产业结构调整基金，管理团队在操盘运作、产业融合调整等方面都有丰富的经验。

一般投资基金只要求分享超额收益而不干涉企业经营决策。四源合基金的不同之处在于，它一入局就明确了自身战略投资者的地位，并且要求控股权，这在基金投资者中是很少见的；这也说明了四源合基金准备大刀阔斧、深化改革的决心。

四源合基金擅长通过专业化、市场化的运作方式，整合全球钢铁资源，帮助推进混合所有制改革以及新型合作模式，从而优化企业经营效率。四源合基金结合其资本优势和运作经验，以取得企业实际控制权为核心，进行资源整合与混改进程推进，通过管理变革、机制变革、经营策略调整以及员工激励等多重方式的联合作用，推动企业核心价值增长，提高竞争力，[一] 最终通过转移股权、收购等退出方式变现。

根据重整计划，四源合基金与重庆战略性新兴产业股权投资基金合伙企业（重庆市国资委代表公司，简称"战新基金"）分别出资30亿元（持股占比75%）和10亿元（持股占比25%），用于成立一个新公司，重庆长寿钢铁有限公司（简称"长寿钢铁"）并将其作为重钢重整的直接操盘方。长寿钢铁出资40亿元，收购重钢的铁前资产[二]，并受让重钢集团（重钢母公司）持有的20.97亿股重钢股票（占重整后总股本的23.5%），成为重钢第一大股东。重钢集团出资30亿元，购买重钢的低效及无效资产，对不良资产进行剥离。同时，国家开发银行提供35亿元贷款（11亿元用于重钢的经营活动，24亿元用于长寿钢铁的并购贷款）。如此，重钢累计获得105亿元现金，全额清偿了约101亿元优先债权。

在清偿债权方面，重钢首先对债权结构和股东权益进行了初步调整，据此提出债权清偿方案，将公司目前的债权分为有财产担保债权、普通债权以及员工债权。有财产担保债权的清偿额依据担保财产可变现净值或者破产清算条件下的财产清算价值作为清偿标准进行清偿。普通债权的每个债权人以50万元作为分界线，50万元以内部分的债权将通过现金偿还，超过50万元的部分，将通过资本公积金转增股本进行清偿。每10股A股转增11.5股A股股本，转股作价3.68元/股，资本公积转增44.83亿股，用于偿还公司债务，普通债权清偿比达59%以上。对于员工债权，重钢做到全额清偿。具体债务清偿方案如图1-2所示。

（三）高管团队换血与董事会改组

入局之初，四源合基金就曾为重钢打造了三阶段改造法：第一阶段，在第一年先做到止血——摆脱资不抵债的困境；第二阶段，恢复正常生产流程，创建"实力重钢"；第三阶段，在正常运营的基础上提高竞争力，打造"魅力重钢"。

因此，除了债权清偿，四源合基金接手重钢后在治理机制和经营管理等方面都进行了深入改革。不同于一般只注重投资收益不参与经营决策的基金投资者，四源合基金全面深度参与重钢经营管理，获得了重钢的完全控制权。

作为重整后新重钢的第一大股东，四源合基金从"宝武系"选派了一部分高管骨干空降重

[一] 方明月，孙鲲鹏. 国企混合所有制能治疗僵尸企业吗？：一个混合所有制类啄序逻辑 [J]. 金融研究，2019（1）：91-110.

[二] 铁前资产包括焦化、烧结及炼铁等生产工序的机器设备。

钢,对原有的经营模式进行了大刀阔斧的全面改革。

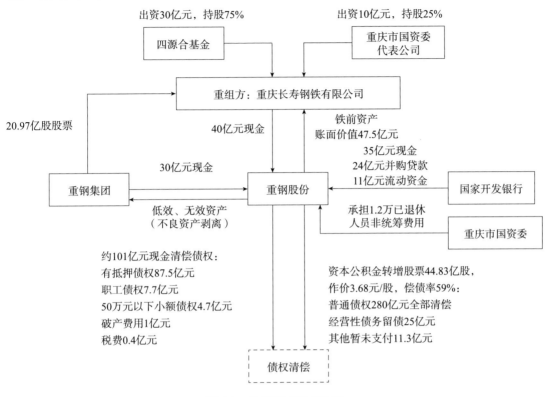

图 1-2 重钢债权清偿方案

重整完成的当月,即 2017 年 12 月,重钢原高层集体辞职。董事会直接任命多位"宝武系"的高管空降重钢,具体名单如表 1-1 所示。在新任高管中,总经理李永祥历任宝钢股份副总经理、梅钢公司董事长以及宝矿控股 CEO,在钢铁行业深耕了三十余年,对钢铁行业非常熟悉,并且具有较强的管理能力和丰富的管理经验,由他来处理重钢的"烂摊子"是较为合适的。副总经理吕峰和董事会秘书虞红都具有财务背景,这也为扭转财务困境埋下了伏笔。

表 1-1 重整后重钢高管组成

在重钢的职务	姓名	工作经历
总经理	李永祥	历任宝钢股份副总经理、梅钢公司董事长;2016 年 10 月起任宝矿控股 CEO
副总经理	吕峰	历任宝钢驻炼钢厂财务主管;2017 年 2 月起任上海宝地置业有限公司资产运营中心副总经理(主持工作)
董事会秘书	虞红	曾任宝钢股份证券事务代表、董秘室负责人,宝钢集团有限公司财务部资金管理综合主办
执行董事	张朔共	曾任宝钢工程技术集团有限公司副总经理、宝信软件总经理
党委副书记、监事会主席	肖玉新	曾任宝信软件运营改善部部长

重钢的董事会也进行了大规模的调整。2018 年 1 月，周竹平正式担任重钢董事长、非执行董事。5 月，重钢董事会改组，新一届董事会成员包括时任董事长周竹平、副董事长李永祥、副董事长涂德令、执行董事张朔共、非执行董事郑杰。同时，有 4 名独立董事，其中 3 人为上届董事会独立董事。

全新的董事会和以前有什么区别？又将扮演什么样的角色、发挥怎样的作用？当时的新任董事长周竹平表示："我们董事会的首要任务就是选聘合适的 CEO，敢于放权和担责，尽全力配合公司管理层推进工作。"董事会的运行风格和以前存在明显区别，注重保护公司内外部利益相关者的利益，并且积极推进有利于公司市场化进程的相关决策。重整后重钢的新一届董事会人员名单（不含独立董事）如表 1-2 所示。

表 1-2 重整后重钢新一届董事会人员名单（不含独立董事）

董事会席位	姓名	工作经历
董事长、非执行董事	周竹平	曾任宝钢集团企业开发总公司总经理，宝钢发展有限公司总裁，宝钢集团财务有限责任公司董事长
副董事长	李永祥	历任宝钢股份副总经理、梅钢公司董事长，2016 年 10 月起任宝矿控股 CEO
副董事长	涂德令	1988 年加入重钢集团，历任重钢集团财务处处长助理、副处长，公司财会处副处长、处长
执行董事	张朔共	历任宝钢工程技术集团有限公司副总经理，上海宝信软件股份有限公司执行董事、总经理
非执行董事	郑杰	2009 年加入 WL Ross & Co.，后任重庆钢铁股份有限公司董事、四源合股权投资管理有限公司董事、四源合（上海）钢铁产业股权投资基金董事总经理、WL Ross & Co. 主管

（四）经营方案与产品线调整

四源合基金成为控股方后，重庆钢铁在战略、管理、产品、技术等方面也进行了一系列深度改革。在战略定位方面，管理层深入评估了重钢资源条件以及市场竞争力，将公司愿景定为"立足重庆市场，以本土业务发展为战略支撑点，逐渐向西南区域辐射"。

通过三阶段的发展，公司逐步达成了"实力重钢"和"魅力重钢"的战略目标。在目标的具体实施层面，公司采用制造技术领先战略以及成本领先战略，通过研发制造技术，强化核心竞争力来提升重钢硬实力；通过降低各环节成本，提高利润空间，在满足客户需求的同时，打造差异化成本领先战略，做到人无我有、人有我优，避免同质化的竞争局面。

在经营决策方面，重钢原来处于一个供求错配的局面，且产品工艺简单、附加值较低，总体竞争力较差。因此，管理层决定在确保相应产能的基础上，对企业产品结构、生产流程管理、技术工艺进行全面升级和优化，走一条高质量发展之路，牢牢把握"市场导向"原则，将销售重心从外部转回西南地区，以盈利能力为导向优化产品结构，努力达到"满产、满销、低成本"的经营目标。比如，重钢打算以用电炉冶炼废钢的"短流程"代替从铁矿石到终端产品的"长流程"，大力发展"绿色制造"和"智能制造"。

同时，重钢大力调整产品线及未来发展计划，剔除无效资产，提高产能利用率，形成了中厚板、热卷和棒线材等主力品种。为完善公司工艺链，重钢2020年年报披露：对与主业直接相关的公司和设备已经或准备进行回购，2021年将回购长寿钢铁拥有的铁前资产，以完善公司的工艺链，保证公司绿色、可持续、稳健发展。

（五）组织架构优化调整

在组织架构和业务流程优化调整方面，重钢管理层雷厉风行，进行了全面深入的改革。在横向层面，缩减管理幅度：在保留核心部门的基础上，重钢精简了一些职能和业务部门，比如取消质量管理处、进出口处，以及焦化厂、烧结厂等，由25个业务和职能部门减少为16个部门。在纵向层面，缩短管理链条：压缩管理层级，管理层下面按照职能划分为不同的管理部门；下辖重钢的子公司和控股公司。横向纵向精简后，重钢的管理更加精简和高效——信息传递经历的中转更少，信息缺失和偏误也更少，沟通成本降低，整体运行效率更高，整个组织向着扁平化、精简化发展，业务流程也因此更加规范。不仅如此，重钢还实施"赛马机制"，厂部副职、室主任，还有一些关键技术业务岗位的人员均通过公开竞聘的方式选拔，这种模式充分调动了员工的积极性，同时精简了岗位。重整后仅一年，重钢的室级管理人员数量缩减了约61%，由419名科级管理人员精简至162名室主任；厂部管理人员数量缩减了约19%，从74名精简为60名厂部管理人员。

重钢通过合理配置管理部门和人员设置，显著提高了组织运作效率[⊖]。同时，重钢持续实施以"作业长制"为核心的基层管理变革方案，强化基层人员的培训和管理，进一步优化生产和运行模式。

（六）员工持股激励计划

员工持股被认为可以激发员工的股东意识，留住优秀人才，并且为企业民主管理与决策提供股权基础，可以发挥激励与治理双效应。为促进员工与企业利益共享、风险共担，重钢设立了专项基金，用于员工激励与员工持股计划。

2018年3月，重钢通过了《重庆钢铁高管薪酬激励方案》和《2018年至2020年员工持股计划（草案）》。公司从年度审计合并后的利润总额中计提一部分资金，成立员工激励专项基金，可同时用于员工奖励和员工持股计划。公司股权发放对象为对公司经营业绩及中长期发展具有重要影响的公司执行董事、高管以及骨干人员。这些持有人的全部或者部分年度业绩及奖励会通过股权以及分红的形式来发放。

2018年12月，董事会通过了年度激励基金方案。按照2018年合并财务报表利润总额的12.5%计提激励基金，其中50%用于员工持股计划，分两年递延实施，其余50%用于奖励未参加持股计划的优秀员工并授权公司管理层制订方案、组织实施。2020年11月，重钢再次推出《2021年至2023年员工持股计划（草案）》，并规定各期员工持股计划累计股本总额不能超

⊖ 重钢混改前后的组织架构变化请参见附录1-4。

过公司总股本的 10%。

重钢已经从原来"吃大锅饭""当一天和尚撞一天钟""上班摸鱼"这样的状态走出，逐步转向"公平竞争""能者多得""我与公司共同成长"的良好氛围。重钢也在逐步完善对员工物质层面与精神层面的激励，提升其幸福感、归属感与收获感。

三、重钢混改成效初显

（一）稳步发展，走上正轨

通过重整，重钢的巨额债务负担大大减轻：从 417 亿元降低至 71 亿元，成功实现"减负"，资产负债率也从超过 100% 降低至 33%。重钢的约 101 亿元优先债权全部清偿，280 亿元普通债权债转股，占总债权的比例为 58.8%。

重整后仅一年，重钢已经恢复正常生产。2018 年重钢全年钢产量达到 638.15 万吨，比 2017 年增长了 55.1%。相较前一年，主营业务收入达到 226.39 亿元，增长了 71.03%；利润总额合计 17.59 亿元，做到扭亏为盈，同比增长 449.93%。短短一年时间就实现扭亏为盈，这表明重钢完成了第一阶段的短期目标，做到短期"止血"。到 2020 年底，重钢创收 244.9 亿元，同比增长超过 4.3%。

从整体经营业绩来看，重钢混改后的效果非常显著。不管是每股收益、盈利能力、运营能力、成长潜力还是财务风险指标等都比混改前有了明显改善，真正实现了短期"止血"，长期"造血"。[1] 如今，重钢已重新走上正轨，恢复了盈利能力，正朝着打造"魅力重钢"的目标迈进。

（二）四源合功成身退

2017 年，四源合基金接过重钢。短短两年时间，重钢已经重新步入正轨，重钢的变化不仅是起死回生，更是凤凰涅槃。债权清偿、机制变革、战略制定、组织重塑……重钢的变化太大了。四源合基金的加入与退出都体现着背后资本关注的侧重点的变化：前期主要对重钢进行施救和机制改革；后期重钢运行状况转好后，逐渐侧重于利益分配与员工激励。

2020 年 9 月 17 日，重钢发布关于股东权益和公司实际控制人变更的公告。股权变更完成后，中国宝武将获得长寿钢铁 40% 的股权，并与战新基金成为一致行动人，以取得对长寿钢铁的控制权，从而间接控制本公司 2 096 981 600 股股票，占本公司总股本的 23.51%。公司的实际控制人由四源合股权投资管理有限公司正式变更为中国宝武。

至此，四源合基金功成身退，还"政"于中国宝武。

参考文献

[1] 张栋，谢志华，王靖雯. 中国僵尸企业及其认定：基于钢铁业上市公司的探索性研究 [J]. 中

---

① 重钢混改前后的财务表现参见附录 1-2。

国工业经济，2016（11）：90-107.

［2］冯飞，张永生，张定胜．企业绩效与产权制度：对重庆钢铁集团的案例研究［J］．管理世界，2006（4）：130-139.

［3］綦好东，郭骏超，朱炜．国有企业混合所有制改革：动力、阻力与实现路径［J］．管理世界，2017（10）：8-19.

［4］方明月，孙鲲鹏．国企混合所有制能治疗僵尸企业吗？：一个混合所有制类啄序逻辑［J］．金融研究，2019（1）：91-110.

附录1-1
重钢混改时间线

重钢混改时间线如下图所示。

2017.4.24	债权人来去源公司以重钢不能清偿到期债务且资产不足以清偿全部债务为由，向法院申请对重钢进行重整
2017.5.3	因拟置入资产难以满足监管要求且未能就重整方案与主要债权人达成一致意见，重钢终止重大资产重整
2017.7.3	法院裁定受理重钢重整一案
2017.8.18	召开第一次债权人会议，表决通过了《财产管理及变价方案》与《成立债权人委员会相关事项的议案》
2017.9.30	为筹措偿债资金，对部分财产进行公开拍卖
2017.11.1	重钢与长寿钢铁签订《对重庆钢铁股份有限公司投资之框架协议》，引入重组方长寿钢铁
2017.11.17	召开第二次债权人会议，表决通过了重整计划草案、《出资人权益调整方案》
2017.11.20	重庆市第一中级人民法院裁定批准重钢重整方案
2017.12.29	重庆市第一中级人民法院裁定重钢重整计划执行完毕
2018.3	重钢推出《2018年至2020年员工持股计划（草案）》
2020.9.17	四源合基金将持有的长寿钢铁的股权分配给中国宝武和德胜集团，四源合基金退出，中国宝武取得对长寿钢铁和重钢的实际控制权
2020.11	重钢推出《2021年至2023年员工持股计划（草案）》

附录1-2
重钢混改前后的财务表现

重钢混改前后的财务表现如下图所示。

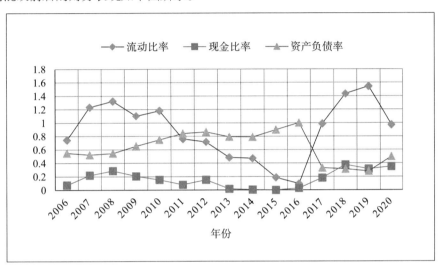

偿债能力

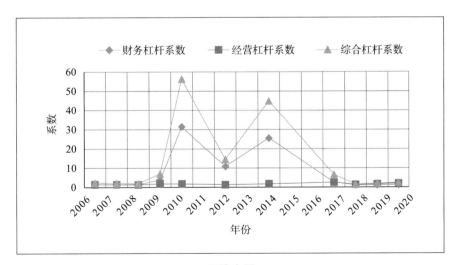

风险水平

注：财务杠杆系数（DFL）＝每股收益的变动百分比/息税前利润的变动百分比
　　经营杠杆系数（DOL）＝息税前利润的变动百分比/销售收入的变动百分比
　　综合杠杆系数（DTL）＝经营杠杆系数（DOL）×财务杠杆系数（DFL）

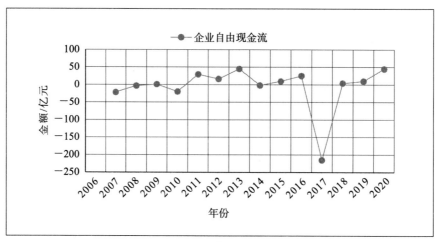

现金流分析

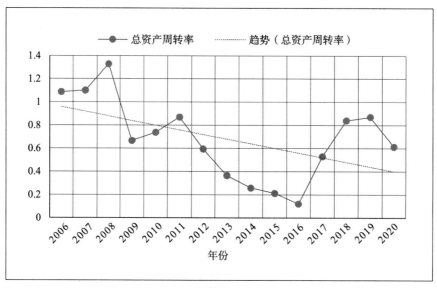

经营能力

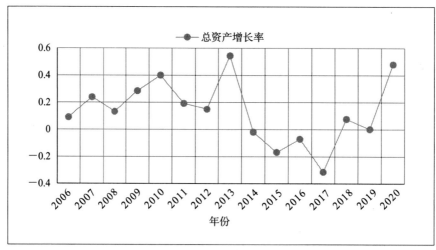

发展能力

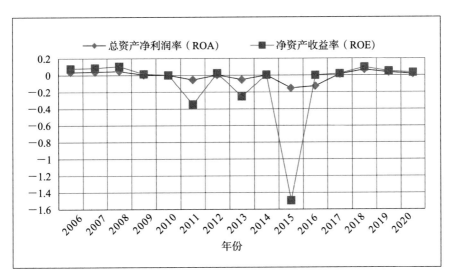

盈利能力

附录1-3 四源合入局后重钢的控制情况

四源合入局后重钢的控制情况如下图所示。

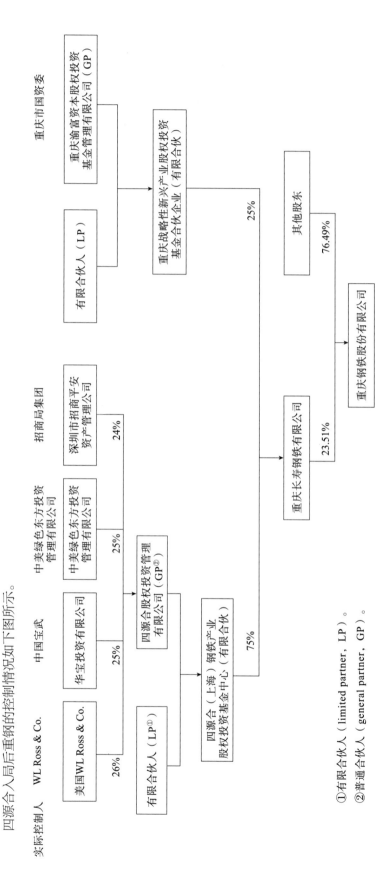

① 有限合伙人（limited partner, LP）。
② 普通合伙人（general partner, GP）。

附录1-4
重钢混改前后的组织架构

重钢混改前后的组织架构如下图所示。

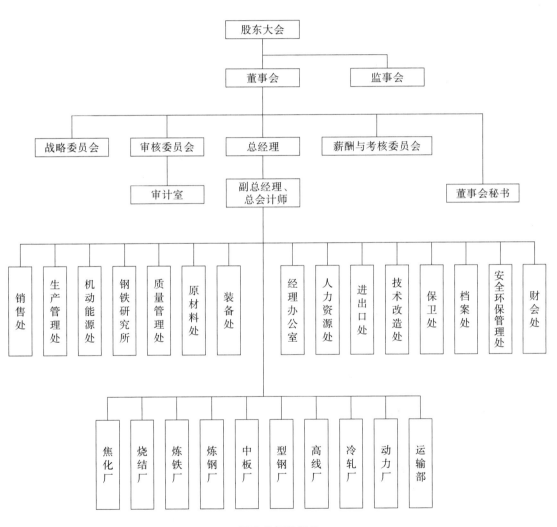

混改前组织架构

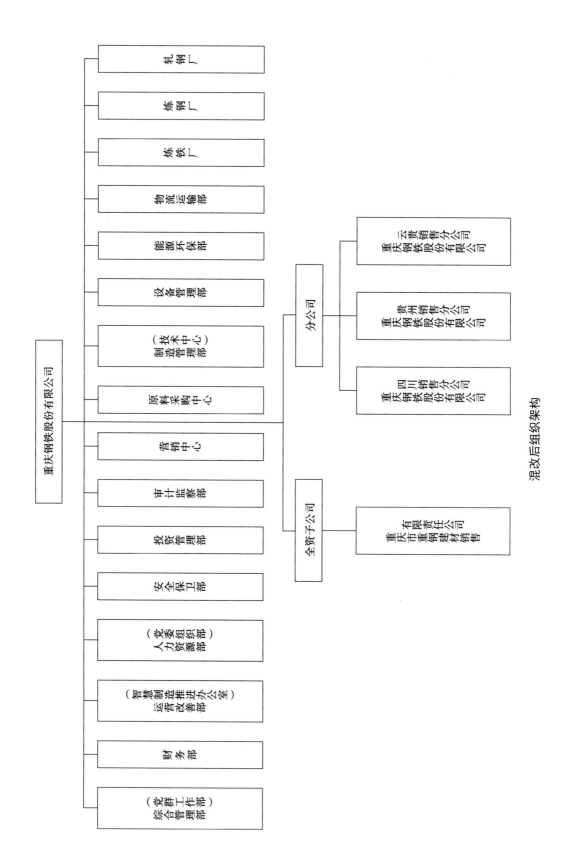

混改后组织架构

降本增效：
JT公司生产设备维修管理变革

◎王萍 张学明○

JT公司是一家分公司，其总公司是中国汽车工业的重要领军企业之一，覆盖了从高端豪华车到经济型轿车的各梯度细分市场。JT公司的生产范围包括中小型车、SUV、新能源轿车，以及汽车发动机、变速器及其零部件。公司确定了"对客户负责"、不断满足并超越客户期望、努力打造更加优质的产品和服务等一系列公司生产经营理念。JT公司经历了两期项目阶段后，已经进入快速发展阶段，目前，公司共有70万辆的产能规模。

一、JT公司生产设备维修管理发展状况

JT公司的组织结构属于直线职能制，在高层管理者下设立总经办、财务部、人力资源部、采购部、质量部、物流部、产品工程部、制造支持部等职能部门；建立南厂、北厂、动力总成厂3个分厂；南厂、北厂各设有冲压、车身、油漆、总装和生产启动部，动力总成厂设有动力总成1车间和2车间。JT公司生产设备维修管理归口于制造支持部，南厂、北厂以及动力总成厂的各车间均设有维修工段，总计10个车间，共有10个维修工段。一线维修人员共有85人，维修班组长、工程师、维修主管等维修管理人员合计有65人，主要负责各自车间生产设备的维修管理，包括现场生产设备停线抢修、按周期进行计划性维护等。生产设备维修工作和管理人员共计150人。一线维修人员负责现场生产设备实际的维护和修理工作；班组长和工段长各自负责班组、工段维修管理的组织协调工作；工程师负责现场生产设备问题的技术支持以及一线维修人员的培训工作。

制造支持部属于协调管理部门，其职能是：①负责监控南厂、北厂以及动力总成厂各车间

○ 作者简介：王萍，1969年生，女，中国地质大学（武汉）经济管理学院副教授；张学明，1985年生，男，设备状态检测工程师。

的重大生产设备停线，督促各车间维修工段进行原因分析、制定措施并跟踪措施的有效性，统计分析生产设备故障率和有效利用率；②督促南厂、北厂以及动力总成厂各车间预测性维修协调员按计划周期实施生产设备状态监测，发现生产设备潜在故障，提高生产设备可靠性；③外包供应商管理协调、特种设备管理协调、仓库管理协调、生产运营数据分析等。本部门共有 7 人，其中涉及生产设备维修管理的有 3 人。

自 2012 年 4 月 JT 公司成立以来，生产设备维修管理发展经历了三个阶段。

（一）生产设备调试运行阶段

2012 年 5 月—2015 年 1 月期间，主要是南厂、北厂以及动力总成厂各车间生产设备导入、安装调试以及试运行阶段。该阶段生产设备维修人员主要负责把控生产设备导入、安装调试的质量及进度，并对试运行中的问题进行整改，保证生产设备能够按计划的时间节点交付使用。

（二）生产设备维修管理体系初步建立阶段

2015 年 1 月，JT 公司正式开始量产，各车间生产设备已经正式交付，由公司生产设备维修人员负责生产设备的维修保养，生产设备维修管理体系初步建立。这个阶段主要采用事后维修、计划性维护和生产维护的维修模式进行生产设备的维修管理。

（三）生产设备预测性维修管理改进阶段

2015 年 7 月，JT 公司开始实行生产设备预测性维护管理，主要是由制造支持部的一名生产设备维修管理工程师牵头，组织各车间预测性维修协调员进行培训。各车间预测性维修协调员培训并考核合格后，由他们负责各自车间的生产设备监测，并将监测结果反馈给制造支持部的生产设备维修管理工程师。这期间，生产设备维修管理主要的问题是各车间生产设备维修人员对预测性维修没有足够的重视，预测性维修协调员也是兼职做这部分工作；现场生产虽然按检测计划周期实施，但依靠检测能够发现的问题很少；数据上传后进行故障诊断分析的人员也不够专业，经常需要公司总部人员的技术支持。这个阶段，JT 公司主要采用事后维修、计划性维护、生产维护和预测性维修相结合的方式实施生产设备维修管理。

1. 事后维修

事后维修是在生产设备发生紧急停线故障后再进行修复的一种维修方式，这是最早形成的生产设备维修管理制度。JT 公司的事后维修主要是由南厂、北厂以及动力总成厂各车间自己负责，由相应的维修工段负责实施，生产时维修人员跟线响应生产设备出现的问题，这在维修中所占的比例高达 50%～60%。

2. 计划性维护

计划性维护就是按预定的进度计划实施的预防性维修。JT 公司生产设备维修部门预先对生产设备进行了解，并结合生产设备厂家提供的设备维修保养手册制订维护保养计划。保养周期分为每周、每月、每季度、半年度和年度，通过维修人员的检查，发现生产设备隐患，例如螺栓断裂、传送带磨损、油箱油量少等问题，并进行记录，整改或关闭设备。

3. 生产维护

全面生产维护（total productive maintenance，TPM）是指建立对生产设备全生命周期的生产维护，涉及各部门的活动，全员参与，最终实现生产设备综合效率最高。JT公司主要由生产班组实施，在开班前、班中对生产设备的外观进行目视检查，以发现生产设备外观上比较明显的异常，如发现问题及时进行记录，并拉动生产设备维修人员进行整改，生产班组做好问题的跟踪，直到问题解决为止。

4. 预测性维修

预测性维修是指定期或不定期地检查生产设备状态，查看生产设备是否处于异常状态或是否存在故障趋势，然后合理安排维护时间，将监测、故障诊断和维修相结合。预测性维修可以提高生产设备安全运行效率，延长生产设备的使用寿命，避免或减少由于某些生产设备部件发生故障影响生产设备的整体正常运行，避免或减少由于生产设备发生故障导致加班加点抢修生产设备的现象，使生产设备的状态得到控制。

JT公司的预测性维修主要是由制造支持部培训各车间生产设备维修人员，由各车间维修工段自己实施。目前，检测仪器或工具主要有红外检测、振动检测，并无其他的检测设备设施，起到的作用非常小，在很大程度上没有引起维修人员足够的重视，也没有专业的人员来实施跟踪。现场生产设备维修人员则更加重视紧急抢修，对生产设备潜在隐患的预测并不重视，预测性维修实施3年多了，但效果一直不理想。

根据历年各车间生产设备故障率的统计数据，在生产设备开始运行的前2年，生产设备故障率会偏高些，主要是因为生产设备处于磨合阶段。到第3年以后，生产设备已经过了磨合期，逐步趋于稳定。但是，即使是稳定阶段，生产设备的故障率仍然未控制在管理目标值5.00%以内，各车间的生产设备停线时间仍然较长。例如，冲压车间主轴箱的轴承出现损坏，使生产设备紧急停线8小时。根据现有生产设备振动检测技术，完全可以在生产设备故障前发现，并提前进行维修来避免该重大生产设备故障。油漆车间的脱脂循环泵的堵塞损坏，也同样可以提前使用振动监测仪检测出来，但实际上，却引起现场生产设备紧急停线3小时。现场出现的各种紧急重大故障，说明目前预测性维修没有真正地起到作用，生产设备状态监测的工具也没有充分发挥作用，效果不明显，因此必须从根源上进行改进。

二、JT公司推行生产设备预测性维修管理的状况

2018年以来，经济下行压力加大，车市寒流如此凛冽，大大超出JT公司的预期。当时，公司提出应对策略中重要的一项就是降本增效。针对降本增效的策略，生产设备维修管理的作用越来明显。生产设备的使用涉及整车制造各工艺环节，因此，JT公司着重要求提高生产设备有效利用率，减少非计划性的停机，降低生产设备故障率，节约成本。

为了解基层生产设备预测性维修管理现状，促进预测性维修管理转化工作，2018年12月，JT公司围绕"生产设备预测性维修管理深化"主题成立课题组，以南厂、北厂以及动力总成厂各车间为对象，以问卷调查辅以座谈了解的方式，客观分析公司预测性维修管理的状况，诊断预测性维修管理推进过程中存在的问题，以便确立预测性维修管理的策略，为生产设备预测

性维修管理变革打下基础。

JT公司设计了《JT公司生产设备预测性维修管理调查问卷》，调查对象覆盖公司各车间的生产设备维修工段以及制造支持部的生产设备维修人员共150人，定量分析生产设备预测性维修管理状况和管理效果。调查结果显示，通过开展一系列的生产设备预测性维修管理培训及实践活动，初步构建了公司生产设备预测性维修设备管理体系，形成了一定的生产设备预测性维修管理成果，但同时也存在诸多问题：①领导者对生产设备预测性维修管理的重视程度还有待加强；②生产设备预测性维修管理体系培训活动不能如期开展；③生产设备预测性维修技能还有待提高；④生产设备预测性维修管理硬件设施配备需要进一步完善；⑤公司生产设备预测性维修管理工作的考核和评价体系还要完善。

对JT公司生产设备预测性维修管理效果的调查结果表明，生产设备预测性维修员工企业归属感和自豪感较强，"想尽办法去完成每一项任务"已成为生产设备预测性维修员工的共识。但是，存在的主要问题是：员工对公司生产设备预测性维修管理体系的认同度还有待进一步提升；公司生产设备预测性维修管理的内部沟通机制还存在较大的改进空间。

三、JT公司生产设备预测性维修管理变革

生产设备预测性维修管理变革的指导思想是，以JT总公司为统领，坚持统一的生产设备预测性维修管理框架体系，紧紧围绕为生产服务，把生产设备预测性基因融入管理、切入业务、植入行为，不断丰富和发展生产设备预测性维修管理，推进设备维修管理水平提升，着力建设安全可靠、检修成本精益的生产设备预测性维修策略，为生产服务好、管理好的国内汽车企业生产设备预测性维修管理创造条件、提供支撑。JT公司坚持安全可靠、体系先行、准确评价的原则，确定生产设备预测性维修管理变革的目标和实施框架。

（一）生产设备预测性维修管理变革的目标

1. 总体目标

JT公司生产设备预测性维修管理变革的总体目标是：计划经过5年的努力，形成以生产设备预测性维修理念为基础，以重安全、重效率、重成本为特征的生产设备预测性维修管理体系，与公司的快速发展相适应，不断地完善和改进；各级领导者、广大员工对生产设备预测性维修管理的重视程度及认同度不断提高；生产设备预测性维修技能持续提升，预测性维修管理硬件设施配备不断完善；预测性维修管理体系培训率达到100%，考评机制不断完善。

2. 阶段目标

JT公司为实现生产设备预测性维修管理变革的总体目标，将生产设备预测性维修管理变革分为管理体系宣贯、管理体系实施落地和管理体系提升三个阶段。

（1）管理体系宣传贯彻阶段（2017—2018年）。第一个阶段的目标是：初步搭建企业生产设备预测性维修体系框架，初步形成组织保障、体系建设、考评激励机制；全面运用生产设备状态检测管理系统，普及生产设备预测性维修管理理念；初步开展生产设备预测性维修管理体

系培训宣贯工作。

（2）管理体系实施落地阶段（2019—2020年）。第二个阶段的目标是：丰富和发展预测性维修管理理念，完善预测性维修管理体系，健全工作机制，开展持续的宣传贯彻和培训；深入开展预测性维修技能比武，初步实现预测性维修融入管理、切入业务、植入行为；不断扩展预测性维修管理传播手段，预测性维修管理活动广泛开展。

（3）管理体系提升阶段（2021年及以后）。第三个阶段的目标是：预测性维修管理的重视程度及认同度不断提升；预测性维修融入管理、业务以及行为，预测性维修管理建设取得实效；维修人员良好的维修习惯持续养成，预测性维修管理硬件设施不断完善；预测性维修服务范围持续扩大，实现让生产满意、公司满意，和谐发展的良好局面基本形成。

（二）生产设备预测性维修管理变革的实施框架

生产设备预测性维修管理变革是一项系统工程。围绕JT公司变革的目标，结合公司生产设备预测性维修管理的现状和问题，大力推进预测性维修管理的变革，必须加强组织保障、考评激励、制度执行等方面的机制建设。

1. 完善组织保障机制

JT公司要充分发挥各级领导在生产设备预测性维修管理建设中的倡导者、监督者作用，引导生产设备维修团队重视预测性维修管理，进一步明确预测性维修管理职责，建立领导干部定期参与预测性维修管理宣传贯彻、听取预测性维修工作汇报制度。设立生产设备预测性维修小组，明确制造支持部是公司生产设备预测性维修管理的牵头部门，角色转变为服务者和咨询指导者，协调各车间的生产设备预测性维修管理工作。

（1）调整组织机构，设置生产设备预测性维修小组。预测性维修管理是适合现代化汽车企业管理要求的，并且是一种先进可靠的设备维修模式，要充分体现生产设备预测性维修管理的重要性。JT公司成立了专门的生产设备预测性维修管理小组，设置了生产设备预测性维修主管岗位，并由其全权负责管理，隶属于制造支持部。公司从各车间抽调6名设备维修工程师负责生产设备预测性维修工作，抽调主要依据设备维修工程师本人的意愿以及生产设备预测性维修主管的面试结果。制造支持部人员由7人增加至13人；各车间设备维修工程师的编制缺口由车间自行招聘补充。

（2）制定生产设备预测性维修小组工作职责。预测性维修也称状态监测。JT公司的预测性维修实施的是生产设备的状态监测：发现设备潜在故障，实施故障精密诊断，提高生产设备可靠性，减少非正常停机。JT公司生产设备预测性维修小组的工作职责是：①负责生产设备状态监测计划的制订和调整，与生产设备使用部门根据现场实际情况共同确定检测范围和检测周期；按计划完成检测仪器的标定、数据采集和诊断分析，撰写设备故障诊断报告，为生产设备维修和改造提供技术依据。②综合应用多种生产设备检测和诊断技术实施故障精确诊断，判断故障等级和变化趋势，指导现场维修，排除故障。③根据生产设备特性和生产任务，制订及优化相关状态监测计划，保障生产设备的可靠运行。④收集、整理生产设备的信息，实施设备故障跟踪复测，确保生产设备正常运行。⑤参与制定相关状态监测技术故障级别评判标准。

（3）完善生产设备使用部门工作职责。JT公司生产设备预测性维修需要生产设备使用部门的大力协助。生产设备使用部门的工作职责是：①日常保养维护及相关目视检查。②与生产设备预测性维修小组根据现场的实际工况共同确定检测内容。生产设备使用部门指定专门的监测协调人员,为预测性维修的有效实施提供必要的支持,提供生产设备清单和测试现场的安全需求。③协调确定现场测试的具体时间,提供所需工具,安排相关人员协助监测部门完成现场数据采集。④完成安全审批及落实相关区域的安全措施等工作。

2. 建立管理考评激励机制

(1) 建立生产设备预测性维修管理考评激励机制。根据《JT公司生产设备预测性维修管理评价办法(试行)》的要求,对预测性维修改进的关键因素中的领导者、员工以及牵头部门进行考评。具体的考评制度是:公司要求领导班子要对生产设备预测性维修管理的内涵、实施和效果进行全面的把握,增强对生产设备预测性维修的重视程度。公司对于所有预测性维修人员,则着重考核其对预测性维修管理知识的掌握程度、敬业精神、现场执行力。此外,公司设计了《生产设备预测性维修人员考核表》,考核内容包括业绩(50分)、能力(25分)、学识(25分)3个项目,每个项目包括5个指标,并附有相应的评分标准。对于生产设备预测性维修牵头部门的制造支持部,着重在生产设备预测性维修管理的推进、实施落地、实施效果等方面进行考核,并与专业的预测性维修管理单位的考核结果挂钩。

(2) 融入公司绩效管理。JT公司将生产设备预测性维修管理纳入绩效管理中,对预测性维修牵头部门、各车间维修人员实行有效的考核。结合公司实际情况,在坚持统一的考核和评价原则的前提下,根据公司次年生产设备预测性维修实施计划确定年度考评指标和工作要求,并及时给予反馈。JT公司开展生产设备预测性维修年度测评,及时对每个生产设备维修人员进行意见反馈,公示测评报告和测评成绩,评选企业生产设备预测性维修标兵,对优秀的车间和个人及时给予奖励和表彰,充分调动了广大干部职工的积极性和创造性。同时,把公司生产设备预测性维修评估指标纳入各车间、部门领导班子的业绩考核,强化企业生产设备预测性维修管理的重要性。对公司生产设备预测性维修管理成果突出的先进车间,及时组织现场学习和经验交流,促进相互学习、相互借鉴、共同提高,努力推进企业生产设备预测性维修管理的整体发展。完善公司生产设备预测性维修专、兼职人员的绩效考核,争取在任职资格、薪酬和职业发展等方面给予优先考虑,同时强化责任意识,妥善解决基层维修人员"青黄不接"的问题,确保企业预测性维修覆盖所有车间。积极鼓励生产设备预测性维修管理人员参与公司高资历人员职称评审,打通职业成长通道,让更多优秀的人才加入生产设备预测性维修队伍。

(3) 定期开展现状评估。现状评估是预测性维修改进不可或缺的重要步骤,可以采用调查问卷、深度访谈、现场考察等方式,全面掌握公司生产设备预测性维修工作的状况、效果,及时把握预测性维修人员的心理状况,准确挖掘、总结、提炼企业预测性维修人员普遍认同的价值观,从中梳理出公司生产设备预测性维修管理的积极因素和消极因素,不断总结经验,寻找差距,并将这些作为促进预测性维修改进的重要依据,以评促建。

3. 强化制度执行机制

(1) 完善生产设备预测性维修制度规范。JT公司严格按照制度一体化的标准,将生产设备预测性维修管理理念融入制度,不断完善管理制度和标准规范,指导生产设备维修人员养成"按标准工作、按流程办事"的行为习惯。首先,要明确预测性维修管理作业的定义及术语。然后,将生产设备预测性维修推进实施步骤流程化,以便于培训以及培养新员工。最后,对生产设备每种状态检测的方法制定作业流程。以旋转机械振动状态检测方法为例，需要明确适用范围、引用的标准、专业术语的含义、测量方法、测量要求、测量位置等。

（2）强化生产设备预测性维修制度执行。JT公司通过员工培训，实现预测性维修管理体系培训率达到100%，开展"制度规则切记心中，标准作业落实到岗"的普及教育，让全体生产设备维修人员掌握自身岗位相关制度的实施细则，同时，抽查员工的掌握情况。通过制度的严格执行、严肃考核，使广大生产设备维修人员对预测性维修制度熟记于心，从被动接受制度到主动认同制度、自觉遵守制度、严格执行制度，以规范的制度带动工作流程的规范与高效，在公司生产设备维修领域内形成"制度管人、流程管事"的管理环境，使生产设备预测性维修管理工作步入规范化、制度化的轨道。

四、JT公司生产设备预测性维修管理变革的效果

JT公司生产设备预测性维修管理变革经过管理体系宣传贯彻、管理体系实施落地两个阶段，尤其是通过第二个阶段的管理体系实施落地，使生产设备预测性维修对降低公司生产设备故障率和提高生产效率产生了显著的影响。

（一）生产设备预测性维修管理对故障率的影响

通过生产设备预测性维修工作的开展，在周期性的状态检测过程中发现了一些重大的生产设备故障隐患，并利用间隙时间或停产时间有计划地安排维修。例如，冲压车间惯量电机轴承损坏、车身车间机器人轴承故障、油漆车间循环泵端轴承损坏以及总装车间电气柜红外故障、DVT电机轴承故障等。将2019年的生产设备故障率数据与2016年、2017年、2018年的故障率数据进行比较，JT公司各车间生产设备故障率都控制在5.00%的管理目标值以内，10个车间的平均故障率为4.38%。如表2-1所示，与前3年相比，2019年生产设备故障率明显下降，说明生产设备预测性维修管理变革是卓有成效的。

表2-1　JT公司2016—2019年生产设备平均故障率

2016年	2017年	2018年	2019年
8.05%	7.54%	7.10%	4.38%

注：生产设备故障率＝（生产设备故障停机时间/生产设备运行时间）×100%

为了进一步验证公司生产设备预测性维修管理变革效果，JT公司与生产同类设备的A公司和B公司进行了对比。通过对比发现，2019年，A公司和B公司生产设备的平均故障率分别为6.64%、6.53%，而JT公司平均故障率为4.38%。由此可见，JT公司的生产设备故障率是比较低的，具有竞争力。

（二）生产设备预测性维修管理对生产效率的影响

JT公司实施生产设备预测性维修管理的变革，针对现场长时间的紧急停线问题进行攻关，采取预测性维修的方法和工具进行检测，尽最大的努力发现潜在故障隐患，将现场生产紧急停

线故障消灭在萌芽期。2019 年，通过对前三年生产设备停线情况的总结，不断推行预测性维修。据统计，2019 年 JT 公司单位时间内各车间的产量在提升，这表明生产节拍也在提高。如表 2-2 所示，2019 年各车间的生产节拍相比前 3 年在逐步提高。冲压车间生产钣金覆盖件，评价生产节拍采用的单位是 ASPM（件/分钟）；其他车间（包括车身、油漆、总装等车间）的生产能力是以整车来衡量的，评价生产节拍的单位是 JPH（辆/小时）。从生产节拍的两种数据来看，2019 年各车间的生产节拍都有较快的增长。显然，生产设备预测性维修不仅提高了生产效率，而且避免了生产设备发生故障后加班加点抢修的现象，有效节省了人力和物力。

表 2-2 JT 公司 2016—2019 年各车间的生产节拍

2016 年		2017 年		2018 年		2019 年	
冲压车间	其他车间	冲压车间	其他车间	冲压车间	其他车间	冲压车间	其他车间
12.25 ASPM	65 JPH	12.45 ASPM	66 JPH	12.7 ASPM	66 JPH	13.45 ASPM	69 JPH

注：生产节拍=实际产量/工作时间。

同样，JT 公司与生产设备同类的企业 A 公司和 B 公司进行了对比，通过对比发现，2019 年，A 公司和 B 公司冲压车间生产节拍分别为 9.8 ASPM 和 9.15 ASPM，其他车间的生产节拍均为 65.5 JPH。JT 公司冲压车间生产节拍为 13.45 ASPM，其他车间生产节拍为 69 JPH。数据证明，JT 公司各车间生产节拍比同类的 A、B 公司更快，说明在同样的生产时间内，JT 公司的产量更高。在同样的生产条件下，高生产效率必然会增强企业竞争优势。

JT 公司实施生产设备预测性维修管理变革取得了明显的阶段性成效。首先，公司完善预测性维修管理体系，健全工作机制落地实施，开展持续的宣传贯彻和培训。其次，公司深入开展预测性维修技能比武，初步实现预测性维修融入管理、切入业务、植入行为。最后，预测性维修管理降低了生产设备的故障率，提高了公司的生产效率。目前，JT 公司正处于变革的第三个阶段，即管理体系提升阶段（2021 年至今），生产设备预测性维修管理的变革还在持续。

参考文献

［1］王飞．浅议机电设备维修管理模式及其发展前景［J］．机械与工艺，2018（14）：289．
［2］赵永强．维修管理模式对制造企业质量控制影响的实证研究［J］．工业工程，2014（4）：7-12，23．
［3］张里斌．应用 TPM 管理模式开展设备预测性维修［J］．中国科技纵横，2016（13）：73．

砥砺奋进二十载，栉风沐雨铸辉煌：
新开普的"新蓝海"[一]之路[二]

◎李祺 于照永[三]

2011年7月29日，深圳。晨间，雨后初晴，阴云散尽，天地明澈。车轮碾过潮湿的柏油路面，发出沙沙的微响。车窗外，美丽的晨景飞闪而过，雨后特有的清新空气令人心旷神怡。此时，新开普电子股份有限公司（以下简称新开普）高管们正兴致勃勃地驱车赶往深圳证券交易所。上午9时，深圳证券交易所内花团锦簇，一座披戴红花的金色大钟正悬挂在交易所大厅正中。上午9时25分，在鲜花和掌声中，浑厚的钟声响彻整个交易所大厅，新开普电子股份有限公司在深圳证券交易所正式挂牌上市。当时，深圳证券交易所大屏幕上红色的文字分外醒目：（证券名称）新开普、（开盘价）40.90元、（涨跌幅）+36.33%。这一天，新开普迎来了一个新的历史起点。

一、公司背景：融入大众生活的新开普

新开普电子股份有限公司2000年成立于郑州高新技术产业开发区，是"国家火炬计划"重点高新技术企业、软件企业，致力于开发以智能卡及RFID技术为基础的各类行业应用解决方案，面向城市和校园、银行、电信运营商等企事业单位，从事智能"一卡通"系统的平台软

[一] 法国欧洲工商管理学院的W.钱·金和勒妮·莫博涅教授于2005年提出红海和蓝海概念。相对于市场饱和、激烈竞争的红海市场，蓝海市场是指不存在竞争、蕴涵巨大的利润增长机会的市场。

[二] 本案例选题为"郑州大学商学院MBA校友企业三十年的改革发展典型案例"，得到了"2021年河南省专业学位研究生精品教学案例项目"资助（项目编号：YJS2021AL015）。本案例授权全国MBA教指委独家使用，全国MBA教指委享有复制权、修改权、发表权、发行权、改编权、汇编权、翻译权及信息网络传播权。本案例中部分数据来源于企业IPO报告，并根据企业保密规定和要求对有关名称和数据进行了必要的处理，不代表企业真实运营状况，无意暗示或说明某种管理行为是否有效。

[三] 作者简介：李祺，1977年生，男，经济学博士，郑州大学商学院副教授；于照永，1978年生，男，新开普电子股份有限公司副总裁，郑州大学商学院EMBA 2011级学员。

件、应用软件及各类智能卡终端的研发、生产、集成、销售和服务业务。

公司的产品线包括数字化校园及"一卡通"综合管理、城市"一卡通"综合管理、金融IC卡行业应用省级运营管理、手机"一卡通"省市级运营管理、短信服务省市级运营管理、能源监控管理6大平台系统。公司具有各类身份识别、电子支付、手机支付、能源计控等40余个应用功能子系统以及智能卡POS机、车载POS机、多媒体自助终端、智能卡考勤机、门禁机、通道机、智能电表、电控、智能水表、水控等260多种不同型号、规格、版本的智能终端系列产品。公司现拥有20项专利及近70项软件著作权,产品先后通过了住建部信息中心、人民银行银联卡测试中心、中国移动研究院、中国电信研究所的测试。公司通过了ISO 9001质量体系认证和CMMI5级认证,拥有工信部颁发的系统集成二级资质,被中国软件协会评为具备AAA级最高信用资质的公司,并于2011年获得"中国RFID优秀应用成果奖"。

看着上述专业化的名词和介绍,你是不是觉得作为一家高新技术企业,新开普的技术会令公众难以理解,其主打产品离老百姓的生活很远呢?

事实上,如果你家里有正在上大学的孩子,如果你在大学食堂用过餐,你就会知道,学生们使用的那张不起眼的"普通卡片"正是集买饭、借书、买电、买水、上机等各种功能于一体的"一卡通"智能卡;还有我们上下班使用的考勤打卡系统,包括一些单位使用的"卡+人脸"双重认证门禁系统等,其中部分产品就是由新开普提供的产品和技术支持。

二、内源融资:百万元换来一张卡片,叩响了高科技之门

早期的新开普是当年郑州科技市场里最大的电脑批发商,通过从南方进货到郑州销售获取利润。按照管理层所说,那时的新开普只不过是个"搬运工"。尽管这样,公司的日子倒是非常"滋润",在名不见经传的科技市场里,公司租用了三层楼的办公区,在当时可以说是"大"公司了。然而,公司管理层认为"没有自主核心技术,掌握不了市场和价格的主动权,仅仅做个电脑批发商,是没有出路的"。本着这样的初衷,管理层团队开始思考新开普以后的发展思路。

公司主创人员大都曾在大学求学,他们对大学非常了解,那么,是否能实现科技公司与大学校园的对接,为大学校园提供服务呢?经过考察,大学校园的食堂磁卡收费系统进入了他们的视野。经过深入的调查,主创人员发现大部分学校的食堂都在用饭票作为流通凭证,管理漏洞很大,而且非常不卫生,而磁卡收费系统当时恰好是解决食堂管理问题的最优选择。全国有成千上万所学校、上千万学生,巨大的市场需求和巨大的市场潜力让主创人员眼前一亮,未来公司发展的蓝图已在他们心中悄然绘成。

经过测算,公司在起步阶段至少需要投入上百万研发资金,相对新开普当时的"家底",这可是一个不可能实现的金额。钱从哪里来?管理层一时也没了主意。硬着头皮联系亲戚朋友,话没有说完就被对方借故挂断电话;联系银行信贷经理,一听说是卖电脑的,便没有了下文。种种借钱的窘迫让他们仍记忆犹新。那是他们第一次感到"钱"对公司发展的重要性和紧迫性。

外源走不通,那就从内部想办法:清库存,以优惠的价格尽快处理掉公司的电脑及配件;催收款,加大对货款的催收。一番折腾下来,加上公司以前的积累,勉强凑够30万元,离百万的研发投入还相距甚远。

怎么办？好不容易冒出的火花眼看要被现实无情地浇灭。

后来，团队主创人员和部分员工陆续把多年的积蓄投入公司，这才凑够了起初的百万元研发费用。

半年的辛酸、半年的汗水、半年的废寝忘食，百万资金终于换来了一张小小的"卡片"。该"卡片"首先在郑州工学院投入使用，经过半年的跟踪服务和技术改进，一套优质、先进的餐卡收费系统诞生了。随后，新开普的餐卡收费系统陆续在河南大学及郑州其他高校投入使用，先进的技术水准和完善的售后服务为公司打开了郑州甚至整个河南市场。

餐卡收费系统的研制成功，奠定了新开普公司发展的基础，绘就了公司未来发展的蓝图，新开普公司用一张小小的"卡片"完成从一个电脑批发商到高科技企业的华丽转身，叩响了高科技之门。

三、银行贷款：拓展企业成长空间

有了产品，有了在河南市场成功推广的经验，让人看到了希望。然而，唯有继续开拓全国市场，加快新产品的研发才是新开普的出路。

2001年，公司的市场团队奔赴武汉、上海、南京、西安等城市开拓新的市场，并陆续在部分大中城市设立了办事处。随着市场的开拓以及市场对产品的逐步认可，越来越多的学校开始使用新开普的餐卡收费系统。

每年的6～8月是学校放暑假的时间，也是学校购置设备和进行系统建设最为集中的时间，对新开普来说正是产品需求的旺季。为了满足市场需求，新开普决定采购新的设备进行生产。但是，随之而来的是资金周转再次出现困难。新开普提供的是餐卡收费系统的安装与调试服务，一般需要等待开学之后，系统稳定运行后方能回收全部货款，这就导致新开普公司的回款周期比一般的企业延后3～5个月。因此，每年面临市场的需求旺季，新开普公司都缺乏资金、捉襟见肘，这无疑影响公司进一步快速发展。

资金问题又一次摆在面前，面对日益扩大的市场，资金已成为新开普发展的命脉。

很显然，内源融资已经不能满足公司快速发展的需要，外源融资浮出水面。说起外源融资，人们首先想到找银行，新开普也经历了同样的融资逻辑。然而，银行普遍对大企业"争贷"，而对中小企业"惜贷"。尽管央行的信贷政策鼓励商业银行增加对中小科技企业的贷款，但出于资金安全考虑，各商业银行往往集中力量抓大客户，而不愿向中小科技企业放贷，由此导致商业银行对大企业"锦上添花"有余，而对中小科技企业"雪中送炭"不足。新开普作为一家轻资产中小科技公司，也身处同样的境遇，虽然联系了多家银行，但都未能如愿。

资金问题必须解决，"如何让银行青睐新开普"成为管理层思考的问题。正在一筹莫展的时候，报纸上的一条信息使他眼前一亮，激动不已——"只要前景好，不管大中小"，这是2002年交通银行河南省分行制定的一条新的信贷方针。

公司连夜组织团队召开会议，研究贷款方案，联系交通银行河南省分行，并亲自带领该行负责人参观了新开普的研发中心、生产中心，帮助银行人员了解新开普的办公环境以及研发的各种产品，向他们详细讲解了新开普产品的应用前景和未来发展空间。

功夫不负有心人。新开普靠诚意和研发能力让银行看到了一个高科技中小企业未来的美好前景。最终，双方达成合作协议，交通银行河南省分行向新开普提供贷款400万元。这是新开普从银行融到的第一笔资金，为新开普注入了新的血液。在资金的保障下，2002年新开普又在国内率先研发了非接触式智能"一卡通"系统。

校园"一卡通"系统的研制成功，使新开普在智能卡领域重塑了竞争格局与游戏规则。这不仅为新开普自身开辟了新的蓝海，也为行业树立了新的标杆，从而使新开普开辟了新的盈利增长点，扩展了企业的成长空间。

四、政府基金：实现市场战略转型

2008年，全球金融风暴来袭，郑州的企业也感受到了随之而来的影响，新开普也不例外。如何在金融危机中突围？公司核心层迅速对公司的发展进行谋划，调整了市场战略。在力保扩大校园"一卡通"市场的同时，再攻市民"一卡通"、公交"一卡通"、驾校"一卡通"市场，而这些公共事业服务机构基本不受经济危机影响。

2008年初，新开普拿到了江苏江阴的一个项目，该项目要求将"市民卡"系统与中学校园"学生卡"系统合并，让"市民卡"加载校园"一卡通"的功能。此项目的难度非常大，需要克服较大的技术难题，也需要投入较多资金进行研发。如何解决资金问题？融资问题再一次摆在面前。

2002年河南省软件企业、2003年高新技术认证企业、2004年河南五大软件企业、2004年国家3C认证证书、2004年国家工业产品许可证书、SEI授权的CMMI3级认证证书、国家金卡工程金蚂蚁奖……公司里摆放着数不清的荣誉证书、认证证书和专利证书，这些证书是新开普发展的见证，也代表着新开普的荣誉和实力。

"众里寻他千百度，蓦然回首，那人却在，灯火阑珊处。"这些证书让管理层眼前一亮——为何不利用自身的优势进行融资？

1998年，美籍华人、美国南康涅狄格州立大学教授萧镜如给我国政府写了一封信。萧镜如认为，发展经济应该重视小企业，"大企业不行，小企业行"。他建议中国政府加大对中小企业尤其是科技型中小企业的扶持力度。当时，正值亚洲金融危机爆发，亚洲许多国家的经济遭受重创。在总结危机的教训时，人们发现，在危机中，中小企业发达的新加坡受到的影响较小，而以发展大企业为主的韩国、泰国等则遭受了沉重打击。1999年5月，国务院办公厅转发科学技术部、财政部《关于科技型中小企业技术创新基金的暂行规定的通知》。至此，专为支持科技型中小企业发展的科技型中小企业技术创新基金应运而生。在应对金融危机的过程中，创新基金更是表现出其非凡的作用。

利用自身优势和技术积累积极申请国家科技创新基金，新开普具备这个条件和实力。刻不容缓，公司随即召开内部高管会议，讨论申请国家科技创新基金，并组织力量开始准备申报材料。

2008年，新开普成功申得国家科技型中小企业技术创新基金625万元。这笔资金帮助新开普在关键节点完成了技术攻关，公司最终为江苏省江阴市成功实施了完整的"数字化中学建设方案"，突破了"市民卡"兼做校园"一卡通"的技术难题。

技术创新不但让新开普获得"国家重点支持的高新技术企业""国家火炬计划重点高新技

术企业"等荣誉称号,而且让新开普在金融危机中成功实现市场战略转型。

五、"对决"私募:初尝股权资本的味道

作为高科技型中小企业发展的关键,资金和技术缺一不可。高科技型中小企业的每一次发展和变革,都需要强大的资金支撑。公司必须破解新开普未来融资的难题。

2008年,次贷危机爆发,在世界经济发展放缓的背景下,为稳定经济增长,郑州市政府组织了市内企业负责人会议,并邀请业内大咖献计献策,共商发展大计。"目前,国内货币政策相对宽松,外资基金发展受到抑制,给国内股权投资基金提供了快速发展的空间和机会,国内股权投资基金的发展春天已经来临。"这次会议上某位专家的演讲,给了新开普管理层灵感。

会议结束后,公司,迅速组织相关人员了解关于股权资本的相关情况,并组织相关业内人士进行了专题培训。了解到北京、上海、深圳、江苏是我国股权资本的聚集地后,新开普采取了主动出击的战略。管理层在三个月内北上南下,十进北京金融街、上海陆家嘴金融中心,与北京、上海、深圳、江苏等多家投资基金工作人员进行洽谈。但商谈的结果令人有些失望,国际、国内资本大鳄对新开普的态度更多是不屑与轻视。

后来了解到国联卓成创业投资有限公司成立了信息化股权投资基金,公司派人多次找该公司的负责人洽谈。

最终,新开普和国联卓成达成合作协议,国联卓成投资1 800万元,持有新开普10%的股份。产业资本与股权资本的结合,使新开普"初尝股权资本的味道",新开普这艘高科技大船开始在资本市场的海洋里试水。同时,聚集了科技创新和金融资源的新开普也肩负着引领河南高科技企业走创新发展道路的重任。

引入股权资本之后,新开普着手进行股份制改造。2008年6月,经新开普有限公司股东会决议通过,新开普有限责任公司整体变更为股份有限公司,折股方式为:以截至2007年12月31日经审计的公司资产净值2 745.95万元为基数,拆为2 745万股,每股面值1.00元。2008年5月12日,郑州市工商行政管理局向新开普颁发了《企业法人营业执照》,注册资本2 745万元。新开普股改的顺利进行,为后续开展资本运作奠定了良好的基础。

六、公开上市:资本市场打造领航企业

十年磨一剑,今朝试锋芒。2009年10月30日,伴随着创业板开市钟声的敲响,证监会耗费10年"功力"磨砺而成的"创业板之剑"火热出炉。

创业板市场的开启,为新开普的发展又打开了一扇大门。

"当时争论得非常激烈,随着新三板的扩容,有股东建议在新三板挂牌,有股东建议在创业板上市,也有反对上市的,还有股东认为新开普上不了市,根本没有形成一致意见。上市是很折腾人的过程,还有高管担心以后没有'好日子'过了……"回想起当初在股东会上讨论上市时的情形,公司高管如此感慨道,"这确实考验新开普人的勇气和智慧。"

回想新开普的成长过程,资金一直是其发展的"瓶颈",只有打破科技企业融资难的"魔

咒"，新开普才能扶摇直上，搏击长空。

上市提议最终还是在股东大会上通过了。新开普如愿登陆创业板，公开发行股票，实现进入资本市场的梦想。

新开普的上市历经三年。2009年11月计划上市，2010年12月向证监会申报，2011年7月，历经拼搏奋斗，新开普终于成功登陆资本市场。

比较起来，新开普的上市进程比较顺利，但其背后反映出的是全体新开普人的不懈努力；只有了解了新开普的融资历程、辉煌业绩之后，我们才能深刻理解"水到渠成"四个字的真正内涵。

新开普登陆中国资本市场，约3亿元的募集资金将投向智能"一卡通"整体解决方案技术升级及产业化项目、研发中心升级扩建项目以及营销与客服网络扩建项目。其中，第一项为经营性项目，正常经营年份可实现销售收入19 200万元，年利润总额6 281.60万元，年税后利润5 339.30万元。募集资金投资项目的建设，将提高新开普智能终端机的技术装备水平和生产能力，提高公司的整体研发实力，延伸产品线，加快实现智能"一卡通"系统整体解决方案的技术升级及产业化，保持公司产品和技术在行业内的持续领先，从而更好地开拓智能"一卡通"市场，提升市场份额，为新开普持续稳定发展奠定基础。

七、增发并购：业务拓展和商业模式升级

上市是新开普发展的里程碑，也为新开普发展提供了驱动力。借助资本市场的东风，新开普增加科研投入，不断吸纳新型人才，年复合增长率达到30%以上，荣登《福布斯》2012中国最具潜力100家上市公司榜，获得"金松奖"三项大奖。形成鲜明对比的是，上市之前的新开普面临融资难的窘境；上市以后，新开普内部诞生了数个"亿万富豪"，十几个"千万富豪"。

新开普从一张小小的卡片起家，经过十年的奋斗，成为行业的领军企业，并成为"一卡通"领域首家上市公司。但是，放眼观察就会发现，新开普并没有把业务的旗帜插遍全国，例如，在北京、上海等大城市的市场占有率并不高。近年来，行业的追随者更是不可胜数，行业竞争态势日益加剧，利润率水平呈现下降趋势。固守"一卡通"领域还是开疆扩土、延伸产业链？未来新开普走向何方？一系列的疑问有待破解。在此背景下，公司上市后的首次中高层会议不是为了庆功，而是为了讨论公司的"危机"。

这次会议持续了三天，在三天时间里，大家不再讨论股价的涨跌，不再关注自身财富的变化，而是围绕"忧"与"机"展开充分的研讨和论证，新开普下一个"十年"的发展蓝图逐渐清晰起来。

第一个目标就是深耕"一卡通"领域，逐渐实现向数字校园业务的转型。

战略已经清晰，路径已经明确，新开普又一次吹响了前进的号角。借力资本市场，依靠上市公司的地位，定向增发股票再融资成为新开普的首选。2013年10月，新开普发布非公开发行A股股票预案，并向中国证监会递交定向增发申请，2014年7月，公司收到中国证监会出具的《关于核准新开普电子股份有限公司非公开发行股票的批复》，核准公司非公开发行不超过1 300万股新股，募集资金总额不超过4.05亿元。

定向增发再融资的审核通过，为新开普实施下一步战略计划提供了保障。2014年，新开普以3.2亿元价格收购北京迪科远望科技股份公司㊀的100%股权，巩固了校园"一卡通"市场的龙头地位。2015年新开普以1.9亿元价格收购上海树维信息科技有限公司㊁的100%股权，站稳了华东地区"一卡通"市场，并扩展数字化平台和教务系统业务，为实施"一卡通"业务向数字校园业务转型以及构建完美校园、智慧校园奠定了基础。

一系列并购操作大刀阔斧地推进，新开普归上市公司股东利润实现了质的飞升，2015年、2016年利润同比增长60%以上。通过内生和外延不断对线下校园客户资源进行整合，实现了数字校园产品线和线下客户的延伸和拓展；实现了商业模式的升级，开启O2O移动互联云服务模式，成功开发"完美校园"app，将传统"一卡通"、校园信息化系统与移动互联网深度融合，顺利完成第二个"十年"的第一个目标。

八、筑巢引凤：打造校园新生态

那么，第二个目标呢？

2011年5月26日，对于第三方支付而言，是一个具有里程碑意义的日子，在这一天，央行正式发放首批第三方支付牌照，首批27家第三方支付企业饮到了"头啖汤"，第三方支付自此获得合法地位。这条新闻引起了新开普高层的关注，职业的敏感性告诉他们，这是一块待开发的宝地。

2011年8月5日，还是在公司发展战略研讨会上，公司领导问了大家一个严肃的问题："以后大学校园不用卡了，新开普怎么办？""不用卡了，那用什么？卡不会被替代吧？""可以用手机啊！""手机怎么支付啊？"一石惊起千层浪，一个问题立刻引发了大家的热烈讨论。"大家注意一下两个月前的一则新闻，中国人民银行正式发放第三方支付牌照，这将是第三方支付领域一个新的开始。"公司领导这才解释道，"截止到6月份，全国手机用户将近9亿人，互联网普及率达到42.1%，每年新增网民达到5 000万人，全国在校大学生总规模达到2 500万人，几乎人手一部手机，未来不是'一卡'通天下，而是手机通天下……"这时，很多人才恍然大悟。

"这个市场太大了，我们也努力向手机支付转型吧？""怎么可能？发第三方支付牌照需要严格的条件，目前新开普不具备。""新开普还是深耕校园支付吧！""不如我们借力，与第三方支付公司合作也是一个选项。"会议上，大家你一言我一语，围绕移动支付领域进行热烈的讨论。

头脑风暴过后，新开普第二个"十年"的第二个奋斗目标明朗起来，新开普要加大创新研发力度，实现产品由物质形态的卡片向虚拟校园卡转变，积极与第三方支付公司进行业务合

㊀ 北京迪科远望科技股份有限公司是重点覆盖北京高校的校园"一卡通"企业，当时服务的本科院校达66所，其中包括北京地区的32所高校。

㊁ 上海树维信息科技有限公司是中国教育信息化领域的重要软件供应商和系统集成商，专注于以数字化校园基础平台、综合教务管理平台和校园"一卡通"平台为核心的三大高校信息化解决方案，累计登记在册软件产品20余种，并为国内约200所高校提供产品和服务，包括复旦大学、上海交通大学、同济大学、华东师范大学、南京大学、南方科技大学、电子科技大学、西北工业大学、天津大学、哈尔滨工程大学等著名学府。

作,发展聚合支付业务,打造数字校园新生态。

围绕战略目标,新开普开始精耕细作,悄声布局。截至2016年,校园领域实现营业收入4.99亿元,较上年增长32.09%,高校移动互联服务平台"完美校园"已与国内900多所高校合作,覆盖用户1 000万人。其中,上线注册用户超过600万人,认证用户超过500万人,较2016年实现了翻番。"完美校园"用户平均日活跃度保持在5%~10%,平均周活跃度保持在20%以上,平均月活跃度保持在40%~50%,日活跃用户数量峰值达到58.36万人次、月活跃用户数量峰值达到218.3万人次、日交易笔数峰值达到了29.85万笔,较2015年均实现了翻番。

2019年1月6日,新开普与上海云鑫创业投资有限公司正式达成"战略联姻"。上海云鑫对新开普进行战略投资,成为新开普第二大股东,并以2.5亿元增资新开普控股子公司完美数联(北京)科技有限公司⊖,持股比例为30%。

通过这次合作,双方将结合优质技术与资源,共同开拓创新,用科技赋能教育,助力校园信息化跨越式发展,携手打造校园新生态。至此,新开普第二个"十年"的战略目标全部达成,实现了从"一卡通"研发企业到国内领军的教育信息化综合服务商的转型蜕变,闯出了一条高新技术企业高质量发展的"新蓝海"之路。

九、展望未来:新开普的十年之约

砥砺奋进二十载,栉风沐雨铸辉煌。

第一个"十年",新开普"十年磨一剑",缺少资金、缺乏经验,但是依靠创新和坚守登陆资本市场,成就了国内智能"一卡通"行业龙头地位,改写了智能"一卡通"行业的竞争格局。

第二个"十年",新开普"转型再出发",借助资本市场,通过资本运营,在悄无声息中完成战略布局,摈弃传统与浮躁,足履实地,用一系列极具革命性的创举与发展,闯出中国电子信息行业自我提升、转型发展的"新蓝海"之路。

第三个"十年"呢?新开普如何谱写自己的梦想与传奇?让我们拭目以待⋯⋯

参考文献

[1] 金,莫博涅.蓝海战略[M].吉宓,译.北京:商务印书馆,2005:10-15.
[2] 知行.新开普 推动社会信息化进程的先锋[J].证券导刊,2011(28):73.
[3] 邢英杰.用核心价值观打造高科技上市公司[N].经济视点报,2011-12-29.

⊖ 完美数联(北京)科技有限公司是新开普2018年成立的控股子公司,致力于与学校各个垂直场景深度融合,服务学生的学习生活、校园生活、教育培训、实习就业、社区服务等方面,助力高校提供更优质的生活管理、教学管理、人才成长管理服务,帮助大学生提升校园生活质量,提升就业能力和素质,为高校、企业与社会提供有效的连接平台,成为高校信息化生态共建者。

坚守还是蜕变：
邮储银行"自营+代理"运营模式路在何方[一]

◎ 郭捷 樊非 马超 吕佐付 李舒轩[二]

已经到了晚上九点多，中国邮政储蓄银行（简称邮储银行）L市分行的会议室仍然灯火通明，在会议室中，坐着包括邮储银行L市分行行长、部门总经理、一二级支行行长在内的数十位职工。今晚在这里召开的是邮储银行L市分行年中工作会，会上L市分行行长对上半年的经营成果做了详细介绍，并根据邮储银行A省分行的要求对全行下半年的重点工作进行了部署。此时，L市分行下辖JZ县支行的行长陈某也在会议室内，他知道，年中会议做出的各项工作安排十分重要，关系着全年的运营考核，但此时他却不像以往那样对下半年经营计划十分关注，反而更加注意这些年来在运营管理上暴露的问题。这些年，随着银行业竞争激烈程度的增加，不仅经营压力增大，各商业银行对服务质量、风险控制、工作效率等都提出了更加严格的要求。同时，人民银行、银保监会对商业银行的监管日趋严格，虽然邮储银行的业绩增长速度依然看似很高，但诸如运营成本高、网点投诉率居高不下、业务办理流程冗长等已然成为制约邮储银行发展的重要问题。

一、"继往开来"的发展历程

邮储银行成立于2007年，其历史可以追溯至1919年开办的邮政储金业务。1949年，人民邮政接管当时的邮政储金汇业局，在中国人民银行统一指导下开展工作。1950年，邮政储金汇业局撤销，邮政储蓄改为代理业务，代银行收储个人存款和非经营性质的群众团体存款。

[一] 项目来源：国家民委民族研究一般项目（项目代码：2020-GMB-026）；2020年中央民族大学"铸牢中华民族共同体意识"研究专项项目（项目代码：2020MDZL20）

[二] 作者简介：郭捷，1976年生，女，中央民族大学管理学院副教授；樊非，1993年生，男，中级经济师，硕士研究生；马超，1989年生，男，硕士研究生；吕佐付，1984年生，男，硕士研究生；李舒轩，1994年生，男，硕士研究生。

1953 年，邮政储蓄停办，邮局继续办理汇兑业务。1986 年 3 月，中国人民银行与原邮电部签订《关于开办邮政储蓄的协议》，成立邮电部邮政储汇局，专门办理邮政储蓄业务。当时规定邮政储汇局只能吸收存款，不能办理贷款，而且吸收的存款要全部缴存中国人民银行。直到 2005 年《邮政体制改革方案》出台，提出邮政储汇局在央行的 8 290 亿存款要逐渐转出。2006 年，当时的银监会批复同意邮政储汇局办理贷款业务，至此，邮政储汇局告别"只存不贷"的历史。2007 年 3 月 6 日，中国邮政储蓄银行有限责任公司注册成立，并于次年获准开展对公批发业务，成为全牌照商业银行。2012 年，中国邮政储蓄银行有限责任公司改制成为中国邮政储蓄银行股份有限公司。2016 年 9 月，邮储银行在香港联交所首次公开发行 H 股股票并上市。2019 年 12 月，邮储银行 A 股在上海证券交易所上市交易，完成了"股改—引战—A＋H 股上市"三步走战略。2019 年 2 月，银保监会公布邮储银行的机构类型为"国有大型商业银行"，自此"国有五大行"扩增为"国有六大行"。

截至 2020 年底，邮储银行拥有近 4 万个营业网点，服务个人客户超过 6 亿户，定位为服务"三农"、城乡居民和中小企业，是中国领先的大型零售银行。自成立以来，邮储银行坚持服务实体经济，积极落实国家战略并支持中国现代化经济体系建设，打造线上和线下互联互通、融合并进的金融服务体系，为广大客户提供优质、便捷、高效的综合化金融服务。在服务"三农"的基础上，邮储银行坚持"普之城乡，惠之于民"的理念，在提供普惠金融服务、发展绿色金融、支持精准扶贫等方面，积极履行社会责任。

二、独特的"自营＋代理"运营模式

与其他商业银行采用自营网点运营模式不同，邮储银行自成立起就采用独特的"自营＋代理"运营模式。在这种运营模式下，邮储银行拥有 4 万个营业网点，其中近 3.2 万个网点委托邮政集团公司代理，这些网点大多分布在县及县级以下的乡镇地区，其中 8 000 多个网点是银行自营网点，主要分布在城市及县城地区。邮政企业代理金融网点受银行的委托代办金融业务，包括储蓄、保险、基金、理财、国债、代收代付以及其他一些低风险业务。邮储银行按照市场原则向邮政集团公司支付代办、代理费。邮储银行对代理网点仅有指导监督职责，邮政集团公司则拥有代理网点的设备所有权及人事管理权。目前国内商业银行只有邮储银行采用"自营＋代理"的经营模式，根据邮储银行高层陈述，"自营＋代理"的运营模式有以下几点优势：一是能够充分发挥邮政企业网络优势，人民银行和银保监会多次倡导要打通金融服务"最后一公里"，而邮政集团公司的网点覆盖全国 99% 以上的区域，快递业务与金融业务遍布城乡，这有利于为广大农村地区提供邮政和金融业务；二是可以更好地服务"三农"、城乡居民和中小企业，自成立以来，邮储银行始终立足于城乡地区，开展各类"小微"和"三农"金融服务，而"自营＋代理"的运营模式可以充分发挥网点和人员优势，为更多"小微"客户和"三农"客户提供金融服务；三是有利于银行应对利率市场化和互联网金融的发展，实现一加一大于二的效果。

按照银保监会《中国邮政储蓄银行代理营业机构管理办法》，邮政集团公司和邮储银行签订了相关的委托代理协议，邮储银行每年为邮政集团公司支付代理网点在吸收存款、办理结算以及一些委托邮政营销等基础金融服务方面的费用。在外界最为关心的价格方面，邮储银行采纳了独立第三方推荐的成本加成定价法来确定代理费的价格比例。2009 年确定的这一比例为 1.5% 左右，也就是按代理网点吸收存款总额的 1.5% 左右支付给邮政集团，但近年已逐渐下降。2020 年邮政集团共利用代理网点吸纳存款日均余额约 65 280.59 亿元，代理费率加权平均值为 1.31%，代理费用共计 855.17 亿元。

三、"自营＋代理"：利大于弊还是弊大于利

独特的运营模式为邮储银行带来巨大的发展契机，但随着市场环境的变化以及金融科技的发展，"自营＋代理"的运营模式的弊端逐渐明显。这些弊端在基层层面表现得尤为突出。

"陈行长，已经到 2021 年七月中旬了，你们支行的多项经营指标还没有达到序时进度啊，尤其是营业利润，目前你们还没有达到全年的 60%，如果你们支行没有完成计划的话，对全市分行的影响都是很大的。我详细看了各一级支行的完成情况，基本上都是收入达到了指标，但是利润与指标还是有一点差距的，你们一级支行负责人也要仔细思量一下问题出现在哪里。"在茶水间见到 JZ 县支行陈行长时，参加会议的计划财务部苏总说道。

"还有，最近全行的投诉率都上升了，你们 JZ 县支行以往在客户服务方面做得很好，最近怎么也有越来越多的客户在投诉？上半年你们 JZ 县内邮储银行网点已经有 7 起投诉了，相比往年，这个投诉次数已经很多了。省分行已经多次强调客户服务质量，现在客户投诉率明显上升，就是在往枪口上撞啊！周一的省分行经营分析会上已经专门提出这件事情了，并提出哪家支行投诉率高，直接问责到人，你们也要重视起来啊。"同样在茶水间倒水的运营部门总经理陶总对陈行长说道。

"两位老总啊，你们说的这些问题，我也知道啊，作为一级支行的行长，我比你们还着急啊。利润目标完不成、投诉率居高不下这些都决定着 JZ 县整个一级支行（包含四家二级支行）全体员工的收入，我和刘副行长以及四个二级支行行长已经开过多次分析会了，这些问题背后有着多方面的原因。你们也知道，邮储银行的运营模式是'自营＋代理'，收入来源主要包括负债业务、资产业务、中间业务这几块，虽然这两年在资产业务和中间业务方面较以往有很大发展，但负债业务尤其是存款所带来的收入增长并不明显。你们也知道，虽说 JZ 县网点有 21 家，但自营网点却只有 4 家，另外的 17 家代理网点只办理存取款业务和一些基本的中间业务，如理财、保险、基金等，这些业务带来的收入和利润占总体收入和利润的比例都不到 10%。一方面我们的负债业务（以吸收存款为主）收入增长得并不明显，另外一方面邮储银行支付给邮政集团公司的代理费这项成本却年年增长，再加上息差不断收窄，代理网点吸储所带来的利润更少了。2019 年，全国商业银行平均息差是 1.99%，如果减去邮储银行与邮政集团公司签订的 1.5% 代理费成本，就意味着代理网点吸收存款所带来的利润已经不足 0.5% 了。这也是为什么我们今年目前收入达标，而利润却不达标的原因之一啊。要不是我们今年自营网点资产业务和中间业务发展得较好，带来了较多收入，恐怕我们今年可能连收入指标都完不成。晚上开会前，我也和其他几个县的支行行长聊过了，基本和我们情况差不多，都是运营成本高的问题。我看了去年的财报，邮储银行每年付给集团公司的代理费就占到全行营业支出的一半左右，邮储银行的成本收入比达到 55% 左右，而其他的商业银行成本收入比基本都在 25% 左右。说到底，'自营＋代理'的运营模式虽然给我们带来了一定的收入，但是代理费这一项成本就差不

多给我们提高了 30% 的成本收入比。(2020 年我国各大商业银行成本收入比如表 4-1 所示。)而且你们也知道,我们银行贷款占资产端比重较低,导致资金利用效率很低,2019 年贷款占比 48.92%,2020 年贷款占比 50.34% 左右,而其他五大国有商业银行贷款占比基本达到 85% 以上,这样一方面,其他五大商业银行可以利用存款发放更多贷款来创造更多收入,另外一方面,它们也不需要负担大量闲置成本。邮储银行代理网点虽然创造了近 6.5 万亿元的存款,但创造的利润却微乎其微。虽然银行上层领导也曾想过增加代理网点创造收入和利润的方式,但到现在也没有看到具体的措施。"陈行长面露难色。

表 4-1 2020 年我国各大商业银行成本收入比

机构名称	成本收入比(%)
中国工商银行	22.3
中国建设银行	25.12
中国农业银行	29.23
中国银行	26.73
交通银行	28.29
招商银行	33.30
中国邮政储蓄银行	57.88
兴业银行	24.16
上海浦东发展银行	23.78
中信银行	26.65
中国民生银行	26.19
中国光大银行	26.38
平安银行	29.11
华夏银行	27.93
北京银行	22.07
广发银行	28.86
上海银行	18.93
江苏银行	23.46
浙商银行	25.96
宁波银行	37.96

资料来源:2020 年各大银行年报。

"至于陶总说的这半年投诉率高,大家也了解,人民银行和银保监会只认邮储银行这块招牌,不管是自营还是代理网点,造成的投诉都算到我们银行这里。倒不是'吐槽'代理网点的员工,但你们知道代理网点的员工整体上学历水平较低,经济和金融专业人才更少,这与金融领域专业性强、学历高的要求存在很大差距。此外,他们的绩效考核还是侧重传统的计件方式,这难免会使他们过度追求理财、保险等中间业务产品的售卖数量,而对风险控制、服务质量却不怎么重视,这样的服务方式也就很容易造成投诉。上半年在陪同人民银行的领导对县域内邮储银行网点开展保险、理财双录（录音、录像）检查时，我发现自营网点都能做到合规双录、规范营销。但是在检查代理网点时，发现合规营销意识仍较为淡薄，或多或少存在着一些服务不到位的地方，现在的客户维权意识比较强，因此这些也是很容易造成投诉的。而我们对代理网点没有管理权限，它们也不愿意接受我们的指导，投诉率这里我们也是没办法啊。今年1月8日，银保监会公布了今年的首批罚单。处罚对象包括多家金融机构及相关责任人。在此次处罚中，邮储银行涉及的违法违规行为最多，达26项。7月12日，上海银保监局又公布了邮储银行上海分行、邮储银行上海松江区陈坊桥营业所、邮储银行上海松江区龙源路营业所、邮储银行上海松江区南期昌路营业所存在多项违法违规事实，合计罚款480万元。你们从监管机构的处罚信息就能发现问题了。"陈行长无奈地向两位部门总经理说道。

"虽然说现在一直在提转型，要建立轻型化银行。但是我和其他一级支行负责人在沟通中，都感觉在整体上效果不明显，这点在运营管理中体现得较为明显。当前，我们在不断压降成本，想把成本收入比压降下来，但大力压降成本带来的影响很大。首先，在发展业务上的经费减少了太多，一个二级支行现在一年的业务招待费只有原来的25%左右，这些根本不够用，像我们银行，很多业务都是需要去拜访各类企业，一旦没有经费支持，相互之间的关系就会冷淡很多，市场上的蛋糕就这么大，现在各类金融机构又多，我们表现得不好，人家很容易就把业务交给别的银行去做了，这也是这两年我们业务增长减速的一个原因。其次，一味地压降成本，会使员工在发展个人业务方面有没有积极性。以前用公车私用来作为违规警示，但是现在行里很多员工都是私车公用，为的就是发展出一点业务，但是长时间这样，员工就会有情绪，这样在业务发展上面就存在后劲不足的风险。再次，目前我们银行为了降低成本，取消了很多对客户的优惠，例如本地的城商行和农商银行现在为了发展信用卡和聚合支付等零售业务，对办理并激活使用的客户都给予优惠。而我们呢，都是空手而去，空手而归。针对小企业和公司业务，城商行和其他商业银行要么在额度上提高了，要么在利率上提供优惠。我们单纯凭借陌生拜访，业务很难发展。至于投诉率越来越高，也与部分员工在大堂和外面营销，柜面业务经办人员少、客户等待时间长有关系。虽然转型已经持续几年了，但是在自营网点员工支撑方面不到位，相比其他几家大型商业银行，我们银行每个二级支行的人员真的是很少了。我们县支行下面某个二级支行已经全员上班两个月了，员工们终日忙碌，再碰上带着不满情绪的客户，各种因素加在一起肯定会影响服务质量。与之相反，很多代理网点员工却整日无所事事，这样不平衡的运营模式，造成主要发展业务的员工工作性价比越来越低。相比较而言，大多数代理网点员工的工作压力要比自营网点员工小太多。我之前陪同县人民银行工作人员开展过检查，去过几个代理网点，发现那边不管是客户还是业务量都要比自营网点少太多，这些代理网点没有经营压力，在发展动力方面也就自然少了很多。"陈行长说道。

"至于在业务办理流程方面，我们很多业务的办理流程要比其他银行长，而系统又不能支撑到位，导致我们的效率很低。邮储银行办理一笔公司贷款往往要经过从二级分行、一级分行再到总行的审批，这样一笔贷款办理下来，哪怕是资料全部符合总行审批人员的要求，也要接近一个月才能完成。事实上，这几年我跟进的几笔公司贷款就没有一笔在一个月内完成从申请到发放贷款的流程。至于小企业贷款，有的银行是客户经理受理后提交市分行即可进行审批，而邮储银行要经过市分行的审查审批岗审核后才能提交省分行信贷中心，流程最快也需要额外延长一个多星期。（邮储银行与某商业银行小企业贷款办理流程对比如图4-1所示。）大部分办理个人客户业务的柜面业务系统还是基于 DOS 的逻辑集中系统，各个系统之间没有联动性和互通性。我了解到，民生银行大部分的个人业务，不管是常见的个人柜面业务还是贷款、购买基金等其他业务，都是由一个系统进行办理，银行可以通过一个系统了解客户在银行办理业务的情况及财富情况等，而邮储银行的业务系统和管理系统之间不仅在界面、功能方面大相径庭，就连使用效率也很低，例如 2019 年大力发展 ETC 时所使用的移动展业系统，我们和建设银行一同用移动展业办理，人家办完了六七个，我们一个都还没办好，不仅需要经过主管层层审批，流程过于冗长，连系统服务器的响应速度都很迟缓，这些都让我们的工作效率变得很低！"陈行长边说边皱起眉头。

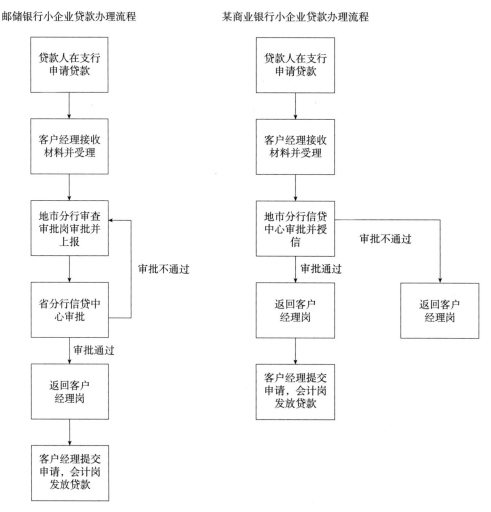

图 4-1　邮储银行与某商业银行小企业贷款办理流程对比

"其实，我们面对的问题并不是单纯压降成本，也不是发展转型，根本问题还是出在我们的运营模式上。邮储银行和别的商业银行不一样，我们 80% 的代理网点只办理简单的储蓄业务和中间业务，每年还要向集团公司缴纳 800 亿元～900 亿元的代理费，留给我们这些真正能发展业务的自营网点的经费支持少得可怜。虽然常说希望通过压降成本和发展转型提高营业收入，但是银行业务的发展还是需要费用、系统、人员等多种因素支撑的。单纯想要依靠这 8 000 多个自营网点的 17 万名员工同其他五大行竞争，实在是太难了。"苏总对两位老同事分析道。（2020年六大国有商业银行的网点与员工数量如图4-2所示。）

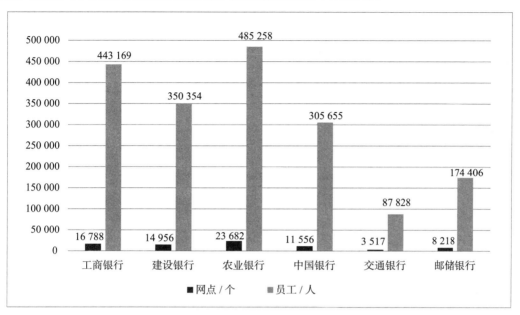

图4-2 2020年六大国有商业银行的网点与员工数量

资料来源：2020年各大银行年报。

"此外，在互联网金融发展之前，商业银行面临的冲击远远没有这么大。回想2015年之前，我们的资产业务和负债业务根本不需要过于操心，居民可选择的金融产品有限，购买渠道也很单一，不像现在，互联网金融科技的发展使可供居民选择的渠道和产品越来越多，导致商业银行不仅要面对银行间的同业竞争，还要与证券、保险、互联网金融公司竞争。另外，现在的互联网金融公司依靠它们的开发技术，所提供的服务更加便捷，效率更高，例如有的网商银行在发放小额和"三农"贷款时，流程比我们更简便，所要求的资料更少，发放的速度也更快，互联网金融的发展也放大了商业银行运营模式成本过高、流程过长的不利影响。"黄总也对两位老同事说道。

"是啊，以前在服务质量方面虽然有要求，但大多都是行业内为了发展，通过高质量的服务来吸引客户。如今，人民银行、银保监局等监管机构对银行的要求也越来越严格了，而且客户的要求也越来越高，懂得通过向监管机构投诉或行内投诉来维护自身权益。就我个人的感觉而言，这些年我们自营网点员工的服务质量真的有很大提升，只不过现在有把投诉看得过重的趋势，以至于不管是否客观有效投诉都记录在案，导致员工越来越压抑。而且，就像刚才陈行长所言，部分代理网点员工的服务态度差，业务素质比较低，部分管理代理网点的县域邮政企业也不重视服务质量和工作效率，导致客户意见较大，造成了很多不必要的投诉，而我们又没有途径要求代理网点员工，使问题无法最终得到解决。"陶总也神色凝重地说道。

四、反思与展望

"毫无疑问，'自营+代理'的运营模式是符合邮储银行的定位和发展需要的，从大环境和行业发展趋势来看,为了解决面临的问题,进一步优化运营模式也是十分必要的。相比其他几家大型商业银行,邮储银行成立时间短、自营网点少、员工业务素质以及系统也不占优势。大量的代理网点可以进一步提高邮储银行的网点覆盖程度,在品牌建设方面有其优势,但是这种模式下运营管理方面的待优化问题也有很多,如运营成本较高、服务质量参差不齐、代理网点创造效益能力低、业务办理流程多、业务系统落后这些问题正亟待解决。"伴随着陈行长的话,在场的三位不禁陷入了沉思。

参考文献

[1] 袁俊,高明乐,王丽霞,等. 新形势下邮储银行网点经营力模型的构建与应用[J]. 邮政研究,2019,35(6):5-8.

[2] 张学文. 以战略思维引领邮储银行转型发展[J]. 中国邮政,2019(7):13-14.

[3] 周颖辉,彭建刚. 论中国邮政储蓄银行的核心竞争力[J]. 软科学,2010,24(9):57-61.

[4] 王正耀,彭琦,田苗. 邮政储蓄改革的变迁与邮政储蓄银行设立的再思考[J]. 金融理论与实践,2006(4):13-16.

[5] 陈晖萌,党均章. 中国邮政储蓄银行综合经营战略[J]. 银行家,2008(3):60-63.

[6] 董玉峰,马丽斌. 邮储银行"自营+代理"经营模式下邮政代理金融可持续发展研究[J]. 海南金融,2015(7):53-56.

益路援昌：
电商品牌官鹅雅兰经营的"天大"故事

◎马向阳　王硕　李艺　等⊖

一、"宕笑风生"，"天大"与宕昌的八载不解之缘

（一）七年"天大"努力，一朝摘帽贫困

2020年11月21日，甘肃省人民政府的官网像往常一样发布了网站公告，却在短时间内让千万人心潮澎湃。公告指出，镇原县、通渭县、岷县、西和县、礼县、临夏县、东乡族自治县以及天津大学（简称天大）定点帮扶的宕昌县符合贫困县退出条件，现批准退出。自2013年到2020年，天津大学先后组成"益路援昌"实践队伍，一直在尽"天大"之力，定点帮扶甘肃陇南宕昌县，做好扶贫这件"天大"的事。七年来，有用"小挂面"铺就致富路的天大选派宕昌县的大寨村第一书记江皓，有把自己的支教情感凝练成《我和百草有个约定》这首歌曲的支教团学生袁超伦……上千名天大人通过干部挂职、暑期实践、下乡支教等多种方式与宕昌这座"千年药乡"血脉相连，前赴后继奔向脱贫攻坚第一线。

2020年，宕昌县摘掉贫困的帽子，向小康更进一步，但是脱贫攻坚的成果还没有得到很好的巩固，宕昌县的长足发展还面临观念落后、资金短缺、技术低下、人才匮乏等诸多问题。因此，2021年，天大与宕昌县结缘的第八载，新组建的"益路援昌"实践队找到新的发展方向，将要书写一个通过电商品牌建设助力乡村振兴新事业发展建立长效机制的故事。

（二）选定官鹅雅兰

经过与宕昌县七年的联系与沟通，天津大学在选择塑造典型案例、培育区域电商品牌、实

⊖ 作者简介：马向阳，1967年生，男，曾任天津大学管理与经济学部工商管理系主任，市场营销系副教授；王硕，1979年生，男，由天津大学派遣甘肃省陇南市宕昌县任挂职副县长；李艺，1989年生，女，天津大学团委"益路援昌"实践队领队。天津大学的杨涵之、吕彤、刘若颜、王媛、张明燕、储海峰也参与了案例撰写工作。

现乡村振兴、巩固脱贫攻坚战成果之时,"官鹅雅兰"以鲜活的形象活跃在天津大学实践队的视野中。"官鹅雅兰"是宕昌县八力乡大东山中药材农民专业合作社最具代表性的品牌之一,其产品主要包含贵妃茶、黄芪茶等药茶结合的次加工产品。"官鹅"二字取自宕昌县素有"小九寨"之称的4A级旅游景区官鹅沟,"雅兰"以及品牌标志(见图5-1)又与贵妃茶产品本身的特质、目标群体以及当地的民俗文化符号十分契合,再加上宕昌县本身就有"千年药乡"的美誉,官鹅雅兰这一品牌所蕴含的意义尽显当地特色。

图 5-1 "官鹅雅兰"品牌标志

二、官鹅佳境,官鹅雅兰的进阶之路

(一)农户初乘扶贫之风

在未曾与天大相识的过去,官鹅雅兰是怎样发展的呢?

官鹅雅兰所在的宕昌县八力乡大东山中药材农民专业合作社成立于 2012 年底,入社农户 506 户,社员 1 156 人,注册资金 766 万元。多年来,在县委、县政府脱贫攻坚政策以及各部门的大力支持下,结合新型农村经营主体的培育及"三变"改革模式㊀,合作社迅速发展壮大,带贫能力逐步提升,本着"以质量铸品牌,以品牌促发展"的理念,注册了蕴东山和官鹅雅兰商标。2015 年,合作社被评为"省级示范合作社",2018 年底,被评为"国家级示范合作社"。

乘扶贫政策之风,官鹅雅兰将乡村振兴落到实处。合作社吸纳贫困户加入,其中 66 户以资金入股,60 户以土地入股,享受股权分红;同时,合作社与贫困人口签订劳务合同 500 份,年提供劳动工作日共计 8 500 多个,实现人均增收 625 元,带动了 126 户贫困户稳定脱贫。

(二)"互联网+"树立电商旗帜

电商为乡村振兴带来了崭新契机,近年来,电商助农激活了宕昌县乡村振兴的一池春水,官鹅雅兰开始开发"网货"产品,多渠道增加效益。合作社开发的"网货"产品"宕昌四宝":贵妃茶、党参茶、黄芪茶、五宝茶,都取得了食品生产和经营许可,并在线上线下销售不同规格包装的黄芪、当归、党参原药及饮片,同时销售宕昌县特产花椒、木耳、香菇、羊肚菌、蕨麻、淫羊藿等产品。线上合作社在阿里巴巴 1688 电商平台设立"大东山合作社"网店,同时开发小程序"官鹅雅兰扶贫商城",还在抖音、快手等短视频网站多渠道宣传地方农特产品;线下合作社在宕昌县城有大东山合作社专卖店一家,在官鹅沟景区内有线上线下体验店一家,同时合作社产品面向超市、土特产店、各大网店批发销售。

㊀ "三变"改革模式是指"资源变股权、资金变股金、农民变股民"改革。

（三）携手突破发展瓶颈

　　天津大学"益路援昌"实践队对官鹅雅兰进行了调研，与合作社理事长温成娃、经理温雅兰就合作社组织架构、农作物种植情况、盈利情况等内容进行了访谈与问卷调研。团队总结归纳出宕昌县以农村合作社或特色产业企业为依托的产业性企业，通过合作社的规模化经营、电子商务的拓展性平台，进一步提高"小农户"与"大市场"之间的对接效率。同时，宕昌县政府也成立了中药材电子商务协会，出台扶持政策和奖励办法，鼓励引导全县龙头企业、专业合作社、药农加强与"中药材天地网""淘宝网""买卖通"等电商平台的合作，带动区域产业转型升级。但同时，这种非专业性的电商企业也存在电商物流成本高、深加工产品电商销量得不到保障等问题。对此，天津大学"益路援昌"实践队团队进行了跨行业、多主题的走访和调研，探寻总结官鹅雅兰遇到的品牌管理问题和相应的解决之道（见图5-2）。

图 5-2　天津大学"益路援昌"实践队走访调研官鹅雅兰农业合作社

三、广走访，寻破题良方

　　天津大学"益路援昌"实践队对以宕昌县八力乡大东山中药材农民专业合作社为代表的一系列中药材与农产品生产加工企业进行了调研，对温雅兰等人进行了重点访谈，针对特色农产品的供货、加工、包装、售卖等一系列管理环节进行了深入探讨，还先后走访了宕昌县八力乡大东山中药材农民专业合作社、甘肃惟真网络科技有限责任公司等14家单位，通过实地考察、访谈调查、问卷调查的方法，聚焦宕昌县区域特色产业发展与产业龙头品牌建设，为当地企业做出产业特色、做准产品定位、做活传播推广开出"良方"，因地制宜推进乡村振兴。

（一）调研企业

　　"益路援昌"实践队对以陇源土特产为代表的一系列中药材与农产品生产加工企业进行调研，针对特色农产品的供货、加工、包装、售卖等一系列环节进行深入探讨。实践队总结出，企业可以采取"现代农业产业园区＋农户""龙头企业＋农民合作社＋农户""产业联盟＋龙头企业＋特色园区＋农户"等方式，联合农户积极建设种植业、畜牧业、农产品加工业产业联合体，带动农民合作社、家庭农场和小农户广泛参与，让农民家产变资产、农户变股东，充分享受乡村振兴红利。同时，为龙头企业提供配套服务，把拉紧利益链条作为产业融合发展的核心，引导产业链上下游各类农业主体组成战略联盟，采取订单保底、股份合作、租赁聘用、反向租赁、多元增收等方式，构建相互配套、功能互补、抱团发展的利益共同体，打造一批关联度高、优势互补、风险共担的融合主体。

（二）调研电商中心

对电商中心的调研数据显示，截至 2020 年 4 月，宕昌县网店达 1 432 家，累计实现销售额超过 10 亿元，已出现"来三斤"电商中心、宕昌县电子商务服务中心等联合性电商平台了。实践队对陇南市宕昌特色产品体验馆、宕昌县电子商务服务中心进行了深入调研，就电商发展情况、营销特点、平台优势、未来规划等问题与相关负责人进行了深入交流探讨，认为未来可以主打"健康品牌走出深山"。在宕昌县电子商务服务中心，实践队与负责人就宕昌县的土特产品、电商发展现状、区域品牌建设进行了讨论交流。实践队了解到，宕昌县经济发展的落后现状与其具备丰富的自然资源形成强烈反差。为了让土特产品产生良好的经济效益，急需发挥电商优势，为宕昌县助农营销按下快进键。

"益路援昌"实践队通过调研，分析了宕昌县电商平台的发展与应用现状，指出了电商直播发展中存在的问题，为巩固脱贫攻坚成果、促进农民致富提供了参考。

（三）调研直播带货网红主播

"益路援昌"实践队走访了甘肃惟真网络科技有限责任公司，与公司的宕昌县网红主播王惟真合作，以"天大援昌，相遇惟真"为主题开展直播销售活动。前期实践队通过对宕昌县当地合作社、企业的深入调查，针对线上直播的特点，从性价比、外观、实用性等多方面，对宕昌县当地的农产品进行选择和搭配，同时制作海报并拍摄视频进行预热，预热推送经"经管学生工作"等多个微信公众号转发。在充分熟悉直播技巧的基础上，于 2021 年 7 月 22 日晚 7 点至晚 10 点进行了天津大学和宕昌县企业的首次联合直播。本次直播取得了良好的销售成绩，观看人数达 1 300 人次，单场收益 3 000 余元，为宕昌县当地的农产品销售扩展了新渠道，树立了新标杆，同时为后期营销赛的开展提供了灵感。

四、深探究，现水源木本

实践队队员们深入的走访没有让人失望，制约官鹅雅兰进一步发展的问题与背后的原因渐渐浮出水面，关键就在于品牌产品自身存在的问题和电商经营模式的瓶颈。

（一）产品特色不够突出，品牌效应尚未显现

一是发展模式单一，靠天吃饭。实践队队员们在走访大东山等农村专业合作社时，发现合作社吸引了不少当地农户参与中药材种植产业，但参与模式却较为原始，基本保持着以家庭为单位的一家一户模式，合作社发挥的凝聚作用和管理作用较为有限，难以形成产业集聚和规模化生产。这种小而散的产业分布也限制了中药材新产品研发水平的提升，不具有引进和装备高水平技术设

备的条件，不少农户在聊天中都反映他们大多靠天吃饭，产品的质量和数量都难以保证。

二是区域同构竞争，中间商侵蚀利益。在针对本地区同类中药材企业和消费市场中药材产品的调查中发现，产品区域同构竞争，产品同质化问题严重。从种植到产品粗加工，最终的一级产品和二级产品没有明显区分，再加上产业链短，导致产品从目标群体到包装均雷同。较短的产业链与过早止步于初级产品，使得产品利润分配不均，大多数合作社农户只能赚到种植的辛苦钱，中间商攫取了大部分利润。

三是优质产品影响力小，品牌知名度低。宕昌县有"千年药乡"的美名，得天独厚的地理位置使得药材品质优秀。但在消费市场和电商平台上，官鹅雅兰以及大多数宕昌县中药材品牌几乎没有知名度。实践队队员们在与其他有优势的同类产品的对比中，发现官鹅雅兰产品的包装设计不到位，未充分体现产品特色和品质，这使其在市场上缺乏吸引力，同时，市场宣传推广也较为有限，品牌知名度与影响力不足。

（二）电子商务服务滞后，生态体系仍需完善

一是电子物流仓储基础设施不完备，运输成本高昂。实践队队员们在与相关企业负责人的深入交流中发现，宕昌县当地电子商务的发展水平与其电子商务的需求不匹配，物流仓储的基础设施亟待完善，运输费用高、运输时间长，无法满足中药材对冷链运输和保险仓储的需求。此外，快递市场的管理秩序也比较混乱。调查发现，80%以上的客户反映物流的质量难以保证，一定程度上降低了客户对电商物流管理的满意度。

二是电子商务生态体系尚未搭建，发展困难重重。目前宕昌县电子商务的发展水平参差不齐，未形成自己独特的经营模式，专业管理水平较低。电子商务规模的不断扩大，造成相关人才需求缺口随之扩大。在调研采访接触中，发现该地合作社农户由于接触的网络信息较少，对"互联网＋"的生产经营理念认识略显不足。该地对于更倾向于外出务工的年轻一代人才吸引力较弱，因此，如何吸引并留住本地电子商务人才是需要思考的重要问题。

为深入挖掘问题，实践队队员进行了企业对电子商务平台及产业感知的主题问卷调查。结果表明，超七成的企业认为电子商务为产品销售带来了诸多便利，带来了新的商务模式，提供了良好的营销渠道，但企业也面临着缺乏电子商务运营经验（80.65%）、没有接受过系统培训（83.87%）等问题。在品牌建设上，70.97%的企业认为缺少相关专业人才，67.74%认为没有适宜的宣传渠道。调查结果显示，该地电子商务人才与知识的缺乏是制约该地电子商务企业发展的重要问题。

五、模式创新突破企业困境

实践队队员们开始思考，可否从品牌经营机理和路径出发，针对造成官鹅雅兰发展处于"瓶颈期"的根本因素，通过品牌营销管理的方法打开治理"黑箱"，依托社交电商新型平台为官鹅雅兰打造一套长效发展新经营模式？

实践队队员们从品牌产品的开发与设计出发，运用品牌定位、品牌长期管理理论与研究方法，探索适合当地实际的电商品牌建设发展路径，通过将理论模型与实际相结合，提出电商直

播带货、定期校企合作组织营销大赛等方案，由此形成一套全面、具体、科学、可复制的长效机制。

（一）"亮化"产业品牌，打造宕昌区域电商品牌名片

官鹅雅兰将品牌建设作为提升综合效益和竞争力的重要抓手，借助其自然资源优势以及地域特色文化优势，实施产品差异化策略，打造特色电商品牌。宕昌县境内拥有适合珍贵药材生长的环境，有"千年药乡""陇上药仓"的美称。官鹅雅兰的品牌定位突出绿色养生，主张生产无工业污染的纯天然健康药材，主打"健康品牌走出深山"价值理念，力争作为龙头企业，建立宕昌县"千年药乡"区域电商品牌。宕昌县还保存有宕昌国遗址和羌藏民族原生态习俗等特色地域文化，官鹅雅兰可以从中提炼地方特色文化元素，通过文化创意开发新产品，构建"宕昌五宝"中药材品牌，将羌藏文化融入产品包装设计，找准产品的"爆点"与"卖点"，融产品的产业特色、地理特点和文化特色于一体，塑造独特的品牌形象。通过提升区域电商品牌价值，打造消费者心目中的特色产品品牌，使"官鹅雅兰"成为宕昌县的领头电商品牌，成为当地人民的致富引擎。

（二）发挥社交优势，实现电商助农

官鹅雅兰继续发挥电商优势，加入中药材电子商务协会，扩大与各电商企业的合作，进一步提高"小农户"与"大市场"之间的对接效率。发展社交电商，构建立体沉浸式营销模式，以直播带货、微信小程序分享等形式吸引消费者，以迅速便捷的产品信息和综合性的服务内容传播方式，为官鹅雅兰品牌吸引更多流量，并形成后续营销的基础——一部分可能在直播过程中实现即时购买，另一部分可能会转化为日后的实际购买者，同时这也为品牌培养大批潜在受众，大大降低获客成本。

官鹅雅兰的直播形式既有职业主播带货，如与宕昌县网红主播王惟真合作，开展主题直播销售活动，又有非职业主播带货，如官鹅雅兰企业负责人温总亲自上阵，现场直播带货，不仅展示、销售产品，还让消费者在直播间看到产品的制作过程、原材料的种植现场等，大大增强参与感。同时，将宕昌县旅游自然资源与直播带货融合，积极展现无工业污染的绿色农产品。官鹅雅兰与天津大学开展合作直播活动如图 5-3 所示。同时，借助社交电商，由传统 B2C 直销转变为电商新零售的 O2O 模式，实现线上与线下相融合的新零售方式，以社交电商为契机，助力宕昌县地区特色产业发展。

图 5-3　天津大学实践队队员与宕昌县网红主播联合直播带货现场

（三）扶贫、扶智共进，培育长效机制

在培育产业品牌和培育电商新业态之后，还应全周期持续性面向当地电商企业和当地合作社农户进行培训和宣讲。借助"乡村振兴营销赛"等项目，官鹅雅兰作为营销赛产品的供应商，一方面实践了新型电商销售模式，另一方面也形成了一套系统有效的品牌营销方案和系统的品牌建设管理培训方案。通过管理培训，企业人员掌握了新型电商销售方式，提升了持续运营品牌的能力，促进了乡村振兴电商品牌新经营模式的发展。

官鹅雅兰与实践队联合，参加天津大学针对宕昌县企业开展的特色营销培训班，对员工开展专业知识与营销管理培训，结合宕昌县地域特色，对电商发展、产品特色构建等方面进行讲解，并将课堂融入中药材产业，实行产教一体化，有针对性地培养当地所需的专业化人才。

六、营销尝试助力药香远扬

2021 年 7 月 27 日，在宕昌县官珠沟景区，"全国高校公益助农营销赛"启动仪式暨云上展销会如期举行。在各级领导、企业代表和天津大学师生的共同见证下，鎏金沙缓缓散落，"全国高校公益助农营销赛"字样慢慢显露，宣告着启动仪式的成功（见图 5-4）。包括官鹅雅兰在内的 10 余家企业进行了现场展销、线上线下融合互推，企业通过直播形式，借助抖音、快手等短视频平台，详细介绍了参赛产品的特点，为营销团队搭建起了接触不同企业与合作社、了解产品信息的桥梁，实现了企业和参赛团队的双向选择。

图 5-4 "全国高校公益助农营销赛"启动仪式现场

该项营销赛事吸引参赛团队超过 60 支，参赛学生人数共计 300 余人，参赛企业 30 余家，企业管理人员 100 余人。营销大赛开放了电商赛道、文旅赛道和美食赛道，也吸引了广大高校

学生深度参与。已完成的线上双选会中，企业和参赛队伍达成合作意向并拟订营销方案，其中，由天津大学2020级MBA学员组成的参赛队伍专门为官鹅雅兰电商品牌设计的蜂蜜产品营销展示方案获得了优异成绩。本次营销大赛还邀请了来自全国学界、业界的专家举办营销讲座系列培训，邀请多家参赛企业的相关工作人员，扶贫、扶智共进，并通过打磨会指导营销活动。

七、官鹅雅兰的发展新方向

官鹅雅兰将发展重点定位在极具潜力的O2O电商模式，通过设置线下直销店，实现全渠道营销，实现由传统线下模式向全渠道经营模式的转变。

O2O作为一种新型电子商务模式，实现了电子商务的线上和线下交易同时进行。官鹅雅兰推进的O2O农产品电子商务能够结合线上订单和线下商务机会，将品牌产品的原产地与销售地紧密联系在一起，简化了流通环节，同时降低了物流成本。在流通过程中出现的信息不对称问题也在一定程度上得到有效解决。与之前的B2C电子商务相比，官鹅雅兰转变后的O2O电子商务经营模式除了会利用互联网宣传自己的商品信息和折扣信息，还增加了实体体验功能，即消费者既能够通过网上下单送货上门，也可以走出家门，前往线下门店实地体验，获得整体的品牌产品和服务。

未来，官鹅雅兰的O2O电子商务模式将会把重点放在实体店面，开设营销赛品牌产品体验馆，只在店面摆放少量产品。通过鼓励消费者在网上提前预订，企业可以及时洞察消费者需求并准备相关产品和服务，避免库存积压和占用资金流，分解供销链，分摊风险和资金压力，大大减少产品损耗，减少农贸产品在温度、存放地点和时效方面的制约性。同时，官鹅雅兰电商也可以专注于旅游、体验等需要现场感受和消费的领域，借助现场销售，增强消费者体验感，结合宕昌县丰富的旅游资源，提高农产品销售数量和经济效益，将官鹅雅兰打造成为一张闪亮的宕昌县电商品牌名片。

益路援昌，电商品牌"官鹅雅兰"经营的"天大"故事还会持续地讲下去。

参考文献

［1］盛雪云．天大教育扶贫实践：拓展智力脱贫空间，化人才优势为内生动力［J］在线学习，2021（7）：58-61，80．

［2］王昕天．宕昌：以合作社撬动电商扶贫［N］．中国城乡金融报，2021-01-13（B03）．

［3］路逸妃．甘肃省农民合作社联合社绩效评价研究［D］．兰州：甘肃农业大学，2020．

［4］姜凝．＂臊子书记＂的电商扶贫探索［N］．天津日报，2018-05-10（1）．

［5］崔俊峰，李锐．基于因子分析的陇南涉农电子商务发展水平评估［J］．电子商务，2017（11）：25-26．

［6］刘辉，后孝贤．宕昌电商的领头羊：记发展中的陇南领军电子商务有限公司［J］．发展，2018（3）：49-50．

［7］卢艳丽，王昱，周琼琼.宕昌县旅游资源特点及开发利用研究［J］.资源开发与市场，2015，31（2）：221-223.

［8］赵娅.宕昌县特色乡村旅游发展现状与对策［J］.甘肃农业，2018（16）：17-22.

［9］刘雪.基于RMP分析的陇南市非物质文化遗产旅游产品开发研究［D］.兰州：西北师范大学，2020.

守一份初心，尽一份责任：
仅一履行企业社会责任的管理理念和管理实践

◎张喆　苏田　谷里虹　吴立平○

张喆教授曾问谷里虹女士："有研究指出，我国的民营企业尤其是地方性民营企业，对企业社会责任的认识不深，承担社会责任的动力不足，您怎么看待这个问题？"

谷里虹答道："这个问题的确存在，但我觉得这不单是企业界的问题。社会各界关注较多的是民营企业社会责任缺失的问题，却往往忽略了对在企业社会责任方面做得很好的榜样民营企业进行研究和宣传，而榜样宣传一向被认为是推进民营企业社会责任建设的一种有效手段。"

她又说："说到榜样企业，我第一个想到仅一，一个地处江苏省丹阳市、主要从事包装服务的民营企业。这家企业对产品的认真，对员工、服务商、配套商、政府的负责，对环境的保护等方面，让我深深震撼。"

这是一次偶然的相约中，作者团队与西安杨森制药有限公司原厂长谷里虹女士的对话。也正是这次对话，打开了对仅一的探索之门。

仅一全称为江苏仅一联合智造有限公司。在网络平台上，仅一似乎显得格外低调，除了通过公司官网，很难再发现与其相关的信息。然而，低调的作风绝不代表该企业对待事业的态度也同样低调。回顾仅一的发展，它始终以善意的执念把对完美的追求做到极致，坚守责任初心，稳步健康地成长。如果说成长是经历一场又一场的人生考试，那么翻阅仅一的考卷，将会看到这样一份精彩的回答。

- 1996年，仅一为上海白猫（集团）有限公司生产了第一条全自动生产线，其单斗充填速度和精度至今未被世界同行超越。

○ 作者简介：张喆，西安交通大学管理学院教授，研究方向为商业伦理和企业社会责任；苏田，西安交通大学管理学院博士研究生，研究方向为企业社会责任和人力资源管理；谷里虹，博士，曾任西安杨森制药有限公司厂长，研究方向为企业社会责任；吴立平，江苏仅一联合智造有限公司总裁。

- 2001年，仅一设备入驻宝洁（中国）有限公司，结束了宝洁不使用中国国产设备的历史。
- 2002年，仅一生产出国内第一套全伺服系统的立式包装机及第一条奶粉充填生产线。
- 2014年，仅一在全国婴幼儿奶粉包装设备领域所占的市场份额超过八成，并在药品包装行业迅速攻城略地，自动化装备王国的版图正在悄然扩张。
- 2017年，仅一公司正式升级为江苏仅一联合智造有限公司，并明确为了赢得更大的市场，必须开放心态，通过联合各方智慧来更好地满足客户日益增加的需求这一理念。

如上所示，仅一自成立以来不断更新技术，并且随着时代的发展和客户需求的变化，由单一发展技术逐渐转向联合多方利益相关者的智慧共同创造价值。作为仅一的总裁，吴立平（以下简称吴总）认为管理应当顺应天道、人性，通过营造"善"、传递"善"来收获"善"。在这种"善道行业"管理理念的引导下，仅一成为当地人口中称颂的好企业，是员工心中像家一样的公司。

不胜枚举的成就，良好的社会声誉，都离不开仅一始终不忘初心、致力于履行社会责任的担当。那么，从履行社会责任之初的懵懵懂懂，到如今的初显成效，仅一人在社会责任实践这条路上到底谱写了怎样一曲华美乐章？推动其成功的关键因素又是什么呢？

一、仅一的企业社会责任管理理念

吴总作为仅一的掌舵者，其一言一行都对仅一的发展有着深远的影响。吴总本人信奉"借物理，顺人性"，这里的"理"指的就是科学、技术、手艺、自然之理。一个人的价值观或者理念的形成往往是一个渐渐完善、慢慢进化的过程，并且受到诸多因素的影响，比如成长的环境、经历的事情、阅读的书籍等。因此，要真正理解吴总的企业社会责任管理理念，还要从其成长经历开始说起。

（一）吴总的坎坷人生

在吴总看来，社会责任就是让自己活得更加有尊严。初听这个理解似乎有些令人诧异，因为尊严在一般的认知中常常被理解为"尊贵庄严"或"可尊敬的或者不容侵犯的身份或地位"，而这些词似乎与社会责任并不沾边。不过，吴总这里谈到的尊严并不是通俗的理解，而是其自身总结出的独到见解。在他看来，尊严是指让自己从与自己有关系的人那里获得被信任、被需要、被尊重、被认可、被关爱、被支持的力量，获得这些之后，该个体就活得很有尊严。他将人与人之间的关系界定为两种：一种是情感关系，包含的对象如父母、爱人、子女、朋友、同学等；另一种是利益关系，包含的对象如员工、客户、政府人员、供应商等。他认为这两者间是相辅相成、相互促进的。首先获得了情感尊严，才能谈得上获得利益相关的尊严；获得了利益相关的尊严，反过来又会直接增加从情感上获得的尊严。那么，吴总为何会如此强调尊严，强调要有尊严地活着呢？这还要从他的成长环境说起。

1. 贫穷激发奋斗之心

吴总出身于一个贫苦的家庭，在他小时候，全家人基本处于吃不饱、穿不暖的境况。在这种物质得不到满足的成长环境中，吴总直到高中毕业体重也才不到 80 斤，可以说是骨瘦如柴。这些痛苦的经历刻骨铭心，迫使吴总开始思考"向死而生的意义所在"。从他开始懂事时就不断探寻"我的生活那么苦，活着是为了什么？生命的意义到底是什么？什么在推动生命的延续？"这些问题。尼采说过，"杀不死我的会使我更强大"，吴总通过长期对上述问题的不断思考，越发感觉到尊严的珍贵，因而立志要"有尊严地活着，做受别人尊敬的人"。

2. 誓做受人尊敬的企业

2000 年初，刚刚带领公司在单斗充填速度和精度等方面取得了重大的技术突破，意气风发的吴总满怀期望，带着公司的最新设备前往德国参展，渴望将业务拓展到海外。展销会会场人声鼎沸，盛况空前，来自世界各地的展品鸟集鳞萃，令人目不暇接。在展品区域，其他国家的展品在展柜上摆放得井井有条，技术和品质也让人眼前一亮、拍手称赞。然而，中国企业商品的展销区则是另外一番景象。展台摆在一个角落，参展企业的展品胡乱摆放。参展商品的箱子被扔在展位旁边的地上，随便用布一挡。更有甚者，一些参展企业的工作人员还拿着盒饭在自己的展位上吃，十分随意。来来往往的厂商、客人用惊疑的眼光看着这些摊位。有些商人甚至近乎诌媚地试图与外国人做生意，损害了自己的尊严。

吴总看在眼里，痛在心里。展销会结束之后，他就在思考，作为一个中国商人，不应该这样做生意，也不应该受到他人如此对待。因而，吴总立志，在做每一件事时都要想着为"中国制造"增光添彩，要做"受人尊敬的企业"，以树立仅一乃至中国企业的良好国际形象。

（二）吴总的企业管理之道

1. 读书与管理之道

吴总是个爱读书、爱思考的企业家，深受大家敬佩，并被大家称作"企业家中的哲学家"。他从不轻易说教，但只要开口必出口成章，且句句均发自肺腑，特别真诚，让人信服。

吴总深信以无言之教来影响他人，包括员工、供应商、客户等，即"行不言之教""润物细无声"。他经常说"用善意激发善意""正念可以吸引本来拥有正念的人"。他做的只是试图唤醒别人的善意，即唤醒员工的善意、唤醒供应商的善意、唤醒客户的善意，等等。正如德国哲学家卡尔·雅斯贝尔斯在其著名作品《什么是教育》中写到的："教育就是一棵树摇动一棵树，一朵云推动一朵云，一个灵魂唤醒另一个灵魂。"仅一没有标语、不喊口号、没有说教，有的仅仅是老板的少说多做、身先士卒。

2. 责任乃发展之基

吴总认为中国民营企业家承担社会责任，无非出于两方面的原因：一方面是让自己的企业变得更好；另一方面就是让自己企业的利益相关者过得更好。在吴总看来，这两方面是相辅相成、不可分割的。企业变好了，企业的利益相关者自然也会受益；而企业的利益相关者好了，自然也会同企业一起创造更大的价值。

著名的管理学家孔茨曾说过："管理就是设计和保持一种良好环境，使人在群体里高效率地完成既定目标的过程。"吴总深受该理念的影响，从自身做起，致力于营造一种富有社会责任感的企业环境。如果员工看到自己所在企业的领导有良好的工作和生活习惯、有和睦的家庭，且以一种可持续发展的方式来经营企业，那么员工自然会看在眼里、想在心里，"同道中人"自然会去跟随效仿，而"道不同的人"不相为谋，自然会选择离开。当客户看到为自己提供产品的企业的领导以一种互惠、关照、"急人所急，想人所想"的方式来对待自己时，那么这些客户自然会具有极大的黏性，成为该企业最忠实的客户。当供应商、经销商看到自己合作的企业的领导以公平、公正、"同呼吸、共命运"的方式来对待自己时，那么这些供应商、经销商自然会自愿地与该企业建立一种长期的合作伙伴关系。当政府看到自己所管辖的企业以一种负责任的方式来运作，及时缴税，解决当地人口的就业问题，坚持"零排放"时，政府自然会竭力为这类企业提供服务和政策支持。由此，通过营造一种具有社会责任意识的企业氛围，构建良性循环系统，可以使企业和各方利益相关者真正实现"共赢"。

二、仅一的企业社会责任管理实践

（一）对发展的责任

改革开放以来，我国中小民营企业得到了长足发展，为我国经济发展、人民生活水平提高做出了极大贡献。然而，在中小民营企业成立之初，往往会遇到一系列严峻的问题，如同行的激烈竞争、融资困难、信用不足、人才匮乏等。为了打破这些困局，中小民营企业不得不在成立之初将自己的精力全部投入企业的经济发展，以此确保在严峻的市场环境中存活下来。仅一在发展之初亦是如此。在成立之初，面对中国制造业普遍陷于低附加值、低质量和产能过剩的处境，吴总认识到"科技兴业"的重要性。他认为，企业发展应该以科技进步和创新来带动其经济增长，进而求得企业的生存与长期可持续发展。因此，仅一在成立之初便确定要走高端和不断创新的路线，通过不断实践，逐渐成长为行业翘楚。

党的十八大以来，中国特色社会主义进入新时代，企业社会责任逐步纳入全面深化改革大局。随着《公司法》《环境保护法》等的修订以及《中共中央　国务院关于营造更好发展环境支持民营企业改革发展的意见》单行本的出版，越来越多的民营企业开始关注履行企业社会责任。现有研究表明，企业行为的合法性有助于帮助其吸引资源和获得利益相关者的持续支持。相应地，如果一个企业缺乏合法性，该企业获取资源进而实现其发展目标的能力就会大大降低。因而，仅一为了实现长期可持续发展和为社会创造更大的价值，一直将诚信奉为处事圭臬，例如真诚对待供应商和客户，坚持合规合法经营。从2017到2019年，仅一连续三年成为江苏省丹阳市纳税总量5 000万元以上且亩均纳税位居前10名的企业。㊀

1. 精益求精，真诚相待

仅一所秉承的"精益求精"的理念在其发展历程中体现得淋漓尽致，也正是这样不断追求

㊀ 资料来源：丹阳翼网.2017年度丹阳优秀纳税企业排行榜，看看有你家公司吗？［EB/OL］.（2018-02-24）［2021-12-20］. https：//www.sohu.com/a/223784455_645355.
丹阳翼网.2018年丹阳市企业纳税总量前20强出来了，快来看看！［EB/OL］.（2019-02-13）［2021-12-20］. https：//www.sohu.com/a/294442604_645355.
参见"丹阳发布"公众号文章《2019年度丹阳企业纳税榜单公布，94家优秀纳税企业受表彰》，2020-04-02。

精品、生产精品的"工匠精神"使得仅一在同行业企业间一马当先。比如，其在上海白猫（集团）有限公司投产的全自动生产线的速度和精度至今未被超越；具有自主知识产权的立式包装机的成功研发帮助其打开乳品、调味品等行业的市场，负压听装充填设备和液态奶自动装箱整线的问世则进一步使其占据乳品包装市场 90% 以上的份额；打破宝洁公司不使用中国国产设备的壁垒，并进一步将多个国际知名品牌（如雀巢、联合利华、花王等）的业务收入囊中；交付 STICK 条状包装生产线，进一步拓宽了其服务行业的范围。在钻研核心技术的同时，仅一也不忘关注客户的需求，真诚对待自己的客户，在 2012 年就做到为客户提供工程设计、设备采购、核心设备设计及制造、现场安装调试及项目管理等全套服务，帮助客户打造"理想工厂"。2017 年以来，随着服务门类和领域的不断拓展，客户层级和服务品质的不断升级，仅仅依靠企业自身的能力和资源难以满足客户对企业不断提出的新的需求，因此，为了赢得更大的市场，必须开放心态，通过联合各方智慧来更好地满足客户日益增加的需求。这些不俗的成就为企业创造了丰厚的经济效益，仅一的人均利润和纳税额均在当地排名靠前。

仅一为什么会从一个小企业走向成功呢？除了上述所谈到的精益求精的"工匠精神"，也离不开其对各方利益相关者的真诚相待。就像其官网页面上的介绍，每一步的发展，源于真诚的付出，仅一确确实实做到了其所说的这一点。仅一始终坚持把产品当作人品，用这种态度为客户做事。从最初把秤做好，到把包装机做好、把输送线做好、把工程做好等，就这样以善意的执念把企业对完美的追求做到极致，让每件作品都赢得客户的信任，而在这背后则是客户、供应商、政府对企业的信任和支持。别人做不好的事交给仅一来做，这是客户对仅一的信任；拿到仅一提供的图纸就能做出高质量的零部件，这是供应商对仅一的信任；仅一需要什么资源，政府就尽力给予支持，这是政府对仅一的信任。这样良性的循环体系使得仅一多年来一直保持着健康、稳定的成长。

2. 赋能员工，鼓励创新

在发展过程中，仅一始终坚持精益求精的"工匠精神"，在不断成长中沉淀出企业创新的三原则，也被称为三个"才去做"：①有信心能做成中国行业内领先的事才去做；②有信心能让同行尊重的事才去做；③别人做不了，做不好的事才去做。此外，在中国 MBA 教育几十年蓬勃发展的影响下，该公司也支持员工接受 MBA 教育，继而将所学贡献于日常经营。

员工往往被认为是企业发展的基础，企业为其提供了发挥的舞台。那么，仅一是如何调动员工的创新热情的呢？企业管理要顺应人性，既然人人都怕风险，那么想要引导员工冒险，就必须处理好责任的问题。公司董事长兼总经理吴立平曾坚定地说："员工不可能承担创新的全部风险，这个风险当然应该由企业来承担。多一百万元、少一百万元对企业来说算得了什么，如果事事让员工负责，那么企业根本无法发展。"

每年新员工加入仅一时，都会收到《欢迎加入仅一》的信函，其中有一句话："在仅一，您不需要对您的过失给公司造成的经济损失承担责任，仅一包容并允许您犯错。"这一条的初衷就是为了鼓励创新。仅一将"只奖不罚"写进劳动合同，营造了宽松的氛围，让研究人员可以无后顾之忧地发挥聪明才智。在这样的组织氛围的引导下，员工积极创新，目前相关领域专利达 300 多项，主导和参与制定了 5 项国家及行业标准。

图 6-1 展示了仅一公司专利墙的一部分。

图 6-1 仅一的专利墙

资料来源：仅一官网。

（二）对社会的责任

企业社会责任是企业履行义务、展现企业社会形象和企业声誉的重要体现形式。仅一始终恪守诚信，致力于为"中国制造"增光添彩。此外，仅一注重打造"家文化"，培养员工优良习惯，为社会培养具有社会责任意识的好公民。

1. **本土企业崛起，扬国人志气**

二三十年前是我们去学习外企的管理经验，可是现在时代已经变了。经过了二三十年的发展，中国本土企业家在摸爬滚打中积累了丰富的管理经验，使得中国成为领先全球的创新枢纽。世界知识产权组织 2020 年 4 月 7 日发表新闻公报称，2019 年中国成为该组织《专利合作条约》框架下国际专利申请量最多的国家。[一] 在中国势不可挡的创新进程中，民营企业成为创新的主体力量，它们纷纷转变营商策略，力争跻身全球创新技术的领导者行列，由"中国制造"升级为"中国智造"。

作为中国加工和包装技术领域的领先供应商，仅一在包装机械高端领域已拥有核心自主知识产权，年产生专利不低于 30 项，是民营企业创新浪潮下"中国智造"的领军者之一。仅一始终坚持在产品生产方面追求高质量，掌握着国内甚至世界包装领域最先进的技术，追求为客户提供最超值的消费体验。对于客户的需求，仅一"绝不轻易说不"，并且"真诚、感恩地服务"。在营销方面，仅一"不推销、无回扣、不打折"，平等地对待所有客户。仅一吴总说"还价"是挑战对方的谈判能力，"还一分就是一分的不真诚，还一万就是一万的不真诚"。因此，仅一科学合理定价，不从中套利。"返璞归真"的核心本质，是"诚信""感恩"。正是这样的创新理念、过硬的技术水平以及走心的待客之道，让宝洁、联合利华、花王等企业成为其客户，使得中国民营企业在世界行业中占据重要位置。

2. **企业好公民，社会好帮手**

（1）小小习惯，大大素养。吴总对企业的餐厅一直很重视，主要是因为他觉得吃饭的过程

[一] 人民网.中国创新能力不断提升.[EB/OL].（2020-04-10）[2021-12-20]. https://baijiahao.baidu.com/s?id=1663533495199178408&wfr=spider&for=pc.

实际上是一个表达素养的过程。因而，从企业刚开始建餐厅的时候，吴总就将其作为公司内部最重点的建设对象之一。他致力于将食堂打造成一个能让员工感受到自由、平等和尊重的重要场所，并期望其最终能发展为员工修炼素养的一个场所。

吴总谈到每当他走进食堂，看到员工的坐姿、吃相都如此优雅时，内心深处充满了成就感。他还相信，员工会将在这里培养的好的行为习惯慢慢地传递给他们的家庭成员，从而带动其整个家庭的改变。因此，吴总一直向很多企业建议，千万不要把餐厅中员工用餐的椅子固定起来，因为固定起来以后，就可能在无形之中培养了员工站起来就走人的习惯。椅子应该设计成可以移动的，这样员工就会养成用餐完将椅子归位的好习惯。虽然只是这样一个微小的用餐习惯，却可以体现员工的素养，并且员工会将这些良好的习惯和素养传递给自己的家人、朋友，从而产生更大的社会效益。图6-2展示了仅一员工餐厅的一角。

图6-2　仅一员工餐厅

（2）学为人师，教学相长。在仅一一号园区设计之初，吴总就提出了"让每个员工都成为老师，让每个员工都做一次讲师，教学相长"的理念。他认为当员工自己掌握了某项知识或者技能时，可能对这些知识有了一定的了解；而当员工把这些知识和技能教给他人的时候，将会对自身有进一步启发。就像是自己照镜子时重新整理衣冠的过程，教别人将使得员工对所掌握的知识和技能有更加深入的理解与体会。

此外，吴总也非常相信体验式教学，因而他有意将园区设计为办公区和车间融为一体，这样，员工可以在做中学，在最大程度上将所学知识应用于管理实践，进而为企业创造更大价值。

（3）以善传善，助人成功。吴总除了乐于培养自己企业的员工之外，还非常乐意支持年轻人创业。他曾谈到，他这一生做得最大的公益事业，就是帮助那些原本能够成功的人成功。因而，每当遇到有困难的创业者时，吴总都会尽可能地为他们提供帮助。比如，他之前遇到了一个做眼科手术器械的创业者。该创业者的母亲患了白内障，为了得到更好的治疗，想使用一种先进的国外一次性眼科手术治疗器械。然而，该器械并没有在国内得到认证。鉴于国外的这种治疗器械相较于国内现有的治疗器械确实存在很大优势,以及想要为大众谋福利的迫切心情,该创业者一心想要获得认证,并将这种器械引入国内,但是缺少运作资金。吴总得知此事后,立即对该创业者的项目进行投资,以推进其事业的发展。

除此之外,仅一一号园区的规划进一步沿袭了吴总"以善传善,助人成功"的理念,鼓励有能力、有抱负的人才在一号园区自主创业。一号园区作为仅一的创业孵化器,给予人才充分的自由,为更多准备创业的年轻人提供了一个展现和实现自我的舞台。图 6-3 是仅一一号园区整体。图 6-4 是仅一一号园区一隅。

图 6-3　仅一一号园区整体

资料来源:仅一官网。

图 6-4　仅一一号园区一隅

资料来源:仅一官网。

综上所述，仅一通过创新技术发展及真诚待客，收获了一批国外客户，为"中国智造"增光添彩。此外，仅一培养员工养成良好的习惯，鼓励员工教学相长，助力有潜力的年轻创业者，从培养"微能量"出发，逐渐影响整个社会，最终创造更大的社会价值。

（三）对环境的责任

近年来，节能减排、实现可持续发展的理念已日渐成为社会共识。在这样的社会大背景下，仅一始终坚守初心，在环保方面可谓做到了极致，就像其一号园区的标语上所写的"零消耗、零排放、零污染、零风险"。仅一的标语并不是说说而已，在其园区中随处可以真切地感受到对这些标语内容的实践。

第一，从园区能耗方面来说，一号园区的运行费用特别低，该园区一个月的总电费（包括生产电费）大概为10万元到12万元之间，而且其中有大约28 000元是变压器的损耗费。另外，取暖或者制冷的费用也很低，每平方米24小时不到0.1元。

第二，就园区管理人员数量而言，6万多平方米的整个园区，共有5个保洁员，8个食堂人员，这在很大程度上减少了企业不必要的开支。此外，整个园区的员工基本上都是自我管理，很多事情都自己包干了。总而言之，园区在最大程度上减少了人、财、物等相关方面不必要的开支。

第三，从控制污染和节约资源的角度来看，仅一可以说是做到了极致。比如，员工进入工厂办公室之前，需要先将鞋擦干净，进而保持地面整洁；利用天然的雨水对厂区中的地毯进行清洗，从而减少了不必要的水资源浪费；将土建剩余的废土建成小山丘，并在上面植树造林，一方面绿化了厂区环境，另一方面也减少了制造企业对环境的污染；把废弃的管道改装成灯具进行废物利用；将厂区的一些垃圾进行科学处理之后用作植物的肥料，尽量不让企业的生活垃圾给社会造成负担。

三、乘风破浪，扬帆远航

从1992年成立至今，一路走来，仅一可谓披荆斩棘、乘风破浪，服务门类和领域不断拓展，客户层级和服务品质也不断升级。如今，面对市场新的挑战和需求，仅一不忘初心，不断践行着"诚信敬业""精益求精"的理念，联合多方智慧共创价值。随着一号园区的落成，仅一更是成为一个满载梦想的舞台、一个充满激情的天地，企业的发展也翻开了新的篇章。仅一，未来可期！

参考文献

[1] GREWATSCH S, KLEINDIENST I. When does it pay to be good？ Moderators and mediators in the corporate sustainability-corporate financial performance relationship：a critical review [J]. Journal of business ethics, 2017, 145（2）：383-416.

[2] VISHWANATHAN P, OOSTERHOUT H, HEUGENS P, et al. Strategic CSR: a concept building meta-analysis [J]. Journal of management studies, 2020, 57 (2): 314-350.

[3] 刘玉焕, 井润田. 企业社会责任能提高财务绩效吗?: 文献综述与理论框架 [J]. 外国经济与管理, 2014, 36 (12): 72-80.

[4] 齐丽云, 李腾飞, 郭亚楠. 企业社会责任对企业声誉影响的实证研究: 基于战略选择的调节作用 [J]. 科研管理, 2017, 38 (7): 117-127.

[5] 张娜, 张剑, 田慧荣. 企业社会责任特征对员工绿色行为的影响: 基于道德决策的机制模型 [J]. 中国人力资源开发, 2021, 38 (3): 33-47.

管理会计信息系统变革中财务人员的
阻力与管理者应对：
鲁花集团的案例分析[一]

◎李鹤尊　孙瑞琦　卢大亮[二]

一、鲁花集团的管理会计信息化历程

2016年6月22日，财政部印发《管理会计基本指引》。2017年10月19日，财政部发布了《关于印发〈管理会计应用指引第100号——战略管理〉等22项管理会计应用指引的通知》。其中，《管理会计应用指引第802号——管理会计信息系统应用指引》专门针对管理会计信息系统的应用原则、应用环境、建设和应用程序、系统模块等进行了介绍，突出了管理会计信息系统在成本管理、预算管理、绩效管理、投资管理和管理会计报告等工作中的关键作用。根据调研发现，企业在管理会计变革过程中往往伴随着管理会计信息系统的变革。企业通过对信息系统的整合，实现系统集成、数据共享，使财务和业务信息系统紧密结合；实现信息的集中统一管理及从财务和业务信息到管理会计信息的自动生成；通过统一的规则和标准，实现数据的一次采集、全程共享，避免产生信息孤岛，保障系统的正常运行并确保信息的安全性、保密性、完整性。在MBA教学中介绍管理会计信息系统变革案例，有助于学员了解变革过程中的问题和解决之道，从而有助于他们在自己的单位搭建或升级管理会计信息系统，并在实务中管控变革。

鲁花集团是农业产业化国家重点龙头企业，自2005年开始管理会计信息系统建设进程。鲁花集团在信息化过程中遇到了各种各样的问题，通过对其管理会计信息系统变革过程进行分析，可以从中总结管理会计信息系统变革的经验，对企业今后的管理会计变革有所助益。本项目通过对鲁花集团管理层进行访谈以及对内部文字档案进行研究，发现鲁花集团在管理会计信息系统变革中遇到了很多问题，主要包括信息系统数据不准确使财务人员产生了困惑，对改变

[一] 本文受北京邮电大学中央高校基本科研业务费专项资金资助（项目编号：2020RC30）。

[二] 作者简介：李鹤尊，1992年生，男，北京邮电大学经济管理学院讲师；孙瑞琦，1992年生，男，首都经济贸易大学会计学院讲师；卢大亮，2001年生，男，北京邮电大学经济管理学院本科生。

的排斥导致信息化推行困难，操作复杂导致财务人员和部分管理层对信息系统产生排斥以及技术原因导致信息系统在月底时性能下降、速度慢等。

本文基于财务人员的阻力和管理者应对两方面，从鲁花集团管理会计信息系统变革中提出三点推论，即信息系统变革过程中增加的工作量会增加财务人员对变革的抵触情绪，从而增大变革阻力；领导者的权威有助于促使财务人员接受变革过程中增加的工作量；及时沟通信息化项目进展的信息能够缓解财务人员的抵触情绪。

本文采用单案例研究方法，通过对鲁花集团信息化建设过程进行梳理和对相关人员的访谈进行分析，探索管理会计信息系统变革过程中遇到的阻力以及管理者的应对方法，尤其关注在此过程中财务人员的抵触情绪。罗伯特·K. 殷（2004）在《案例研究：设计与方法》一书中指出，案例研究的证据可以从不同渠道获得，包括相关档案文件、会议记录、访谈、观察等不同方式。同时，根据三角互证法的原则，从多种来源收集案例相关资料，包括鲁花集团管理会计信息系统构建过程的说明、鲁花集团内部文件资料、互联网公开资料、内外部人员采访等多种来源。多角度的资料来源使本案例的分析更加具有说服力。本文对案例资料和数据的处理借鉴了 Strauss（1987）的扎根理论，指出了鲁花集团建设管理会计信息系统过程中遇到的阻力及管理者的应对方法，并结合扎根理论的方法对其进行总结和讨论。

本研究可能的贡献在于：①从微观的角度研究组织变革中财务人员的变革阻力和管理者的应对方法，为我国企业管理会计信息系统变革中遇到的财务人员阻力以及管理者应对提供可能的解释；②研究构建了鲁花集团管理会计变革的分析框架；③研究也为管理者提供了关于"瀑布式"管理变革和推进信息化建设的管理启示。

二、相关文献回顾与理论基础概述

如何有效地落实组织的变革成果是组织变革研究一直以来关注的问题。基于宏观、系统层面研究组织变革的情景、内容、过程和效果等很难指导管理组织变革的实践。学者逐渐认识到必须从组织的微观、个体层面研究影响组织变革的因素。而管理会计变革一直是管理会计领域的研究热点之一，Burns 和 Scapens（2000）按照不同的分类依据将管理会计变革分为正式型和非正式型、革命型和进化型、前进型和倒退型三组不同的变革模式。Cobb 等（1995）提出的会计变革模型认为促进因素、催化因素和工具设备等构成了会计变革的动力，领导者想要实施这一变革，当变革的动力能够突破变革的阻碍时，变革就会发生。Kasurinen（2002）以 Cobb 等（1995）为基础，提出了修正的管理会计变革模型，即驱动因素、辅助因素和催化因素等构成了变革的动力，惯性和领导者会对变革的动力产生影响，当变革的动力能够突破困惑者、阻碍者和延缓者的阻挠时，管理会计变革就会发生。

全球化时代的管理会计变革面临外部环境不确定性等六个权变因素（王斌，2014）。Kasurinen（2002）研究了一家大型制造业公司实施平衡计分卡的失败变革，并将变革失败的原因归结于机械式文化，即企业内部文化和新的管理会计制度之间出现冲突而导致的功能变异。Wouters 和 Wilderom（2008）通过一项纵向实地调查研究发现，当企业使用充分调动员工积极性的方式设计绩效评价指标时，相比高压和强制的方式更加容易变革成功。苏慧文（2001）在深入调查海尔管理创新系统的基础上，就海尔市场链与业务流程再造的经验进行了总结和实证研究。周守华和张敬峰（2006）认为基于企业核心竞争力的财务管理变革与企业战略管理具有理论一致性和实践一体性，代表了企业管理与财务管理发展的新趋势。汤谷良等（2010）以海尔集团的 SBU 制度为对象，采用实地调研、描述性案例研究方法，在理论文献分析的基础上剖析了海尔集团的 SBU 制度"过程化"的五个内容要点，诠释了它作为一个管理控制系统在概念、体制创新、管理整合方面对西方 SBU 制度的扬弃，揭示了海尔集团这类中国企业在战略实施、运营管理、流程组织、员工激励计划等方面对管理控制理论研究的贡献和对管理实践的示范效应。周琳等（2012）基于由指示、实施、反复和制度化组成的变革路径，提出了由采纳、准备、实施、整合四个步骤组成的变革模型，将案例企业的管理会计变革定义为正式的、前进式的、进化式的变革。李英（2014）认为推动我国会计变革既是时代发展的需要，也有利于实现国家治理现代化。戴璐和汤谷良（2014）引入吸收能力理论，分析了外资与国有商业银行之间的管理知识传授特征、传授内容对我国企业管理会计变革产生的影响。戴璐和支晓强（2015）基于一项实地调查，提出了国有企业引入西方管理会计方法后出现的排斥效应并分析了产生排斥效应的原因，最终提出两种不同的后续变革措施；戴璐和支晓强（2017）在此基础上分析了制度环境对排斥效应产生的影响，提出了由识别评价、消化应用、后续变革三部分组成的变革路径。

此后学者们调查研究发现，增强信息系统的整合会促进预算的程序公平，最终提升企业的财务和非财务业绩，也有学者基于行动者网络理论讨论了政府、会计职业组织作为行动者对管理会计变革的影响。

三、鲁花集团与管理会计信息系统的共同成长

（一）基本情况

山东鲁花集团有限公司的前身是 1986 年 9 月创立的莱阳鲁花植物油厂，经过多年的发展，现在已经成长为年销售收入 400 多亿元、食用油年生产能力 150 万吨、调味品年生产能力 30 万吨的农业产业化国家重点龙头企业。⊖ 鲁花集团现有 47 个生产基地、268 家销售分公司，经销商遍布全国各地。公司的快速发展也带动了管理的变革以及对管理会计信息系统的需求。

（二）管理会计信息系统的实施进程

2005 年 3 月，鲁花集团信息化建设项目正式启动。2005 年 11 月 7 日，鲁花集团 ERP 项目正式敲定，鲁花集团与浪潮集团签订战略合作协议，由浪潮集团负责实施鲁花的集团信息化项目，内容包括集团财务、集团物流、决策支持、移动商务、办公自动化、人力资源、生产流程、成本、预算、客户关系的管理等。

鲁花信息化项目共分为三期，一期项目于 2006 年开始实施，主要包括集团财务、集团物流等系统。2006 年 7 月，在鲁花信息化一期项目（集团财务和物流）系统切换最艰难的时候，董事长孙孟全对全体财务人员做出了"大力推进信息化，保证集团资产安全"的重要讲话，在

⊖ 根据鲁花集团 2021 年统计数据整理得出。

各个方面强有力地推动了信息化的进程，使系统实施能够顺利进行。一期项目验收后，浪潮集团对退货记账问题、商贸公司账套运行问题、自动计算成本问题、日常提出的程序错误和系统优化问题等及时响应，积极处理，在双方的共同努力下，鲁花的集团财务和物流系统实现稳定运行。

从 2007 年 5 月开始，鲁花集团在一期项目的基础上，实施了决策支持、集团采购管理、信用额度管理等的信息化，内容涵盖了销售分析、库存分析、出仓分析、经营分析、财务分析、日报等。其中包含：分厂、分公司的分析报告 3 项；经营分析统计表 15 项；日报分析 7 项；财务分析 8 项；业务类查询分析 14 项；预警雷达（集团＋7 个大区）；手机短信预警和提醒 3 类（原料采购、超信贷客户、特殊发货申请审批）。通过不断地进行系统改进，加强了总部监控，加强了资产安全管理。二期项目实施期间，还对一期项目未完成的采购、信贷等模块进行了完善。

在此基础上，2007 年，鲁花集团实施了商务智能、办公自动化、人力资源信息化管理系统，2011 年实施了移动商务、产品追溯系统，2012 年实施了生产成本管理系统、全面预算系统，2017 年续签了 CRM 系统。

在浪潮"大数据重构企业智慧"全国巡展济南站，鲁花集团信息化负责人回顾了鲁花集团的信息化之路。

"浪潮系统与鲁花集团信息化项目反复磨合，双方都得到了相当大的提升，现如今，浪潮系统的许多功能是不少国内同业软件所不具备的，特别是在三方寄售、快速合并会计报表等功能方面，浪潮系统居于全国领先位置。以浪潮系统为平台，鲁花集团建立起了事前预警、过程控制、事后监督的内部制约机制。浪潮 ERP 系统的'业务协同'使分公司要货、分厂发货、分公司收货、开发票、结款实现了业务环环相扣，实现了相互制约、流程固化、过程控制的控制机制。产品追索系统以最少的投资，将产品的瓶码、箱码与产品一起带到仓库，发到分公司或重点经销商处，对规范市场管理、防窜货以及防假冒商品发挥了重要作用。"

（三）管理会计信息系统的实施成果

鲁花集团通过实施浪潮 ERP 系统，基本实现了全面、全过程、全员的信息化覆盖，利用浪潮 ERP 建立起了集团管控体系和风险预警体系，实现了业务核算、统计核算、会计核算准确及时，企业管理绩效大幅提高，为经营决策提供了数据保障。

鲁花集团信息化负责人在系统成功应用后对浪潮的集团财务系统赞不绝口："不管是国外的软件还是国内的软件，从会计的角度或者业务的角度来讲，基本上就是处理 6 种单据——销售发票、采购发票、入库单、出库单、税款单、付款单，这 6 种单据加上财务凭证，我称之为'6＋1'。在这方面浪潮的软件不比国外差，比如核算会计报表，鲁花的会计报表是四级合并，过去财务部门几个人要忙活大半个月，现在如果是 31 号结账，次月 3 号上午 8 点就将合并会计报表和报告给董事长呈上去了。如果要求分公司 31 号结账，那么次月 1 号下午 4 点全国的分公司就能全部完成结账；生产商有成本核算，延迟一天，2 号下午，生产厂就完成了。我原来看了一个报道，有一个规模相近的国内大公司，用的管理软件很先进，速度很快，每月 6 号就能出报表，而我用浪潮的系统合并报表 10 分钟就能完成，都是自动生成的。所以，浪潮完全能和国外的软件抗衡。"

四、鲁花集团管理会计信息系统变革的详细分析

（一）鲁花集团管理会计信息系统变革的分析框架

1. 管理会计信息系统变革的动力

（1）驱动因素：管理复杂化和对内控的需求。鲁花集团是一个实行集中化管理模式的集团企业，通过集团下设的生产部、保障部、财务部、商务部、市场部和集团办公室，从生产、采购、销售、财务、人力资源等方面实现对下属生产性企业和经营性公司的集中化管理，建立统一政策和管理规范，实现对下属企业的业务管理、监督、控制、调整，实现集团各企业之间的业务协同，实现集团资源整合，发挥集团利益最大化。但以前这种集中管理是基于手工管理方式的，对地理位置的远近、管理者的敬业精神、分支机构规模、员工的忠诚度有较高的依赖性。随着企业的规模越做越大，基于手工管理方式的集中管理开始力不从心。由于企业的分支机构大量增多且规模迅速膨胀，管理者已无法再凭借自己的敬业精神深入全面地对企业进行集中化管理。即使向下进行授权，解决的也只是一线的效率问题，对企业整体运行的风险与成本管理并无改进。不仅如此，由于鲁花的销售实行的是集团、销售总公司、各地分公司、各地办事处＋生产分厂"4＋1"的业务管理体系，大部分业务的运作过程，往往会涉及企业内的多个实体、多个部门、多个岗位的协作。但鲁花集团以前采用的信息系统是由不同的软件供应商提供的，系统之间不能集成应用，并不能支持整个集团的集中管理与业务协同。随着鲁花的快速发展，这种孤岛式的信息化影响了鲁花集团整体运营的效率与成本。

2006年，鲁花集团的层级管理能力还处于相对落后的阶段，对分公司的管理主要通过按时利用传真和电话收集各种报表或批复请示的方式进行。这样的沟通方式存在很大的弊端，一方面，通过这种管理方式得到的数据都是严重滞后的，使总公司对市场的反应相对迟缓；另一方面，公司领导对实际执行情况无法落实，造成了事实上的管理漏洞。随着鲁花集团销售规模的增长，对异地物流和资金流的管理难度也随之加大，异地物流、库存、应收账款等方面的管理问题，均是令CFO头疼不已的"黑暗角落"。

对此，鲁花集团信息化负责人表示："所谓'上面千条线，下面一根针'，我觉得还是应该针对漏洞，着手将财务管理的重点放在内部监督机制的制约上，让内控发挥作用。"

（2）辅助因素：浪潮集团的支持。鲁花集团在推行信息化的过程中，选择了浪潮集团作为其信息化的提供商，浪潮集团在鲁花集团信息化过程中起到了很重要的支持作用。比如，在决策支持的短信功能实施过程中，由于短信息技术的限制，一条短信不能超过140个字符（70个汉字），为解决这个问题，浪潮集团通过浪潮通信信息系统有限公司与移动公司的关系，积极协调中国移动通信等公司成功处理了长短信的问题，例如能使一条花生米的采购信息在一条短信中呈现，方便了领导浏览。

短信平台、网银接口、商贸公司建立后，需求变更等带来的开发和实施工作任务繁重，按双方的约定，这些工作浪潮集团都应该收费，但是考虑到双方的战略合作伙伴关系，浪潮集团一直没有收费，并积极落实软件开发和实施工作。浪潮集团希望双方建立战略合作伙伴关系、密切合作、共同努力，把鲁花集团信息化项目建设成为国内一流的信息化应用典范，达到鲁花集团的信息化建设目标。

（3）催化因素：例会、培训及奖励机制。已有研究表明，培训是影响管理会计成功变革的重要因素。Anderson（1995）研究发现，培训在发起、采纳、适用和接受四个阶段都有积极的作用。信息化实施过程中，鲁花集团主管集团财务和 IT 的一位高管领导实施团队作战，通过责任制考核明确责任以及定期/不定期召开项目例会和项目分析会，保证了项目的推进，实施方法大胆创新，重视培训和推广，有效地保障了系统对集团业务的支撑。当员工对改变的排斥导致信息化推行困难时，鲁花集团一位高管则通过加强宣传引导、设立奖励措施等机制，推动领导层和全体员工使用好新系统。

（4）惯性：财务管理软件的长期应用。管理会计变革成功的重要条件就是在信息化过程中形成新的规则和惯例，并在企业的长期实践过程中使员工真正接受，将信息化的理念灌输到员工的头脑中。1999 年下半年，鲁花集团就希望能够借助信息化来提升企业自身的实力。经过了近半年的考察和调研，鲁花集团 2000 年正式决定上马应用管理软件，当时的 IT 总投入为 27 万元，集团引入了我国台湾地区的一项应用软件产品。随着产量的增加、生产规模的扩大，原有应用管理软件的不足也暴露出来，鲁花集团领导决定对现有 IT 管理软件进行升级。经过市场调研之后，鲁花集团在 2003 年选择了国内另一家应用管理软件厂商的产品，总体费用达到了 100 万元。与老系统相比，此套管理软件能够更好地对异地分公司进行实时管理。

（5）领导者："一把手"的支持。在信息化过程中得到了董事长的支持，遇到问题，管理层积极采取措施解决问题，缓解矛盾，使信息化得以实施。研究表明，高层管理者的支持是管理会计变革成功的重要因素之一。比如，在鲁花集团信息化进行到是前进还是后退的最艰难的决策时刻，董事长孙孟全发布了关于"信息化是鲁花战略决策的重要组成部分"的讲话，统一了鲁花集团各级领导及实施队伍的思想，这次讲话在鲁花集团信息化项目的实施过程中起到了关键性的作用。

2. 管理会计信息系统变革的阻力

（1）困惑：信息系统数据不准确。有的员工反映鲁花集团系统的数据存在不准确现象。在一期系统实施前期，由于鲁花集团特殊的集团内部委托代销管理模式，浪潮集团在程序上做了定制开发实现，在开发调试过程中出现了数据不准确的情况，而且历史遗留原因或四舍五入尾差也会产生数据不准确的现象。另外，某些费用会根据鲁花集团的管理需要分摊到某些公司，采用的方法不一定合理，造成从软件中查询到的这些公司的利润表等报表和实际经营情况有偏差，这类情况也会引起系统数据不准确。

对此，鲁花集团管理层将发现的数据问题及时反馈给浪潮集团维护人员，并不断跟踪和修正个别数据问题；在鲁花集团内部对费用进行合理分摊，并做好说明，避免影响个别分公司利润表等报表的准确性；规范管理，要求操作人员及时录入单据，避免信息滞后引起数据不准确。

（2）抵触：财务人员的抵触。首先，对改变的排斥导致信息化推行困难。改变任何习惯都不是轻而易举的。员工对鲁花集团原有的 DRP 系统各环节操作已经形成习惯，尤其是财务体系。新系统上线之后，不仅各个环节的员工要重新熟悉操作方法，领导层也需要运用新系统去实现管理职能。同时，系统上线后会对管理职责进行再次划分，部门内、部门间的职责会有一些变化，很可能会引起一部分人的抵触情绪。再次，信息化的实施会带来企业组织结构或人员上的调整，也可能会出现人员流动，引发一些人的看法和意见。

对此，一位高管针对推行上的困难，一方面，从企业发展的角度给员工做工作，同时运用行政手段，制定奖励措施；另一方面，积极说服、动员领导层带头使用好新系统，同时加强宣传，树立形象。

2006年1月至8月是鲁花集团新旧两套系统的过渡阶段。经过快速磨合之后，鲁花集团的财务运营管理实现了一体化，建立了"异地商务、集中管理"的信息管理系统和业务平台，集团可以对全国50多家分公司的账务和业务进行及时监控，并实现业务的高度协同。正如一位高管所说："信息化涵盖企业的财务、生产、仓储、销售、采购等各个方面，受传统因素的影响，抵触与排斥在所难免，这也是ERP实施后失败频发的一个重要原因。"

操作复杂导致财务人员和部分管理层对信息系统产生排斥。"2005年10月去鲁花集团搞信息化，2006年1月浪潮集团的信息系统上线，3月系统初始化。一位高管曾说，'不能让这些财务人员陪着浪潮集团玩了，我看着都心疼'。2006年7月左右我们遇到难题。当时一位高管发放了调查表，调查了200~300位财务人员，没几个人说信息化好。"鲁花集团信息化负责人说。

鲁花集团原来的系统是由各公司单体应用，整个集团是分散的，因此在整个鲁花集团内存在"信息不共享、不同步"的情况。浪潮集团ERP是从纵向上把单个公司的财务和业务集成起来，从横向上把分公司间的业务协同起来，实现了信息共享。由原来各公司业务自己处理，形成多个信息孤岛，到现在多个公司协同处理业务，信息共享，部分业务流程加长是必然的。当然，若要使流程像原来那样简单，软件的开发和实施方更乐于接受，因为那样开发和实施就简单多了，浪潮集团在鲁花集团信息化上的投入成本会低很多，但是这不符合鲁花集团信息化建设的初衷和信息化管理的要求。这样做，各单位的操作虽然简单了，但是集团层面不好协同，集团汇总和监管就更难了。浪潮集团希望通过软件优化和规范客户的流程，提升客户管理水平，这样在信息化道路上才能跟客户同心，才能真正做客户信赖的IT供应商和服务商，才能同鲁花集团成为名副其实的战略合作伙伴。

对此，鲁花集团管理层提出：鲁花集团对不熟悉业务流程或不了解如何优化流程提升企业管理水平的人员进行培训，并规范软件操作和业务流程；结合鲁花集团的实际需要优化流程，使业务和流程更适合鲁花集团的实际情况和战略管理需要。

（3）延缓：技术原因导致信息系统月底性能下降、速度慢。自2007年5月，由于系统使用人员增加，并且月底结账时长由原来的十几天缩短到现在的两三天，因此月底集中结账使设备的负载率长时间达到100%，导致月底速度慢的问题越来越突出，而过了月底就恢复正常。

对此，浪潮集团一方面进行软件程序优化，另一方面建议合理安排工作时间，避免月底同时结账造成网络和服务器阻塞。

尽管增加设备投资也是解决问题的一个方法，但浪潮集团为了客户的利益，没有建议鲁花集团买新设备，而是持续对性能问题进行跟踪和优化。针对鲁花集团数据量大、月底成本计算集中的业务情况，浪潮集团投入开发力量，专门开发了集团服务器在月底自动计算成本的功能（这在国内也是首创），成本计算在0点以后自动进行，大大缓解了大量数据集中处理造成系统性能降低的情况。

结合上述分析，根据Kasurinen（2002）的模型，本文构建了鲁花集团管理会计信息系统变革分析框架，如图7-1所示。

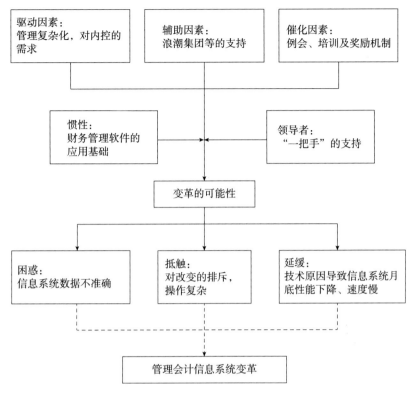

图 7-1 鲁花集团管理会计信息系统变革分析框架

（二）基于案例的推论

如何有效地落实组织的变革成果是组织变革研究一直以来关注的方向。基于宏观、系统层面研究组织变革的情景、内容、过程和效果等很难指导管理组织变革的实践。学者逐渐认识到必须从组织的微观、个体层面研究影响组织变革的因素。在管理会计信息系统变革的过程中，受到冲击最大的就是企业的财务人员，因此了解财务人员在变革中的阻力和管理者应对，对管理变革的成功意义重大。

Terry 等（2000）提出的员工组织变革适应模型指出，员工对组织变革的反应主要由变革事件本身的特征以及员工对变革的应对性资源两方面引起。变革事件影响的范围和程度会对员工对变革的反应产生较大的影响，变革影响的范围越大、程度越深，往往受到的抵触就越大。管理者更加关心组织变革中员工对变革本身的反应以及员工与组织的关系变化。Fedor 等（2006）研究了 32 个不同的组织中变革结果对员工变革承诺的影响，当变革结果更为有利时，员工的变革承诺水平更高。Oreg（2006）通过一个组织变革的阻力模型，研究了阻力因素与员工个性、组织情境、与工作相关的结果之间的关系，发现人格和情境都与员工对大规模组织变革的态度显著相关，这些态度又与员工的工作满意度、组织承诺和离职意愿显著相关。Chawla 等（2004）发现并购过程中的变革结果同样会对员工对变革的反应产生影响，变革的结果对员工是否有利，是其考虑对变革做出何种反应的关键影响因素。Peccei 等（2011）通过对意大利地区经历过比较激进的组织变革的 300 名管理者进行研究，发现变革的有利性能够降低管理者对变革的抵触情绪。

在鲁花集团管理会计信息系统的构建过程中，管理会计信息系统最初阶段的运用导致大部分财务人员不适应。如前所述，在一期系统实施前期，由于鲁花特殊的集团内部委托代销管理模式，浪潮集团在程序上做了定制开发实现，在开发调试过程中出现了数据不准确的情况，而且历史遗留原因或四舍五入尾差也会产生数据不准确的现象。另外，某些费用会根据鲁花的管理需要分摊到某些公司，采用的方法不一定合理，造成从软件中查询到的这些公司的利润表等报表跟实际经营情况有偏差，这类情况也会引起系统数据不准确。数据不准确需要人工进行调试，无形中又增加了财务人员的工作量，导致财务人员的抵触情绪较大。因此，我们提出本文的第一个推论。

推论1：信息系统变革过程中增加的工作量会增加财务人员对变革的抵触情绪，从而增大变革阻力。

领导风格与领导行为会对变革的成功产生影响。关于领导对员工变革反应影响的研究主要从领导风格和变革管理行为两个方面进行。关于领导风格的研究将变革视为一种情境权变因素，认为只有特定的领导风格才能有针对性地处理好各种变革事件。关于组织变革管理的研究关注领导者在领导变革时应该有哪些具体的行为，如 Kotter（1996）提出的变革管理八个步骤。Conway 等（2007）研究了领导风格对员工变革情感承诺的影响，发现交易型领导会降低员工的变革情感承诺，而变革型领导对员工的变革情感承诺并没有显著影响。Herold 等（2008）研究了领导类型和变革管理行为对员工变革承诺的影响，发现变革型领导与追随者承诺的相关关系比变革管理行为更强，而对非变革型领导，良好的变革管理行为和高水平的变革承诺正相关。Michaelis 等（2009）则发现魅力型领导可以提升员工的变革情感承诺。因此，在组织变革过程中，领导者的行为尤其是领导者的支持对变革的成功至关重要，领导者的支持一般表现在三个方面：一是影响力，如领导者通过员工大会对项目实施的必要性进行倡导，并在某些方面起到带头作用；二是资源保障，缺少"一把手"的支持，信息化过程中所涉及的组织机构、人员调整、激励机制等都不能很好地得到实施；三是协调能力，信息化不仅仅带来管理方式的转变，还带来管理理念、规则的变化，其中遇到的冲突、利益矛盾都需要高管的权威和沟通手段来解决。

在鲁花集团的案例中，信息化得以顺利推行，很大程度上得益于高层管理者，尤其是领导者的推动。由于鲁花集团财务业务的整体实施在全国属于先例，可借鉴的经验少，有部分财务人员产生了悲观情绪，为此，董事长对全体财务人员做出重要指示，发表了鲁花信息化过程最重要的讲话，提出"信息化不是搞与不搞的问题，而是一定要搞好，只许成功，不许失败"。他指出，做企业、做产品、做一切工作，鲁花都追求第一，要做成"在全国屈指可数的项目"。董事长对信息化的高度重视为全体实施人员指明了方向，提振了士气。董事长的讲话从各个方面推动了信息化的进程，成为一期项目实施过程中的重要里程碑。正如亲历了财务信息化种种艰辛的一位高管的感叹："说信息化是个'一把手'工程就是这个道理，在鲁花我们采取的办法是从项目立项到项目推广，再到项目验收，由相关单位全程参与，把这项工作变成业务部门自己的工作，取得总经理的支持，以总经理委员会的名义下发管理制度及考核办法，加强考核力度，将项目推行的结果与工资挂钩，进而推动了项目的进展。"

领导者的权威在鲁花集团管理会计信息系统的成功实施中起到了关键作用。领导者的权威能够对财务人员的行为进行约束，通过权威树立变革决心，打破财务人员对终止变革的幻想，从而缓解财务人员的变革阻力。因此，提出以下推论。

推论 2：领导者的权威有助于促使财务人员接受变革过程中增加的工作量。

变革信息沟通情况会对员工的变革反应产生很大影响。不确定性是变革过程中组织成员最重要的心理感知，而且随着变革的持续推进，员工感知到的对于变革的实施进度、变革的实施战略以及变革对自身工作影响的不确定性更加强烈，因此，员工非常渴望获得关于变革的信息以应对感知到的不确定性。由此可知，变革过程中的信息沟通会对员工的变革反应产生重要影响，有效沟通能够缓解员工对变革的抵触。Wanberg 和 Banas（2000）研究发现，信息沟通能够提升员工对变革的接受程度。Allen 等（2007）通过调查问卷的方式对政府部门职工进行的研究表明，感受到获得高质量变革沟通的员工的不确定感知明显下降，进而对变革保持更为开放的态度。Conway 和 Monks（2010）通过对医院变革的研究发现，有效的沟通能够显著增强员工的变革情感承诺。Brown 和 Cregan（2010）也发现，信息的共享能够降低员工的变革犬儒主义。Rafferty 等（2010）通过对并购的研究也表明，员工感知到的变革信息质量与其变革情感承诺正相关。

在鲁花集团推进管理会计信息系统的过程中，鲁花的信息化项目由于涉及单位多、模块多、人员多，因此为缩短信息系统落地的时间，真正实现协同和集成，大胆采取了"瀑布式"实施策略，即所有 80 多个公司一同上线运行。因此，信息沟通在鲁花集团的信息化落地过程中尤为关键，鲁花集团通过例会、培训等方式，及时沟通信息化落地的情况，使财务人员及时了解管理会计信息系统的动态，缓解由于不能全面了解进度而产生的不确定感。同时，鲁花集团通过培训的方式，使广大财务人员了解管理会计信息系统变革的思路，例如集团总会计师与浪潮集团前后租了 6 个大教室对全公司 300 多位财务人员组织了多轮培训，培训工作理顺了财务人员进行管理会计信息系统变革的思路，消除了大部分财务人员的困惑与抵触情绪，为鲁花集团"瀑布式"实施变革奠定了成功的基础。因此，提出以下推论。

推论 3：及时沟通信息化项目进展的信息能够缓解财务人员的抵触情绪。

五、总结

本文通过对鲁花集团管理层进行访谈以及对内部资料进行研究，发现了鲁花集团在管理会计信息系统变革中遇到的很多问题，比如信息系统数据不准确使财务人员产生了困惑，对改变的排斥导致信息化推行困难，操作复杂导致财务人员和部分管理层对信息系统的排斥以及技术原因导致信息系统月底性能下降、速度慢等。对此，管理者通过与浪潮集团进行技术研究，利用召开例会、培训及建立奖励机制等措施予以解决。本文从鲁花集团管理会计信息系统变革中提出三点推论，即信息系统变革过程中增加的工作量会增加财务人员对变革的抵触情绪，从而增大变革阻力；领导者的权威有助于促使财务人员接受变革过程中的工作量；及时沟通信息化项目进展的信息能够缓解财务人员的抵触情绪。

本文的研究局限主要表现在以下两方面。第一，探索性的案例研究仅能基于个案提出若干有待进一步检验的推论，并论证推论在理论上的合理性，而无法证明个案的发现具有普遍性和必然性。未来可针对本文提出的推论和分析框架进行更加丰富的实证研究，深化对我国企业管理会计变革的理解。第二，本文应用了根据 Kasurinen（2002）构建的管理会计信息系统变革分析框架，基于此框架对鲁花集团管理会计信息系统变革的分析，可能并未涵盖鲁花集团管理会计变革过程中的所有阻力以及管理者所有的应对,而且本文仅仅考察了变革过程中财务人员的抵触情绪及变革阻力,未来的研究可以从其他管理者的角度来研究变革阻力及其应对。

参考文献

[1] 殷. 案例研究:设计与方法:第4版[M]. 2版. 周海涛,李永贤,李虔,译. 重庆:重庆大学出版社,2010.

[2] STRAUSS A L. Qualitative analysis for social scientists[M]. Cambridge: Cambridge University Press, 1987.

[3] BURNS J, SCAPENS R W. Conceptualizing management accounting change: an institutional framework[J]. Management accounting research, 2000, 11(1): 3-25.

[4] COBB I, HELLIAR C, INNES J. Management accounting change in a bank[J]. Management accounting research, 1995, 6(2): 155-175.

[5] KASURINEN T. Exploring management accounting change: the case of balanced scorecard implementation[J]. Management accounting research, 2002, 13(3): 323-343.

[6] 王斌,顾惠忠. 内嵌于组织管理活动的管理会计:边界、信息特征及研究未来[J]. 会计研究,2014(1):13-20.

[7] WOUTERS M, WILDEROM C. Developing performance-measurement systems as enabling formalization: a longitudinal field study of a logistics department[J]. Accounting, organizations and society, 2008, 33(4-5): 488-516.

[8] 苏慧文. 海尔管理变革:市场链与业务流程再造[J]. 南开管理评论,2001,4(1):42-49.

[9] 周守华,张敬峰. 新企业会计准则对财务管理的影响:兼论基于核心竞争力的财务管理变革[J]. 会计研究,2006(12):5-9.

[10] 汤谷良,穆林娟,彭家钧. SBU:战略执行与管理控制系统在中国的实践与创新:基于海尔集团SBU制度的描述性案例研究[J]. 会计研究,2010(5):47-53.

[11] 周琳,潘飞,刘燕军,等. 管理会计变革与创新的实地研究[J]. 会计研究,2012(3):85-93.

[12] 李英. 国家治理现代化与会计变革[J]. 会计研究,2014(6):25-30.

[13] 戴璐,汤谷良. 国有商业银行在管理会计变革中的"西学东渐"与外资的知识传授[J]. 会计研究,2014(7):58-66.

[14] 戴璐,支晓强. 企业引进管理会计方法的排斥效应、后续变革与影响因素:基于国有企业情景的案例调查[J]. 南开管理评论,2015,18(2):103-114.

[15] 戴璐,支晓强."西学"如何"东渐"?国有企业内部管理会计变革的路径与制度约束[J]. 财务研究,2017(1):16-29.

[16] 孙健,王百强,袁蓉丽. 信息系统整合、预算程序公平与企业业绩:一项基于国有企业的调查

研究[J].管理世界,2017(5):131-143.

[17] 殷俊明,何伟霞,王军.基于行动者网络理论的管理会计变革研究[J].财务研究,2017(3):45-53.

[18] MCGOWAN A S, KLAMMER T P. Satisfaction with activity-based cost management implementation[J]. Journal of management accounting research, 1997, 9: 217-237.

[19] SHIELDS M D. An empirical analysis of firms' implementation experiences with activity-based costing[J]. Journal of management accounting research, 1995, 7(1): 148-165.

[20] ANDERSON S W. Measuring the impact of product mix heterogeneity on manufacturing overhead cost[J]. The accounting review, 1995, 70(3): 363-387.

[21] DAMBRIN C, LAMBERT C, SPONEM S. Control and change: analysing the process of institutionalisation[J]. Management accounting research, 2007, 18(2): 172-208.

[22] ANDERSON S W, YOUNG S M. The impact of contextual and process factors on the evaluation of activity-based costing systems[J]. Accounting, organizations and society, 1999, 24(7): 525-559.

[23] TERRY D J, CALLAN V J. Employee adjustment to an organizational change: a stress and coping perspective.[J]. The journal of neuroscience: the official journal of the society for neuroscience, 2000, 24(44): 9799-9810.

[24] FEDOR D B, CALDWELL S, HEROLD D M. The effects of organizational changes on employee commitment: a multilevel investigation[J]. Personnel psychology, 2006, 59(1): 1-29.

[25] OREG S. Personality, context, and resistance to organizational change[J]. European journal of work and organizational psychology, 2006, 15(1): 73-101.

[26] CHAWLA A, KELLOWAY E K. Predicting openness and commitment to change[J]. Leadership and organization development journal, 2004, 25(5-6): 485-498.

[27] PECCEI R, GIANGRECO A, SEBASTIANO A. The role of organizational commitment in the analysis of resistance to change: co-predictor and moderator effects[J]. Personnel review, 2011, 40(2): 185-204.

[28] KOTTER J P. Leading change[M]. Boston: Harvard Business School Press, 1996.

[29] CONWAY E, MONKS K. HR practices and commitment to change: an employee-level analysis[J]. Human resource management journal, 2007, 18(1): 72-89.

[30] HEROLD D M, FEDOR D B, CALDWELL S, et al. The effects of transformational and change leadership on employees' commitment to a change: a multilevel study[J]. Journal of applied psychology, 2008, 93(2): 346-357.

[31] MICHAELIS B, STEGMAIER R, SONNTAG K. Affective commitment to change and innovation implementation behavior: the role of charismatic leadership and employees' trust in top management[J]. Journal of change management, 2009, 9(4): 399-417.

[32] ALLEN J, JIMMIESON N L, BORDIA P, et al. Uncertainty during organizational change: managing perceptions through communication[J]. Journal of change management, 2007, 7(2): 187-210.

[33] WANBERG C R, BANAS J T. Predictors and outcomes of openness to changes in a reorganizing workplace.[J]. Journal of applied psychology, 2000, 85(1): 132-142.

[34] BROWN M, CREGAN C. Organizational change cynicism: the role of employee involvement[J]. Human resource management, 2010, 47(4): 667-686.

[35] RAFFERTY A E, RESTUBOG S L D. The impact of change process and context on change reactions and turnover during a merger[J]. Journal of management, 2010, 36(5): 1309-1338.

"打卡品牌"茶颜悦色该不该走出长沙

◎刘洪深　朱晋　黄梦婷[一]

2015年3月,以中国风为主题的奶茶品牌——茶颜悦色诞生,这是湖南长沙茶悦餐饮管理有限公司的旗下品牌,其总部设在长沙最繁华地段之一的黄兴步行街。茶颜悦色以茶饮和甜品为主打,不断推出独特、精致、新颖、绿色的鲜茶产品,为消费者创造高品质的休闲空间,努力打造独特的鲜茶第一品牌。

一、"宠粉"的打卡品牌

(一)茶颜悦色已成为长沙打卡品牌

去长沙的人常常会被亲朋好友推荐喝一杯茶颜悦色的饮品,甚至去长沙就是为了喝一杯茶颜悦色的饮品,为此不惜打个"飞的"的也大有人在。如今,茶颜悦色成了继橘子洲头、臭豆腐、岳麓山之后,长沙的第四张名片,如图8-1所示。总而言之,茶颜悦色已经成为长沙知名的打卡点。由于茶颜悦色的口碑传播和"长沙限定",去长沙喝一杯茶颜悦色的饮品渐渐成为长沙旅行的新标签。

图8-1　长沙"四大名片"

[一] 作者简介:刘洪深,1977年生,男,长沙理工大学经济与管理学院副教授,MBA学科负责人;朱晋、黄梦婷两位作者均来自长沙理工大学经济与管理学院。

（二）"宠粉"极致的茶颜悦色

"网红经济"和"粉丝经济"不一样，前者可能就是凑个热闹，后者则是实打实的跟随和付出。不可否认，茶颜悦色是网红品牌，但它更是一个拥有众多"铁粉"的实力品牌。

1. 一杯鲜茶永久求偿权

茶颜悦色的"一杯鲜茶永久求偿权"起源于一个有温度的故事。一天，一位顾客在茶颜悦色门店喝茶的时候不小心弄翻了杯子。员工看到后就主动又做了一杯。这个故事流传开来，茶颜悦色进一步定下规定，如果顾客觉得在茶颜悦色喝到一杯出品不标准的饮品（浓了、淡了、苦了、涩了等原因都可以），可以在任何时间、任何门店，出示饮品照片及购物小票，店员即会免费为其重做一杯。

2. 无限体贴的永福杯

茶颜悦色十步一家，但家家排队，这就苦了带着小朋友的家长，因为小朋友们可没有耐心等待这么长时间。发现这一点后，茶颜悦色便准备好了永福杯。当爸爸妈妈带小朋友等待的时候，茶颜悦色会为小朋友提供一个小杯子——永福杯，即打一圈淡奶油送给小朋友，这一举动让小朋友非常开心。

3. 想到的和想不到的都要满足

遇到过下雨时来买奶茶没带伞的顾客，也遇到过被高跟鞋磨破了脚需要创可贴的顾客，而这些偶遇让茶颜悦色的所有门店都配上了免费的雨伞和药箱。有的产品下架了，"粉丝"一呼吁后又再次上架。在产品命名方面，茶颜悦色也会让"粉丝"帮忙出谋划策，譬如"筝筝纸鸢"这款产品的名字就是如此征集来的。

4. 让"粉丝"做"保护伞"

茶颜悦色要求"粉丝"做"保护伞"。怎么保护呢？就是在遇见茶颜悦色的员工做得不好的时候，第一时间告诉员工，不管是在店里还是通过微信公众号、微博留言都可以，千万不要因为喜欢就迁就。严格是大爱，只有借助大家正向纠错、监督，企业才能健康地成长，才能有机会真正成为"粉丝"心目中的"小骄傲"。例如，在微信公众号里，只要有"粉丝"留言表达不满，运营人员一定会刨根问底，力求到位。

"宠粉"的结果是，在《第一财经》发起的2020年度"金字招牌"评选中，只有1.34%的消费者对茶颜悦色投出了失望票。

二、"吸粉"的战略

茶颜悦色之所以这么受欢迎，其中很重要的一个原因就是自带"吸粉"魔力。茶颜悦色是怎么成为爆款的呢？

茶颜悦色创始人吕良出生于1978年，2000年自长沙广播电视大学的汉语言文学专业毕业之后便在一家国企工作。2002年，他开始从事广告策划工作，也曾接过一些古风创意的策划案。2008年，吕良正式创业。相比喜茶的创始人聂云宸初创业之时的顺风顺水，吕良的创业之路算不上顺利。他先后开过广告公司，卖过爆米花，开过卤味店，加盟过奶茶店……

吕良自称出身"草根"，学历不高，但在运营茶颜悦色方面，他将企业管理界公认的"竞争战略之父"迈克尔·波特的三大战略发挥得淋漓尽致。

（一）中间路线——兼顾成本领先战略和标新立异战略

成本领先和标新立异往往是一对矛盾的概念，但茶颜悦色走出了一条中间路线，同时追求成本领先和标新立异，即物美价廉。

以往的新式茶饮有两条发展路线：一是以喜茶和奈雪的茶为代表的高端茶饮路线；二是以蜜雪冰城为代表的极致性价比路线。茶颜悦色的性价比优势和蜜雪冰城的性价比优势不同，后者是把便宜的东西做得更便宜，而前者是把贵的东西做便宜。例如，对于茶叶原料不好甚至品种有误的原料，茶颜悦色会选择立即下架相应的产品。

2021年末，喜茶和奈雪的茶的主流产品单价是每杯20元～35元，茶颜悦色的产品单价是10元～22元。茶颜悦色的价格处于蜜雪冰城和喜茶之间，和一点点、CoCo（都可）处于同一价格带。茶饮市场六大品牌的定位如图8-2所示。但是相比一点点等企业，茶颜悦色的饮品的口感和用料与喜茶、奈雪的茶是接近的。跟茶颜悦色同等价位的，没有它好喝，跟它一样好喝的，没有它便宜。可见，茶颜悦色兼顾成本领先与标新立异，最终做到了物美价廉。

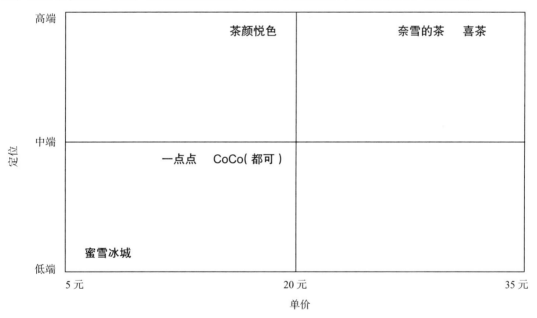

图8-2　茶饮市场六大品牌定位

（二）目标聚集战略

许多同类品牌往往是全国布局，如书亦烧仙草有7 000多家店、CoCo（都可）有4 000多家店，一点点有3 000多家店，分布在全国许多城市。茶颜悦色有超过300家店，但是几乎全部聚集在长沙这一个城市，其在长沙的数量远远超过同类竞争品牌。

茶颜悦色不只是聚焦于长沙，更是聚焦于长沙的主城区。茶颜悦色在天心、岳麓和芙蓉三地的总门店数超过140家，其他竞争品牌的门店数在36家到55家之间。在繁华的天心区，茶颜悦色的门店数量达到60多家，是茶颜悦色门店数量最多的地区。雨花区的势力版图则相对均衡，30家茶颜悦色门店的周围有20多家CoCo（都可）和20多家一点点门店。

三、终究还是走出了长沙

（一）最初的不愿与不敢

对于茶颜悦色走出长沙，吕良对媒体说过"狠话"："不是不想出，而是出去了真的会'死'。"如果追问为何会"死"，吕良就会反复强调茶颜悦色的"自知之明"：原材料供应、员工培训、数字化都还跟不上，可谓不是不愿，而是不敢。

1. 原材料供应

茶颜悦色的原材料来自世界各地，包括锡兰的红茶、美国的核桃等。原材料的质检与物流运输是一大难题，另外，如果将原材料采购转向国内，也会面临产品转型的问题，消费者是否会继续买账，潜藏着不小的风险。

对于原材料供应，喜茶、奈雪的茶都自建了茶园、果园，对需要采购的原材料大多采取独家买断的方式，以保证其稳定性。比如，奈雪的茶选择全年普遍适合草莓生长的云南，开辟了一块地来专门种植草莓，且只供应给奈雪的茶。

2. 员工培训

要出品一杯茶饮，得依靠员工来操作完成，而能否形成高效的培训模式直接关系着能不能把握品质、快速实现规模化生产。在这方面，茶颜悦色称公司"做了一些专业化的培训和提升""让大家能够成为'正规军'"。

吕良曾对媒体表示，很羡慕像CoCo（都可）一样的奶茶企业"正规军"，因为它们"专业、训练有素、标准化程度高"，也羡慕像喜茶一样的头部品牌，它们的团队组织能力强、执行能力强。

3. 数字化

数字化程度，可以说是茶颜悦色供应链中的最大短板。直到2020年4月，茶颜悦色才开始使用小程序点单并把纸质积点卡换成电子卡，更不用说依靠数字化来重构供应链了。

相比之下，喜茶、奈雪的茶的数字化团队都已超过百人。2018年，它们就陆续推出了小程序点单，比茶颜悦色提早了2年时间。

数字化不只能提高供应链效率，还能让企业通过大数据分析，了解不同地区消费者喜好的产品及口味，促进产品创新。茶颜悦色的供应链管理能力并不强，吕良也坦言迟迟不走出长沙，是因为管理能力不足。

（二）开始走出长沙

随着茶颜悦色的不断成长，以及间接获得来自阿里巴巴的投资，再加上"粉丝"夸张到在微博上"万人求它"走出长沙，终于，茶颜悦色在2020年走出了长沙。

1. 进入常德市场

2020年11月10日，茶颜悦色不再专属于长沙（见图8-3），常德是茶颜悦色走出长沙的第一站。湖南常德是吕良家属的家乡，离长沙也较近，茶颜悦色对产品、客群的把控也会更加得心应手。为此，茶颜悦色在常德开了长沙之外的首家门店，而且在12天之内连续开业3家，分别位于常德友阿国际广场、常德和瑞欢乐城、常德万达广场。

图8-3　茶颜悦色来到常德

2. 进入武汉市场

在走出湖南省方面，茶颜悦色选择了邻近的武汉作为首站。选择武汉的原因当然有看重大城市的天然基础。武汉的总人口多于长沙，武汉市内大学很多，自然不缺年轻客群。总之，武汉固有的城市优势，以及与长沙距离较近的优势，让茶颜悦色选择了武汉。

2020年12月1日，茶颜悦色落地武汉。在武汉汉口的网红商业街——武汉天地，店铺定于上午10时开业，8时店门口就排起长队，不少人还带着小板凳。上午10时许，茶颜悦色官方微博发文表示，站在队尾的顾客预计排队时长为8小时，每人限购4杯。茶颜悦色饮品的抢手程度可见一斑。

伴随着茶颜悦色在武汉市场的深入，被喻为"蜂巢式布局"的"密集阵"式打法也在逐步实施。茶颜悦色在武汉以汉口为主呈辐射式布局，虽然武昌、洪山等区域还只是星点之势，但据悉，部分购物中心已经计划引进茶颜悦色，在武汉市场全面开花的态势会逐步呈现。

3. 进入深圳市场

2021年4月2日，茶颜悦色将"快闪店"开到了深圳，作为深圳首家茶颜悦色店铺，开张当天吸引了很多人排队，排号甚至排到了3万号。当天深圳温度达到30摄氏度，但茶颜悦色店铺门口依然排起长队（见图8-4）。而旁边的几家奶茶店却冷冷清清。时至今日，要想喝一杯茶颜悦色的饮品可能依然需要排队。在一杯难求的情况下，不少人甚至在线上推出了"代排""代购"等业务。

当初，茶颜悦色登陆深圳只是打算营造气氛，满3个月就"闪"。后来3个月已过，茶颜悦色官方微信公众号发文称，位于深圳市罗湖东门文和友的两家茶颜悦色"快闪店"确认将延期营业至2021年9月15日。

图8-4 茶颜悦色深圳"快闪店"

总之，茶颜悦色聚焦于长沙的战略，侧面打造了品牌的独一无二性，也使之成为长沙的一大特色，最终和长沙这个地标紧密相连。走出长沙之后，茶颜悦色就要和很多其他品牌（如喜茶、奈雪的茶）竞争，少了一层地域特色的滤镜，也逐渐减少了神秘感和稀缺感，不知它能否延续这一传奇。

参考文献

[1] 林萍. 差异化与低成本的结合战略[J]. 企业改革与管理，2011，18（7）：9-10.

[2] 关诗倩. "茶颜悦色"排队和"天价奶茶"现象背后的经济学原理探析[J]. 商展经济，2021（6）：28-30.

[3] 胡媛春. 茶颜悦色品牌营销策略[J]. 合作经济与科技，2021（3）：78-80.

戈壁滩，破壳而出：
晓鸣股份的成长之路

◎王仲梅　张淑萍　康凌翔　等①

2021年4月13日，那是晓鸣股份全体员工期待已久的日子，我国资本市场终于迎来了第一家专业化从事蛋种鸡产业的上市企业，一家位于我国西北地区贺兰山东麓的企业——宁夏晓鸣农牧股份有限公司（简称"晓鸣股份"）。晓鸣股份位于闽宁镇，从贺兰山下"破土而出"，由家庭养殖场成长为创业板上市公司，是中国蛋种鸡养殖第一股，也是宁夏企业创业板第一股。

一、诞生：躬耕在野，无远弗届

（一）共生共鸣：戈壁荒滩，结缘蛋鸡养殖

1985年7月，宁夏农学院（现宁夏大学农学院）畜牧系如往年一样迎来了一批刚刚毕业分配来的新成员，其中就包括魏晓明。16岁那年，他踏进西北农学院（现西北农林科技大学）求学，专业为畜牧学，如今他从西北农学院畜牧系毕业，服从分配来到宁夏银川，走上三尺讲台，完成了从学生到老师的角色转变；经过多年努力，他成为宁夏农学院的一名优秀讲师。这是普通的一年，但对于魏晓明来说这又是不普通的一年，这一年，他在宁夏这片土地上对自己热爱的畜牧业开始了探索与研究。

刚到农学院任教时，魏晓明认识了一批自1958年建校伊始便从北大、清华、北师大这些名校奔赴宁夏教书育人的教师，他们兢兢业业、将一生奉献于少数民族地区农学教育事业的精

---

① 作者简介：王仲梅，1963年生，宁夏大学经济管理学院教授，硕士生导师；张淑萍，1978年生，宁夏大学经济管理学院副教授，硕士生导师；康凌翔，1978年生，宁夏大学经济管理学院教授，硕士生导师。宁夏大学经济管理学院的郑强、杨慧、刘宇娜、虎亚菲、李润尧、任坤、苏晓峰、张晨萱也参与了案例撰写工作。

神深深感染了魏晓明，魏晓明后来的事业也深受这些老先生们的影响。魏晓明曾回忆说："我做企业做了二十多年，原来有很多产品，后来不断地往下砍，到现在就只专心、专注做一种产品，这是在做减法。这主要得益于当年在农学院时受老先生们的影响，一种润物细无声的影响吧。这也更加坚定了我对畜牧业的热爱和信心。"

1992年，一个阳光明媚的中午，魏晓明和往常一样在自习室学习，突如其来的推门声打破了自习室的安静——是导师邀请他去参观宁夏当地的一家养鸡场，他想着正好可以出去了解学习一番，于是匆匆收拾了一下桌子就走了。当时的他怎么也没想到这个偶然的机遇会成就了他后来的事业。

来到养鸡场后，经过讲解员细致的讲解，魏晓明了解到，原来宁夏大部分的鸡苗都是从外地购进的，另外一部分鸡苗是在小作坊中靠原始的母鸡孵化方式得来的，但这种孵化方式无法确保鸡苗的质量，后续会造成很大一部分鸡苗的死亡，同时由这种方式孵化养殖的鸡存在很大的卫生安全隐患。魏晓明骨子里有着过人的商机发掘能力，加之他长久以来踏实学来的专业知识，让他觉得这是一个具有巨大发展潜力的领域，于是魏晓明开始将目光投放在蛋鸡养殖项目上，晓鸣股份的序幕就此拉开。

（二）创业维艰：坚忍不拔，勇往直前

20世纪90年代初期，我国种鸡行业并不成熟，小规模大群体的养殖方式、粗放式的生产经营、盲从性的市场进入和退出，致使行业呈现"一波三折"（三年一个周期）的发展态势。这样的行业状况潜藏着机会和挑战：市场的不饱和意味着这是一片前景广阔的蓝海，然而市场的不成熟也意味着具有许多未知的风险，给开拓者带来极大的挑战。对于白手起家的魏晓明来说，创业的想法是美好的，然而现实则是残酷的。最大困难是缺乏资金，仅靠在大学挣的工资是杯水车薪，于是魏晓明发动亲戚朋友筹集资金，终于在众人的帮助下，于1993年将宁夏农林科学院畜牧兽医研究所的种鸡场租赁了下来，办了一个小型养鸡场，结束了8年的大学教学生涯。

养鸡场办好后，由于缺乏资金，没法雇用员工，所有的活只能魏晓明一个人承担。"我一个人干活，没有雇用工人，不但主管饲料配方和采购，还负责司机、销售员的工作。后面才请了几个工人，给他们配方让他们做饲料，甚至培训工人给鸡打疫苗，做免疫工作。"虽然身兼多职，但魏晓明干劲满满，因为几乎没有竞争者，企业的利润非常可观。"那时候，我承包的小农场什么都缺，但就是不缺市场，只要有产品就能卖掉，当时年毛利率能达到100%。"

（三）守成不易：全力以赴，勇担重任

1. 选址戈壁滩，初露峥嵘。

进入21世纪后，种鸡产业高速发展，进入了业内自我整合的阶段。饲养品种、雏鸡质量、饲养规模与设备、营销手段、行业自律、政府政策等各方面都在悄然发生变化，传统的个体户养殖已不能满足那时的发展。而在这一阶段，因2003年的"非典"疫情使鸡蛋的生产和流通大受影响，鸡蛋价格长期低迷，利润大幅下滑；2005年以及之后几年连续暴发严重的"禽流感"疫情，导致家禽产品销售困难，库存积压严重，价格下降，禽蛋养殖业受损严重，这更加

快了行业整合，促使行业向健康、持续、稳定的方向发展。根据行业现状分析，魏晓明也意识到困扰蛋鸡产业发展的主要瓶颈是疫病问题，解决疫病问题仅靠免疫是不够的，最终还要借助生产方式的转变与生物安全体系的建设。

2006 年，魏晓明成立了宁夏晓鸣生态农牧有限公司，注册地在闽宁镇。当时之所以笃定选择在此建设现代化规模蛋种鸡养殖基地，一方面考虑到贺兰山脉能够有效抵御寒流，形成了天然的生物安全屏障，且这里地处戈壁，气候干燥，空气质量好，更适合养鸡，为基础生物安全和结构生物安全提供了良好的保障；另一方面考虑到当时闽宁镇的常住人口都是移民搬迁而来的，而且经济发展相对比较滞后，亟待产业发展的带动。基于以上考虑，魏晓明最终在地处贺兰山东麓平原地区的宁夏永宁县闽宁村投资建设 50 万套蛋种鸡生态养殖基地。起初这里是一片荒芜的戈壁滩，彼时，成千上万的吊庄移民先后进驻，至今先后接纳了 6 万多生态移民，2002 年，闽宁村升级为闽宁镇。晓鸣生态农牧有限公司生态养殖基地的落户，开启了规模化蛋种鸡养殖业务，把生物安全作为公司一切活动的出发点和落脚点。

历史证明，晓鸣与闽宁镇协作发展的脉搏共振，与国家产业扶贫的时代强音合拍。随着养殖场的发展，在孵化、养殖的基础上，晓鸣股份带动饲料、运输、屠宰、蛋品加工等相关行业迅速聚集，为当地贫困人口解决就业岗位问题，带动相关产业人员从业。如今，"闽宁模式"成为全国东西部扶贫协作的成功典范，在全国多地、多领域开花结果，其中蕴含着实现梦想的基因密码。在带动就业扶贫的同时，晓鸣股份还不忘教育帮扶，多次向当地小学进行书本、桌椅的捐赠，从而促进当地教育的发展。

2. 倡导福利养殖，落实生物安全

筹建新场时，公司决定引进进口祖代蛋种鸡以生产父母代蛋种鸡，进而满足下游整个环节对蛋鸡产品的需求。主要包括从引种到孵化及出售雏鸡之间的环节，其下游产品是鸡蛋。公司祖代蛋种鸡主要来自美国海兰国际公司，优质原种鸡海兰褐、海兰灰、海兰白等是晓鸣股份的主要品种，主要对外销售产品则是商品代雏鸡。此次祖代蛋种鸡的引进，有利于进一步优化平衡国内蛋鸡种源供给结构，保障民生菜篮子安全，助推国内畜禽种业发展。

然而，任何事情的发展都不是一帆风顺的，一年后，又一件大事让晓鸣股份措手不及——全公司上上下下捧在手心的一批国外引进的高质量祖代蛋种鸡不明原因地相互啄咬，死亡率很高。

公司高层了解情况后立刻召开技术分析会，安排调查小组查明死亡原因。经过一个月的细致排查，发现祖代蛋种鸡在欧洲一直是放归自然式的养殖模式，而公司依旧采用封闭式笼内养殖。"我们虽然引进了欧洲的鸡苗，却没有把人家的养殖技术带过来。"魏晓明拍了一下脑门，醒悟道，"谁能在生物安全、健康养殖上前进一小步，就能将行业健康发展推动一大步。"

经过不断改造和完善，晓鸣股份不负众望，独创了"蛋鸡规模化全网面高床平养配套技术"，这正合种鸡们的心意。它们在离地 1.8 米高的竹制漏粪网架上安家，避免了与粪便直接接触，极大地降低了发病率。

在养殖的过程中，由于鸡场位置偏僻导致技术人员尤其是配种人员缺乏，公司没法及时地进行人工配种，就只能把公鸡母鸡关在一起自然配种。一段时间后发现，鸡苗的质量反而非常好，疾病率低。看来鸡也需要"婚配自由"，于是企业决定实施公母鸡混养，让它们的行为多样性得以回归；更有趣的是，它们还享有"资深营养师"安排的健康计划，实现了健康与品质的双提升。

公司始终倡导"释放天性、生活康乐"的动物养殖理念，积极投身于国内动物福利事业，参与国内外农场动物福利推广活动，并以身作则，积极为养殖动物改善条件，以满足动物舒适生活的需求，使动物得到应有的关怀和自由。2019年，公司荣获中国动物福利与健康养殖卓越贡献奖。

二、洞见：环境多变，灵活应对

（一）鸡鸣候旦：挺进中原，实现全产业链融合

2011年，晓鸣股份已经成长为西北地区最具发展潜力的养殖企业，但是公司也意识到单一的经营模式已经远远不能满足市场日益变化的需求。当务之急是要对公司进行股改，引进外部投资者。同时魏晓明也发现，蛋鸡养殖行业环境的差异性不仅表现在不同企业受不同地域环境的影响，而且同样一种环境因素变化对不同企业的影响也不相同。

之前，在宁夏本地孵化的小鸡经过长途跋涉运送到全国各个地方，到当地以后死亡率非常高。司机师傅们回忆说："一路上我们给小鸡们开着空调保持恒温，每三四个小时查看一次，虽然小鸡们叽叽喳喳，叫声有力，但我们始终悬着一颗心，怕路上耽搁时间久造成损失，整个路程司机交替开车，昼夜不休。旅途那么遥远，不知道小鸡能不能坚持住，这一路还这么颠，当时心里真没底。"于是，公司为适应环境的变化，在新疆昌吉又建立了一个大型孵化基地，成为"引、繁、推"一体化的良种蛋雏鸡供应商，采取"集中养殖，分散孵化"的经营模式，以市场为导向，将产品逐步向全国市场推广。

后来，公司锁定了河南省兰考县。兰考县位于河南开封市，毗邻农业大省山东，在地理上有着得天独厚的优势。同时兰考县还存在着大量的未能改造的盐碱地，在这里建立养殖区，没有"占用良田"之忧，2014年，晓鸣股份在兰考县建立了当时世界最大的蛋鸡鸡苗孵化基地，6 000万羽全球最大单体蛋雏鸡良种孵化场投产，2016年，兰考县"年出栏100万只青年鸡项目""年产1亿只雏鸡孵化二期项目"相继建成投产。这标志着晓鸣股份整合下游平台，深耕育成鸡领域，完善产品加工与流通环节，与相关企业共同做大产业链后段蛋品部分，从而打通从种鸡饲养、商品蛋鸡养殖一直到品牌蛋、蛋品深加工的全产业链。

兰考县曾是全国有名的贫困县，公司笃信企业的发展应该以为当地群众谋福利、谋发展为出发点和落脚点，于是将脱贫攻坚与主业紧密结合，着力把养鸡产业建设成惠及千家万户的扶贫产业，带动更多的贫困户嵌入企业产业链中养殖增收。通过发展特色产业，公司广泛吸纳当地贫困农民来公司就近就业，提供了百余个就业岗位，并支持和带动贫困户投身蛋鸡养殖。随着"扶贫教育"的提出，公司也积极开展捐资助学活动，陆续向当地学校捐赠了教学、体育器材，得到了学校师生和社会的广泛赞誉；公司通过产业发展带动当地的物流、运输、饲料、包装、蛋品及其加工业等行业的发展，促进农村一二三产业融合发展，为兰考县经济发展、群众致富做出应有贡献。2020年6月，兰考县畜牧局与晓鸣兰考分公司联合开展"金鸡扶贫"活动，共同向惠安、兰阳、桐乡等全县16个乡镇（街道）的7 319户重点帮扶贫困户捐赠发放鸡苗62万羽。晓鸣董事长魏晓明表示："帮扶是晓鸣义不容辞的责任与义务。"

（二）紧跟时代：注重人才，追求创新

多年以来，人称中国蛋鸡业"西北狼"的晓鸣股份不忘初心、勇于探索，基于对产业的认识和对企业的定位，在整个公司发展战略的画布上绘出了一幅宏伟蓝图。放眼望去，画布底色鲜明、配色大胆，不拘一格、不落俗套。

1. 引进高端人才，创新人才培养模式

俗话说"千里马常有，而伯乐不常有"，晓鸣股份正是蛋鸡行业稀有的"伯乐"。"财散，人聚，事成"是公司多年发展始终信奉的一句话，公司在人才培养与人才团队建设上倾注了大量心血。

作为宁夏大学、宁夏职业技术学院、四川农业大学、甘肃农业大学等大中专院校的教学实习培训基地，携手并进、优势互补、资源共建、利益共享的模式对于晓鸣股份深化产教融合、培养高素质应用型和技术型人才来说蕴藏着极大的可能性。对应地，优质人才也有机会更加深入地了解晓鸣股份，从而加强人才与公司的联系与黏性。

同时，晓鸣股份量才适用、发挥特长，关心员工的生活，给予优厚的待遇。晓鸣股份关注实现员工的认同感并以之作为行动指南，强调激发员工的主动性、创造性和共享的团队精神，让员工不断拼搏、包容奋进。强强联合，不仅能够为千里马提供肥沃广袤的田野，还能积极吸引来人力资源市场上的各路"兵马"。

面对行业的独特性，晓鸣股份还不断地摸索新的人员管理模式。从魏晓明一家的创业经历来看，养殖企业可以通过家人齐心协力形成"1+1>2"的效果。于是，公司采用"夫妻包栋"的自主生产方式来进行蛋鸡养殖。这大大解决了行业内员工工作配合度低、不能长期坚持驻扎生产一线的问题，同时解决了夫妻就业的问题，稳固了家庭关系，又充分发挥了员工的积极性和主观能动性，提高员工的凝聚力。

2. 领跑研发创新，发挥技术优势

"直到今天，我们始终相信科技的力量。听起来很土，但是说明了我们想干什么、我们准备办一个什么样的企业、我们用什么样的方法来达到我们的目的，那就是要依靠科技、依靠技术进步和管理进步来实现，为客户创造价值。所以，这也促使我们能坚持多年干一件事情。"搞科研出身、深知研发创新的重要性的魏晓明如是说。

作为专业从事蛋鸡制种业务的国家高新技术公司，晓鸣股份在饲料营养研究、标准化和自动化养殖成套技术、疫病控制与净化、疫苗研发与抗体检测、鸡群评价等方面，积累了丰富的经验并逐步建立了技术竞争优势。公司的技术人员介绍："这里的机器各有分工，如色选机可以从颜色角度判别饲料原料玉米的品质，以剔除肉眼不可见的霉变玉米。再经过对辊式粉碎机，将玉米均匀分割成多瓣，使养殖鸡群能够吃到质地均匀、营养均衡的饲料。还有饲料熟化消毒设备，可以将初步混合好的饲料通过蒸汽加热蒸熟，使鸡群吃到蒸熟消毒的饲料，在提高饲料洁净度、安全性的同时，有助于提高鸡群的消化能力，有效减少养殖环境中的废气排放。为了保证食品安全、洁净，各个机器之间都有管道连接，操作工人通过信息化系统使玉米可以通过这些管道进行传输。而这些管道都是埋在地下的，地面上看不到玉米流转的痕迹。同时在大鸡孵化小鸡的环节方面，公司也采购了一些国际一流的设备，提高小鸡的孵化率和健康度。"

晓鸣股份始终坚持不跟风，一心一意搞研发、搞技术，一步步建立起了以畜牧和兽医为两

大主线的研发中心,目前还承担国家、行业和自治区相关家禽领域的研究课题和科研任务30余项,2021年宁夏回族自治区地方标准《蛋鸡福利养殖管理技术规范(征求意见稿)》由宁夏晓鸣股份协同制定,为进一步规范蛋鸡产业的发展起到重要的推动作用。

三、努力:朝乾夕惕,更进一步

(一)破壳而出:成功上市,合作共赢

"国家龙头企业""国家高新技术企业""第四届中国畜牧行业先进单位""宁夏回族自治区专精特新示范企业"……这些荣誉的背后蕴含着晓鸣股份多年来兢兢业业的努力。

随着时代的发展、社会的进步,行业高速发展期随之而来,魏晓明借此良机大胆尝试,在2011年吸收其他资本进入公司,进行股改重组,形成了现代法人治理结构和管理制度。尝到甜头后的魏晓明更加投入,功夫不负有心人,2014年晓鸣股份在"新三板"正式挂牌(证券代码:831243)。

公司扩大了规模,但魏晓明的脸色却越发凝重。作为公司的一把手,他明白虽然公司的股份可以流动,有很多渠道可以实现融资了,但一些公司在刚上市后被资本入侵收购的实例也屡见不鲜。关于公司未来应该如何发展,还是要提前做打算。

公司已经上市,外来的资本流入是不可避免的,如果利用得好,有可能成为优势。如此,何不联合一些公司达成协议,合作共赢,打造出一个西北蛋鸡孵化生态圈?

2016年,正大集团、北京农业集团入股晓鸣股份,加快了农牧企业产业链的深度融合,晓鸣股份也坚定了走向资本市场的决心。魏晓明向记者感慨道:"通过资本运作,公司的股权结构更加多元,产能规模和技术水平得以提升;通过股权激励,管理团队更加稳健。"他立志借助国际化大企业让自己的产业链有所突破,力争融入更大的平台以求发展。

"咚——",2021年4月13日上午9点25分,宁夏晓鸣农牧股份有限公司在深圳证券交易所创业板鸣钟上市(见图9-1),至此,宁夏企业创业板上市实现零的突破。作为我国蛋种鸡行业第一家上市公司,对于晓鸣股份全体成员来说,这无疑是在向全世界宣告,他们对鸡苗二十余年的潜心呵护大有意义。

图9-1 晓鸣股份上市现场

此次成功上市是晓鸣股份发展史上的一个重要里程碑,为企业持续赋能注入更加强劲的、源源不断的动力。未来公司将继续以推动中国农业现代化为己任,按照创新驱动发展战略部署和农业现代化建设要求,落实创新、协调、绿色、开放、共享五大发展理念,拥抱农业科技国

际化竞争，力争将晓鸣股份打造成为国内外领先的蛋鸡制种企业，使公司的优质蛋鸡走出中国，走向世界。

晓鸣股份打破自身局限，从在蛋鸡行业内默默无闻，到崭露头角，再到有资格、有实力站在贺兰山上昂首挺胸、笑看风云，它已然成为傲立在贺兰山上的一颗明珠，向中国宣告宁夏品质，向世界宣告中国力量。

（二）兢兢乾乾：文化创新，行远自迩

在蛋鸡行业的擂台上，华裕农业科技有限公司、北京市华都峪口禽业有限责任公司与晓鸣股份可谓是齐头并进、平分秋色，是晓鸣股份敬重的对手。其中，华裕农业科技有限公司运用多元化的发展战略，出招"快、准、狠"；北京市华都峪口禽业有限责任公司的科研以及数字化能力更强大，拥有自主知识产权，致力于构建"智慧蛋鸡"。晓鸣股份在"招数"方面还需要升级更新。

好在晓鸣股份自成立之初，始终关注企业文化的建设，着力打造蛋鸡行业内独属于晓鸣股份的顶尖形象，塑造优良口碑，保证其在"沙场作战"时有强大的后盾支撑。"专业、专心、专注"是晓鸣股份的基本理念。从一只良种、一句诺言、一生坚守做起，不急于求成，不困于利益诱惑，坚持用心地向社会提供每一只高产良种雏鸡。

基于"发展成果由人民共享"的理念，晓鸣股份提出了共享文化的和谐价值观，公司的发展离不开参与成员的协调性，这也确定了企业与员工、股东、客户、社会、自然的关系，这种"以人为本"的创新企业文化为员工提供了创新思路，指导员工的创新行为，让员工将这种观念融入自己的价值体系之中，形成共同创新的意识。

面对变幻莫测的资本市场，魏晓明也丝毫没有退缩，他敢于在自己熟悉的领域突破自我、直面风险、而后化险为夷、领导全局。当然，这与魏晓明"感恩做人，敬业做事"的宗旨也有不可分割的关系，晓鸣股份在感恩文化的引领下不断努力，力争成为中国蛋鸡产业的翘楚，可谓是以文化"运筹帷幄之中"，以谋略"决胜千里之外"，力争让中国农牧业在大国崛起的舞台上一路高歌猛进。

公司播下了这些企业文化的种子，经多年的精心培育，种子生根发芽，长成了参天大树，在晓鸣股份品牌形象的塑造过程中为其遮风挡雨、保驾护航。"面对悬崖峭壁，一百年也看不出一条缝来，但用斧凿，能进一寸进一寸，得进一尺进一尺，不断积累，飞跃必来，突破随之。"晓鸣股份可谓是数学家华罗庚这句名言的现实写照。

（三）沾溉后人：大疫当前，奉献大爱

2020年1月，新春伊始，突如其来的新冠疫情席卷全国大地。在这场疫情面前，一群最美逆行者没有退缩，逆势而行，迎难而上，为抗击疫情无私奉献，晓鸣牧业也参与其中。"危难之时，慷慨解囊"，为做好新冠疫情防控工作，晓鸣股份建立了专家工作站、宁夏禽病综合防控与净化院士工作站。公司员工在日常活动中离不开防护服、消毒液、口罩等防护用品，但他们知道"疫情就是命令"，在得知闽宁镇防护设备紧缺后，晓鸣股份将公司备用的160套防护服、1 000只医用口罩捐赠给闽宁镇政府，同时向抗疫一线人员捐赠200套防护服、2 000只医用口罩、300副乳胶手套、200只一次性帽子以及若干消毒液。这是因为晓鸣股份在进行蛋

种鸡养殖、种蛋孵化、雏鸡销售这些经营活动时储备了必要的防护设备，所用的防护设备与疫情期间所用的防护设备一致，因此在疫情期间防护物资紧缺时，他们不顾一切将防护设备捐赠出来，愿尽微薄之力，与国同行。

在抗疫的关键时刻，公司设立专款用于疫情防控，同时发动员工进行捐款，每周派车向宁夏各个防疫点送去矿泉水、方便面、面包、水果、酒精、消毒液、药品等物资，贡献了自身的力量，彰显了责任担当。

"送人玫瑰，手有余香"，晓鸣股份自成立以来，在困境中顽强成长，经历了次次突破创新，更加明确了企业发展过程中社会责任的价值与意义。只有不忘创业初心，坚持做有温度、有责任的企业，不断创新，不断超越，才能实现企业与社会的共生共荣。

四、未来：扬帆起航不忘初心

破茧，是一种勇气；化蝶，是一种美丽。成功的背后总是有太多的故事和感慨，也有太多不同寻常的际遇和收获。从创业至今，晓鸣股份经历了科技创新的各种浪潮，每一次浪潮中都努力抓住了机会。晓鸣股份从魏晓明一个人打理 3 000 羽种鸡，到父母代蛋种鸡存栏量达到 210 万套，年产 1.6 亿羽商品代健母雏，从一个家庭养殖场，到如今的行业龙头企业，发展过程并非一帆风顺。

心中有梦，眼里有光，未来可期，这就是魏晓明心中的期望，不仅是对自己、对公司，更是对新生代、对祖国未来的期盼。从 2006 年在闽宁投建 50 万套蛋种鸡生态养殖基地，到 2014 年兰考孵化基地、新疆昌吉孵化基地的投产，再到 2018 年闽宁智慧农业扶贫产业园"年产 500 万羽父母代种鸡孵化厅"与"年产 5 000 万羽商品代孵化厅"建成投产，晓鸣股份充分发挥行业龙头企业作用，在孵化、养殖的基础上，带动饲料、运输、屠宰、蛋品加工等相关行业迅速聚集，为贫困农户提供就业岗位，带动相关产业人员从业，并对当地 4 000 名建档立卡的贫困农户实行先送种鸡苗、饲料，后教授专业养殖技术并收购成鸡的方案，探索出一条精准扶贫之路。未来，晓鸣股份更会用实际行动服务乡村振兴战略。

面对上市之后新的业务发展之路，魏晓明深知晓鸣股份从创办到今天的稳步发展经历了多少艰难险阻，有意识地不断提醒自己和公司高层团队，每一步新的尝试都伴随着一定的风险，尤其是在进入新的领域时，更需步步谨慎。回首过去，晓鸣股份破壳而出，顽强生长，而现在，正是它成长为一只雄鸡的时刻，前途任重而道远，晓鸣股份要走的路还很长。魏晓明始终坚信科技是企业前进路上的基石，知识和行动会为未来的成长与发展铺平道路，使他和晓鸣股份一步一步克服困难，为乡村振兴添砖加瓦，让农业越发有干头、农村越发有看头、农民越发有奔头。

参考文献

[1] 滕乐法，吴媛媛，李峰. 越沉浸越好吗？：品牌体验中消费者沉浸程度的双重影响研究[J]. 管理世界，2020，36（6）：153-167，251.

[2] 卫海英，熊继伟，毛立静. 品牌仪式的"见"之效应：品牌仪式如何影响消费者信任［J］. 商业经济与管理，2020（12）：50-60.

[3] 周小豪，朱晓林. 做可信任的质性研究：中国企业管理案例与质性研究论坛（2020）综述［J］. 管理世界，2021，37（3）：217-225，14.

[4] 王以中，辛翔飞，林青宁，等. 我国畜禽种业发展形势及对策［J］. 农业经济问题，2022（7）：52-63.

[5] 胡乾，聂路玮，王朝元. 立体栖架散养蛋鸡行为加速度信号降噪方法比较分析［J］. 中国农业大学学报，2022，27（9）：204-212.

[6] 孙莹，宋晓缤，王竹泉. 异质性资本配置的企业理论初探：基于海尔金控要素配置的多案例剖析［J］. 中国软科学，2022（6）：158-168.

[7] 秦梅，汤新明，龚玉姣，等. 鸡球虫病疫苗研发新思考［J］. 中国农业大学学报，2023，28（6）：1-11.

[8] 孙从佼，曹景晟，于爱芝，等. 2022年蛋鸡产业发展情况、未来发展趋势及建议［J］. 中国畜牧杂志，2023，59（3）：269-273.

创新型企业的机会识别及资源整合：

中港电力成长之路

◎周申蓓 许娟娟[一]

工业和信息化部前部长苗圩 2019 年在新中国成立 70 周年工业通信业发展情况发布会上回答记者提问时曾说，70 年来，我国的中小企业、民营企业蓬勃发展，从小到大，由弱到强，在增加就业、稳定增长、促进创新方面发挥了独特的重要作用，作为国民经济生力军的作用也日益凸显。

面对 2020 年暴发的新冠疫情，不少中小企业面临着经营困难的问题，也有许多中小企业历经各种困难依然坚强地经营着。南京中港电力股份有限公司（简称中港电力）就是千千万万中小企业中的一家典型的创新型中小企业。也许它并不是最具有成功代表性的中小企业，但却是能折射出千千万万中小企业真实面貌的一家。那么中港电力是怎样的一家公司？它是如何对机会进行识别以及如何对资源进行整合的？机会的识别和资源的整合又是如何在中港电力的发展历程中体现的呢？

一、中港电力有限公司的基本情况

（一）公司概述

南京中港电力股份有限公司在 2013 年正式成立，初始注册资本 2 000 万元，现有股东 8 位，其中有 5 位是以公司形式入股，有高管 10 人，成功申请了专利 30 多项，申请商标 5 个，软件著作权 12 项，并对外投资 3 家公司。中港电力已完成 C 轮融资，共完成融资 8 100 万元，实现销售额约 3 亿元，成功被纳入科技型企业的上市培育计划。中港电力以新能源产业为核

[一] 周申蓓，1974 年生，河海大学 MBA 教育中心副主任；许娟娟，1981 年生，河海大学商学院案例与课程开发中心副主任。

心，致力于电源等一系列产品的研发工作，并拥有一套完整的集研发、制造、销售于一体的经营模式。中港电力的研发团队由"双一流"高校顶尖人才组成，具有较强的研发创新能力，并承担江苏省及南京市科技计划等重点攻关项目。公司组织架构如图10-1所示。

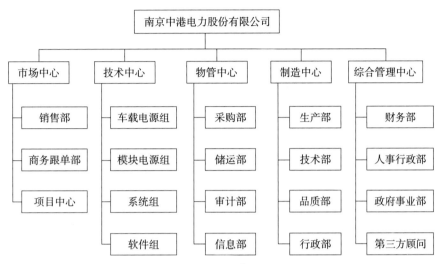

图 10-1　南京中港电力股份有限公司组织架构

2013年至2020年，南京中港电力股份有限公司共完成了3轮融资，逐步开拓业务市场，从2015年与北汽深度开展合作并获得销售冠军，到2018年与国家电网公司（简称"国网"）进行合作，开拓国网市场，再到2019年相继开展四川省电力公司、陕西省电力公司及南瑞旗下子公司的合作业务，直至2020年继续开拓国网新疆电力公司、重庆市电力公司、天津市电力公司的合作业务，南京中港电力股份有限公司的发展大事件如图10-2所示。

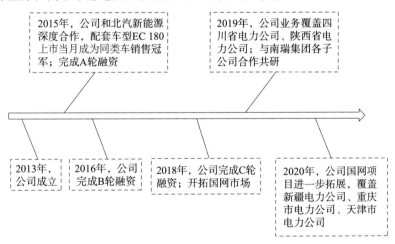

图 10-2　南京中港电力股份有限公司发展大事件

（二）公司现状

以资源整合为主线，中港电力在人力资源、技术资源、资金资源、市场资源以及合作伙伴资源方面的现状如下。

人力资源。公司由国家"万人计划"领军人才杨晓川所带领，专注于高压电缆状态感知、故障定位及安防保障的研发，团队成员包括来自知名军工研究所、国家电网等单位具有十余年经验的技术专家。创始人为"双一流"高校的 MBA 学员，是 2019 年入选国家"万人计划"的创新创业领军人才，拥有授权专利 15 项以及软件著作权 16 项，并受理发明专利 11 项。

技术资源。中港电力属于高新技术型中小企业，公司目前共拥有自主专利技术 30 多项，先后获得了"江苏省隐形'小巨人'企业"以及"培育'独角兽'企业"的荣誉。

资金资源。公司有较为规范的财务管理体系，有一定的财务分析能力和财务解决能力。公司成立以来共获得三轮融资，总金额共计 8 100 万元，同时也获得了南京银行、江苏银行、南京紫金投资集团有限公司的投资。

市场资源。公司通过以前的工作积累和市场开拓，已经初步完成电网业务的相关资源及渠道平台的搭建，目前已经完成对国家电网陕西省电力公司、天津市电力公司、四川省电力公司、重庆市电力公司、新疆电力公司的覆盖，建立了合作关系，并推出了围绕电力物联网及高压电缆安全防护的产品，销售金额累计达亿元。

合作伙伴资源。国家电网是投资拉动内需的重要领域，国家电网公司提出"三型两网，世界一流"的战略目标，[1]输电网作为泛在电力物联网的重要载体，是坚强智能电网与泛在电力物联网的重要支撑。2020 年到 2022 年的这 3 年是国家电网围绕电力物联网建设的高峰期，随着平台层、网络层的建设逐步落地，将涌现上千亿元的市场机会。

（三）创始人介绍

杨晓川毕业于南京工程大学的工程管理专业，自毕业以来在新能源电力行业耕耘多年，拥有较为丰富的行业经验及社会关系网络资源，为他的创业打下了基础。杨晓川本人喜欢富于变化的工作和生活，希望能充分发挥自己的才能，但是在之前的公司并不能完全将这一想法实现，于是他产生了初始的创业想法。在创业想法产生之后，杨晓川明白光靠自己是肯定不能完成的，所以他开始自身边的朋友中选择合适的合伙人，最后联合有同样想法的 2 名同事以及原公司供应商公司的 2 名技术人员，共同组成了中港电力最初的 5 人创始人团队。

杨晓川所寻找的合伙人都是自己的朋友，在过往的接触中彼此已经建立了深厚的情谊及信任感，这份情谊及信任感在团队协作中扮演着重要角色。杨晓川并不是随意选择自己的合伙人的，而是经过深思熟虑，选择了与自己在能力上有互补性的几位朋友。在 5 位创始人中，有 3 名研发人员，分别为结构工程师、硬件工程师、软件工程师，还有 1 名销售人员和 1 名项目负责人。这个创始人团队的组合是比较合理且完整的，涵盖了技术、生产、销售三大方面，足以在公司成立之初凭借 5 人的力量开展关键性业务。此外，5 位创始人都拥有较为丰富而成熟的经验，在各自的工作领域中经营多年，不管是在专业技能上还是在社会网络关系上，都为中港电力奠定了良好的开端。

杨晓川认为，他们几人的创业属于冲动型创业，当初自己对公司未来的发展并没有清晰明确的想法或规划，但是这并不能打消他们想成就一番属于自己的事业的信心。他坚持一点——如果能够拥有志同道合且经验丰富的合伙人，未尝不是一件幸事。于是，经过一番关于创业想法的简单交流，5 位创始人一拍即合，在 2013 年 4 月正式成立了南京中港电力股份有限公司，

---

[1] 王伯伊，张越，刘明波，等."多站融合"运营模式的探索研究［J］.电力信息与通信技术，2019, 17（7）: 41-45.

2013年9月左右,5位创始人相继正式从原单位离职,开始全心筹备公司的研发运营。创立之初,几位合伙人共同筹备了8万元,租下130米^{2}大小的三室一厅作为办公地点,便信心满满地开始了自己的事业。

二、创业之初

(一)寻找业务

在创业之初,中港电力选择了自己熟悉的领域,在新能源电力这一领域进行研发生产。选择的市场属于汽车领域的低端市场,向低端市场发展比较符合当时中港电力各方面的人力、资金、技术等条件。在创业第一年,主要是由杨晓川和另外一名创始人跑业务,另外三名创始人负责研发。当时,公司研发的产品是光伏逆变器,这也是创始人之前特别熟悉的产品,面向的客户主要是江苏省内的太阳能公司。公司凭借高性价比,在2013年获得了常州天合光能股份有限公司的70多万元的订单,盈利20万元左右,这也是中港电力的第一笔订单,勉强维持了创业的初始开销,为后面的业务扩大建立了一定的信心。

第一年,中港电力的精力主要集中在销售及研发两大领域,故生产业务外包给了其他有生产经验的制造商,原材料的购买也交给制造商。这样一方面解决了生产品控及量产方面的问题,另一方面也解决了原材料采购成本的资金问题。将生产业务外包给其他公司势必会增加一部分产品的生产成本,但是对于当时的中港电力来说,没有建立起公司自己的市场,资金也不够充裕,很难建立自己的生产线,所以在创业之初是一个比较好的决策。此外,为了保障产品的生产质量,中港电力也会对制造商进行考察并提供技术帮助。在制造商的选择方面,中港电力主要选择本地的生产制造商,这样一方面方便自己对产品质量进行控制,另一方面物流也会相对成本较低且更加便捷。

2014年是公司成立的第二年,公司仍然维持第一年的做法,将公司的重心放在市场开发和技术研发两大领域,继续开发低端市场业务。同时,公司初步完善公司质量体系,于2014年9月获得汽车行业要求的TS 16949证书。公司根据客户需求自主研发的直流转换器是公司的第二款产品,产品面向当时新的风口——电动汽车公司。当时低端市场的电动汽车公司主要集中在山东、河北、河南、安徽四省,其中又以山东省的电动汽车公司数量最多,河北省其次。公司首先将目标客户定位于电动汽车公司最多的山东省,杨晓川和另一名创始人向山东省各电动汽车公司推销该款产品,继续扩大公司的业务范围,大概花费了一年的时间,几乎跑遍了整个山东省大大小小的电动汽车公司,对河北省的市场也有所接触。功夫不负有心人,直流转换器最终获得了山东新大洋电动有限公司1 400万元的较大订单,此外,也有一些几万或几百万的较小订单。随着公司订单数量的增加,公司也开始扩大规模,至2014年底,公司团队由最初的5人增加至15人,各个领域都有所涉及,比如研发、销售、商务行政等方面,但是此时并没有正式对公司部门进行明确划分。

(二)开拓市场

中港电力发展到2015年,拥有了几个比较稳定的长期合作客户,逐渐走上正轨。公司开始进一步研发新产品,扩大业务范围,招聘更多的工作人员,逐渐完善公司的管理制度,并对办公地点进行调整,由之前 130 米^2 的办公地点换到了南京市江宁区麒麟科创园,办公地点总面积超过 500 米^2。

2015 年,除了继续生产前两年的光伏逆变器和直流转换器以外,公司还研发了电动汽车的电源充电器,并开始将产品系列化,针对不同型号、不同里程的电动汽车研发出不同系列的充电器。同年,公司与上汽通用五菱汽车建立了长期且稳定的合作关系。这对中港电力来说是一次里程碑式的成功,对方是与中港电力建立深度合作的第一个大型企业,不仅使中港电力的全体员工建立了极大的信心,也标志着中港电力在未来的发展将有机会更上一层楼。由于和上汽通用五菱汽车建立了合作关系,2015 年公司大约获得了 5 000 万元的订单,但是公司的资金不足以支撑订单的生产,这正是公司需要资金的时候。好巧不巧,这时候有投资公司主动找到中港电力,想要对公司进行投资。当时有 3 家投资方想要对中港电力进行投资,最终中港电力选择了江宁科技创业投资集团,投资金额为 2 000 万元。这是中港电力完成的第一轮融资,但对当时处于上升发展期的公司而言,2 000 万元只能解决公司一年的资金问题。

中港电力最开始选择低端市场,是因为低端市场对技术能力和资金成本的要求更适合目前公司的发展状态。当中港电力研发的产品在低端市场获得比较好的评价,获得较高的客户满意度时,杨晓川便将公司未来的发展方向转为向中端市场发展。于是中港电力拿着自己的产品去和北京一家知名汽车企业进行业务交涉,这次的业务合作并不顺利,中港电力被客户委婉地拒之门外。公司认识到在低端市场反馈良好的产品尽管质量不错,但仍然需要进行改进才能满足中端市场的需求。此后,杨晓川意识到要进入中端市场,那么需要继续踏实努力地提高研发能力,这也意味着必须引进更高层次的专业技术团队。

当时,汽车电源领域比较好的技术团队一部分在通用,一部分在华为,另一部分在我国台湾地区的企业。因此,中港电力从台湾的知名企业中引进了一个大约 10 人的专业技术团队,该技术团队在汽车电源领域是比较优秀的,中港电力为了吸引该技术团队,采用了股权激励的方式来留住专业技术人才。为了配合技术团队的工作,中港电力也对原公司的实验设备进行了更新,花费了几百万元资金从国外引进了一批先进的实验设备。专业技术团队有了硬核的实验设备的加持,中港电力的研发能力也得到了进一步提高,公司逐步从原来的低端汽车市场向中端汽车市场方向进军。

随后的 2016 年,公司花费几百万元引进了第一批生产设备,开始承担生产制造这一部分的业务。引进生产线一方面降低了生产成本,并且能更方便地对生产质量进行把控,更好地控制生产进度;另一方面能提高客户满意度,因为有的客户会比较注重公司是否拥有自己的生产线。生产线并不是一成不变的,随着产品的更新换代,生产设备也需要进行微调或更新,这样才能更好地满足产品的精度要求,保障产品质量。

(三)小有成就

2016 年是具有转折性的一年,公司的科技项目申报情况及获得资质情况良好。公司获得南京市新兴产业引导专项资金、南京市科技创新券江宁区技术创新基金,获得江宁区工程技术中心资质、国家高新技术企业资质。杨晓川于同年获得"南京市创新型企业家"称号。中港电力深入开展与清华大学苏州汽车研究院、武汉理工大学、南京理工大学等研究院及高校的产学研合作，进一步加强科技成果转化工作。在 2016 年这一年中，公司申报专利技术 24 项，其中发明专利 6 项，授权实用新型专利 3 项，受理实用新型专利 3 项，软件著作权 3 项。

2016 年，公司在原有组织构架上增加了正式、完整的部门划分，逐步建立起完整的生产管理系统，管理制度也趋于完善，建立了新的工作模式和流程。通过优化公司的组织结构，中港电力以团队协同完成任务代替独自完成任务，并建立培训体系以带动员工的学习风气。对于组织结构，主要是根据公司业务需求对其进行划分，并对公司的部门进行新增或者删减合并等操作，以提高工作效率。公司原下设销售部门、行政人事部门、财务部门、研发部门，在引进自己的生产线之后，开始建立采购部门、质量部门和生产部门。公司快速组建了采购部门，完成采购目标并达成降本目标，增强了自主节约成本意识。公司一方面注重与研发部门的前期沟通交流，加强技术知识提升，另一方面也加快数据库的建立和完善。质量部门加强质量体系与 APQP 的完善，获得质量管理体系 ISO 9001 证书、环境管理体系 ISO 14001 证书，并应客户需求启动汽车功能安全体系 ISO 26262 认证。公司协助加工厂商制定来料检验规范并监督加工厂不断完善，对重要供应商进行分类管理，制定重要供应商年度审核计划。公司也对生产线进行持续改善，不断精益求精，提高生产效率。在此期间，公司进一步完善售后服务，提高客户满意度，向客户提供生产基地驻厂服务、三包服务、厂内维修服务。

在 2016 年引进专业的技术团队之后，公司重新研发创新了直流转换器，这在当时的国内属于比较先进的方案。传统的直流转换器都采用模拟电路，而此次中港电力研发的直流转换器采用数字电路。采用数字电路的直流转换器拥有更高的转换效率，传统的直流转换器的转换效率大概在 88%～90%，而采用数字电路的直流转换器能将转换效率提高到 95%，进而能够缩小直流转换器的体积，减轻重量。

此后，中港电力再去找之前让自己吃了闭门羹的北京某知名汽车企业进行业务合作，经过对技术人才的调整、对实验设备的更新换代，中港电力成功拿到该知名汽车企业的 7 000 多万元的订单。因此，当年公司需要更多的资金来维持订单的生产，但是第一轮融资并不能完全支撑中港电力 2016 年的订单生产，所以需要进行第二轮融资，主要引进产业链基金，充分利用投资机构的行业资源进行资源整合。投资机构在战略、内部机构治理优化、财务管理等方面有着丰富的经验。中港电力的第二轮融资金额总计 2 800 万元。基于公司固定资产比重较低且无自有房产的现状，通过科技贷款进行纯信用贷款可以降低融资成本，同时公司开拓其他渠道和方式来保证公司的现金流。

当中港电力在行业内有了一定的知名度后，也会有一些公司主动找到中港电力，有意进行开发合作，比如福特汽车公司、东风日产乘用车公司等知名公司都和中港电力进行过多次接触。

（四）转型升级

从 2016 年到 2017 年，中港电力持续向好发展，在 2017 年底利润达到 1.4 亿元，员工人数也增加到 120 多人，公司内部管理机制相对完善。中港电力是一家创新型的中小企业，所以对于技术人员的需求量较大，公司组建了 3 个技术团队，分别研发不同的产品。为了激发技术人员的工作热情，公司实施股权激励计划，对外投资 3 个虚拟公司，将股权分给公司的技术团队。2016 年和 2017 年，公司主要经营直流转换器和电源充电器两大板块。

杨晓川一直注重公司内部工作人员的团队协作能力，强调艰苦奋斗的精神，注重集体荣誉感，要求充分体现公司对客户的责任感，做到坦诚相待。2017年是不平凡的一年，在北汽项目量产加速切换而物料紧缺、市场哄抬价格的情况下，中港电力在物料采购的腥风血雨中挑战自我，打赢了一场无硝烟的战争。在杨晓川等公司领导的支持下各部门之间开展团队合作，以服务生产为中心，紧紧围绕公司的发展目标，及时对采购管理工作进行调整，积极落实降本工作，从而确保了生产、研发等材料的及时供应，并完成了公司的年度降本目标。2017年下半年，随着中港电力自主生产产品的导入，组织结构也进一步完善，生产中心不断进行人员招聘，逐步建立并完善了人员组织结构，对制造中心进行了更加细致的划分，划分为生产部、技术部、品质部、行政部。

公司自成立以来，一直关注新能源汽车的发展趋势。2016年，新能源汽车产量销量保持高速增长，全产业链投资力度加大。中港电力也把握住了市场趋势的变化，注重新能源汽车零部件的创新开发。尽管国家对新能源汽车的政策补贴力度较大，公司有较好的盈利机会，但由于多方面的因素，国家对新能源汽车的补贴逐年削减，当时预计到2020年底前补贴会全部取消。补贴政策的快速退出，将对新能源汽车产业的形成和发展造成巨大的压力，整车和零部件产业将出现大洗牌，进入2020年"后补贴时代"。新能源汽车产业将由国家政策驱动转变为终端需求驱动，而窗口期很窄，因此之后的三年将是对新能源汽车企业浴火重生的严峻考验，企业的竞争将转向"创新能力""产品质量""延伸服务"和"商业模式"等综合实力的竞争。杨晓川认为，这对于中港电力来说也是一个严峻的考验，公司需要进入转型升级期。在市场营销方面，应该更加注重客户的深度及广度，把握市场趋势，分析目标客户的需求；在研发技术方面，更加注重项目管理的重要性，强调创新与学习，明确公司的产品定位；在产品生产方面，更加强调实施精益化的生产控制，全面推行精益化管理，持续改善生产流程，引进自动化产线；在质量保证方面，进一步提高质量体系的实施覆盖率，做到全方位的质量监测。

三、调整企业战略

（一）遭遇发展困境

中港电力自成立之初到2017年底都发展良好，规模逐渐扩大。2018年，中港电力申报了新能源汽车集成控制器的科技成果转化项目，承担了江苏省科技成果项目。在落实过程中，中港电力积极响应国家"产学研"相关号召，与南京航空航天大学的研究团队进行合作开发，共同研发创新新能源汽车集成控制器，这款产品最后也成功销售给了北京汽车股份有限公司。

尽管预料到财政补贴的下行趋势，但公司原本以为可以继续在汽车领域做大做强，却万万没想到2018年全国各行各业都在一定程度上受到经济危机的影响。此时，国家针对新能源行业的"骗补"现象，调整了汽车领域的相关政策。这次政策调整使客车和物流车补贴大幅度下降。这对于和汽车公司进行合作的中港电力来说是一个不好的消息，整个汽车行业陷入比较低迷的状态。没有了国家的资金补贴，公司的产品只能以较低的价格出售，经济利润大幅度减少。在整个2018年，中港电力勉强能够继续维持下去，并未获得较高的经济利润。公司领导层认识到，如果行业发展持续低迷，那么公司将会面临经营不下去的情况。2018年是中港电力自成立以来，公司面临的形势较为严峻的一年。当时中港电力处于内忧外患的境地：一方面,融资没有落地,资金紧张,团队面临调整,工厂能力跟不上客户要求;另一方面,国家的补贴政策调整,市场的主流车型发生变化,产品亟待升级,但是开发进度跟不上客户所要求的速度。

伴随着2018年汽车行业的不景气状态,中港电力的创始人一次次陷入思考,思考中港电力的未来发展是继续向汽车领域迈进,还是借此机会向其他领域转型。但是,当时的杨晓川及各位创始人都从未涉足过其他领域,对其他行业领域的未来发展情形也并不清楚。但是杨晓川明白,如果持续专注于汽车行业,那么公司之前所积累的资金迟早会亏损完,也不容易找到新的投资商,这让中港电力陷入了短暂的迷茫期。于是,杨晓川开始考虑调整企业战略,一方面继续做着以前的汽车相关业务,另一方面也准备向其他行业发起进攻。但是公司接下来应该向哪个行业发展呢?应该研发什么新产品呢?这还需要不断摸索。杨晓川认为如果想进入贸易行业,那么就去深圳,如果想进入金融行业,那么就去上海,如果想和国有企业做生意,那么就去北京。杨晓川认为,国有企业资金相对比较充足,能够保证资金的快速回笼,和国有企业打交道对于中小企业来说是比较好的选择。此外,当市场环境不稳定时,民营企业所受的冲击可能会更大,资金链断裂的风险增加,尤其是在经历了2018年的经济危机后,杨晓川对于这一点的看法更加深刻。因此,杨晓川将公司接下来的客户群体瞄准了国有企业,并和另一位创始人去北京考察,整个考察时间长达一年。他们希望通过和国有企业工作人员的交流沟通,来了解未来发展趋势,进而探索中港电力未来的发展方向。

(二)审时度势跨行

可是,国有企业也有多个领域,要想选择一个好行业无疑难似大海捞针,只能靠自己不断摸索。通过朋友介绍,中港电力的领导层与相关行业的资深从业人员打交道,交流行业的未来发展情况,看对方想做什么,再思考公司可以在其中扮演什么角色,可以为行业提供什么产品,这里面隐藏着什么商机。杨晓川与中国移动、中国铁路、国家电网、中石化、中石油等企业有所接触后,决定多尝试几个领域,看看哪个领域更加有前景,公司更加容易转型。在选择的过程中也有失败,花费了较多的时间、成本、人力最终可能并没有谈成合作。

杨晓川最开始想进入铁路行业,当时国家要投资8 000亿元进行川藏铁路的建设,同时每年复兴号的产量要达到3万辆以上。杨晓川想到在川藏铁路的建设中,每隔10公里便会安装地震仪,复兴号上要安装5G设备,那么就会产生大量需求,蕴藏着巨大的商机。为了可以承接这两项业务,公司上下开始想办法,希望能够争取到难得的机会。但是经过一番长达半年的努力,公司并未成功争取到。在这段时间里,杨晓川不仅接触了铁路行业,也接触了其他行业。首先是军工行业,主要是与直升机相关的设备,但是由于该项目时间跨度大,样品反馈时间过长,公司资金链不易周转,故中断了该项目。其次,公司也考虑过进入移动通信行业,但是由于利润并不可观,因此选择了其他出路。经过长达一年的摸索和思考,杨晓川决定进入电力电子行业,他选择国家电网作为以后公司需要重点开发的客户资源。杨晓川认为电力电子行业发展前景广阔,经济利润比较可观,同时国家电网也是很好的合作客户。鉴于中港电力在新能源方面的技术积累,相对于向其他行业转型,公司也能更快适应向电力电子行业转型。如果能够与国家电网建立长期稳定的合作,那么公司想必能成功完成这次转型。此外,国家电网的产品迭代速度相对于其他行业要稍微慢些,市场环境相对稳定,这对于转型中的中港电力来说是一个比较好的选择。电子电力行业对于杨晓川来说是一个全新的领域，对于中港电力来说也是一个全新的领域。是否能够与国家电网建立长期稳定的合作关系至关重要。

（三）解决转型困难

2018年下半年，各行各业形势并不明朗，从2018年6月到2019年6月，国内投资公司基本都不轻易进行对外投资。好在公司在2018年4月完成了第三轮融资，融资金额为3 300万，这笔资金给予了处于迷茫期的中港电力充分的帮助。中港电力在2018年进入了全新的领域，面临着三个新挑战：第一个是技术挑战，第二个是技术转变为产品这一过程中的挑战，第三个是社会关系积累的挑战。公司人员需要对这方面的相关知识进行学习，不断与电力系统的专家进行交流，也需要对外招聘与这一行业相关的工作人员。在开发过程中，若是遇到公司内部不能解决的技术问题，就需要对外建立合作关系，委托外部的技术人员或者专家进行技术开发。此外，由于跨入了新的行业，也需要在这个行业重新建立人脉关系，需要积累各方面的资源。

自从2018年与国家电网进行合作，开拓了国家电网市场以后，中港电力开始了全新的产品研发。公司在产品方面主要专注于两个方面：一方面是物联网方面的产品研发，另一方面是新材料方面的产品研发。随后，在2019年，中港电力相继开拓了四川省电力公司、陕西省电力公司及南瑞旗下子公司的合作业务，在2020年继续开拓了新疆电力公司、重庆市电力公司、天津市电力公司的合作业务。相继开发的主要产品有电缆隧道在线监测系统、电缆防爆板、开关柜局放在线监测系统、变电站用电系列局放传感器等十余款产品。中港电力进入电子电力行业后，发现新赛道与原来的汽车领域最大的不同便是需要不断地承接项目，不像汽车相关产品那样，研发出来以后可以一直进行销售，现在公司的产品需要根据项目的需求进行研发创新，需要一个项目、一个项目地去争取开发。

企业在转型的过程中，不仅需要对外面客户伙伴的需求进行开发调整，也需要对公司内部人员进行调整。[一]在2017年底，公司有工作人员120人，由于公司战略的调整，业务范围的改变，便对公司的工作人员进行了精简，对组织结构进行了调整。在工作人员的精简及组织结构调整过程中，公司秉持着比较人性的态度，尊重工作人员的意愿，对于愿意继续留在公司发展的员工，公司乐意接受，对于其他不适应公司调整而选择去其他公司的员工，公司也表示尊重。2018年，公司对研发人员进行了细分，主要是汽车部门和电力部门，2019年初，公司全面完成转型，放弃了汽车领域，裁撤了原有的汽车研发部门，并将电力部门分成了软件部门、电子部门和新材料部门。经过两轮的组织内部人员调整，截至2020年底，公司有40多位员工。

（四）创造良好开端

2018年3月，中港电力在西南供电局中标了一批进口代理设备，订单价值100多万元，在交付的过程中，通过与客户进行交流得知了一个重要的商业机会。当时西安地铁发生了一起重大火灾事故，损失了近10亿元的资产。经过这一次火灾事故，西安供电局决定对地铁的电

[一] 卢宝周，尹振涛，张妍. 传统企业数字化转型过程与机制探索性研究[J]. 科研管理，2022，43(4)：83-93.

缆进行防火整治，对此，西安供电局已经有了初步的想法，希望能在电缆外部包裹一层防火材料，该材料应具有很强的耐热性和隔热性，要在发生火灾时保证电缆能承受一小时的火烧不被烧毁的同时，保障外部热量不传递到电缆内部。西安供电局知道中港电力有国外进口设备代理权，便向杨晓川询问能否在国外帮助西安供电局寻找技术解决方案。中港电力承接了这一业务，首先向美国两个著名的材料公司3M公司和杜邦公司寻求技术解决方案。杜邦公司向中港电力反馈，说自己有这种新型的防火材料，并且在新加坡电网用过该种防火材料，效果良好。于是，杜邦公司向中港电力提供了解决方案，其中所用到的核心材料是凯夫拉，这种新型材料密度低、强度高、韧性好、耐高温且易于加工和成型。但是，当中港电力按照解决方案进行实验时，当温度达到400℃时该材料便融化了。

中港电力从国外寻求解决方案失败以后，为了有机会和国家电网进行更深入的合作，便向西安供电局承诺可以提供这种新型材料，于是中港电力打算自己开发研制这种新型防火材料。中港电力在这次研发中投入了相当多的时间及精力，尽管对这个领域并不熟悉，杨晓川及公司团队仍然相信公司可以研发出这种新型防火材料。新材料需要满足耐高温的特性，这一点是比较好解决的，因为目前市场上有很多种耐高温的材料可供选择，但是该新型材料需要达到在耐高温的前提下又能起到一定隔绝性的标准，这就给中港电力带来了一定难度，它需要将不同的材料按照不同的配比并经过不断的试验，这是一个需要耗费许多精力的过程。终于，功夫不负有心人，经过反复的试验，中港电力在历经了8个月的时间之后，在2018年11月初步研制出了这种新型的防火材料，并得到了客户的认可。

此后，公司便开始撰写技术标准，同时西安供电局开始采购该新型材料，第一笔订单金额为2 000多万元。2021年4月30日强制性技术规范审批通过，也就是说中港电力研发的该阻燃隔热的新型材料被正式纳入国家电网强制性规范标准。从2018年研制成功以来，国家电网招标金额达2个多亿元，中港电力中标金额大约为5 000万元，约占国家电网总购买金额的四分之一。这对于转型后的中港电力来说是一次极大的鼓励，也是中港电力实力的体现。防火材料的研发、生产和售卖成为公司的主营业务之一，到2020年底已为公司盈利几千万元，同时也开辟了公司未来的发展方向——新材料研发。新材料的成功研发为中港电力和国家电网进行更深入的合作创造了良好的开端。

（五）步入正轨

中港电力在此之前完全没有接触过新材料的研发创新，但是也能通过自己的努力成功研发。杨晓川凭借自己近20年的关于研发创新的经验见识，发现要开发一种新的产品或材料其实并不困难，只要能够理解创新的根本，那么这就是一件可实现的事情。杨晓川认为，创新无非就是将整个大的产品进行细分，通过不同的组合使其创造出新的功能特性的一个过程。当然，在这个过程中依然会遇到一些大大小小的困难，但是只要功能需求清晰，总是可以成功的。

2018年中港电力主要是进行新型防火材料的研发，在2019年承接的第一笔在物联网领域较大的订单，是天津电缆公司的1 000多万元的订单，主要是做电缆的在线监测系统。该监测系统也同阻燃隔热新型防火材料一样被纳入国家电网强制性规范中。当时中港电力和南瑞集团一起合作开发在线监测系统，南瑞集团是国家电网的全资子公司，并且是国家电网旗下制造设备的最大的公司,每年销售额高达 900 亿元。与南瑞集团建立合作关系为后来公司与国家电网间的业务拓展奠定了一定基础。此后,中港电力开始向物联网方向发展,物联网和新材料研发一道成为目前中港电力的两大主营业务。

2020 年,受新冠疫情的影响,各行各业都面临着生存压力,[一]中港电力也不例外,因为公司无法交付之前的研发项目,也无法继续进行新的业务拓展。公司于 2020 年 4 月开始复工。2020 年的主要目标是推广公司目前已有的研发创新产品,2021 年的主要目标是推进新的创新产品,通过不断地与客户进行深度交流,把握未来市场发展趋势,了解客户需求,从而进行创新产品的开发。继 2018 年 11 月成功研发了阻燃隔热的新型材料后,中港电力也持续向新材料研发方向发展。2021 年开始研发一种新型的智能材料,这个项目的目的是希望能够研发出一种可以取代空调的降温效果的新型材料,以此来保障室外电气设备(电气柜、变压器柜、控制柜等)在高温状态下也能正常运转,从而降低事故的发生率。

四、未来之路

(一)经营理念

杨晓川自创建公司以来,一向有着自己对于经营公司的见解,并且在公司的发展中,不断加深自己的理解,逐步带领公司做大做强。

首先,杨晓川认为经营公司要注重市场,发掘客户需求,客户想要什么,公司便生产什么。这是一个需要不断思考的过程,发掘市场要从大到小,大到国际形势及国家形势,小到行业形势以及竞争对手的发展形势。在这一部分,杨晓川强调了研究国家发展形势的重要性,以及研究国家政策调整的重要性。任何行业的形势都是跟随国家形势而发展改变的,谁能准确把握国家发展的重点,那么就抢占了先机。管理者不仅需要对大环境的发展趋势进行了解,还需要对行业的市场环境进行把握。可以通过与合作伙伴、竞争企业以及专家进行交流,从各个方面汇集信息,进而在众多信息中逐渐明确自己的公司的未来发展趋势。

其次,就是注重公司基本能力的培养,这里的基本能力包括产品开发能力、生产保障能力、现场交付能力等核心市场生存能力,这些基本能力与公司开发市场的能力息息相关。[二]若只是开发了市场,而本公司的能力不能与市场进行合适的匹配,那么开发市场也是徒劳。为了保障中港电力的开发能力,首先要注重技术人员的引进,可以从高校或社会知名企业中挖掘人才。在对技术人才的资金投入上要和公司所做的项目相匹配,中港电力并不是一味地追求专业技术人才的优质性,而忽略人力资源成本。人力资源成本不是一个绝对值,而是与公司所做的项目的大小有着密切关系的,若项目比较大,那么便可提高人力资源成本的阈值,总之,要充分衡量资金与人才引进之间的关系。公司围绕战略需求为优秀的人力资源配置合适的硬件设备,注重研发资金的投入,在控制开发成本的前提下,尽量提高研发的精度及可靠性,保障产品质量,从而确保公司可持续创新发展。

[一] 马喜芳,井润田,顾蓓蕾.新冠肺炎疫情对企业影响机理的理论构建与探索性调查研究[J].管理学报,2022,19(11):1617-1626.
[二] 刘治江.学习与创新:企业核心能力的本源[J].经济问题,2007(3):59-61.

此外，社会资源的重要性也不言而喻，①对于任何一家公司而言，都不可能仅仅依靠自己的资源做大做强。在公司不断发展的过程中，需要和其他公司进行合作，依靠其他公司的力量为自己的公司能力提升保驾护航，这样才能在激烈的行业竞争中获得优势地位。但是需要注意的是，社会资源固然重要，公司却也不能过分依赖外部资源，而是需要将外部资源与内部资源进行合理协调，才能使公司长久稳定地持续向上发展。

（二）优势保持

杨晓川在谈到中港电力的竞争优势时，认为在创业初期公司凭借着体量小、成本低、创新转化效率高在同类型的企业间具有一定的优势。但是，在未来的持续发展中，小公司会逐渐发现自己的不足，深刻明白自己没有大公司雄厚的资金基础及人才资源，公司品牌实力也没有大公司的强，故而小公司的发展速度会在后期跟不上大公司的发展速度。杨晓川认为小公司的那些短期的优势也并不能称为优势，因为随着公司的发展，这种优势会逐渐消失。有位专家在2016年给杨晓川提出建议，认为他要充分理解中小企业的核心在于与市场的贴近和黏性，并对中港电力的企业竞争优势提出了看法，认为中港电力应在客户关系维护中保持竞争优势，保持较强的客户黏性，着力于提高客户满意度。中港电力一旦和客户建立了合作关系，那么客户黏性便会比较强，更加有利于合作关系的进一步加深，建立较强的彼此信赖感，推进项目业务的深入开展。此后，中港电力始终秉承着踏实认真的态度为客户提供解决方案，尽量满足客户需求，提高客户满意度，所以在客户关系管理方面长期具有较强的竞争优势。

除了注重客户黏性、对公司内部工作人员进行调整以外，还要和外部公司建立合作关系。杨晓川认为，彼此之间建立友好的合作关系，对于产品的创新开发、生产制造等方面都起着至关重要的作用。在选择合作伙伴时，首先要注意彼此之间业务方向的一致性。比如当初选择与南京航空航天大学进行产学研合作，是因为中港电力做电源这方面的业务，而南京航空航天大学刚好也有这方面的专业，匹配度较高。其次是注意关注点的一致性，合作双方对于产品创新的重要方面要有一致的认识，不能我方关注这方面，而合作方关注另一方面，那样势必会降低产品的创新质量。最后是彼此做事的方法方式要具有一致性，这样才能保证创新产品在转化过程中得以高效高质地完成。这三个方面是建立长期稳定合作关系的关键。

（三）战略规划

2021年，杨晓川谈到自己对于公司未来两年的发展战略规划时，将发展规划分为四大部分。

第一，继续扩大国家电网的市场范围。目前，国家电网与中港电力的业务合作范围主要有新疆、天津、四川、重庆市场，而全国的国家电网共有27大板块，所以公司在与国家电网的合作方面还有相当大的市场可以进行业务开发。

第二，需要将每个地区的市场做透，与当地国家电网建立更深的业务合作关系，提高公司的产品开发能力，进而增强彼此的信任感。杨晓川认为，要想将当地的市场做透，必须要适应当地的文化，明晰当地的客户需求，最好是能住在当地，通过自己的亲身体会对当地文化产生更加深刻的认识，并且需要在当地建立更加广泛的社会网络关系，这样有助于业务的顺利开展。

---

① 李伯刚.利用社会资源营造企业优势[J].中国科学院院刊，1997（4）：272-275.

第三，梳理公司的产品线，明确公司未来的主营业务。目前，中港电力从事新材料研发创新及物联网研发创新两大领域，这属于国家电网的两类不同业务。为了公司实现更好的发展，需要在未来的两年内明确公司的发展方向，争取在某一个领域进行深入拓展，将一个特定领域的业务做细、做精。杨晓川目前更加倾向对新材料进行研发创新，但是具体的战略实施还需要根据未来的市场环境决定。

第四，争取将公司未来两年的销售额提高到每年 2 亿元以上，这是公司发展良好最直接的体现。此外，公司还会对资本市场进行重新组织，考虑接下来的融资、上市、并购等问题。

以债务重组之刃，破中国铁物困局

◎孙彩虹　陈蜜　赵熙　伍茗名[○]

2021年3月1日清晨，和煦的春日阳光照进中国铁物总经理廖家生（即本文中的廖总）的办公室内，映着他意气风发的脸庞。他正在接受《国资报告》记者的采访，当被问到"中国铁物能够走出困境并且成功上市，有哪些重要经验"时，他自豪地回答道："5年来，中国铁物的扭亏脱困离不开党和国家的扶持，离不开中国诚通的科学托管和中国长城的鼎力相助，更离不开债权人的理解支持和公司全体职工的奋力自救……"

廖总的这句回答看似轻松，却暗含着有着百年历史的中国铁物走过的这5年中的艰辛与曲折：从成功触碰到《财富》世界500强的梦想，到因盲目扩张而陷入资不抵债的困局，再到依靠债务重组、债转股等自救措施实现重返债市的目标，最后到2021年1月8日在深圳证券交易所敲响了上市的钟声，至此，中国铁物涅槃重生，站在了发展的新起点。

一、中国铁物简介

（一）企业概况

中国铁路物资集团有限公司（简称中国铁物）[○]是国务院国资委直接监管的大型中央企业，集团公司总部设在北京。主要业务为国内外铁路运营、装备制造、建设施工，广泛涉及铁路油品、轨道、装备、铁建、工业、物流等领域。经过近百年发展，中国铁物成为我国规模最大、服务能力最强、专业经验最丰富、行业领先的铁路生产性服务综合提供商，被业内称为中铁

○ 作者简介：孙彩虹，1974年生，女，重庆工商大学教授；陈蜜，1997年生，女，重庆工商大学学生；赵熙，1996年生，女，重庆工商大学学生；伍茗名，1997年生，女，重庆工商大学学生。
○ 2021年12月，中国铁物与中国诚通控股集团有限公司整合，更名为中国物流集团有限公司。

路"总后勤部"。

至2021年，中国铁物已在全国及海外建立了100多家分支机构。在漫长的发展过程中，中国铁物始终坚持以人为本，实施人才强企战略。公司拥有各类技术人才3 200余人，其中教授级高工19人，具有高级职称的379人。历经百年风雨，中国铁物已经成为具有较高科技水平、具备行业领先优势的专业化铁路生产性服务综合提供商。

中国铁物坚持"绿色供应链服务的提供者"这一信念，努力追求企业经济利益和社会、环境和谐发展，使企业实现可持续发展。迈进新阶段，中国铁物以铁路轨道交通产业综合服务为核心，为中国乃至全球铁路事业发展提供支持，持续深化改革，不断提高创新能力，打造国际一流生产性服务企业集团。

（二）组织机构

中国铁物组织内部部门设置完善，分工明确，其董事会内部设有战略与投资、审计与风险控制等委员会，公司资产为国有资产，受国务院国有资产监督管理委员会（简称国资委）监管，具体组织结构如图11-1所示。

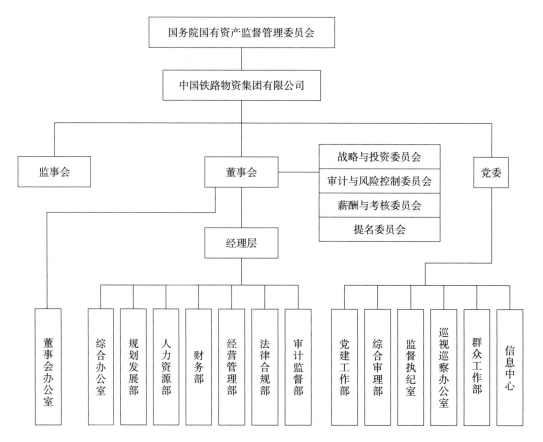

图 11-1　中国铁物组织结构

二、将登太行雪满山，中国铁物行路难

作为原铁道部划转剥离的五大企业之一，中国铁物生于铁路，长于铁路，一直沿着两根铁轨发展，势如破竹，在 2007 年，营业收入就高达 790 亿元，总资产达 253 亿元，在中国最大的 500 家企业集团中位列第 37 位。然而，在之后几年的发展中，由于战略失误、过度负债、监管不力的问题，又逢钢贸危机，中国铁物止步于上市前夕并陷入融资性贸易泥潭，深陷债务危机。

（一）顺势扩张，主业偏航

在早期的发展中，中国铁物一直坚守以铁路产业综合服务为核心，以钢铁供应链集成服务为重点的战略，所以主业突出，发展稳定，铁路产业综合服务处于领先地位。但是企业集团高层不满足于现状，一心追求扩大规模，目标直指上市。2008 年，国内钢铁市场欣欣向荣，钢铁制造商对下游的钢贸企业来说处于具有绝对话语权的强势地位，要求钢贸企业以预付款的形式支付现金，这使得资金匮乏的钢贸企业捉襟见肘。当时，一些央企现金流量充裕，钢贸企业向其贷款比向银行贷款更加便捷，这些央企也能从中赚取利息差价，因此，某些央企开始帮助钢贸企业垫付资金。2009 年，中国铁物也加入其中，开始以托盘交易的方式充当"影子银行"，走上了"出轨"之路，并逐渐把融资性贸易作为主业。在这个过程中，中国铁物帮助资金实力较弱、资信水平较低的钢贸企业订货并支付货款，钢材从钢铁企业直接运输至第三方仓库并由其负责监管，货权暂时属于中国铁物，在约定期限内，钢贸企业在本金的基础上支付一定的佣金或者利息以偿还资金，拿回钢材货权。

短期内，中国铁物尝到了融资性贸易的甜头，获利颇丰，并在 2010 年跻身《财富》世界 500 强之列，主体信用由 AA＋升级为 AAA。2012 年，中国铁物筹备已久的"A＋H"上市计划正式启动，距离上市只有一步之遥。

但是，由于中国铁物主业偏航，与中央政策以及企业初衷背道而驰，这质变的"一步"注定无法迈出。中国铁物作为央企，保护国有资产的安全性和稳定性是其首要职责。国资委更是明令禁止央企从事融资性贸易，多次下发有关"严禁开展无商品实物、无货权流转或原地转库的融资性业务"的文件。然而，中国铁物当时的高层仍继续违法违规开展融资性业务，还在国资委视察时有意欺瞒。中国铁物忽视主业经营，用融资性贸易业务量虚增经营规模、冒进发展，将大量的人力、物力、财力投入高风险的"副业"中，这样"重心不稳"的发展战略无法保障企业获得稳定收益，存在使国有资产受损的风险。

（二）忽视风险，监管不力

尝到甜头的中国铁物只看到了财务报表上漂亮的数据，一心追求扩大经营规模，而忽略了融资性贸易中的经营风险防控。即使公司设有风险控制委员会，在 2008 年至 2012 年间，中国铁物党委常委会和管理层也未召开任何有关研究经营风险问题的会议。此外，因贸易标的的大宗商品具有便于成为融资的标的及担保物的特点，又使企业忽视了融资性贸易业务中的法律风险和商业风险。

在融资性贸易过程中，中国铁物、钢贸企业、钢铁企业三方签订融资性贸易协议，融资以

钢贸企业的库存钢作为抵押，钢贸企业偿还本金、支付利息后，解除抵押，拿回钢材货物所有权，具体融资贸易关系如下（见图11-2）。

①钢贸企业向钢铁企业订购钢铁材料。

②中国铁物帮助钢贸企业向钢铁企业垫付货款，钢铁企业开出相应发票。

③钢铁企业将钢铁材料直接发货送至协议约定的第三方仓库。

④第三方仓库开出仓单作为质押与出货凭证，交予中国铁物。

⑤钢贸企业偿还部分或全部贷款以及利息。

⑥中国铁物给予钢贸企业相应数量的仓单。

⑦钢贸企业凭借仓单去第三方仓库提取货物。

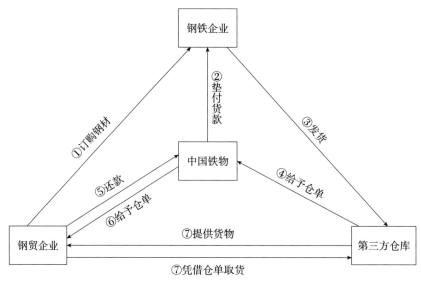

图11-2 融资贸易关系

在中国铁物参与的多方融资性贸易关系中，流转的始终只有买卖合同、仓单（"单"）以及发票等凭证（"票"），钢材及其他货物并未发生实际交付和流动，即采用了"走单、走票、不走货"的贸易方式。这种无实物流转的贸易形式在资金、存货、合同方面存在风险，而中国铁物针对这三方面风险的管理制度形同虚设。

首先，在中国铁物与钢铁企业交易的资金方面，由于中国铁物初次涉足融资性贸易领域，缺乏完善的信贷制度体系，无法保证有效控制资金风险；从贸易模式看，中国铁物的预付资金已被钢铁企业掌控，但货物存放于第三方仓库，无法全面实行监控管理，因此资金结算很难在其监管能力范围内，出现了资金和货权"两头在外"的情形，隐患不言而喻。

其次，在中国铁物对第三方仓库的存货监管方面，为了保证资金最终以贸易形式流向钢贸企业，上下游间的贸易关系由钢贸企业决定，中国铁物不会直接介入货物的采购、交付、检验及运输等环节，甚至不会关注货物的数量与质量状况，对整个贸易流程缺乏了解，货物进入第三方仓库后，也未做好存货的定期盘查工作，可能出现存货多头质押、货物受损的情况，一旦发生纠纷，就可能落得物财两空。

最后，在中国铁物与钢贸企业的合同监管方面，钢贸企业一旦陷入困境、无法清偿债务，中国铁物如果诉诸法律，将因为此类融资性贸易不具有贸易实质性，而会被认定为以贸易为手段开展企业间资金拆借，很可能被判贸易合同、担保合同等相关合同无效，此时就无法收回垫付资金。此外，子公司在签订合约时没有严格把关，中国铁物管理层对子公司合同监管失控等问题也放任不理，致使在合同有效履行上存在潜在风险。

除了上述融资性贸易闭合环中存在的风险，中国铁物高层不正确的业绩观也使部分子公司为了完成业绩目标，开始让下属第三方仓库开具虚假仓单，以重复质押的方式骗取资金。2012年8月，中国铁物上海宝杨路库的一位主要负责人虚开仓单，在和上海金舆商贸有限公司合伙将一批货物托盘交易给托克贸易（上海）有限公司的同时，把仓单重复开给厦门象屿集团、上海闽路润贸易有限公司等多家托盘公司，累计涉案金额共计5亿元以上。后由于上海金舆托盘交易到期，无法向托克贸易（上海）有限公司回款，托克贸易（上海）有限公司发现货物已被提走，使该事件最终暴露。类似的骗取资金的丑闻还有很多，足以看出中国铁物的内部管理"千疮百孔"。

（三）钢贸危机爆发，铁物元气大伤

内部的管理存在诸多漏洞，外部危机也悄然而至。2011年，随着中国贸易和经济增速减缓，钢铁实际需求骤减，我国钢铁行业产出过剩、市场供大于求的不利局面使钢铁企业纷纷降低价格抛售，但仍有库存堆积，同时生产成本高导致利润严重下滑，钢铁企业普遍出现亏损。对于钢贸企业来说，一方面，由于之前向钢铁企业购买钢材时采取的是预付货款的方式，因此成本下降滞后于钢材价格下调，造成钢贸企业利润大幅下降；另一方面，钢贸企业下游的施工企业拖欠的货款无法及时收回，钢贸企业转向寻求银行贷款，但也因行业不景气，银行不予放贷，因此资金链出现严重危机，整个钢贸行业陷入低迷。在此背景下，钢贸企业出现了不能按时履行合同、信用违约的情况，纷纷倒闭，为钢贸企业垫付资金的中国铁物因此"中枪"。

2011年，以钢贸风险事件为导火索，之前埋藏的风险全面爆发，中国铁物为之尝尽苦头。

在资金方面，中国铁物无法收回钢贸企业拖欠的巨额资金。例如，中国铁物的债务人之一沈阳东方钢铁有限公司在2013年一度停产并陷入欠债漩涡，当时厂房内空无一人，只剩下锈迹斑斑的材料，甚至有23处房产被标注为"中国铁物抵押物"。

在存货监管方面，中国铁物陷入被多头质押的困局，其中最受关注的事件是2012年6月，中国铁物的一家子公司曾采购2万吨钢坯，委托一家运输公司运至锦州港，但该运输公司却与上海的一家贸易公司暗中合伙，将2万吨钢坯卖给了厦门的一家公司，发至宝钢物流五号库，五号库则以厦门的这家公司为货主入库。入库后一个多月，中国铁物子公司才发现货物不见，已被多头质押。

在合同监管方面，钢贸危机爆发后，中国铁物关于合同纠纷的法律诉讼案件较多，例如，2011年11月，中国铁物子公司中铁现代物流科技股份有限公司就合同买卖纠纷起诉中国水利水电第四工程局有限公司，要求其偿还普通螺纹钢供应合同项下的货款30 307 084.01元及利息，却因合同不具有贸易实质性而被认定为合同无效，最终被驳回上诉。

钢贸企业无法偿清货款、巨额资金无法及时收回，加上对存货监管不力、陷入合同纠纷，中国铁物计提了大量的坏账准备和存货跌价准备。2012年，因诉讼或纠纷影响而计提的坏账准备金额为6.47亿元，应收账款为69.09亿元，前者占后者的比例高达9.36%；2013年，因诉讼或纠纷影响而计提的坏账准备金额猛增至50.49亿元，应收账款为94.48亿元，前者占后

者的比例高达 53.44%。2012 年，因诉讼或纠纷影响的存货已计提跌价准备金额达 4 349.58 万元，占存货总额的 0.24%；而在 2013 年，因诉讼或纠纷影响的存货已计提跌价准备金额达 5.96 亿元，占存货总额的 5.13%。2012 年利润总额为 10.07 亿元，计提的各项资产减值准备及存货损失，在考虑没收保证金之后对公司合并利润的净影响金额为 8.76 亿元，此项在 2013 年为 61.08 亿元，2013 年当年的利润总额为 −73.97 亿元。可见，钢贸风险事件对中国铁物的资产和利润造成重创，终止了其融资性贸易业务。

（四）负债累累，退出债市

当初，中国铁物致力于融资性贸易时，采取的是"低利率借入"而"高利率借出"的方式来赚取利息差，即以 4% 左右的低利率向银行或其他金融机构借入资金，再以 15% 左右的高利率借给钢贸企业。这中间的巨额收益让中国铁物在以维持经营而负债的基础上加大借款力度，使债务"雪球"越滚越大，其资产负债率在 2011 年、2012 年分别高达 85.83%、86.98%，借款的主要来源为银行借款以及发行债券。但由于钢贸行业的贸易具有周期长的特点，中国铁物并不能在短时间内收回借款，过度举债使中国铁物的经营风险和财务风险加剧，资金链一旦断裂就会陷入困境。

钢贸风险事件后，因巨额欠款无法收回，中国铁物资金链面临断裂，为了维持企业的日常发展，中国铁物继续四处举债，2013 年募集了 129 亿元资金用于补充流动资金和置换银行借款，资产负债率高达 105.48%，出现严重资不抵债的情况。钢贸危机使中国铁物损失惨重，难以在短时间内恢复，2014 年通过剥离子公司带来净资产的增长才使中国铁物的资产负债率勉强降为 88.32%。在之后的两年间，中国铁物举步维艰，通过继续发行债券才勉强维持经营，2015 年资产负债率仍高达 88.91%（见图 11-3）。

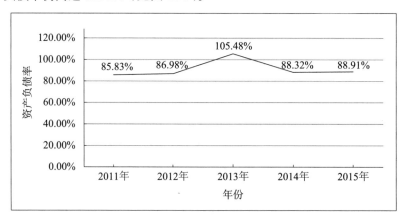

图 11-3　2011—2015 年中国铁物的资产负债率

2012—2016 年，中国铁物向多家银行和其他金融机构借款，总额高达 178 亿元，同时发行了多笔债券。从表 11-1 可以看出，2013—2016 年，中国铁物不断发行超短期融资券、私募券、中期票据，金额高达 168 亿元，且期限较短，中国铁物面临的还债压力巨大；由于私募债面向多家金融机构，公募债面向社会公众筹集，涉及人数众多，加之中国铁物央企的身份，它成了市场关注的焦点，在债市掀起波澜。

2016 年，中国铁物已无法依靠自身能力偿还接踵而至的到期债券，同年 4 月 11 日，一纸公告进入公众视野——中国铁物对存续的 9 只 168 亿元债务融资工具暂停交易，一时间舆论哗然，就此，中国铁物落寞退出债券市场。

表 11-1　2013—2016 年中国铁物发行债券的具体情况

债券简称	债券代码	发行额度/亿元	债券期限	起息日	兑付日
15 铁物资 SCP004	11518004	10	270 日	2015/8/21	2016/5/17
15 铁物资 SCP006	11518006	10	270 日	2015/9/24	2016/6/20
15 铁物资 SCP007	11518007	10	270 日	2015/10/22	2016/7/18
15 铁物资 SCP008	11518008	8	270 日	2015/10/27	2016/7/23
16 铁物资 SCP001	11699176	10	180 日	2016/1/27	2016/7/25
13 铁物资 MTN002	101352005	20	3 年	2013/8/13	2016/8/13
13 铁物资 PPN001	31390405	25	5 年	2013/12/3	2018/12/3
13 铁物资 PPN002	31390419	25	5 年	2013/12/17	2018/12/17
14 铁物资 PPN001	31490046	50	（3+2）年	2014/2/18	2019/2/18

三、重重难关重重过，多方相助化危机

廖家生在后来的采访中说道："战略失误、监管不力、钢贸危机、过度负债，这一切都是发展失控的根源。"彼时的中国铁物深陷困境，只有背水一战，奋力自救，才可能有一线生机。

（一）诚通相帮，化解公募债兑付危机

但是此时的中国铁物资金链几近断裂，融资能力基本丧失，无法以一己之力走出困境，为了拯救中国铁物，国资委紧急召开了全体干部大会，会上多了一些新面孔，那是国资委搬来的救兵——具有丰富托管经验的中国诚通控股集团有限公司（简称中国诚通）。

中国诚通向中国铁物提供了 6 亿元过桥贷款，中国铁物自身也挤出 4 亿多元运营资金，如期兑付了于 2016 年 5 月 17 日到期的尚存续的 9 只债券中的第一笔。第二笔是在国资委的帮助下，中国铁物成功收相关企业拖欠的 17.1 亿元应收账款，以此还清了 6 月 20 日到期的 10 亿元超短期融债券。而 7 月、8 月即将到期的四只债券并没有让中国铁物有喘息的机会，此时

的中国铁物已无现钱可偿，但幸好还存有优质资产可以用于还债，于是，中国铁物当时的总经理马正武呼吁通过盘活资产偿还债务，他在董事会议上说道："要顾全大局，必须放弃一些眼前利益，才能赢得生存和发展机会。"在他的劝说和带领下，中国铁物卖掉了北京卢沟桥丽泽铁物大厦项目和成都泰博项目，分别取得了40亿元和27.88亿元资金，还通过清收相关央企回款11.38亿元和风险事件处置回款8.49亿元，确保了48亿元的公募债券按期足额兑付。中国铁物偿还了68亿元公募债，化解了公募债兑付危机。

（二）债务重组破困局

1. 长城相助，得私募债化解之法

渡过了第一道难关后，中国铁物仍背负着100亿元私募债和178亿元银行等金融机构的债务，如何解决剩下近300亿元的债务是管理层接下来面临的巨大挑战。

而此时，穷途末路的中国铁物只有将债务重组作为最后的救命稻草。由于中国铁物缺乏债务重组经验，于是决定借助资产管理公司的力量来开展债务重组工作。经过多番对比，中国铁物最终选择了中国长城资产管理股份有限公司（简称中国长城）作为它的合作伙伴。之后，中国铁物和中国长城进行了多次商议，大致拟订了重组草案，按照"同债同权"原则，即同一种类型的债券享有一样的权利，将该方案确定为"本金安全＋部分还债＋留债展期＋利率优惠＋债转股选择权"等模式，此方案能够使债权人和中国铁物实现双赢，在保证债权人本金安全、获得利息、具有获得股权的权利的同时，使中国铁物能够延长还债期限，降低利息费用，在未来将债务转为权益，减轻债务压力。

随后，中国长城开始帮助中国铁物与各债权人进行谈判。他们的首要目标是说服私募债权人，因为与银行债权人相比，私募债权人的情况更加复杂多样，22个债权人中包括证券公司、地方银行、散户等，诉求各有不同。在谈判会议上，个人代表小王在听取了草案后，激动地反对道："我目前急需用钱，我购买的是年金产品，无法接受债务延期！"中信证券代表也质疑道："大家都看得出来，中国铁物正在走下坡路，信用也持续降低，我无法相信我司本金和利息能够得到保障，拖得越久，肯定风险越大。"面对各种质疑，中国长城重整业务部总经理李晨回应道："对于这些不同意重组方案、急于脱手的债权人，我们中国长城愿意出资收购其债券。"这无疑给债权人吃了一颗定心丸，会议的最后，这一草案得到了私募债权人的认可，有利于中国铁物整合散小债权，为重组方案的顺利通过奠定了基础。

2. 最后的谈判，"拿下"银行

解决了私募债权人的问题后，中国长城着手说服银行债权人同意该草案。中国农业银行代表表示："由于你们前期失信，现在仍负债累累，我们对你们的偿债能力深表怀疑。"其他银行也纷纷附议。为打消银行的疑虑，李晨提出："中国铁物已将待盘活土地、房产等按照一定折扣进行抵押，中国长城还将为中国铁物提供100亿元授信，用于偿还借款，这笔授信资金至少能让你们不损失本金。"在多次周旋后，各家银行先后同意了"先偿还一部分本金，同时将债务展期"的重组方案。

3. 重组方案尘埃落定

2017年1月19日，中国铁物与私募债持有人和银行债权人签订了债务重组框架协议，各

方就之前拟订的债务重组方案达成一致，具体为：对于 178 亿元银行债务，在两年内偿还约 30% 的本金，剩余的债务展期五年；对于 100 亿元私募债，2017 年偿还 15% 的本金，对 2017 年 2 月到期的 50 亿元展期两年行权，剩余的到期后一次性还清，综合利率下浮 70%，票面利率调整为 1.08% 和 0.64%；银行债务及私募债均预留了"债转股"选择权。这场签约意义非凡，是国内央企私募债重组达成协议的首例案例，也是首例央企与资管公司成功合作的重组案例，让中国铁物获得了喘息的机会，为有效化解债务风险指明了方向。

4. 处置僵尸资产

债务重组协议签订后，2017 年围绕这份协议的各项工作开始顺利展开。2017 年 2 月 6 日，中国长城与中国诚通签订了战略合作协议，双方就"问题企业""问题资产"如何进行重组等多方面达成共识，针对化解中国铁物债务危机展开深度合作。一方面，挂牌出售旗下长时间停工的"僵尸企业"，包括内蒙古铁物能源有限公司、中铁物总黄骅港物流有限公司，回笼资金 5.7 亿元；另一方面，处置哈尔滨物流园土地、柳州物流园土地等闲置无用资产，回款 30 多亿元，2017 年如期偿还了当年应还的银行贷款本息 22.06 亿元和债券本息 15.32 亿元。中国铁物债务负担逐渐减轻，公司经营也走上正轨，2017 年末，资产负债率降为 77.1%，保持在行业正常水平，实现营业收入 518 亿元、利润总额 9.9 亿元。

5. 开创债转股新模式

2017 年的债务虽然已偿清，但 2016 年展期的 110 亿元债务将于 2018 年末至 2019 年初到期。此时，中国铁物持有的偿债资金仍有 70 亿元的巨大缺口且剩下的资产处置难度越来越大，回款周期变得更加漫长，中国铁物无法利用处置回款及时偿还到期债务。债务重组到此阶段，中国铁物按计划着手准备债转股，希望以此彻底甩掉债务包袱。

万事开头难，债转股工作一开始就遇到了难题：部分私募债权人并不愿意行使债转股的权利，造成债转股投资机构与债权人无法达成一致，无法直接实施债转股。于是中国铁物开创了一种全新的债转股模式。

首先，建立全新转股平台。2018 年 7 月，中国铁物设立中铁物晟科技发展有限公司（简称中铁物晟），作为实施债转股的平台公司。同时，中国铁物还将旗下核心业务和优质资产转入中铁物晟，向债权人承诺会积极推动平台公司的上市工作，以便让转股债权人在重组工作完成后安全退出。

然后，成立投资基金。为助力平台顺利实施债转股，引领其他债转股投资机构加入，中国长城出资 20 亿元与中国铁物、中国诚通共同组建了芜湖长茂投资中心（有限合伙），后来成了中铁物晟的第二大股东。

最后，达成债转股协议。2018 年 12 月 25 日，中国铁物与 7 家投资机构在北京签订了债转股协议。中国铁物转让持有的中铁物晟 66.59% 的股权，共计 70.5 亿元，协议中，投资机构、转股金额及其比例具体为：芜湖长茂投资中心（有限合伙）出资 30 亿元，占比 28.34%；中国国有企业结构调整基金股份有限公司出资 20 亿元，占比 18.89%；工银金融资产投资有限公司出资 10 亿元，占比 9.45%；农银金融资产投资有限公司出资 5 亿元，占比 4.72%；润农瑞行三号（嘉兴）投资合伙企业（有限合伙）出资 3 亿元，占比 2.83%；深圳市招商平安资产管理有限责任公司投资 2 亿元，占比 1.89%；深圳市伊敦传媒投资基金合伙企业（有限合伙）融资 0.5 亿元，占比 0.47%（中铁物晟股权变动见图 11-4、图 11-5）。

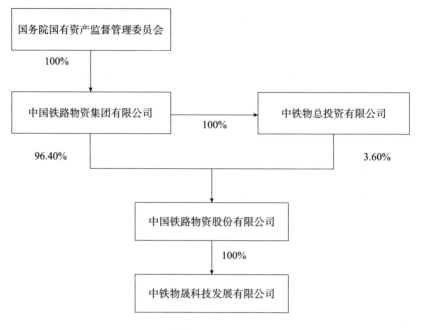

图 11-4　中铁物晟债转股前股权结构

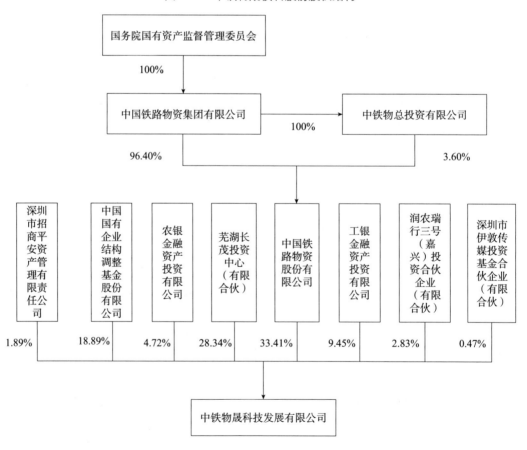

图 11-5　中铁物晟债转股后股权结构

风险基本化解，中国铁物剩余 120 亿元债务，为合理负债水平，截至 2019 年末，中国铁物的资产负债率降到80%以下，降至历年最低水平。债转股的成功实施使中国铁物有了充足的资金提升经营效益，中国铁物的债务负担大幅减轻，利息费用减少，资产负债状况改善，同时引入了战略投资者，改善了公司治理结构。

四、中国铁物历艰辛，吹尽狂沙始到金

（一）回归正轨，经营"造血"

在化解债务危机"止血"的同时，中国铁物发展战略也于2016年重回正轨，经营开始"造血"。为实现与中国国家铁路集团（简称国铁集团）"业务融入、资本融合、人员融通"的目标，中国铁物重新开始围绕两根钢轨，立志成为铁路物资供应链的"链主"。有了明确的"入轨"战略目标之后，中国铁物集中资源保障国家铁路燃油、钢轨等专项物资供应，并通过对钢轨、焊头、道岔扣件及相关产品进行质量监督，从根本上保障国家铁路建设与运行安全，得到国铁集团充分肯定。2016年中国铁物的铁路物资供应保持稳定增长，全年供应钢轨197万吨，同比增长7%；销售油品416万吨，同比增长11%；成功中标中老铁路、蒙华铁路、京津冀城际、上海轨道交通等重大项目。除了采取以上回归主业的措施，中国铁物还不断深化内部管理改革，在总部推行"大部门制"改革、减员分流，实现优化人员结构、降低人工成本的目标。

采取了这一系列自救措施后，2017年中国铁物的营业收入实现大幅上升，由2016年的89亿元上升至2017年的518亿元；同时利润总额扭亏为盈，由2016年的-5.78亿元转为2017年的9.90亿元。随后几年，中国铁物乘胜追击，伴随着债务压力的缓解，中国铁物将重心转移到经营发展中，营业收入与利润总额均保持稳定，2018年至2020年营业收入分别为436亿元、478亿元、445亿元，2018年至2020年利润总额分别为12.50亿元、14.83亿元、13.80亿元（见图11-6）。

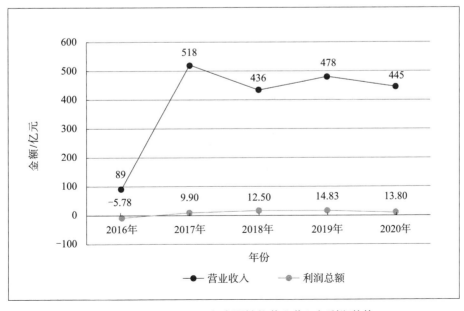

图11-6　2016—2020年中国铁物营业收入与利润趋势

（二）黎明将至，重返债市

在负债降至合理水平、经营步入正轨后，为进一步拓宽融资渠道，重塑企业形象，2020年5月至8月，中国铁物为重返债市做足准备工作，9月正式提出发行债券申请，确定发债金额为30亿元。

在此过程中，国资委再次鼎力相助，与央企信用保障基金多次协调，成功让其为中国铁物出具债权发行支持函，这是央企信用保障基金有史以来第一次向发行人出具支持函，让金融机构重拾对中国铁物的信心。

12月23日，中国铁物成功在深圳证券交易所发行10亿元公司债，评级高达AAA，标志着公司信用得以恢复，中国铁物重返债市。

（三）拨云见日，成功上市

重返债市后，中国铁物积极履行债转股协议中的上市承诺，国资委也顺势而为，将上市公司新疆国统管道股份有限公司（简称国统股份）无偿划转给中国铁物作为"壳资源"。但事与愿违，由于各方股东在国统股份股价上无法达成一致，中国铁物利用国统股份重组中铁物晟上市的计划搁浅。

此路不通后，中国铁物并未放弃借壳上市计划，而是继续寻找合适的"壳资源"，重返债市后，更是士气大振。此时，天津一汽夏利汽车股份有限公司（简称一汽夏利）进入了中国铁物的视野。

一汽夏利，1999年在深圳证券交易所挂牌上市，主营整车制造、发动机变速器生产，自2015年起连年亏损，此后，一汽夏利开始奋力自救，但到2019年，仍无法自救翻身，亏损超过80亿元，已严重资不抵债。2020年4月，一汽夏利股票交易被深圳证券交易所实行"退市风险警示"处理并因此戴上了ST的"帽子"，成为一汽集团亟待脱手的"烫手山芋"。一汽夏利别无他法，计划将全部资产和负债转入一汽股份指定的子公司，只为能抓住成为"壳资源"这一救命稻草。

一方"脱困保壳"，一方"借壳上市"，在经过多方调研、走访后，中国铁物和一汽夏利各取所需，2019年11月，双方达成战略合作，2021年1月8日，一汽夏利更名为中国铁路物资股份有限公司，标志着中国铁物成功上市，历经近10年的波折后，终于拨云见日。

五、发展之路遇新机，中国铁物待后生

春暖花开，草长莺飞，饱经风雨的中国铁物重新焕发出蓬勃的生命力。上市，是中国铁物全新的起点，意味着昔日的供应链服务巨头成功脱困、东山再起。未来的发展之路何去何从，廖家生也不能确定，但他会坚定信念，带着盟友及全体员工的希望，积极迎接新的挑战，扬帆起航……

参考文献

[1] 刘青山.中国铁物翻身记[J].中国产经,2021(8):71-84.
[2] 张海霞.不良资产债务重组业务问题探究[J].财会通讯,2020(20):108-111.
[3] 王倩倩.进一步提升风险防控意识和能力[J].国资报告,2021(2):36-39.
[4] 国资纪.重业务轻党建结出的恶果:中国铁物、中冶集团国有资产重大损失案剖析[N].中国纪检监察报,2017-05-25(3).

从追赶到超越：
骆驼集团的持续创新之路

◎张爱武　刘婷[一]

一、引言：山沟里走出来的"金骆驼"

2021年6月2日，对很多人来说是一个普通的日子，但对骆驼集团股份有限公司（简称骆驼集团或骆驼）来说，却是一个特别值得纪念的日子。这一天是骆驼集团上市十周年纪念日。骆驼集团是一家主要从事铅酸蓄电池以及其他新能源电池的研发、生产、销售和回收的高新技术企业。该企业的前身始创于1980年鄂西北山区的一个小镇。2011年6月2日，骆驼集团在上海证券交易所A股主板成功上市，股票代码为601311。

10年前，骆驼集团的铅酸启动电池产能为850万千伏安时/年，在主机配套市场的占有率约为13%，首次超越风帆电池成为行业的领导者。经过十年的发展，到2020年底，骆驼集团铅酸蓄电池的产能达到3 400万千伏安时/年，废铅蓄电池回收处理能力达到86万吨/年，在主机配套市场的占有率已达到48%。接近50%的配套市场占有率，意味着几乎每生产2辆新车，就有1辆安装的是骆驼集团的蓄电池。

目前，骆驼集团是中国汽车电池制造、回收领域唯一一家全国布局企业，在汽车铅酸蓄电池领域一跃成为亚洲第一、世界前三的蓄电池制造商。

如图12-1所示，2020年，骆驼集团实现营收96.40亿元，归属于上市公司的净利润为7.26亿元。2011年，骆驼集团实现营收30.68亿元，归属于上市公司的净利润为3.2亿元。上市10年，骆驼集团营收增长2.14倍，净利润增长1.27倍。

不了解骆驼集团的人也许会觉得，10年才增长2倍，发展速度并不是很快，没什么了不起，但是，真正了解骆驼集团的人，却知道它是一只山沟里走出来的"金骆驼"。

[一] 作者简介：张爱武，1973年生，男，华中农业大学经济管理学院讲师；刘婷，1978年生，女，骆驼集团股份有限公司人力资源部经理。

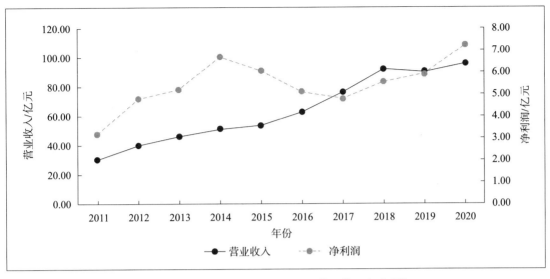

图 12-1　骆驼集团 2011—2020 年营业收入与净利润

二、惊叹：骆驼是如何实现40多年持续增长的

1980 年，在湖北省谷城县石花镇上，一个启动资金只有 11.3 万元的乡镇集体企业成立了。它就是骆驼集团的前身谷城蓄电池厂，一个由蓄电池修理铺转型而来的手工作坊式工厂，后续设计了"骆驼"商标。

如图 12-2 所示，1980 年，骆驼铅酸蓄电池产能只有 0.37 万千伏安时，固定资产 19.4 万元，销售收入 37.55 万元，利税总额 2.2 万元。经过艰苦创业，到 1990 年，产能增加到 4.98 万千伏安时，固定资产 206.45 万元，销售收入 815.6 万元，利税总额 130.84 万元。产能和固定资产增加均在 10 倍以上，销售收入增加 20 倍左右，利税总额增加 60 倍左右。

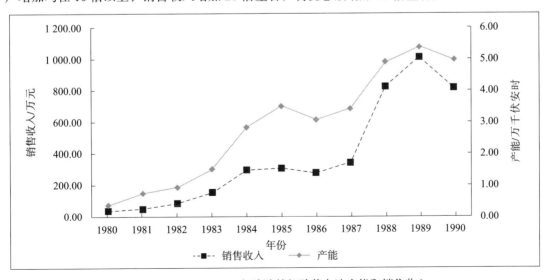

图 12-2　1980—1990 年骆驼的铅酸蓄电池产能和销售收入

如图 12-3 所示,1991 年底,骆驼铅酸蓄电池产能为 4.87 万千伏安时,净资产 199.32 万元,销售收入 864 万元,利税总额 142 万元。到 2000 年底,骆驼铅酸蓄电池产量 72.07 万千伏安时,净资产 4 000 万元,销售收入 14 222 万元,利税总额 969.8 万元。经过 10 年发展,产能增加 12 倍左右,固定资产增加 19 倍左右,销售收入增加 17 倍左右。

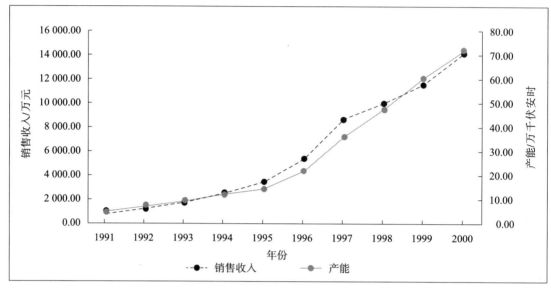

图 12-3 1991—2000 年骆驼铅酸蓄电池产能和销售收入

到 2020 年底,骆驼铅酸蓄电池产能达 2 798.5 万千伏安时,净资产达 74.3 亿元,铅酸蓄电池销售收入 84.77 亿元。从 1991 年至 2020 年这 30 年间,产能增加了 560 多倍,资产增加 180 倍左右,销售收入增加了 100 倍左右。

如图 12-4 所示,骆驼铅酸蓄电池在 1991—2000 年发展相对比较缓慢,企业真正快速增长发生在 2001 年以后,2006 年以后更有一个显著加速过程。

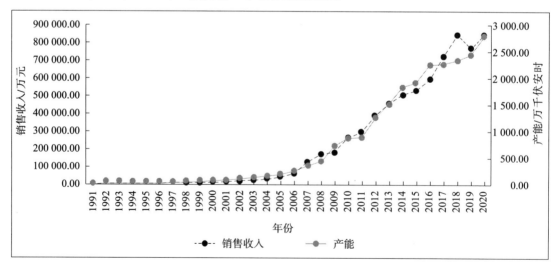

图 12-4 1991—2020 年骆驼铅酸蓄电池产能和销售收入

回顾骆驼集团成长的历史,我们不禁会惊叹,这是怎样一只神奇的骆驼,它到底是如何实现持续40多年的稳定增长的？

　　武汉柯瑞尔管理咨询公司的张总，一直比较关注骆驼集团的发展，他非常想知道，一个地处鄂西北小镇的乡镇集体企业，一无区位优势，二无技术和人才优势，三无资金优势，是如何能持续增长，最终成功实现对行业龙头的追赶和超越？

三、困惑：骆驼是如何战胜行业"龙头"的

　　为了破解心中的谜团，张总决定到襄阳骆驼集团总部一探究竟。由于张总以前与骆驼集团人力资源部有过项目合作关系，因此首先找到了集团人力资源部刘经理。

　　当张总向刘经理说明来意时，刘经理笑着说："这个问题比较复杂，很难用几句话概括骆驼集团40多年持续发展的奥秘。您是研究企业发展战略方面的专家，我们可以向您开放骆驼集团企业发展过程的档案资料，您可以亲自去寻找答案。"

　　当张总看到1980年企业成立当年的档案资料都保存完好时，不由得从心底升起感动和敬佩，暗下决心，一定要利用好这些宝贵的档案资料，破解骆驼集团发展之谜。

　　由于长期从事企业战略研究，张总很快就发现了，骆驼集团发展历程中一起不寻常的事件：2007年，湖北汽车蓄电池厂[1]宣布破产，而骆驼集团将其下属的高新电源厂收购。

　　张总知道湖北汽车蓄电池厂位于襄阳市区，是一家专门为东风汽车，配套生产蓄电池的大型国有企业，也是骆驼蓄电池在当地市场必须要面对的一个强有力的竞争对手。骆驼集团成立时，实力非常弱，企业在区位、资金、技术、人才各个方面都无法与之相提并论。令张总感到困惑的是，表面上没有任何优势的骆驼是如何战胜行业龙头企业的呢？

　　为了破解心中的谜团，张总决定上网查阅湖北汽车蓄电池厂的相关资料，并有意识地将之与骆驼蓄电池的资料进行对比。真是不查不知道，一查吓一跳。

　　高新电源厂，是湖北汽车蓄电池厂投资新建的免维护蓄电池分厂，厂址位于襄樊（现在襄阳），是二汽基地、武汉神龙、十堰东汽的中枢，地理位置十分优越。

　　1994年，经省经委批准，湖北汽车蓄电池厂共投资7 000多万元（注册资金3 000万元），其中投资382.32万美元引进美国成套生产设备和技术，拥有生产设备80台套，其中进口设备23台套。建成厂区面积56 143.8米^2，主厂房面积10 706米^2，资产总计1.05亿元。

　　1995年3月该厂正式投入生产，年生产能力达20万千伏安时，主要适用于轻、中、重型卡车启动、照明用蓄电池，技术水平在20世纪90年代属于国际先进水平。企业当时拥有员工260多人，其中专业技术人员84名，工程技术人员58名，经省科学技术委员会认定为高新技术企业。

　　由此看来，高新电源厂的确是龙头企业，技术力量雄厚，无论是产品、生产工艺还是生产设备都很先进，同时期的骆驼根本无法与之相比，但是企业最终的发展结果，却令人扼腕

---

[1] 湖北汽车蓄电池厂于1970年为东风汽车公司配套而建立，是定点生产汽车、拖拉机、船舶用铅酸蓄电池的重点厂家，直属湖北省汽车集团公司，是中国汽车工业工程总公司所属唯一的蓄电池生产企业。1989年被批准为国家二级企业、扩大外贸自主权企业，1993年被英国《电池国际》杂志列为"中国十佳电池生产企业"之一。当时全厂占地面积23.06万米^2，固定资产原值1.99亿元，拥有主要设备309台（套）、职工1 058名、各类专业技术人员160名。

叹息。

2006年，湖北汽车蓄电池厂账面资产总额63 756 781.80元，负债总额83 582 075.55元，资产负债率131.1%。法院公告宣称，该厂因经营管理不善，严重亏损，多年不能偿还到期债务，达到法定破产条件，最终宣布破产。高新电源厂作为湖北汽车蓄电池厂的分厂也一同被破产清算。

那么同时期骆驼的实力是怎样的呢？通过查阅档案资料，张总发现：到1994年底骆驼建厂15周年时，企业总资产才达到2 000万元，负债率14%，年产量12.15万千伏安时，并且当时公司产品工艺落后、技术含量不高，产品种类单一，主打产品为卡车用蓄电池，无论是资金实力还是技术实力都无法与高新电源厂相比。

但是，在接下来的10年中，到底是什么原因导致骆驼发展得越来越好，而高新电源厂却被破产清算？高新电源厂在2006年就破产了，时间间隔较长，许多细节无从得知，但是骆驼的发展细节还是可以弄清楚的。想到这里，张总决定抽个时间，专门去采访骆驼集团董事长——刘长来。

四、解惑：成功破解技改悖论是关键

刘长来，今年52岁，1994年进入骆驼集团，是骆驼集团招聘的第一个大学生。他从设备管理员干起，当过车间主任，也当过多个部门的负责人和副总经理，2003年被提拔为总经理，2019年任骆驼董事长。可以说刘董对骆驼自1994年以来的发展了如指掌。

虽然工作很忙，刘董还是抽时间在办公室接受了张总的采访。当张总抛出自己的疑问以后，刘董沉思了一会儿说："一个企业成功的因素肯定会有很多，但可以肯定的一点是，当时骆驼的成功，首先是与我们前董事长刘国本的远见和决心是分不开的。其次，骆驼的成功与我们通过技术创新和管理创新，成功破解技改悖论有关"。

刘董接着解释道："1994年，当时公司的董事长刘国本前往欧洲考察汽车蓄电池工业的发展，当他看到国外满大街的汽车后，马上就想到，随着中国经济的蒸蒸日上，人民会迅速富裕起来，轿车必将进入高速发展期，因此决定投资乘用车电池。后来中国汽车市场的发展证明了他的远见，乘用车市场的增长远远要高于卡车市场的增长。而高新电源厂在投资决策上没有把握这一市场发展趋势，1994年仍投资以前的主打产品——卡车用蓄电池。"

"那么什么是技改悖论？骆驼又是如何破解的呢？"张总问道。

"企业搞技改，风险其实是很大的，因为技改往往意味着企业负债的增加，如果技改带来的效益不足以弥补债务增加带来的压力，那么企业就会被技改拖垮。对很多企业来说，'不搞技改是等死，搞技改是找死'，这就是所谓的'技改悖论'。"

那么骆驼当时是如何克服这个"技改悖论"的呢？显然，张总觉得这个问题的答案十分关键。

刘董回想当时在项目论证会上，刘国本董事长的讲话，刘国本董事长清醒地指出："搞技改绝对不能不顾企业实际，盲目贪大求洋，盲目扩张企业规模。许多企业的经营者，只关注产品技术和工艺的先进性，不是很关注投入与产出的合理性和资金分布的合理性，结果导致技改失败，这样的例子很多，教训也很深刻。我们搞技改，就要吸取这些教训，用技术创新和管理创新来化解技改带来的债务压力。"

刘董补充道："1995 年，企业进行了第二次 20 万千伏安时，新型蓄电池的技术改造。当时投资预算 1 500 万元，其中企业自己筹集 500 多万元，剩余的 900 多万元向银行贷款，总的来说，债务压力还是很大的。由于有刘国本董事长的正确指导思想，我们在技改时始终把握'新、准、快'的技改三原则。

"所谓'新'是指，产品和技术工艺先进性。面对蓄电池产品更新换代的契机，我们与天津大学联合开发了两种新产品，其中免维护蓄电池具有 20 世纪 80 年代中期先进水平，而全密闭蓄电池达到了 20 世纪 90 年代先进水平。新产品的成功开发，使得我们第二次技术改造得以上档次。

"所谓'准'是指，在技术改造时不求洋、不求全，而是抓重点，只引进关键设备。这一原则大大节省了我们在设备方面的投资，特别是在进口设备上的投资。为了解释清楚这个原则，刘国本董事长还专门举了一个例子来说明。

"按设计要求，铸板和涂板两条生产线，需要从美国贝赛可和迈克公司引进，引进设备需要外汇 70 万美元。在充分论证的前提下，我们大胆变革，自行设计、采用中外结合方案，解决了这一问题。最终没有引进整条涂板生产线，只引进板机机头，其他部分由国内厂家负责提供，结果只花 40 了万美元。生产线安装投产后，效果达到了原来设计的技术性能要求，速度匹配，质量过关，从而使我们一举拥有生产国际先进水平产品的能力。

"所谓'快'是指，关注投入产出的合理性和资金分布的合理性，加快项目实施进度。我们在技术改造时，坚持瞄准制约生产的'瓶颈'部位，优先安排投资和建设，保证按时投产。例如，化成工段是制约生产的'瓶颈'，1995 年我们开始实施技改，1995 年 10 月达到化成局部投产，我们只用了 10 个月就实现了单线投产，当年增加产值 200 万元。1996 年元旦已实现单线全部投产，预计可增加产值 600 万元。实现了当年上马、当年投产、当年见效。"

听到这里，张总似乎明白了高新电源厂最后破产的原因了。同样是 1994 年，同样是产能为 20 万千伏安时的项目，骆驼只需要投资 1 500 万元（其中引进设备花费约 40 万美元），而高新电源厂却要投资 7 000 万元（其中引进设备花费约 382.32 万美元），不考任何其他因素，只考虑单位产能的投资成本，高新电源厂就失去了与骆驼竞争的能力。

五、秘诀：破解"技改悖论"离不开管理创新

刘董比较认同张总的分析，接着他向张总讲述了骆驼成功破解"技改悖论"的另外一个秘诀：实施技改时要根据实际情况进行必要的管理创新，通过管理创新降成本、增效益。

1996 年，一方面，原材料大幅度涨价，而产品竞相压价，企业盈利空间大幅缩小；另一方面，企业因为技改新增贷款 1 100 万元，贷款利息大幅增加，企业经营风险进一步加大。

为了化解经营风险，骆驼集团决定向管理要效益。

第一，骆驼集团从机制转换入手，实现企业内部资源的优化配置。1996 年，企业在经营管理机构上进行了归并与调整，全厂归并了生产部、质保部、销售部与技术部，并聘请了年富力强、符合要求的年轻干部担任部门经理。

第二，新的机构在实现全公司总目标的前提下，围绕各自的经济技术指标开展工作，自成

体系，权责分明，既保证了统一的指挥、统一的行动，又符合现代企业管理科学的要求。在此基础上，骆驼集团又自主任免了部分中层干部，保持了合理化的结构。在生产机构上，新型蓄电池车间建成后，取消了新增管理机构的做法，采取了由现有车间延伸管理的方式，减少了生产管理的重叠；为加强后勤管理工作，公司归并了供水、供电、供气及厂内运输系统作为动力车间。在用工管理上，骆驼集团实行定机、定岗、定人员的办法，坚持实行竞争上岗机制。1996年，全公司在管理机构与管理人员基本未增加的前提下，产值效益增幅达50%，实现了企业向管理要效益的转变。

第三，加强资金管理，发挥资本效益。随着工程项目的不断完工，生产规模不断扩大，加上在技改项目中抽调了大量资金，使流动资金短缺的问题更为突出。为了缓解资金矛盾，发挥资金效益。骆驼集团确立了"对外以市场为纲，对内以成本为纲，全局以资金为纲"的经营策略。为了避免增加外借资金、降低财务费用，刘国本董事长决定通过加强内部资金管理筹措资金。因此，在本年初就制定了盘活资金的"八条措施"，强化资金管理，压缩资金占用，把死钱变为活钱，充分发挥资金运行的效益。

第四，引入内部竞争机制，发挥人的效益。1996年，骆驼集团把全体员工的工资划分为A、B、C三类，实现了"同工同酬"的原则，并在确定最低工资标准的前提下制定了新的工资标准，下不保底，上不封顶。公司根据员工的平时表现，通过民主评比来确定晋升的级别。对那些努力钻研技术业务、工作积极肯干的员工实行破格晋级。把过去的"比胡子不比贡献"变为"比贡献不比胡子"，充分调动了全体员工学习技术、钻研业务的热情。在原有基础上经过多次讨论，公司修改制定了"职工奖惩条例"与"工序质量奖惩条例"。并建立了"职工奖惩台账"，对那些无视产品质量，损害集体利益的行为，采取"一次轻罚、二次重罚、三次辞退"的办法给予处罚。借以维护全体员工的利益，保持公司健康发展。对那些在钻研技术的前提下在改进工艺、提高工效、降低成本、提高产品质量等方面做出了贡献的员工，则给予适当的奖励。

第五，抓住"牛鼻子"发挥成本效益。将目标成本与车间的工资总额挂钩，目标成本每上升或下降1%，则按本车间全体员工的工资总额分别扣除或奖励3%，形成了全员关心产品成本、参与成本管理的机制。目标成本的推行，使企业的主要消耗指标中的铅耗从1995年的16.75千克/千伏安时下降到1996年的平均16.03千克/千伏安时；单位产品能耗年初计划为16千克/千伏安时，1996年实际完成指标为15.83千克/千伏安时。

由此，公司的生产性费用由1995年平均占总成本的31.4%下降到1996年的28%。在全行业大面积亏损的形势下，骆驼成为少数几个盈利的厂家之一。持续的盈利能力，使得骆驼有能力在1997年与1998年继续实施大力度的技改投资。

访谈结束后，张总感触良多，刘长来董事长的回答，似乎解答了他心中的疑惑，但是，为何骆驼可以做得到，而高新电源厂却做不到？这背后必定还有不为人知的理由。

六、溯源：骆驼的创新能力从何而来

如果说通过技术创新和管理创新来破解"技改悖论"是一种核心能力的话，那么骆驼的核心能力从何而来？

好在骆驼集团有完整的档案资料，张总决定从浩繁的档案中寻找问题的答案。

查阅历史档案，张总惊讶地发现，初创的骆驼表面看起来是一家工艺和技术比较落后的乡镇集体企业，生产的也是粗大笨重的铅酸蓄电池，应该与创新没有什么关系。但是，企业档案中记载的创业故事明确告诉世人，骆驼因创新而生，也因创新而持续发展。

1980 年，凭着一个小小的修理摊，几把老虎钳，一台弧焊机，七八个修理匠便挂起了"谷城蓄电池厂"招牌。令人不可思议的是，当时厂长居然敢在一无资金、二无设备、三无技术的条件下，与外贸部签订了全封闭塑壳电池的外销合同，而交货期仅为半年。签订合同容易，但是完成合同却遇到了一连串困难。面对严峻的现实，为了解决问题，公司破格任用了技术能人刘国本担任技术副厂长，负责试制全封闭塑壳蓄电池。这种电池生产工艺要求较高，关键设备热封机因属于非标设备，市场无货，北京、广州等少数几家大厂又对外实行技术封锁。

为了攻克热封机的研制难关，刘国本查阅了大量资料，然后马不停蹄直奔北京，外出收集情报信息，靠一部 120 照相机摄下了机械各部件图纸。取得所需的图片和资料后，他又风尘仆仆往回赶，回到企业后，他就一头钻进车间，废寝忘食地开始了热封机的设计试制。

凭着图片和调查记录，热封机终于试制成功，各项技术性能均达到要求。随后，新产品很快投入批量生产。从机械试制到如期交货，总共才花了 5 个月时间。由于新产品重量轻、体积小，外形美观，很快扩大了销路，1981 年即完成产值 96 万元，利税总额 5 万余元。

看到技术创新的巨大威力，刘国本进行技术创新的劲头更足了。随后，他主持了"铅粉机联合装置的研究"，使铅粉机的日产量提高 1.6 倍，节约资金 7 万元；主持了"极板刷板机联合装置的研究"，提高功效 9 倍，减轻了职工的劳动强度，防止了粉尘污染；主持了"无焊接化成工艺的研究"，并推广使用工艺水平达到国内同行业先进水平的"蓄电池穿壁对焊工艺"。1980—1984 年，短短 5 年间，刘国本共进行技术革新 20 余项，自制设备 5 台套、工装模具 20 余套，为企业节约资金 10 余万元。

初中毕业的刘国本，虽在以前的打工经历中掌握了电工、钳工等多种技能，但是理论知识还是比较欠缺。为了更好进行技术创新，他选择在业余时间自学普通物理、电子电路、有机化学等十几门大专课程，使自己从一位"土专家"逐步成长成为一名优秀的专业技术人才。通过他的不断努力，企业的工艺质量管理、设备技术管理，基本上达到了同行业水平，在市场上也占据了一席之地。

1980—1984 年，企业销售额由最初的 38 万增长到 295 万，增长了 6 倍多，企业技术创新对企业的发展起到了决定性作用，其中刘国本的贡献更是有目共睹。1984 年 9 月 23 日，石花镇政府任命刘国本为厂长。

七、夯实基础：从个人学习到组织学习

直到 1984 年底，骆驼仍然是一个规模小、技术水平先天不足、管理落后的乡镇集体企业。青年职工基本上没有受过良好的教育，工人整体文化、技术水平差，企业管理工作零、乱、差的现象十分严重，企业缺乏基本的竞争能力。

首先，为改变这种状况，刘国本决定从小事做起，完善企业最显而易见的工作，即从清洁卫生开始做起，创造良好的工作条件和环境，让企业职工养成文明卫生的习惯；从劳动纪律开

始做起，狠抓职工迟到早退现象，杜绝上班干私活、串岗和看书、看报等；建立健全各项规章制度和考核制度，从而改变职工办事拖拉、思想懒散的工作作风，为企业的下一步发展打下了最初的基础。

其次，为了更快地实现自身角色的转变，刘国本一方面注重理论上的学习，自学政治经济学、哲学、管理数学、工业经济等大专课程；另一方面，他注重在实践中学习，随时掌握产品动向及市场动态，经常与蓄电池生产大厂交换情报信息，学习先进管理经验。

在重视自身学习的同时，刘国本也非常重视员工的学习与培训工作。他深知，企业的竞争归根结底是人员素质的竞争，因为企业的一切活动都是依靠人来进行的，因此，提高职工的业务、技术素质势在必行。此外，他认为在员工培训上应该有战略眼光和长远目标，避免急功近利的短期行为。为了提高员工素质，刘国本拟订了多方面的措施与各层次的方案。

通过三年左右的努力，作为骆驼集团前身的谷城蓄电池厂无论是职工技术、文化素质，还是企业管理水平，都上了一个台阶。

八、产权改革：骆驼如何实现"破茧成蝶"

1980—1988年，因处于改革开放初期，骆驼蓄电池在产品市场供不应求，又因国家鼓励乡镇企业发展的政策快速发展壮大，初步完成了企业的原始积累。但是，随着企业进一步发展，骆驼产权不清晰，责任不明确的弊端逐渐显现出来。

1989—1992年，在长达3年的时间里，企业发展陷入了一个停滞期。最主要的原因是企业经营缺乏五项经营自主权，现在看起来很平常的企业自主决策权、自主经营权、机构设置权、劳动用工权以及自主分配权，在那时来说还是"镜花水月"。

这一阶段，集体所有制为企业最初的发展提供了必要便利和条件，但是在后期又束缚了企业的进一步发展，就像"茧"既保护了"蛹"的成长，又限制了"蛹"的成长一样。因此，骆驼必须进行机制和体制改革，冲破束缚企业进一步发展的机制和体制"之茧"，建立起一整套"产权清晰、权责明确、政企分开、管理科学"的现代企业制度，才可能让企业持续发展。

1993年，企业开始实施股份合作制的改革，但是股份合作制本质上是资本与劳动的结合，决策权力分散，导致企业决策困难。同时，集体累积资产并没有分解落实到个人，并不能解决集体所有制产权不清晰的问题。因此，在1994年，企业又改制成为股份有限公司，这次改革除了集体股，还引入了法人股、个人股。

1996年，企业实施了"集体买断经营权"的改革，其中石花镇政府占有股权80%，内部职工占有股权20%。但是政府只有分红权，不再干预企业的经营管理。

1999年，为了调动管理者和核心技术人员的积极性，企业又实行了"动态股权制"的改革。其中，政府拥有的股权下降到30%，核心员工群体拥有30%股权，企业家拥有20%股权，剩余20%为内部职工股。

通过在企业设置岗位股、风险股、贡献股三种股份，动态股权制实现了按资本分配、按贡献分配和按劳分配三位一体的分配方式，让企业员工与企业成为休戚相关的利益共同体。这一制度大大增强了企业核心管理人员、技术人员乃至全体员工对企业的责任感，使公司在经营自主权上更进了一步。

2000—2001 年，石花镇政府将自己拥有的全部股权出售给在公司连续工作两年以上的在职中高层管理人员、工程技术人员和销售骨干。改制后，自然人股东共有 36 人，其中核心员工的股份占 47.43%，企业家的股份占 32.57%，内部职工持股 20%。

至此，集体股权全部退出，骆驼算是完成了"破茧成蝶"的任务，摆脱了制约企业发展的制度约束，从此开启了新的发展阶段。

九、持续创新：从追赶到超越

2001 年以前，作为集体企业的骆驼，企业五项经营自主权并没有得到完全落实，企业打造低成本的运营机制的努力经常会遇到重重阻力。2001 年企业改制完成以后，束缚企业发展的因素被彻底打破，企业从此可以放开手脚，全心全意谋发展。

1998—1999 年，金融危机席卷亚洲多个国家和地区，中国蓄电池行业也陷入危机，行业不景气，许多蓄电池生产厂家开始压缩投资、缩减产量以度过危机，但是骆驼却逆市而上，谋划新的技改项目。

2000 年下半年，骆驼开始实施"新型密闭蓄电池"技改项目。主要目标是更新世界先进的铅粉、合膏设备，更新板栅的生产工艺，采用世界上先进的"拉网"式生产方式，生产市场上紧缺的新型密闭蓄电池，为企业发展注入新的动力。

在技改动员会上，刘国本强调："企业的发展重点不在于企业规模的扩张，而在于企业技术水平的不断提升。因此，在这次的技术改造中，设备选型、工艺设施建设一定要达到国内先进水平，要符合产品更新换代的要求，不搞低水平扩大再生产。"

为此，公司在 2001 年破釜沉舟，投资 4 500 万元引进了德国和英国的铅粉、合膏、装配等生产设备，以及意大利索维玛公司生产的冲扩成型生产设备，使公司生产设备站在了世界蓄电池行业的前沿。

到 2002 年，历时三年的"新型密闭蓄电池"技改项目圆满结束，新增汽车蓄电池产能 50 万千伏安时，企业总产能达到 110 万千伏安时。当生产工艺改为更为先进的"拉网"工艺后，企业劳动生产效率提高 5 倍以上，每千伏安时节约用铅 2～3 千克，蓄电池比能量大幅度提高，并保证了产品的一致性，稳定了产品质量。

技改项目完成后，骆驼蓄电池一举占领了国内蓄电池行业的技术制高点，扩大影响促进销售，提高了企业的竞争地位。第四次技改完成以后，企业每年的技改投入都在 6 000 万元左右，已经形成了投入、研发、增收、再投入、再研发、再增收的良性发展格局。

2003—2007 年，骆驼先后投入近 3 亿元，分期建成了另外三条高性能全密闭免维护蓄电池生产线，截至 2007 年，骆驼蓄电池产能达到 400 万千伏安时。

2008 年，骆驼集团高层在董事会上大胆决策，把"金融风暴"当成一次机遇，决定在逆境中谋求新的发展，以进攻的方式占领市场。

2009 年，骆驼启动了襄阳 800 千伏安时高性能新型蓄电池技改项目、骆驼海峡项目、楚凯冶金项目、世祥电气项目和总公司的局部改造项目，全力打造亚洲最大的汽车蓄电池生产基地。

2010 年，骆驼总产能达到 850 万千伏安时，超越行业领导者风帆蓄电池，成为新的行业领导者。

2011 年 6 月，骆驼成功上市，年底投资 2.3 亿元的襄阳公司深圳工业园项目二期工程投产，新增产能 400 万千伏安时。此外，它在企业内部管理上苦练内功，优化整合公司内部各种生产要素，促进管理向精细化、集约型转变。

2012—2013 年，公司完成了骆驼襄阳公司、骆驼华中公司、骆驼华南公司的生产布局和新工厂二期工程建设，蓄电池产能得到稳步释放。公司技术中心被认定为国家级企业技术中心。

2013 年，骆驼的管理重点是加强集团管控，优化管理流程，提高管理流程效率，同时在内部推动精益生产，并全面推广工资总额管理制度，提高员工收入水平。

2014 年，扬州阿波罗蓄电池有限公司成为骆驼集团全资子公司，公司布局全国的战略目标向前推进一步。

2015 年，公司重点推进企业研发、供应、生产和销售体系的建立和完善。同时，通过建立"骆驼养车网"电子商务平台，探索线上线下融合的商业模式，实现公司服务模式和商业模式的创新升级。

2016 年，骆驼新能源公司负责实施的"新能源汽车动力电池项目"一期正式投产，骆驼集团新能源电池有限公司成功进入工信部的推荐目录。

2017 年，公司积极围绕"铅酸蓄电池循环产业链"和"新能源循环产业链"两个闭环布局和开展业务。公司继续加大全国各地投资建厂及国内外兼并收购力度，抓紧打造骆驼集团"三位一体"的研发网络，为企业的发展持续提供动力。

2018 年，公司成立了骆驼集团武汉新能源科技有限公司，总揽新能源方面规划及管理工作，实现新能源板块独立运营。公司收购湖北金洋冶金股份有限公司 100% 股权，收购完成后，公司废旧电池年处理能力达到 55 万吨。同年，马来西亚电池生产工厂动工，计划一年内完成第一期工程。公司已形成国内外电池生产与回收基地的产业布局。

2019 年，马来西亚电池新工厂按计划完成并开始试生产。在新能源业务领域，公司建成了 48 伏锂电池生产线，拥有三元体系和磷酸铁锂体系产线，同时也能生产软包和铝壳两种规格的产品。至此，公司已初步形成了新能源电池、电机和电控系统的循环产业链布局。随着新疆再生公司实现投产、安徽再生公司开始建设，公司废铅蓄电池的回收处理能力已达到每年 71 万吨。

2020 年，公司通过前期市场调研，结合企业自身在低压电池领域的技术和客户优势，决定以锂电池低压应用为新能源战略切入点，主要推进 12 伏、24 伏、48 伏产品的研发，占领轻混锂电池市场。

公司在强化集团职能的基础上，初步整合了铅酸蓄电池和新能源两个专业板块，明确了三大销售中心产品、市场双轮驱动模式，建立了研发、采购、物流、工程四大平台，为板块及销售中心业务发展提供了强有力的支撑。

公司人力资源部门与财务管理部门率先试点转型，对标世界领先企业，从传统的职能型组织和运营模式转向三支柱运营模式。基于变革后的组织架构，公司引入组织绩效管理机制，使组织的发展目标与团队每个成员的发展目标有机结合。

公司从战略规划分解，到各组织的经营、预算计划制订，最终到落地执行，都以组织绩效结果为衡量标准进行科学评价，并形成管理闭环，从而达到对战略的有力支撑。

2021年，骆驼股份制定了2021—2025年发展战略：公司致力于成为全球汽车低压电池全方位解决方案龙头企业，力争于2025年在营收规模上"再造一个骆驼"，实现营业收入突破200亿元的战略目标，为未来在营收规模上实现"再造两个骆驼"的远期目标奠定坚实基础。

随着新能源汽车时代的到来，作为传统铅酸蓄电池领导者的骆驼，面临着新的难题：如何在保持主业持续发展的同时，成功向新能源电池制造商转型？

十、挑战：新能源时代骆驼如何成功转型

骆驼集团早在2008年就开始在新能源领域布局。但是，由于集团的主要业务是铅酸蓄电池，而且新能源电池技术不是很成熟，所以企业对新能源业务的投入并不是很多，新能源业务占全部业务比重小于10%，在新能源行业中处于弱势地位。

直到2016年，公司决定向新能源电池转型，才开始逐步加大投资力度。首先是提升产能规模，汽车动力锂离子电池项目扩建投产，企业进入动力电池领域，然后通过收购襄阳宇清传动科技有限公司，完善新能源汽车电机电控产业链。

2017年，为了获取处于世界领先水平的电机、电控系统技术，骆驼投资3 000万欧元入股克罗地亚Rimac汽车公司。

为了总揽新能源方面规划和管理工作，实现新能源板块独立运营，2018年，公司注册成立了骆驼集团武汉新能源科技有限公司。

2019年，公司建成了48伏锂电池生产线，拥有三元体系和磷酸铁锂体系产线，可以生产软包和铝壳2种规格。

2020年，公司12伏锂电产品已成功与多家欧美高端原始设备制造商进行技术对接、送样、商务洽谈，并受邀参加了IEC 63118国际12伏锂电池标准制定。在48伏应用领域，公司建成的48伏软包电池生产线，通过不断的工艺提升，大大缩短了产品制造时间，提高了产品合格率。

2021年，骆驼新能源电池板块坚持技术驱动战略，具体举措包括：确保48伏锂电产品达到国内技术领先，力争在海外市场实现突破；将12伏锂电产品作为战略重点，快速提升全球市场份额；完成24伏锂电产品的战略卡位，做强24伏驻车空调电池；与主机厂形成战略合作，开发混合电动汽车产品；完成锂电产品"购销一体化"产业链布局，建成废旧锂电池梯次利用及回收处理工厂；大力发展储能事业等。

骆驼集团布局12伏、24伏、48伏锂电产品等新能源产品，是顺应行业未来发展方向的重要举措，公司有望凭借过去在低压电池领域的成功经验，拓展锂电新能源产品市场，未来铅酸蓄电池与锂电产品业务布局会协同发展。

未来，骆驼集团将继续大力提升传统汽车电池的全球市场份额，增加高端电池销量，同时加大研发力度，抓住新能源汽车和节油汽车发展机遇，努力成为全球汽车低压电池全方位解决方案龙头企业。

虽然在铅酸蓄电池领域，骆驼集团已成为行业的领导者，但是在新能源领域，骆驼集团又回到起点，成为新能源行业的追赶者。骆驼集团将如何实现转型，能否再次对行业领导者实现赶超？我们拭目以待。

爱人如己，卓尔不凡：
爱尔眼科，传承湖湘精神的行业领导者[○]

◎万炜　朱国玮　彭璐珞　曾薇　彭璐　陈邵莎

爱尔眼科医院集团（以下简称爱尔或爱尔眼科）在中国内地、欧洲、东南亚拥有3家上市公司（中国A股：爱尔眼科，300015；西班牙：CBAV；新加坡：40T），服务版图覆盖三大洲，全球范围内的医疗机构达700余家，其中，中国600余家、美国1家、欧洲93家、东南亚地区12家。2020年，爱尔眼科在中国内地的年门诊量超千万人次、手术量超百万台，是具有中国及全球范围医院规模和优质医疗能力的眼科医疗集团之一。

爱尔眼科于2003年发轫于长沙，目前总部在长沙新世纪大厦，自2009年创业板上市，一直保持高速增长的势头，年均复合增长率接近30%，集团2007年至2020年经营状况如表13-1所示。

爱尔眼科在眼科医生培养和医疗技术创新上不断探索，累计承担政府科研项目394项，集团内科研项目337项，集团专家主编、参编学术专著73本，主编、参编行业专家共识或指南11篇，集团专家在医疗相关期刊、学术会议发表论文5 000余篇（其中SCI、MEDLINE收录274篇，中文核心、中国统计源期刊收录718篇），授权专利166项（其中发明23项）。

爱尔眼科成立之初就确立了企业"使所有人，无论贫穷富裕，都享有眼健康的权利"的使命，在发展过程中不忘初心，始终坚持社会责任和自身发展的和谐统一，创新可持续的"交叉补贴"模式，为所有患者提供高品质、便捷、可及的眼科医疗服务，开展防盲治盲工作，投身社会公益和帮助弱势群体，与社会各界共同推动国民眼健康事业的全面发展。

中国医疗体制改革方兴未艾，作为中国非公医疗行业的一面旗帜，爱尔眼科的组织治理、运营模式、业务拓展、国际化运作等一系列战略举措在实践中探索，在探索中创新，在创新中

○ 本案例由湖南大学工商管理学院万炜副教授、朱国玮教授、彭璐珞副教授、曾薇副教授、彭璐老师、陈邵莎老师共同撰写。爱尔眼科人力资源中心马桂华副总监，湖南大学MBA/EMBA教育管理中心肖明明老师、何康宏老师和陆金凤同学在资料搜集、文本订正、调研沟通方面均有贡献。特别鸣谢湖南大学校友爱尔眼科医院集团董事长陈邦先生，集团总裁李力先生，集团党委书记、爱尔医疗投资集团总裁张跃文先生，集团副总裁王丽华女士、冯珺女士接受我们的访谈，并对案例提出细致的修改意见。

发展，步履不停，给现代医院运营和管理制度变革刻下了鲜明印记，为中国医疗整体改革提供了极好的观察样本。

表 13-1 爱尔眼科医院集团 2007 年至 2020 年经营状况　　（单位：万元）

项目	2007 年	2008 年	2009 年	2010 年	2011 年	2012 年	2013 年
营业收入/万元	31 490	43 912	60 645	86 487	131 062	164 013	198 496
归属于上市公司股东的净利润/万元	3 897	6 136	9 248	12 030	17 192	18 281	22 349
经营活动产生的现金流量净额/万元	9 218	12 117	16 913	23 996	25 710	30 181	41 265
总资产/万元	35 821	39 650	141 196	161 282	172 184	192 981	211 884
项目	2014 年	2015 年	2016 年	2017 年	2018 年	2019 年	2020 年
营业收入/万元	240 204	316 558	400 040	596 284	800 857	999 010	1 191 240
归属于上市公司股东的净利润/万元	30 918	42 804	55 699	74 251	100 893	137 892	172 380
经营活动产生的现金流量净额/万元	45 368	52 216	77 496	133 040	139 987	207 843	334 361
总资产/万元	255 043	325 662	442 796	931 283	962 658	1 189 474	1 554 059

资料来源：爱尔眼科年度业绩报告。

爱尔眼科高管团队汇聚了 5 名湖南大学校友。爱尔眼科医院集团创始人、董事长陈邦和集团党委书记、爱尔医疗投资集团总裁张跃文是湖南大学 EMBA 02 班同学，联合创始人、集团总裁李力就读于湖南大学 EMBA 05 班，主管人力资源的集团副总裁王丽华是湖南大学本科校友，主管营销及事业部的集团副总裁冯珺是湖南大学 MBA 2012 届毕业生。中层管理骨干中有 16 位是湖南大学 EMBA/MBA 的毕业生或在读学员。

湖南大学起源于千年学府岳麓书院，自北宋以来学脉绵延，弦歌不绝。湖南大学工商管理学院起步于 1911 年的湖南商业教员讲习所，已经走过 110 余年的历史。作为湖南省最早获批开展 MBA 和 EMBA 教育的高校，湖南大学投身现代工商管理教育近 30 年。湖湘文化给企业"湘军"留下了怎样的精神财富，值得一探究竟。

一、实事求是，敢为人先

我是幸运的。中国改革开放 40 多年经济的飞速发展，中国医疗体制改革 20 多年政策的支持，眼科治疗技术近10年的突飞猛进成就了爱尔。湖南长沙这个城市也成就了爱尔，没有爱尔第一批湖湘子弟兵放弃安稳的生活，敢想敢拼，奔赴全国各地，就没有今天的爱尔。

——爱尔眼科医院集团董事长　陈邦

"实事求是，敢为人先"是湖南大学的校训。毛泽东同志在《改造我们的学习》中说："'实事'就是客观存在着的一切事物，'是'就是客观事物的内部联系，即规律性，'求'就是我们去研究。"2020年9月17日，习近平总书记考察湖南大学岳麓书院时，提出实事求是就来源于这里。"敢为人先"源自唐朝吕温的诗句："天下起兵诛董卓，长沙子弟最先来。"1995年，十万长沙市民投票将"心忧天下，敢为人先"确立为长沙精神。

纵观爱尔眼科的发展史，爱尔人深谙国情、洞察商机，总能在重要的改革关口敏锐地把握机遇，顺势而为，这一切都得益于"实事求是，敢为人先"的精神濡染。

（一）初创：涉足眼科，自建品牌

爱尔眼科创始人陈邦出生于1965年9月，是湖南长沙人，曾参军入伍，在原成都军区服役。20世纪80年代，退伍后的陈邦从国企离职下海经商，先后涉足装修、贸易和房地产等行业，却因生病住院而发现了眼科医疗这个新的商机。

1997年，陈邦从国外购买先进的眼科医疗设备并引进技术，采取"院中院"的方式，与传统公立医院长沙市第三医院等合作，先后创办眼科中心十余家。陈邦与老战友李力并肩踏入陌生的眼科医疗行业。直至今天，他们依然是默契的合作伙伴，对彼此的评价正面而温暖。陈邦认为李力有很强的责任感、豁达开朗、学习能力强；李力评价陈邦有格局，有战略眼光，关注细节，品行好，道德感强。

2000年，国家卫生部○等下发《关于城镇医疗机构分类管理的实施意见》，允许非公资本开办营利性医院。陈邦和李力萌生了成立自己的品牌、建立自己的医院，把一门生意做成一番事业的想法。

2001年7月16日，沈阳爱尔眼科医院开业。2002年，爱尔眼科品牌创立。"爱尔"既是"眼睛"英文"eye"的谐音，也蕴含着"爱你"之意，表达了对患者的关爱之情。公司标志是"眼睛"英文"eye"的变形。爱尔眼科的标志荣获2002年度全国包装及标志设计大赛的"最佳设计大奖"，成为首家获此殊荣的医疗单位。

2003年，爱尔眼科医院集团在长沙成立。同年，陈邦在湖南大学EMBA第一次遇见自己的好朋友和未来的事业伙伴张跃文。彼时的张跃文是EMBA 02班的班长，也是上市公司新丰集团的董事长兼总裁。开学第一天，张跃文带领全班同学到自己的企业参观，在参观过程中，强调要有品牌意识，不能因为不上市就不了解资本市场，为后续班级同学之间的分享互动做出了榜样。当然，刚刚起步的爱尔眼科也成为同学们交流学习的鲜活案例。8年后，张跃文放弃原有职位加入爱尔眼科，在他眼里，陈邦和李力都是能精准把握大势、准确判断局势、包容凝聚人才的值得信赖的事业伙伴。

2003年7月1日，冯珺被爱尔眼科的使命打动，放弃原有工作到爱尔眼科求职，通过了

○ 2013年，卫生部和人口计生委整合为国家卫生和计划生育委员会，后来又组建了国家卫生健康委员会。

陈邦的面试，成为IT部门两名员工中的一名，负责爱尔眼科网站的建设，多年来，她始终与爱尔眼科的事业共同成长。

（二）布局：分级连锁，渠道下沉

2004年，爱尔眼科确立了"分级连锁"的发展模式。连锁经营是企业快速扩张的重要方式，爱尔眼科依照中国的行政体系布局连锁，下了符合中国国情的一步好棋。中国的行政体系和医疗紧密相关，医保、残联、教委、卫健委等机构都以行政体系布局。通过分级连锁模式，一方面，爱尔眼科的品牌影响力深入城乡县域，医疗渠道触及基层群众；另一方面，呼应了中国医疗体制改革，契合"分级诊疗双向转诊"的医疗模式，满足了"80%的病不出县"的医疗需求。

眼科医院的投入大、回收期长，爱尔眼科的发展面临巨大的资金压力。2006年11月，爱尔眼科获得世界银行集团国际金融公司（IFC）7年期800万美元的长期贷款，世界银行集团的资金支持以及对公司管理的规范性要求为爱尔眼科冲击A股上市及公司长远发展打下了坚实的基础。

随后，爱尔眼科在长沙、上海、武汉、成都、常德、衡阳等地陆续建立了13家分院，爱尔眼科迅速成长为国内眼科领域的领先品牌。

（三）上市：拥抱资本，善用资本

2009年，适逢国家启动新一轮医药卫生体系改革，爱尔眼科迎来新一轮发展机遇。2009年10月30日，爱尔眼科登陆A股创业板，成功在深圳证券交易所挂牌上市，是创业板第一批28家上市公司之一，也是中国医疗行业第一家IPO的医疗机构。2009年，爱尔眼科实现营业收入6.06亿元，同比增长38.11%；营业利润1.24亿元，同比增长70.26%。

2012年2月14日，72岁的"激光近视手术之父"、著名眼科专家蔡瑞芳或因年龄原因，宣布不再做准分子激光角膜屈光手术（LASIK），造成大众对准分子矫正近视手术的误解。"封刀门"事件引起媒体和大众广泛热议，爱尔眼科准分子业务遭受一定冲击。2012年，公司营业利润仅增长4.18%，为历史最低，估值从高点110倍跌到35倍。

"上市公司＋并购基金"的双轮驱动是爱尔眼科上市之后连续十年确保规模效应同步增长的最有效的方式。从2014年起，爱尔一方面通过自有资金新建、收购医院，另一方面，先后设立并购基金，专注于培育眼科医疗项目，从而保持了稳定、高质量的增长。

（四）并购：全球格局，领先同行

2016年9月，爱尔的连锁医院数量达到122家。2017年，为了推进国际化战略，爱尔开始进军美国、欧洲市场，全球连锁医院数量达到200家。2018年，爱尔与新加坡知名研究所合作，打造眼科"产学研"高地。2019年，爱尔进入东南亚市场，进一步推动全球化布局。

国际化战略让爱尔眼科区别于同行。爱尔眼科利用产权优势，直接把国外最先进的技术和管理理念无缝导入并服务于中国市场。伴随国力的增强，通过国内大后方给成熟市场赋予活力，爱尔眼科在美国收购了1家机构，在欧洲收购了93家机构，在新加坡收购了12家机构。全球化布局使爱尔眼科找到了新的增长曲线，在走出去战略中抢占了先机。

纵观近20年的发展历程，爱尔眼科"实事求是"地跟进国家医疗卫生体制改革，响应人民群众眼健康的刚需，满足老百姓在家门口看病的诉求，"敢为人先"地成为第一家上市的非公医疗企业，开创分级连锁业务模式，在医疗行业首推"合伙人制度"，走出国门，走向国际。正是湖湘精神与商学智慧的融合成就了爱尔的今天。

二、商启其智，经世致用

> 爱尔的发展伴随着我在湖南大学的EMBA求学过程，这一过程在我的每一步中都起了很大的作用，在各种活动中，我都以湖南大学为荣。
> ——爱尔眼科医院集团董事长　陈邦

商学，是启智之学。湖南大学工商管理学院的品牌口号中有这样四句："工善其事，商启其智，管通四海，理正乾坤。"其寓意为商学教育启迪商业智慧、引领智能时代。"经世致用"是湖湘文化的核心精神特质之一，强调重践履、务实行，将课堂所学与企业实践紧密结合。习近平总书记在湖南考察调研时特别指出，湖湘之地最直接的一个精神就是"经世致用"。值得注意的是，爱尔眼科的发展史、陈邦和伙伴们的创业史，也伴随着他们在湖南大学工商管理学院的求学史。带着实践中的问题求学，又将课堂所学的商学智慧完美应用于自身企业实践，实现学与用之间的闭环。就此，包括陈邦在内的爱尔人打造了一个根基扎实、岿然屹立的爱尔大厦。

2007年，陈邦董事长在毕业论文中对眼科医疗行业格局、竞争态势进行了详细的分析。当时，眼科医疗市场容量为130亿元左右，行业中有医生2.2万人，公立医院的眼科中心每年接收来自全国各地的患者30万～45万人次。当时的情况是患者罹患疑难眼病才会远道求医，公立医院的医生和诊疗手段代表着我国眼科医疗的最高水平。

2014年之后，眼科医疗已成为备受资本青睐的黄金赛道，快速增长的市场需求刺激了行业的发展。以前人们对眼病的认知主要是以眼部传染病为主。随着互联网和移动设备的普及，消费者过度用眼导致干眼症、近视等问题愈加严重，白内障、青光眼等眼病高发。眼科疾病分类如图13-1所示。越来越多的慢性眼病患者意识到眼健康的重要性，提升了近视防控、近视手术、屈光白内障手术的需求，截至2019年，全国眼科市场规模已超过千亿元（见图13-2）。

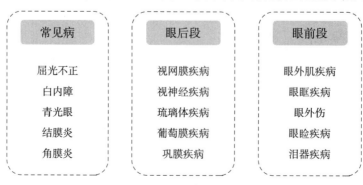

图13-1　眼科疾病分类

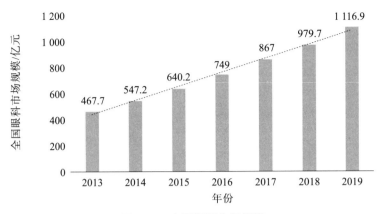

图 13-2 全国眼科市场规模

资料来源：中国卫生健康统计年鉴。

需求的刺激使眼科医疗行业得以迅速增长，非公眼科医疗更是乘势而上，爱尔眼科、华厦眼科、何氏眼科、阳光眼科等一批非公医疗企业开始在眼科医疗赛道角逐。爱尔眼科旗下的眼科医院已经从当年的 13 家拓展到 700 多家，成为全球规模最大的眼科治疗连锁机构。

作为典型的技术密集型、人才密集型的服务型企业，眼科医院的发展质量和发展潜力受到治理结构、融资能力、管理人才、技术人才、医疗技术能力、营销能力、业务覆盖、规模经济、设施设备、诉讼与监管等十多项因素的制约。爱尔眼科的持续发展，需要不断升级企业战略，激发组织活力，扩大市场份额，创造性地应对以上问题。

（一）爱尔眼科的战略布局

> 无论是连锁模式的探索成形、激励方式的创新和探索，还是对于教育办学的探索和摸索以及各种运营管理模式的探索，核心是爱尔在创新探索中没有终点，没有捆手捆脚，探索无止境，创新不设限。
>
> ——爱尔医疗投资集团总裁　张跃文

2016 年，爱尔眼科围绕全国医疗网络、区域医疗网络、互联网医疗服务、国际化战略、科研教学培训等维度，在原有管理模式的基础上提出构建全方位眼健康生态圈战略。爱尔眼科的生态战略具体分为六个子生态。

第一，分级连锁生态，打通纵向医疗通道。为了解决需求和供给配置不对称造成的"看病难"的局面，爱尔眼科在发展中探索并建立了"中心城市医院－省会城市医院－一般地级市医院－县级医院"的分级连锁发展模式（见图 13-3），力争覆盖中国广大城乡区域，为更多患者提供优质、便利的眼健康服务。爱尔进一步明确了各级医院的核心任务：北、上、广、深等一线（中心）城市的医院以学术科研、处理疑难杂症为主；以省内知名度较高的专家为主的省会城市医院承担集团主体业务；一般地级市医院解决大部分眼科常见病和多发病，承担上下转诊功能；县级医院担任基层医院的角色，解决常见眼科疾病，成为向上转诊的通道。爱尔通过从上到下的支持、带教培训，提高了整体链条的诊疗、服务和管理水平以及效率，把基层的医疗水平提高起来，最终解决了医疗资源分布不平等的矛盾。

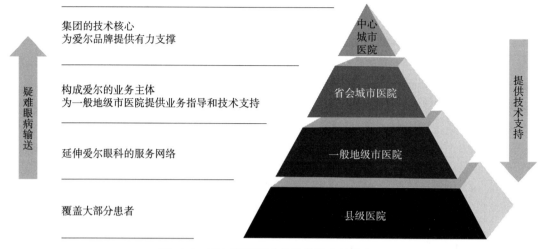

图 13-3　爱尔眼科医院集团分级连锁示意图

第二，同城网络生态，编织横向诊疗网格。为了实现分级诊疗、有序就诊、患者便利，爱尔眼科结合"健康中国""儿童青少年近视防控"等国家战略，建立了"以眼科医院为龙头，眼科（视光）门诊为主体，爱眼 e 站为触角"的同城网络诊疗体系。进一步促进区域内资源配置效率及共享程度的提高，实现资源配置的最优化和患者就诊的便利化。爱尔眼科逐步完善横向同城分级诊疗体系，多个省区形成"横向成片、纵向成网"的布局。

第三，眼健康服务生态，连接线上线下资源。眼科医疗可以借助互联网技术实现自由连接、跨地域治疗，促进学术共享和医患共赢。为此，爱尔眼科强化总部赋能支持，加快互联网医院建设，打造线上线下相结合的眼健康服务生态。公司通过建立云服务平台，涵盖"在线问诊""自诊自查""知识宣教""在线商城"等多种服务类型，为患者提供高效快捷的线上预约挂号、缴费、报告查询等服务。爱尔眼科通过自主研发的软件系统、智能化的眼科设备等，为社区以及偏远地区提供高质量的专业眼科服务。

第四，全球化生态，融合国际国内平台。全球化生态战略有利于公司发展高端医疗服务，搭建世界级科研、人才、技术创新平台，不断增强"共享全球眼科智慧"的力度和深度。为了学习高端服务模式、先进医疗技术和管理经验，深度融合国际先进的医疗服务理念和最前沿的技术体系，爱尔眼科稳步实施国际化战略，成功并购美国 MING WANG 眼科中心、欧洲 Clínica Baviera 眼科集团、东南亚 ISEC 眼科集团等领先眼科机构。同时，公司借助国际化平台，通过爱尔全球视觉健康管理有限公司打造全球眼科医生集团平台，并与国内外眼科研究机构在科研、管理等方面推进深入合作。

第五，教育与科研生态，托举眼科人才发展。学术创新是爱尔眼科医疗的发展基石，爱尔眼科利用创新眼科技术反哺医疗服务，夯实核心竞争力，引领眼科医疗行业发展。爱尔眼科不断优化医教研平台建设，深入促进产学研协同发展，稳步提高科研学术能力。

爱尔眼科相继创设了"七院""八所""二站""二基地""三中心"，为集团的教育与学科研究提供了创新平台（见表13-2）。为了给公司发展提供人才保障，公司逐步建立了满足发展需求的人才供应链计划，制定分类型的培养带教机制，始终坚持医、教、研协同均衡发展理念，创立了眼科的专科、本科、硕士、博士学历教育机构以及博士后科研工作站，辅以临床培训，使眼科医生得以通过系统、专业的培训体系快速成长。

表 13-2　爱尔眼科教育与科研创新平台

七院	八所	二站	二基地	三中心
中南大学爱尔眼科学院	爱尔眼科研究所	国家博士后科研工作站	湖南省"海智计划"工作基地	湖南省眼视光工程技术研究中心
武汉大学附属爱尔眼科医院	爱尔眼视光研究所	湖南省院士专家工作站	湖南省眼视光国际科技合作基地	湖南省眼表疾病临床医学研究中心
暨南大学附属爱尔眼科医院	爱尔角膜病研究所			湖南省企业技术中心
湖北科技学院爱尔眼视光学院	爱尔屈光研究所			
安徽医科大学附属爱尔眼科医院蜀山院区	爱尔视网膜研究所			
天津大学爱尔眼科医院	爱尔青光眼研究所			
天津职业大学爱尔视光产业学院	爱尔白内障与人工晶状体研究所			
	武汉爱尔眼科研究所			

第六，医疗辅助生态，探索相关多元空间。集合供给端医院规模、需求端患者流量和资金实力，爱尔眼科积极探索新的增长空间，在现有规模经济的基础上拓展范围经济，方向包括：投资并购、创新孵化、健康保险、物业建设、消费金融、产业链投资等，使业务布局向医疗产业链上下游及医疗辅助行业延伸。

下游通过健康保险、消费金融完善需求端的支付环节，打造"医疗健康＋商业保险"的服务闭环，满足多样化、多层次和个性化医疗保障需求，解决患者医疗支出问题。上游采取投资或并购眼科高值耗材、设备、器械生产商的方式，争取国内、国际医疗市场，借助规模与成本优势形成产业领导力和产业优势。爱尔将眼光投向医疗产业链的最前端，前瞻性地开展创新孵化，为初创和早期高成长型医疗科技企业提供个性化的专业融资服务和管理扶持，提早为十年后的爱尔储备增长动能；总结提炼健康主题物业建设与管理的知识经验，形成有效模式和成熟体系，通过知识溢出与能力输出，成为专业的医院物业投资和管理机构。

（二）爱尔眼科的组织与人才发展

爱尔发展很快，人员数量和质量怎么跟上发展，这是我们面临的最大的挑战。

——爱尔眼科医院集团副总裁　王丽华

从 2003 年成立至今，爱尔眼科坚信人才是公司发展的核心竞争力，全面践行"共创、共享、共赢"的发展理念，成长为有积累、有沉淀、有号召力、可持续发展的优质雇主品牌。在企业迅速发展的过程中，爱尔眼科通过不断调整组织架构与人才发展计划，实现了组织能力的提升，推动了战略的落地。

（1）组织架构匹配分级连锁，双院长制提升运营效率。爱尔眼科采用职能管控型组织架构，总部 800 多人，旗下设立多个职能中心。为匹配分级连锁的业务模式，爱尔眼科在四个级别的医院中也设立了相应部门，采取分级管理体系。集团高层在全局高度进行全方位的战略规划；总部职能中心负责相应的规范、制度、标准和行动方案，同时下达省区和各级医院；省区根据当地实际情况，对总部下达的文件进行细化并督导到位，由省区负责快速响应和解决医院的应急问题；各级医院为执行层，最终执行落地。在各医院实行双院长制，CEO 负责医院的总体运营和管理，院长负责医疗业务，通过"临床+营销+服务"的互补，创造了"1+1＞2"的效应。

（2）人才梯队多级建设、多方合作，成建制地培养高端人才。公司开展"岳麓计划""湘江计划""光子计划"和"优才计划"等系列人才培养计划，多年来为爱尔眼科及行业打造了一批领先人才，助力爱尔眼科快速发展。通过与多家大学联合办学，爱尔成建制地培养了认同爱尔企业文化、有充分实习经验、能很快适应工作岗位的青年眼科人才。2020 年，公司进一步启动了人才任用评估制度，建立干部人才储备池，并进一步细化内部竞聘规章制度。公司获得湖南省人社厅职称评聘资格，形成有序的竞争体系，激活存量人才的动能。截至 2020 年末，公司共有员工 22 808 人，为了满足高质量发展的转型需求，公司构建了公平透明的晋升机制，为不同序列的员工提供了广阔的发展平台，为员工创造了不断成长的机会，为企业的持续发展提供了人才保障。

（3）激励机制精准实施，合伙人计划改善远程治理结构。爱尔眼科构建的激励机制切合企业各个阶段的战略发展目标。上市以来，公司根据每个阶段的发展特点推出了一系列多形式、多层次的激励措施，确保公司核心骨干的利益与公司的长期利益相一致，通过持续分享公司的发展红利，极大地调动了核心骨干的工作积极性。

（4）公司合理采用股权激励。2010 年起，爱尔眼科做了 4 次股权激励，包括期权、限制性股票等。股权激励的对象从核心管理层、核心的医疗专家到其他骨干人员，如科室主任等。第 4 次股权激励惠及护士长、应届的博士及硕士员工。截至 2020 年末，公司将 2016 年的限制性股票全部兑现，对相关人员起到很好的激励作用。

（5）公司还启动了"合伙人计划"。"合伙人计划"是爱尔眼科激励机制的一大创新举措，此举使医院医生的身份从员工转变为股东，极大促进了员工工作的自驱力。2015 年，爱尔眼科的"合伙人计划"再次升级，"省会医院合伙人计划"应运而生，公司拿出一家医院 30%～40% 的股权让医院管理层出钱投资，共担风险、共享利益。由于爱尔眼科在运营模式、诊疗资源和医院品牌方面已有良好基础，运营一家爱尔旗下医院的成功率高，风险较小，因此管理层在投资后自觉性增加，在工作效率、指导思想上形成自我管控意识，效率比远程审计高，从而改善了远程治理结构。通过实施"合伙人计划"，爱尔眼科实现了员工、患者、股东、投资者等利益相关者的目标一致，在医院品牌价值放大的同时，降低每家医院的平均运营成本。

（6）员工医疗技能培训和管理能力培训并重，线上线下并行。爱尔眼科形成了独具特色的

"医疗技能＋管理能力"的培训体系，持续组织开展医疗技能与管理能力培训，按需为员工赋能。爱尔眼科高频次、广覆盖地开展各类专科医师的现场培训活动，在提升医院医务工作者专业能力的同时带来了患者满意度的显著提高。与此同时，作为有示范效应的非公眼科医院，爱尔眼科非常重视提升组织的管理效率，注重对员工管理能力的培养，为此还专门成立了爱尔管理学院，紧贴工作的实际需要和行业特点设计了一系列管理培训课程。此外，爱尔眼科灵活运用线上线下相结合的培训形式，依托爱尔管理学院远程教育平台，构建了 24 个线上虚拟学院，覆盖医院的各个业务板块，构建员工线上线下学习闭环。

（7）员工保障全面落地，关爱计划让爱尔人无后顾之忧。2020 年 11 月，爱尔眼科发布了"员工关爱计划"的内容细则，构建了全面清晰的员工保障体系。细则不仅包括与员工个人相关的法定福利、企业福利、员工活动，更惠及员工家庭。细则中的多项政策都让爱尔员工津津乐道，例如，对于工作满三年的国内员工，爱尔推出"爱尔员工大病救助计划"，可使员工在 70 周岁以内获得在社会基本医疗保险之上覆盖 100 种重大疾病的大病保障；爱尔推出了"子女救助计划"，对于因意外或疾病不幸离世的在岗正式员工，其子女可以从爱尔领取学费、生活费直至大学毕业或年满 23 岁。爱尔眼科通过推出员工关怀管理的一系列解决方案，为员工提供了完整全面的福利待遇，确保员工能够在爱尔快乐工作、幸福生活。

（三）爱尔眼科的价值营销与服务提升

> 在 MBA 的学习过程中尤其是在杨智老师指导的《爱尔眼科医院服务质量测评与提升策略研究》的毕业论文写作过程中，我实现了从销售到大营销的认知颠覆，对营销中心和事业部的职能以及如何提升患者价值，有了更深层次的思考。
> ——爱尔眼科医院集团副总裁　冯珺

医疗服务呈现以下特性：第一，医疗产品兼具商品交换属性和医学伦理属性；第二，医疗服务质量的底线标准不以成本结构为转移；第三，医疗市场的需求方被动求助，有不平等性；第四，医疗服务受到市场规范的严格监管；第五，医疗服务供给要求做到及时、准确、专业；第六，医疗服务的需求方最关心医疗质量的好坏，但无法用量化指标衡量，更依赖医院、医生的品牌和口碑。在保证医疗安全和质量的基础上，患者的满意和忠诚往往来自良好的就医体验和服务感知，满意的患者对非公医院的费用和就诊距离的敏感性降低，更倾向于积极评价、重复购买和向他人推荐。

基于以上特性，爱尔眼科的营销活动谨慎而节制，对于单纯的广告宣传有着较为严格的内容和经费审批。相较于其他非公医疗机构，爱尔的广告曝光率和销售费用率处于较低水平。由一名副总裁同时掌管营销中心和五个重要的事业部，显示出爱尔眼科通过价值营销提升品牌美誉度，将临床、服务和营销进行深度融合的现代营销理念。

爱尔眼科的经营工作强调以"市场调研"为基础，以"提升服务质量"为切口，打造"STAR 服务体系质量提升工程"。要求从专业线到营销线，一切以患者为中心，每位员工都为患者的评价和满意提供价值。在医院实施"院科岗三级管理"和科主任负责制，提出"患者的事就是我的事"，实现从患者需求驱动技术研发、科普宣传门诊引流、品牌和口碑传播到患者主动就医的闭环。具体而言，服务价值链由价值发现、价值创造、价值交付、价值维护与提升四个环节构成（见图13-4）。

图13-4　爱尔眼科的服务价值链

价值发现环节，从市场、服务和技术三方面洞悉患者未被满足的需求。营销人员综合运用市场调研方法和工具，持续捕捉患者需求和市场动态，观察分析医疗服务中患者与医院环境、医护人员的互动，与医护人员共同梳理医疗流程与患者期望之间的缺口；学科专家和医生通过参与培训、行业探讨、学术研究、同步跟进医疗技术的发展、引进先进器械设备等方式，进行学科建设。价值创造环节基于前期的价值发现，不断贴近患者的需求，优化医疗产品、服务流程和服务环境，提供话术培训，改善员工的沟通能力。价值交付环节强调安全质量，力图减少医疗事故，保障治疗效果，提升服务效率和服务态度，将专业高效的医疗服务通过温暖善意的方式提供给患者。价值维护与提升环节通过建立客户关系管理（CRM）系统，坚持术后回访和服务跟踪、公益宣传、资源共享，以及社群运营等方式形成医院、医生的口碑，提升品牌美誉度。

为了更好地服务患者，爱尔眼科编制并发布了《爱尔眼科医院集团服务能力提升指导意见》，从就诊环境、人员素养、服务流程三个服务核心维度，制定了数百项细致的服务标准，全方位提升患者的就诊体验；发布了《患者纠纷与投诉管理制度》，制定了严格的医患纠纷及投诉管理制度，保障双方合法权益。2021年，在集团内部原有的"飞行检查制度"的基础上，邀请投资者作为"神秘顾客"体验和检验医院诊疗服务，并对医院服务流程及服务质量提出意见，持续提升爱尔的服务能力和服务竞争力。

综上所述，爱尔眼科的可持续竞争优势源于企业动态能力的修炼和叠加，其中包括在外部环境中扫描、寻找、探索和适应的环境洞察力；对组织结构重塑、功能重新定位、人员重新配置的组织创新能力；对先进技术和管理知识的获取、转化、应用的知识吸收能力。爱尔眼科因此实现学习追赶、技术进步和价值分配方式的提升，突破了企业发展的天花板。

三、义利共生，正道致远

怎样承担更多的社会责任，是我目前阶段重点考虑的问题。责任感的驱使，使爱尔能够不断前行，承担起对患者责任、对员工的责任、对社会和国家的责任，说大一点，要为中华民族的伟大复兴承担责任。

——爱尔眼科医院集团董事长　陈邦

在湖南大学读书期间，印象最深的一门课是欧阳润平老师的"企业伦理"，她提到的"义利共生"令我在课堂上就很有感触。把义和利结合起来，对企业的长远发展以及对自己人生的发展都是有积极的帮助的。

——爱尔眼科医院集团总裁　李力

湖南大学欧阳润平教授在2000年发表的专著《义利共生论》中指出，企业应当做到义与利（道德与经济）的统一，从义利共存、义利共融到义利共生是企业伦理发展的必由之路。"正道致远"则来自湖南大学工商管理学院的院训，强调诚意正心、笃行正道，方能行稳致远、久久为功。

李力总裁记忆犹新的"企业伦理"课程，强调了道德型领袖对于企业实现义利统一的重要性。企业道德化管理需要道德型领袖的全力推动，从而提升企业的道德实力，最终增强企业的综合竞争力。作为一家医疗机构，爱尔眼科在董事长陈邦的带领下始终践行"使所有人，无论贫穷富裕，都享有眼健康的权利"的初心和使命，将"追求社会责任和自身发展的和谐统一"作为爱尔眼科的宗旨，坚信通过坚持高质量增长的主要理念，传承"向上、向善、向美"的企业文化，践行责任、协作、创新、奉献的企业精神，将爱尔眼科打造成患者满意、员工幸福、同行尊重、伙伴双赢、政府信任、社会认可的眼科医院集团。

具有医院和上市公司双重身份的爱尔眼科，为更好地处理股东利益最大化和医疗机构公益属性之间的矛盾，找到了"交叉补贴"这条可持续的解决路径。爱尔眼科引进高端医疗技术手段，提供全方位周到服务来满足高端患者的需求，把这部分业务的利润补贴给缺乏支付能力的低收入眼科患者，形成了效益和公益相辅相成的良性循环，通过商业力量推动公益发展。

截至2021年5月，爱尔眼科为"防盲治盲专项救助基金""白内障复明工程""致盲眼病复明工程"等公益活动累计捐款69 199万元，捐物价值474万元，成立了10家爱尔眼库，通过社区渠道对约400万人进行了眼健康知识普及，为超过1 000万人建立眼健康档案，在精准扶贫、"一带一路"光明行和抗击新冠疫情方面做出了贡献，连续两年获得国家民政部颁发的中华慈善奖。

（一）精准扶贫

在不断努力中，爱尔眼科以"践行光明使命，助力精准脱贫"为主题的健康扶贫模式案例，2020年被国务院扶贫办○评选为"企业精准扶贫专项案例50佳"之一，荣获向光奖"2020向善企业"称号，荣获中国红十字基金会2020年度"天使·杰出人道奉献奖"。成都爱尔眼科医院樊映川院长荣获四川省2020年脱贫攻坚先进个人奖。成都爱尔眼科医院深入贫困地区开展全域结对帮扶及医疗健康扶贫系列工程，足迹遍及四川省内各少数民族自治州；开展白内障健康宣教240余场，视力普查惠及18 000余人，对720余人实施公益白内障手术，为因病致

○ 2021年2月，国务院扶贫办重组为国家乡村振兴局。

贫、因病返贫的少数民族兄弟姐妹纾困解难。

2020年，爱尔眼科宣布计划在未来5年内捐赠1亿元以支持"光明扶贫工程·白内障复明"㊀，扩大眼病救助规模，防止因眼病返贫，巩固脱贫攻坚成果。

（二）"一带一路"光明行

从2016年5月20日开始，爱尔眼科开展了四次"湄公河光明行"活动，在缅甸眼科医院为当地超过1 000名贫困白内障患者免费实施复明手术，爱尔眼科国际援助医疗队成为"健康丝绸之路"的排头兵。

2019年11月12日，在尼泊尔加德满都开幕的第六届中国·南亚友好组织论坛上，中尼"一带一路"眼科光明行协议得以签署，成都爱尔眼科医院在尼泊尔开展复明手术和眼科医疗带教公益行动。尼泊尔有关组织公布的数据显示，尼泊尔全国约有20万名因白内障而视力受损的患者需要手术，由于条件限制，大部分患者只能听任病情加剧，直至完全失明。爱尔眼科医疗队为数十位患者实施了白内障复明手术，通过手术示范，对当地眼科医生进行指导、示教，与尼泊尔医院分享中国眼科治疗技术和白内障防治模式。

爱尔眼科走出国门，把优质的眼科医疗技术传递给"一带一路"沿线地区更多的患者，促进当地基层医疗卫生事业的发展，把"一带一路"倡议的"民心相通"落到实处。

（三）抗击新冠疫情

2020年伊始，新冠疫情的暴发造成了全球范围内的巨大灾难。爱尔眼科在危难时刻主动出击，肩负起社会责任，深入抗疫一线进行医疗救治，做好疫情防控后勤工作，积极捐款捐物，共计捐款5 300万元，成立各类应急支援队伍323支，涉及24个省区132家医院，1 824名医护人员直接面对隔离人员，主动投身各地一线防疫工作，为国家分忧解难。

2020年1月25日，爱尔眼科出资50万元，发起"疫情特别报道者特别援助项目"，援助前往武汉一线的媒体人；1月29日，爱尔眼科向武汉大学教育发展基金会捐款500万元；2月2日，爱尔眼科捐赠1 000万元，定向支持湖北省各地级市和县域基层抗击新冠疫情。爱尔眼科秉承"责任，协作，奉献"的企业精神，紧密配合，从物质上支持，在人力上抽调，奋战在中国抗疫第一线。2020年2月9日，接湖北省及武汉市卫健委紧急通知，武汉爱尔眼科3家医院在6小时内完成人员集结，火速调派出20名护理人员紧急驰援方舱医院，直接参与到对新冠患者的救治工作中。

2020年下半年，国内新冠疫情得到有效控制，全球疫情肆虐，爱尔眼科启动了更大范围的国际援助计划。爱尔眼科积累并总结优秀防疫经验，发布了5版《眼科医院防疫指南》，携手世界眼科医院协会、美国约翰·霍普金斯医院、蔡司光学仪器厂商、英国摩菲眼科医院等全球40余家医院及相关机构召开9场针对眼科医院的线上防疫研讨会，实现防疫成果在世界范围内的"云共享"。爱尔眼科向疫情严重的欧洲地区捐赠了41万枚医用外科口罩、1万枚N95口罩、1万套防护服、1万副外科手套、1万副护目镜；向东南亚地区政府寄送了1万个试剂盒、11万枚医用外科口罩、1 000套防护服和600副护目镜，累计向海外捐赠抗疫物资76万余件。

㊀ 2021年更名为光明工程·白内障复明。

在连续13年发布的爱尔眼科企业社会责任年度报告中，爱尔眼科向公众全面展示了企业在医疗质量、员工权益、公益活动、绿色环保等方面的踏实作为。目前，爱尔眼科在员工忠诚度、股东信任度、顾客忠诚度、融资资信度、供销优化度、同行合作度方面均得到利益相关方的认可，社区融洽度和社会美誉度不断提升。

实现义利统一，承担社会责任，成就"百年爱尔"——全体爱尔人踏上了求索之路，道阻且长，渐行渐至。"传承岳麓书院的千年文脉，培养引领时代的业界领袖，创造融贯中西的管理新知，推动经济社会的持续发展"，这是湖南大学工商管理学院的使命。爱尔眼科近20年的发展实践正在印证、书写和践行着这一使命。"实事求是，敢为人先"，勇立时代潮头、领航业界发展；"商启其智，经世致用"，融贯中西管理智慧的同时，又创造基于实践的管理新知；"义利共生，正道致远"，以公益责任推动经济社会可持续发展。而这一切，都来自对岳麓书院千年文脉的传承，来自湖湘文化一以贯之的精神品格。

陈邦董事长曾以岳麓书院讲堂中一副对联与所有人共勉："是非审之于己，毁誉听之于人，得失安之于数，陟岳麓峰头，朗月清风，太极悠然可会；君亲恩何以酬，民物命何以立，圣贤道何以传，登赫曦台上，衡云湘水，斯文定有攸归。"

参考文献

［1］格雷班.精益医院世界最佳医院管理实践：第3版［M］.张国萍，王泽瑶，等译.北京：机械工业出版社，2018：27.

［2］郑华，涂宏钢.医疗行业估值［M］.北京：机械工业出版社，2021：160-162.

［3］陈邦.爱尔眼科医院集团融资策略研究［D］.长沙：湖南大学，2007.

［4］冯珺.爱尔眼科医院服务质量测评与提升策略研究［D］.长沙：湖南大学，2014.

［5］汪晓雨.我国医疗行业上市公司市值管理问题研究：以爱尔眼科为例［D］.郑州：河南大学，2018.

［6］徐力.浅析爱尔眼科分级连锁扩张战略［J］.财讯，2019（1）：137-138.

［7］黄建，陈菲，吴小翎，等.民营医院患者体验、满意度及忠诚度关系实证研究［J］.中国卫生事业管理，2019，36（2）：27-30.

［8］常启辉，刘慧敏，汤芬芬，等.眼科黄金，正在冶炼：眼科行业深度报告［R］.上海：国元证券研究中心，2020-7-15.

［9］高浩剑.企业连锁模式如何走向成熟：从爱尔眼科解读集团连锁模式［R］.北京：动脉网蛋壳研究院，2018-07-12.

［10］谢长雁，陈益凌，朱寒青.眼科产业链：创新驱动，服务为王［R］.深圳：国信证券研究所，2020-05-26.

［11］欧阳润平.义利共生论：中国企业伦理研究［M］.长沙：湖南教育出版社，2000：139-142.

［12］欧阳润平.目的、对象与机制：现行企业道德教育的突出问题与解决建议［J］.湖南师范大学社会科学学报，2003，32（2）：15-18.

［13］张瑞丽，陈云飞.义利共生论视角下的企业社会责任研究［J］.科技资讯，2010（21）：173.

[14] 同花顺财经.爱尔眼科2020年半年度董事会经营评述［EB/OL］.（2020-08-25）［2022-12-20］.http：//m.toutiao.com/i6864859200015893005/.

[15] 何璐.为贫困白内障患者提供援助 "一带一路光明行"全面启动［EB/OL］.（2017-09-15）［2022-12-20］.http：//www.scio.gov.cn/m/31773/35507/35510/35524/Document/1563699/1563699.htm.

[16] 李青霞.爱尔眼科再捐1 600万 千余名医护奔赴抗疫前线［EB/OL］.（2020-02-21）［2022-12-20］.http：//m.xinhuanet.com/hn/2020-02/21/c_1125607950.htm.

[17] 杨茜，李琪.中国抗疫经验云共享，爱尔眼科助力海外医院有序复工［EB/OL］.（2020-05-14）［2022-12-20］.https：//baijiahao.baidu.com/s?id=1666742085885270477&wfr=spider&for=pc.

江财双硕士校友及其
上市公司恒大高新的成长之路

◎胡海波 吴群[一]

恒大高新公司董事长朱星河，2004年获得江西财经大学（简称江财）硕士学位，2012年12月毕业于江西财经大学EMBA班，是江财MBA及EMBA杰出校友代表，也是江西财经大学MBA校友会法人代表、执行会长。同时，朱星河多次荣获省市科技进步奖，还先后获得南昌市人民政府和江西省人民政府特殊津贴，荣获江西省劳动模范、江西省十大杰出青年企业家、江西省首届十大创业先锋、中国优秀民营科技企业家等称号，并多次获得南昌高新技术开发区优秀企业家等各项荣誉。

作为江财双硕士校友，朱星河是一位出色的创业者，他亲手创立了江西恒大高新技术股份有限公司（简称恒大高新），一手将其打造为具有强大竞争力的现代化高新技术集团企业。2011年恒大高新成功上市中小板，被誉为"防磨抗蚀行业第一股"。2019年，恒大高新公司生产的"恒大"牌耐磨抗蚀涂层荣获"江西名牌产品证书"（见图14-1），同年荣获国家知识产权局"2019年度国家知识产权示范企业"称号。

图14-1 江西名牌产品证书

作为一家以耐磨涂料业务起家的高新科技企业，江西恒大高新经历了由小变大、由弱变强的发展历程，从开始的步履维艰、夹缝求生到现如今的纳税大户、行业龙头，恒大高新的成长之路充满了艰难曲折。作为企业创始人，恒大高新董事长朱星河身体力行，努力将所学科学知

[一] 作者简介：胡海波，江西财经大学工商管理学院院长、教授、博士生导师，研究方向为创新创业、企业管理；吴群，江西财经大学工商管理学院副教授、博士、硕士生导师，研究方向为供应链运营、物流管理。

识、管理理念与企业实践紧密结合，始终使恒大高新在科技创新上领先行业、成果迭出，在企业管理上井井有条、科学规范，他将恒大高新推向一个又一个新阶段和新高度，见证了恒大集团风风雨雨走过的近三十载春秋，而同时，恒大高新也带给他数不清的荣誉和无上的自豪。朱星河的创业之路与恒大高新的成长之路交织在一起，谱写出一曲华彩乐章。

一、不破不立，艰难起步

（一）先破后立，身体力行

公众眼中的企业家似乎大都谈笑风生、到处奔波，然而朱星河与寻常企业家有着不同的风格，他不喜欢应酬，没有将大部分时间花在觥筹交错上，更多的时候是一个人在书房静静地思考企业的未来发展，在实验室中攻关技术难题，认识他的人都说他是一个典型的有着知识分子色彩的企业家。1992年，朱星河还在江西省经贸委担任新技术推广站的一名普通干部，然而，当时的一份材料引起了他的注意。材料上介绍我国工业锅炉的热效率不到60%，比国外低15%～20%，而能源利用效率更低，只有不到1/3，比发达国家低20%。当时我国全国每年消耗煤炭4亿吨，按照利用效率推算，我国每年在同等产值的情况下要比发达国家多消耗2亿多吨的煤炭。"这是多么大的浪费啊！"朱星河第一时间感叹道。当时，中国的工业锅炉在耗能和使用磨损上的问题非常严重，解决这些问题就可以节约能源，创造巨大的经济价值，但是谁来解决呢？

化工专业出身的朱星河看到了一展所长的机会，决定试上一试，发明一种前所未有的节能涂料来解决这个难题。身为干部，他没有选择那种在办公室里"一杯茶、一张报纸看一天"的工作状态，而是主动投身于实验室，穿梭于工厂，获得第一手数据、第一份资料。即使这样，困难依旧无处不在，以当时的条件来说，既没有专业的实验设备，也没有技术指导，说白了就是一穷二白，什么都没有，但年轻人有年轻人的劲儿，不达目的誓不罢休。朱星河把仅有的积蓄拿出来，在家中一角搭起了一个简易实验室，没有器皿，就以锅为反应釜，以碗为容器，多少个霜晨雨夜的苦思冥想，多少次不休不眠的彻夜攻关，亲自钻炉膛、清焦灰、涂涂料、测数据，亲力亲为，每次试验之后，他全身黑黢黢的，完全不像白净书生的模样。不过，一切努力都是值得的，在经历一次次失败的实验后，一种以稀土为原料的具有高科技元素的高温远红外涂料横空出世，相比于传统涂料，这种涂料不易脱落、寿命长、节能效果好，使工业锅炉提高了能效并延长了使用寿命，在当时处于世界先进水平，具有很高的经济价值。

（二）抓住时机，艰难起步

1992年底，年轻的朱星河受到政策鼓舞，看到了节能领域的巨大商业机会，拿着自己研发的涂料配方，毅然决定"下海"经商。当时他手中仅有一万元钱，还有好几千元是借来的。利用这不多的资金，他和3个同人一起创办了江西恒大高新技术实业有限公司，加起来资金也就3万元钱。朱星河自此成为一名到处吆喝卖涂料的推销员，满怀热情地向各企业宣传和推广其研发的涂料。然而，这种涂料产品的效果并非立竿见影，要试用好几个月才能让使用者看到它的节能效果，并且很多企业使用过同类其他涂料，但是效果不好，因此有的企业竟然连免费试用的机会也不要，更别说掏钱买下，朱星河经常软磨硬泡才说服一些企业在较小的锅炉上试用这种先进的涂料。漫长的回报周期消耗了股东们的耐心，也消耗了公司为数不多的现金。本以为下海后很快就能把事业发展起来，但产品漫长的见效周期使得大量工程款无法及时回笼，导致公司现金流告急乃至完全枯竭，不到半年工夫竟然连工资都发不出了，此时公司遭遇了经营的最大危机。创业之艰难让公司另外两位股东不愿再折腾冒险，相继退出了。两位股东的离开使朱星河陷入了彷徨，家人朋友劝他想开点，及时抽身还不至于一无所有，企业办不了还可以继续做原来的工作，没必要硬撑着。朱星河郁闷了很久，把自己关在屋子里反省，思量再三，他还是舍不得让自己这历经千辛万苦研发的产品躺在实验室里默默无闻，他对自己的产品有信心：只要那些企业用了自己的产品，就会发现它能够带来大约10倍能源节约的效果，最后都会来主动找我的。想到这一点，朱星河最终选择直面困难，把企业办下去，没有钱就去借钱。朱星河一次次跑去银行请求贷款，然而在当时的银行眼中，朱星河的公司就是个空壳子，贷款风险极大，因此都没有审批。万般无奈下，一心想着让公司活下去的朱星河硬着头皮到处向亲戚朋友借款以解燃眉之急。

朱星河持之以恒地推广新涂料，为卖出产品四处奔波。有一次经历让他记忆尤深，当时，他向一个胶鞋厂推销涂料，以前的他作为一名机关干部来过这个工厂调研检查，与厂长认识，所以厂长同意购买一些产品。朱星河抓住这不可多得的机会，激动地只身钻进脏兮兮的锅炉里刷涂料，弄得一身灰，一名原来的机关干部竟然乐呵呵地干这种苦活，厂里的人都觉得不可思议，可是朱星河却很高兴，因为他拿到了两千元工程款，两千元虽然不多，但是有钱就能发工资，公司活下来的希望就更大了。靠着这种坚持不懈的精神，一年后，公司终于拿到了一笔两万元的大订单，而直到成立两年后，公司才勉强扭转了亏损的不利状况，开始走上正轨。对这段创业经历，朱星河庆幸自己的选择，他总结道："科技依托创新才能够转化为生产力，只有创新成果是市场需要的才能带来转化的可能，才能推动企业的发展。"正是依靠先进科技成果具有的巨大潜在应用价值，朱星河的企业才存活了下来，科技创新的思想自此深深地刻在了恒大高新的骨子里，始终伴随着企业发展。朱星河将自己发明的这种涂料命名为"JHU-1高温远红外节能涂料"。1994年10月，这种节能涂料被原国家计划委员会、原国家经济贸易委员会等部门评为优秀节能新产品，《人民日报》也刊登消息将这种先进的高新技术产品向全国推荐宣传。值得一提的是，1995年8月该产品又夺得首届中国高新技术成果暨新产品交易博览会金奖，这意味着恒大高新在防腐耐磨涂料领域站稳了脚跟。

二、科技创新，稳步向前

（一）瞄准定位，大胆创新

高温远红外节能涂料的成功给了朱星河莫大的信心，他又将目光瞄准了火力发电厂的锅炉"四管"问题，"四管"主要指的是发电厂锅炉上的过热器管、再热器管、水冷器管以及省煤气管，当时这四种管道因为长期处于高温高压的环境下，容易被腐蚀磨损，常有管子爆裂漏水现象，不但给发电企业带来巨大的安全隐患，并且每次爆裂都会使发电厂生产中断，浪费巨量能源。每次发生事故之后，要么更换新管子，要么安装金属护瓦来补救，严重制约发电厂的发电效率，甚至给发电企业造成上百万的经济损失，可以说，谁能率先给出"四管"问题的解决方法，谁就掌握了这一广阔市场的主动权。为了进一步提升企业核心竞争力，朱星河决定再一次向"四管"问题发起挑战，而解决的办法是研发一种新型涂料，把它涂在管子内部延长其寿命，从而大幅度提升发电企业效益。然而，其中有一个问题，就是管子是金属做的，在高温环境下非金属涂料与金属难以密切匹配，容易脱落，这一技术难题当时国外也束手无策。没有相关资料可供借鉴，只能靠自己了，朱星河另辟蹊径，在技术上大胆创新，应用新型纳米材料，采用超微配级技术，在配方中引入膨胀剂和陶瓷烧结剂，在传统胶黏剂的基础上来了一个前所未有的创新改进。创业时的激情时刻让朱星河处于兴奋状态，在同事的共同努力下，两年后，一种耐高温的新涂料被研制出来，朱星河将这种涂料命名为"KM 高温抗蚀耐磨涂料"，这种涂料科技含量高，应用效果好，国外的类似涂料耐高温范围只有 200~300 摄氏度，但是恒大高新的这种涂料硬度高、耐磨性好，在 700 摄氏度乃至 900 摄氏度的高温下依然可以和金属紧密地匹配，不脱落，是具有开创性的成果。1998 年，该涂料通过省级新产品鉴定，会上专家们一致认为该成果填补了国内外空白，在国际上处于领先水平。此后，"KM 高温抗蚀耐磨涂料"在市场中受到了各企业的一致好评，并在 1999 年第十二届中国发明展览会上获得金奖。

（二）不安现状，不断强大

企业如果满足于一时的成就，就会停滞不前、安于现状，最终在竞争激烈的市场中被淘汰。一种产品现在有市场不代表未来有市场，如果企业固守单品，就容易走上单一化发展的路径，一旦其他企业推出更新的同类产品，旧产品马上就会遭到用户的抛弃。所以说，"不谋天下者，不足谋一域"，企业要把目光放在更长远的未来，要从全国乃至全世界范围的角度看待企业的发展，而不断的技术创新正是企业不断挖掘新市场从而获得新发展的有效路径。朱星河没有被眼前的成功所羁绊，不骄不躁，不断钻研技术，掌控高新技术的制高点，正如他自己总结的："恒大高新要长长远远，不断强大，关键是研发创新不停步。创新是一个民族的灵魂，同样也是企业的灵魂。"

在之后的几年，恒大高新没有停下创新的步伐，陆续开发出"KJ 系列高温防渣防结焦涂料""MT 耐磨抗蚀陶瓷片""MC 系列高温抗磨衬里材料""抗蚀耐磨胶泥""超音速电弧喷涂"和"火焰喷涂"等多项高新技术和产品。为提高技术的转化效率，恒大高新牢牢把握市场需求，不断寻求科技进步，并注重与科研机构、科研院校进行产学研互动，精益求精，极大地提升了产品研发和企业创新能力。1999 年，公司与江西省科学院有关部门签订了技术合作协议，这一合作不但解决了许多生产上的技术难题，而且逐步成为企业新产品、新技术的"孵化器"，使公司的技术创新能够达到"上市一个、开发一个、储备一个"，从而保证企业在市场上始终保持强大的核心竞争力。

三、管理有方，规范发展

（一）尊重知识，重视人才

朱星河常常说："科学技术是生产力，管理也是生产力，通过强化管理也能出高效益。创新和管理是企业前进的两个轮子，都不能放松。科技创新首要在人才，要留住好的人才就需要管理创新的保障，很多民营企业留不住人才特别是具有研发能力的人才，根源就在于没有一种公平透明的制度环境。"朱星河通过大学时的老师以及同学的人脉，不断走访国内有名的大学和研究院，诚心邀请多名高端技术人才加入自己的研发队伍。为了吸引人才、留下人才，朱星河在人才管理上进行了创新，他设计了针对科研人员的一整套奖励晋升机制，把科研贡献分为"小改小革""引进、吸收、消化""科技进步"以及"自主研发"四个等级，按照科研成果估算技术能给公司带来的效益，按照合适的比例给科研人员计算提成，该措施极大地调动了科研人员技术攻关的积极性。只要是好成果、新技术就一定能够得到对等的物质激励和职位晋升，有努力必有回报，这是保证科研人员专心工作的基础信念。不仅是在科研人员管理上建立激励机制，恒大高新也为其他普通员工设立了奖励标准，只要员工的建议被公司采纳，就会有专门的建议奖励。这种向企业上下开放的奖励机制保证了员工参与公司日常管理的积极性，也是公司以人为本管理理念的具体表现。要想留得住员工，除了要有好的激励制度，和谐的企业氛围也是必不可少的。朱星河为人谦和、尊重知识、尊重人才、实事求是、关心员工，他做人做事的风格为企业营造了温馨和谐的环境。正如有句话说的，人才像鱼儿，水温合适就会主动游过来，恒大高新给人才创造了舒适的工作环境，人才自然像鱼儿一样游过来，也不舍得离开。

恒大高新在发展中逐步完善企业管理制度，公司引进 ISO 9001 质量体系，在生产流程中贯彻质量优先、品质第一的运作理念，在每一个生产环节推行专人专责，划定每个人的职责范围，即使产品出了问题也能做到有据可查，流程可追溯。作为项目驱动型企业，恒大高新推行 PDCA 管理模式，使每个项目都能得到很好的管控。在计划阶段，通过市场调研、用户访问等方式明确用户对产品质量的要求，确定质量政策、质量目标和质量计划等，包括现状调查、分析、确定要因、制订计划；在执行阶段，实施上一阶段所规定的计划内容，根据质量标准进行产品设计、试制、试验及计划执行前的人员培训；在检查阶段，实时查看项目完成情况，对比质量标准和进度要求，检查是否符合计划的预期效果；在处理阶段，根据检查结果，采取相应的措施，巩固成绩，把成功的经验尽可能纳入标准，进行标准化，遗留问题则转入下一个 PDCA 循环去解决。靠着这样的管理模式，恒大高新的质量管理水平不断提升，得到了用户的肯定。恒大高新以现代企业的标准要求自己，建立了科学的现代企业制度，承接多项国家重大科研项目，同时建立了一支极善攻关、敢打硬仗的优秀团队。小团队作战提高了企业的灵活性，在应对市场变化时能够及时为不同客户定制产品服务方案，从而具备了行业内一流的市场服务竞争力。

（二）重视管理，不断规范

一个好企业必然有一种好的企业文化。企业文化是企业经营理念的表现形式，是企业在经营实践中所形成的企业精神、价值观念、文化氛围、道德规范和行为准则的总和。恒大高新的核心价值观是"团队、业绩、诚信、创新"。恒大高新看重员工的团队合作精神，鼓励员工持续创造优良业绩，与企业共同成长，同时企业内部重视员工职业道德，董事长朱星河曾多次在员工培训中大力提倡爱岗敬业、诚实守信、办事公道、奉献社会的精神，他希望每一个员工都是拥有良好职业道德的人。公司努力为员工提供各种培训，致力于提高员工整体素质，使不同层级不同特长的员工在各自的岗位上充分施展才华。恒大高新还为内部员工家庭设立了"星河奖学金""恒大学子奖学金",每年资助家庭困难员工的子女和奖励成绩优异的员工子女。此外,恒大高新还创办了《恒大通讯》内刊,员工可以在内刊上谈经验、谈感悟、提建议,这给了员工一个可以自由沟通交流的载体,也方便员工及时了解公司发展现状,参与公司管理与战略发展的讨论,培养了员工的主人翁意识。公司还十分重视对创新文化的培养,在公司办公楼的大厅里有着这样一句话:"只有拥有强大的科技创新能力,拥有自主的知识产权,才能提高我国的国际竞争力,才能享有受人尊重的国际地位和尊严。"朱星河将它写在醒目的地方以时刻提醒自己和周围的人。经过近十年的企业文化建设,良好的人文环境基本形成,公司荣获2001年度"五一劳动奖状先进单位"称号,并且在2002年2月被江西省职业道德建设指导协调小组、江西省总工会授予"江西省职工职业道德建设先进单位"称号,同年6月被团市委授予"青年文明号"荣誉称号。

四、做强做大,构筑生态

(一)立足环保,拓展规模

作为创业者,朱星河主要思考的还是怎么把企业做大做强。恒大高新是从防磨抗蚀业务起家的,并且主要集中在电力这一领域,尽管在这个细分行业里是龙头,市场规模、市场占有率以及整个科技/技术的应用量都是最大的,然而,该细分行业规模有限,特别是恒大高新上市以后,拥有了庞大的资本优势,于是朱星河开始考虑进行跨领域多元化发展。

2009年,中国在哥本哈根气候变化会议上宣布了控制温室气体排放的行动目标,到2020年,单位国内生产总值的碳排放量要在2005年的基础上降低40%以上。国家要转变经济发展方式,走可持续发展之路,相关产业政策和产业结构必然要转型。对于恒大高新而言,这是一个拓展新业务的良机,尽管公司上市前几年受市场大环境的影响,在产业转型上选择了与公司原业务跨度较大的预热发电领域,走了一些弯路,但是公司及时转变方向,聚焦环保产业,具体地说,是垃圾炉防护和声学降噪产业。

恒大高新从2009年就对垃圾焚烧炉(简称垃圾炉)防护技术的研究有所涉及,但是早些年,公司在垃圾焚烧炉防腐蚀技术上进展不明显。当时的情况是,如果垃圾炉一直维持800摄氏度以上的高温,锅炉管排设备的腐蚀速度加快,一套设备用个一两年就要更换,这严重影响垃圾焚烧厂的日常运营活动,企业也会面临严重亏损的局面,所以当时的垃圾焚烧厂都是用中温中压的锅炉,运行温度只在400摄氏度至500摄氏度,这样虽然延长了垃圾炉的使用寿命,却使垃圾难以充分燃烧,产生二噁英,严重影响周边环境和居民生命健康。后来,恒大高新通过技术攻关研发了垃圾炉防护工艺,使垃圾炉在800摄氏度以上的温度下也能运行8年到10年,这就保证了新建设的垃圾焚烧电厂即使在高温高压下运行也能够保证垃圾炉的使用寿命,降低了运营成本和风险,同时二噁英问题也得到良好的解决,保护了环境和居民健康,这是一个多方共赢的结果。垃圾炉防护技术的进步着实给整个固废处理行业带来了变革。据测算,"十三五"期间,我国增量的垃圾炉投资额约为1 360亿元,加上"十二五"期间1 000亿元的存量,我国垃圾焚烧炉投入总额达2 360亿元,而这样一来对应的焚烧防护市场规模达到了236亿元。

这些年以来，恒大高新的垃圾炉防护业务量越来越多。对此，公司总结了三方面原因：一是市场需求在增长，城市包括小县城的垃圾需要焚烧处理；二是公司的产品和技术实力得到认可；三是公司这么多年在下游客户方面积累的信任。自 2017 年正式拓展垃圾炉防护业务以来，恒大高新已为康恒环境、光大国际、锦江集团、绿色动力等多家大型企业的数十台垃圾焚烧炉提供防护服务。当前，公司每年可加工的垃圾焚烧炉防腐面积约为 2.6 万～3 万米^2，后期将根据订单推进情况，拟扩产至 4.5 万～5 万米^2。根据年报，恒大高新 2020 年垃圾炉防护业务的营业收入为 5 027.01 万元，同比增长 73.47%。

和垃圾炉防护一样，声学降噪也是恒大高新近些年新发展起来的市场。公司自 2006 年开始关注声学降噪技术，那时候市场需求也不大，于是一直将这个业务放在体外培养。直到 2015 年，公司感受到日趋严格的环保政策将会促使企业重视噪声问题这一变化，认为市场时机已经成熟，就将声学降噪业务并入了上市公司。2018 年，我国正式施行《环境保护税法》，其中对工业噪声超标明确规定了税额，由于此前企业普遍不重视噪声管控，电力、化工行业噪声污染现象比较严重，超出国家规定标准，环保税的出台必将使企业增加对噪声污染的治理，未来噪声污染治理市场空间广阔。恒大高新子公司"恒大声学"专业从事建筑声学、噪声治理，承接各类建筑声学、降噪、减振工程，近年来依托公司原有电力、水泥、钢铁等客户群体，为海螺水泥等多个工厂提供了整厂降噪业务，另外一些电厂、金属加工企业也有降噪的需求，因此公司在工业降噪领域的业务增长较为迅速。2015 年，恒大高新声学业务的营业收入仅为 1 279 万元，2018 年已超过 4 000 万元。

（二）放眼未来、谋划生态

除了垃圾炉防护和声学降噪这两个节能环保领域，恒大高新还将业务生态的范围扩展到了互联网领域。2017 年，公司并购了武汉飞游和长沙聚丰两家互联网企业，正式将业务范围扩展至互联网数字营销领域。

在互联网深度发展应用的现今，恒大高新除了维持传统业务外，还与百度、阿里巴巴、腾讯等互联网巨头进行深度合作，探索研发"互联网＋"领域的产品。恒大高新现在是国内综合性工业设备防磨抗蚀新材料的研发、生产、销售及技术工程服务企业，其业务布局涉及防磨抗蚀、垃圾炉防护、声学降噪以及"互联网＋"等领域，已形成节能环保和"互联网＋"双主业的生态多元化发展格局（见图 14-2）。

互联网为传统产业提供了新的运作思维和运营手段，比如帮助公司攻克了用超音速火焰喷涂进行在线服务的世界性难题，率先使用机器人进行在线技术服务等，这些都是互联网技术和思想带来的创新成果。恒大高新始终秉承"没有创新就没有发展"的创新理念，建立了国内一流的企业技术研发中心和国内首家"防磨抗蚀博士后科研站"，科研站进出站博士后达 20 多名，目前在站博士后 4 名，硕士研究生 20 多名。公司的防磨抗蚀、声学降噪产品研发水平在行业内处于领先地位，防磨抗蚀技术标准引领行业标准，"互联网＋"领域的产品研发与互联网巨头深度合作，汇聚技术优势力量；拥有发明专利、实用新型专利 50 多项，软件著作权 60 多项，18 项科技计划项目列入国家级项目、50 余项列入省级项目。

公司年报显示，2020 年恒大高新营业收入 317 861 532.36 元，工程分部收入与互联网分部收入之比近似 2∶1（见表 14-1），多元产业已呈现生态化布局。

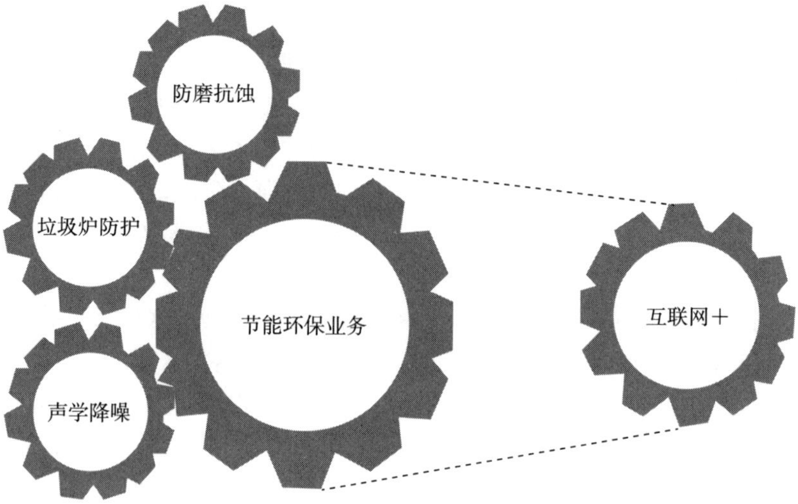

图 14-2　恒大高新的发展格局

表 14-1　恒大高新 2020 年度部分年报信息　　　　　　　　（单位：元）

合同分类	工程分部收入	互联网分部收入	合计
商品类型	212 399 667.50	105 461 864.86	317 861 532.36
防磨抗蚀	82 528 261.96		82 528 261.96
垃圾炉防护	65 392 673.24		65 392 673.24
隔音降噪工程	31 583 998.66		31 583 998.66
贸易及其他	504 397.29		504 397.29
余热发电业务	10 089 740.71		10 089 740.71
其他业务收入	22 300 595.64		22 300 595.64
互联网广告营销		101 000 451.25	101 000 451.25
互联网广告投放		4 461 413.61	4 461 413.61

恒大高新也是一家社会责任感强的企业，董事长朱星河常年致力于社会公益事业，在2020年全国抗击新冠疫情的战斗中，恒大高新通过各种通道捐款135万元支持疫情防控，同时还在防汛抗洪中积极捐款捐物，用实际行动体现了企业的社会担当。

"千年潮未落，风起再扬帆"，如今，恒大高新全体员工在董事长朱星河的带领下脚踏实地、心怀梦想、积极作为，恒大高新在巩固防磨抗蚀业务的基础上积极进行多元化多主业协同发展，不仅大力拓展垃圾炉防护和声学降噪业务生态，做大做强节能环保事业，还积极布局互联网数字化生态圈，为今后企业业绩的进一步增长创造了足够大的空间。相信未来的恒大高新将在多样化进程中取得更加辉煌的成就。

参考文献

［1］龙露．江西科技型中小企业发展的风险投资支持研究［J］．经济研究导刊，2010，86（12）：16-17.

［2］韩树艺．儒商朱星河的三项使命［J］．团结，2010，171（6）：59-61.

［3］吴正懿．稀释家族股权　恒大高新转闯中小板过关［N］．上海证券报，2011-04-19.

［4］覃秘．恒大高新朱星河：我们是小公司，但我们也有梦想［N］．上海证券报，2019-06-25.

［5］雷杰能．青春新势力，创造不一样：江西财经大学创新创业教育热潮奔涌［J］．江西教育，2019（Z1）：44-46.

达拉的青春：
贫困山区脱贫攻坚路上的创业者

◎吕宛青 陈伟 宋乐 邓伟升 兰洪超[一]

聚光灯下，"创青春"中国青年创新创业大赛的全国总决赛的舞台上，一位纳西族少女面对台下的观众和评委，语气坚定地开口道："大家好，我叫和萍，我来自迪庆藏族自治州，我带来的项目是……"这是由真人真事改编的"创青春"中国青年创新创业大赛首部献礼影片《达拉的青春》（电影宣传海报见图15-1）开场的一幕，这部电影于2017年上映，让电影中和萍的原型——来自云南迪庆藏族自治州香格里拉市的纳西族女孩何永群的故事广为人知。

图15-1 电影《达拉的青春》宣传海报

[一] 作者简介：吕宛青，1962年生，女，云南大学工商管理与旅游管理学院，教授，博士生导师，案例中心主任；陈伟，1974年生，男，云南大学工商管理与旅游管理学院，讲师，硕士生导师；宋乐，1979年生，女，云南大学工商管理与旅游管理学院，讲师，硕士生导师；邓伟升，1983年生，男，云南大学工商管理与旅游管理学院，讲师，硕士生导师；兰洪超，1995年生，女，云南大学工商管理与旅游管理学院，硕士研究生。

何永群，云南大学 2013 级 MBA 校友，头上顶着各种闪闪发光的标签——"豪猪妹妹"、全国农村青年致富带头人、全国民族团结进步模范个人，如今担任迪庆香格里拉沃夫农林开发有限责任公司（简称沃夫公司）董事长，迪庆藏族自治州女企业家商会妇女联合会主席。她放弃留在城市与出国的机会，毅然回到农村创业并带领村民致富的经历，感动了很多人，也给许多正徘徊、迷茫的年轻人带来了正能量。

"要让乡亲们过上好日子！""创业虽不易，但痛并快乐着！"正是这份心系父老乡亲的情怀以及青年人创业的责任和担当，推动着何永群成为新时代少数民族地区脱贫攻坚道路上的一名践行者。

作为一名创业者，何永群在云南大学 MBA 班的学习使她具备了系统的管理知识，同时她又在市场中经历了许多和其他创业者一样的意志考验和营商挑战。创业路上走来的这位看似柔弱的纳西姑娘，身上闪耀着"小猪豪豪"淬炼后的荣耀，肩负着带领贫困地区少数民族过上幸福生活的郑重承诺，承担着作为一名中共党员在扶贫工作中的使命。2020 年面对突如其来的新冠疫情带来的挑战，她再次开启乡村振兴道路上"红岭金"的创业新征程。

一、艰难勇敢，一路向前

（一）锲而不舍，结缘豪猪

1987 年，何永群出生在云南迪庆藏族自治州的一个普通的农民家庭，原本是家里顶梁柱的父亲，在她高中时遭遇车祸成了残疾人并丧失了劳动能力，幸福的家一夜之间变成贫困户。2006 年，何永群考上了大学，却因为家庭困难几次走到了辍学边缘。为了改变贫穷的命运，她边上学边打工，大学毕业后在昆明一所培训学校任职。2013 年，她通过了云南大学工商管理专业硕士录取考试，成了村里首个研究生。在读研二的一天，何永群接到母亲打来的电话，说是父亲突发癫痫险些去世，当时何永群便做出了人生最艰难也是最坚定的决定——回到农村创业去！这样她可以照顾残疾的父亲，为母亲分忧，让父母不再是空巢老人。

香格里拉，藏语意为"心中的明月"，这里祥和美丽宛如仙境，却也有着工业不发达、气候高寒、交通运输不便等问题。在高原上创业不是一件容易的事情。创业从哪里起步？到底干些什么好？这些严峻的现实问题，摆在了这位涉世未深的纳西姑娘面前。她先后起草的种蓝莓、种玛卡等创业计划书都被老师否定了。最后她的外教老师迈克尔给她发了一份英文资料，建议何永群养殖豪猪（porcupine）。第一次听说"豪猪"的何永群并不知道这是什么，但她十分重视这个信息，开始查阅豪猪养殖的资料。

通过查找资料，何永群发现豪猪全身都是宝：肉可以食用，瘦肉率高达 95%，豪猪因其肉高蛋白、低胆固醇而被称为动物人参；刺和胃可以入药，也可以加工成工艺品。而且豪猪养殖的市场空间非常大，如果 14 多亿中国人中有 1 亿人吃豪猪肉，每人每年吃 50 克，就需要 60 万头，但目前全国市场只有 10 万头，远远无法满足市场需求。何永群认定，豪猪项目的发展前景非常可观，家乡的气候条件和自然资源也特别适合养豪猪——香格里拉的高寒气候恰是豪猪成长的乐土。

何永群要养殖豪猪的想法却招致了家人的一致反对。首先是母亲觉得她给整个家族丢脸，村里唯一一个研究生好不容易飞出山窝窝,有机会留在大城市,却要回村"养猪",母亲甚至威胁要断绝母女关系;接着,七大姑八大姨更是认为她疯了。何永群解释说自己没疯,是带着梦想和情怀回来"养猪"的,而且养的并不是一般的猪,是带刺的"猪"——豪猪。"我的家乡风光很美,有山有水,有取之不尽的自然能源,但生活却很不富裕。作为出生在少数民族地区贫困山区一个贫困家庭的孩子,我渴望家乡人能过上好日子。"

时隔多年,何永群回忆起当时的情景,依旧感慨:"这是我人生最坚定的一次选择——回乡创业,既可以为家乡做一些有意义的事情,同时还能照顾病残的父亲。"

(二)筚路蓝缕,举步维艰

"创业就从养豪猪开始",豪放而又勇敢的何永群说干就干。她特地跑到四川考察豪猪养殖,学习养殖技术。豪猪外观如图 15-2 所示。

2015 年,何永群成立了迪庆香格里拉沃夫农林开发有限责任公司,主要经营范围为豪猪养殖、销售以及农产品回收、加工。这个看起来与香格里拉这个名气巨大的名字挂钩的公司,实际上小得不能再小,创业资金短缺、政策支持缺乏、专业技术不足、人才缺乏等问题给何永群创业带来巨大压力。

图 15-2 豪猪

豪猪养殖的第一步是建豪猪圈。当时,何永群手上有 30 万元积蓄,但光是建豪猪圈就花了 28 万元。猪圈建好后,何永群开始奔走于各个部门办理相关手续,找人借钱并寻找贷款路径。最早的创业资金只有申请到的 10 万元大学生创业贷款,还有向堂妹借来的 5 万元嫁妆钱,以及来自舅舅、姨妈和叔叔的支持。利用这些不多的资金,何永群以每头 3 000 多元的价格引进了第一批 102 只豪猪种苗。有了猪圈,有了豪猪种苗,何永群终于在荒芜的半山腰上建起了当地的第一家豪猪养殖场,她给这些猪宝宝取了可爱的名字:小猪豪豪。

除了资金的短缺、人才缺乏、技术力量不足外,何永群还面对着村里人的质疑。"当时很多人不理解我,在乡亲眼里,我从一个'别人家的孩子'变成了一个'养豪猪的傻子'。"最困难的时候,何永群也曾怀疑当初的梦想和选择。但是,政府的支持、老师的指导、父母的期盼、合作养殖农户的充分信任,鼓励她含泪咬牙坚持下来。"弟弟陪着我一起创业,干了一年半,我没给他开过一分钱工资,钱都投到项目里了。为了养好豪猪,弟弟在猪圈里整整住了一个月。妈妈、婶婶在我和弟弟出差的时候来帮忙喂豪猪,舅舅从家里拉来了几车玉米送给我当饲料用。"在那段日子里,何永群去外面办事,大家都会从她身上闻到一股豪猪味。

有句俗话说得好:"家缠万贯,带毛的不算。"每当有人问她舍去积蓄、背负借款、付出物力和劳力去养猪是否后悔时,何永群都笑道:"开弓没有回头箭,纳西姑娘有办法!"那段日子里,何永群遇到了一道又一道的坎,但是这个执着而坚强的纳西女孩硬是扛了过来。

（三）豪豪引领，探索前行

作为"三区三州"中的一个深度贫困县，香格里拉地广人稀，找到合适高原发展的农牧产业很困难，脱贫攻坚任务异常艰巨。

经过不懈努力，公司创立一年后，何永群的豪猪数量达到了300多只，也获取了一定的经济收益。养殖成功后，她想到带领村民们一起养豪猪脱贫致富。何永群开始挨家挨户做工作，提出为大家免费提供优质豪猪种苗、免费进行技术指导、豪猪养大后她负责回收等一系列解决大家后顾之忧的措施。"对于农民来说，养殖可能不会有什么大问题，主要是销路。"她为大家算了一笔账，豪猪以玉米、土豆、青菜等为主食，每只从出生到出售，8个月只需要花费205元钱饲料费用，农户如果养殖一组豪猪（3只），一年的利润可以达到5 320元左右，而且豪猪对劳动力的要求不高，家里60多岁的老人都可以轻松喂养。在何永群挨家挨户做工作的努力下，村里大多数农户都加入了养殖豪猪的队伍。

然而，创业之路绝非一马平川。免费发放豪猪种苗的扶贫模式也曾经因为豪猪"越狱""串亲戚""打架死亡"等而经历失败，但面对挫折，何永群充满希望，她始终没有放弃自己的理想，她一边照料好剩下的豪猪苗，一边寻找着合适的产业模式。

2016年，香格里拉市尼西乡政府在多次了解豪猪养殖项目后，对这项极具潜力的项目颇有兴趣，希望通过合作共同发展豪猪养殖，带动当地贫困户脱贫，尼西乡人民政府签下了20万元的订单，成为何永群的第一个大客户。何永群说："这一个订单，让我感觉活过来了。"她建议由贫困村集体整合帮扶资金建设豪猪圈舍，建好后由公司派大学生团队进行管理运营；贫困户用扶贫产业资金入股公司参与分红；成立乡村豪猪养殖合作社，所有的建档立卡贫困户和农户根据自愿原则都可以加入合作社进行豪猪养殖。她向当地政府承诺，贫困户每养殖一组豪猪，第一年可增收5 326元，第二年起每年可增收10 652元。为防养殖过程中豪猪发生意外死亡，公司还为贫困户养殖的豪猪购买了保险，规避了养殖风险。公司通过订单回购农户养殖的成品豪猪，再通过北京智云、上海哈呋、广州十亿人等渠道商把豪猪肉销往北京、上海等地的高端社区和广州的餐饮酒店。

经过一年多的摸索，何永群的公司探索出了"公司＋合作社＋建档立卡贫困户＋政府＋保险公司＋渠道销售商"的可复制的贫困地区"1113"产业扶贫模式（见图15-3）。

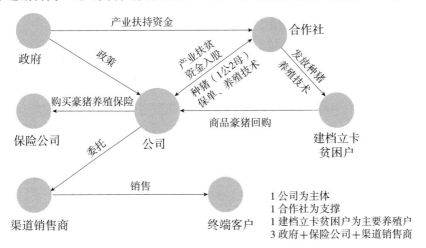

图 15-3　贫困地区"1113"产业扶贫模式

二、小我融入祖国大我

（一）赠人玫瑰，手有余香

何永群永远忘不了自己是从大山走出来的女儿，曾经的贫困使她更不忘了要努力带着穷山沟里的乡亲们脱贫致富的社会责任。九波华夫妇是沃夫公司怒江分公司的傈僳族员工，是因学/因病致贫的建档立卡贫困户，之前家庭年年收入不足 6 000 元。在怒江分公司成立后，这对夫妇主动要求到沃夫公司务工，并也为自己的母亲申请养殖了 2 组豪猪。2019 年他们的家庭年收入达到了 76 000 元，顺利脱贫，走上了奔小康的致富之路。

作为全村唯一的研究生，何永群不满足止步于养殖，她带着她的大学生创业团队走上了更高质量的发展轨道。她带领公司参与制定了精准扶贫豪猪产业项目运营管理规范的国家标准，申请了 2 项豪猪养殖发明专利，拥有了"小猪豪豪""沃夫农林" 2 个品牌商标；带着公司努力壮大产业链，致力推动消费扶贫，公司开发了豪猪特色菜品、豪猪酱、豪猪刺泡酒等产品，为贫困村打造了当地的扶贫品牌。

在政策扶持、发展资金、业务指导三者并行推进下，豪猪养殖扶贫产业犹如有了源头活水，何永群信心十足，干劲倍增，几年时间里，"小猪豪豪"扶贫模式在周边几个贫困区扎根开花，先后在云南的楚雄、怒江、昭通等 8 地、15 个乡镇、26 个合作社得到推广，养殖规模从 2015 年的 102 头，发展到 2019 年底的 1 万多头，养殖规模名列全国三甲。截至 2019 年 10 月，沃夫公司已经带动云南省 3 411 户建档立卡贫困户参与豪猪养殖脱贫，直接带动 114 人就业，间接带动 2 450 人就业和多名大学生返乡创业。有一天，何永群听一个邻居教育她刚上大学的儿子："你一定要向永群姐学习，一定要像她一样考上研究生。因为只有这样，你回到家乡才能干出一番大事业！"何永群开心地笑了。

（二）步入正轨，助力起飞

在何永群及其伙伴的努力下，沃夫公司逐渐走上正轨，知名度和认同感也在不断提升。2015 年，因为积极投身地方经济建设和精准扶贫等各项活动，何永群获得了当地政府的 10 万元奖金。2016 年，何永群的豪猪养殖项目代表云南大学参加了第三届"创青春"中国青年创新创业大赛，获得了现代农业初创组银奖，同时也得到了 490 万元的天使投资支持。大赛颁奖仪式上，拿到银奖的何永群开心地笑了。"通过这次大赛结识了很多优秀的创业青年，认识了很多高人，收获了很多创业所需的人脉、渠道等资源……"一走下领奖台，她就忙着在微信朋友圈分享自己的喜悦。她的创业经历和公司开始被更多人熟知，迪庆藏族自治州人力资源和社会保障局也给何永群的公司提供了创业园的办公场地，公司可以免费入驻两年，水电费全免。

事业顺利发展之时，何永群又遇到了腾飞的"助力器"——这就是原国务院扶贫开发领导小组办公室对贫困地区创业致富带头人的扶持培养。2018 年 5 月下旬，原国务院社会扶贫司、开发指导司和全国扶贫宣教中心在广东佛山举办了全国东西扶贫协作贫困村创业致富带头人示范培训班，来自"三区三州"贫困县的 59 名贫困村创业致富带头人和来自广东、北京、天津、福建等地 39 家企业的 41 位代表参加了培训活动，共签订了 114 份意向合作协议，还开展了跟踪调查，一批扶贫企业就在这个"风口"上随着脱贫事业的发展不断发展壮大。何永群作为其中一员参加了培训班学习。同年 10 月，智云天地农业信息技术（北京）有限公司及相关领域的扶贫专家专门到沃夫公司进行调研指导,手把手帮助何永群设计了发展路径和模式,为沃夫公司的腾飞提供"助力器"。

(三)青春筑梦,理想升华

2017年10月,以何永群为原型拍摄的励志电影《达拉的青春》在各大影院、网站播出,让何永群这个纳西族女孩广为人知。有人问,电影播映后,如果有人来示爱怎么办?何永群笑答:"只要他负责任、有担当,愿意和我在这大山里看云卷云舒、听松涛拍岸,我一定会盛装在身,笑颜如花地等他来!"

生动的扶贫实践构筑了何永群的青春理想,也给她带来了满满的荣誉。2016年,她被评为"农村青年致富带头人";2017年,她入选中国"大学生创业英雄100强";2018年,她获得了迪庆藏族自治州"脱贫攻坚十大新闻人物"荣誉称号,中央七台《致富经》栏目对她进行了专访,并拍摄了《纳西族硕士女孩养豪猪一年巧卖500万》专题片,她当选"共青团第十八次全国代表大会"代表;2019年,她作为旗手参加"青年红色筑梦之旅"活动全国启动仪式,成为云南大学高水平创新创业实践基地负责人,担任云南大学等高校创业项目和大赛指导老师,被评为"全国民族团结进步模范个人"以及"第十一届全国农村青年致富带头人",还代表云南大学参加了第五届中国"互联网+"大学生创新创业大赛全国总决赛,"小猪豪豪——中国边疆少数民族深度贫困地区脱贫攻坚路上最靓的崽"勇夺2019年"青年红色筑梦之旅"赛道全国金奖(见图15-4)。2019年她作为全国唯一的创业典型代表,在"全国就业创业工作暨2019年普通高等学校毕业生就业创业工作电视电话会议"上向时任国务院副总理孙春兰、胡春华讲述自己的创业故事,得到了两位领导的高度赞扬和勉励。

图15-4 何永群代表云南大学参加第五届中国"互联网+"
大学生创新创业大赛全国总决赛获全国金奖

面对来自社会各界的赞誉，何永群深情地说："要把自己的小我融入祖国的大我，让理想信念在创业奋斗中升华，让青春在创新创造中闪光。我期望将以我的自身经历，鼓励更多的青年朋友，把自己的职业选择融入国家发展和社会需要。以青春梦想，用所学所长，干事创业，在奋斗中实现人生价值。"

三、逆而不馁，再启新航

（一）风云陡至，破璧毁珪

天有不测风云，2020年，成长中的"小猪豪豪"陡遇"黑天鹅"。

2020年初，突如其来的新冠疫情严重打乱了社会经济发展节奏，不同行业的企业遭遇了不同程度的影响，疫情的不确定性也同样影响了豪猪养殖业。2020年2月，豪猪作为野生动物被列入禁止养殖与交易名单，何永群的公司及豪猪养殖农户遭受了巨大损失。

新冠疫情迫使豪猪养殖暂停，选择散伙接受失败还是继续发展，这是对纳西族姑娘何永群的巨大考验。尽管政府补偿款迟早都能到位，但是，因销售停滞而造成的养殖户损失补偿成为何永群首先直面的难题。面对许多刚脱贫的养殖户又可能返贫的局面，面对建档立卡养殖户们的焦灼不安，想起了自己的创业初心及梦想，何永群的选择是：用自己的钱填补村民的损失以及欠政府的贷款，而她自己独立承担的损失近一千多万元。有人问她："为什么要自己承担这些损失呢？"她回答说："我回家创业的初心就是让家乡人能过上好日子，我没有任何理由把问题留给父老乡亲！"

（二）坚毅转型，谋定后动

面对挫折坎坷和迷茫彷徨，望着广大豪猪养殖户焦灼不安的面容，何永群更加坚定了继续奋斗的信念。豪猪养殖产业遇阻，但不等于积累的创业经验和产业脱贫模式无效。何永群信心满满地开启了她二次创业的新征程，即使是在新冠疫情期间，她也没有停止对下一个创业项目的思考。在新冠疫情缓解之后，为寻求企业转型重生，何永群前后跨越10个省份，跋涉23 400公里，广泛进行市场调研，积极寻找替代产品，果断进行企业转型，找准方向再赴创业征程。

山重水复疑无路，柳暗花明又一村。在经过一系列市场需求调研分析后，她发现存在着"村集体经济有资金无项目，有资源无平台；小农经济有资产无技术，有个体无集群；作坊经济有特色无品牌，有产量无标准，有市场无渠道；乡村旅游有设施无客流，有资源无产品"等行业痛点，再次萌发了一个新的创业想法。

谋定而后动，根据近年来市场发展的需求和企业资源状况，何永群结合乡村振兴战略，开启了"红岭金"新征程，创新三产融合新模式——一个平台，七种创新："村花""村草"变乡村CEO；资金变股金；资产变股权；零售变订单；专家变村主任；公益资金变学费；资源变流量（见图15-5）。具体而言，形成了三类产品，分别是服务型产品，包括红色党建培训、研学旅行；销售型产品，包括鸡鸭牛等畜牧产品，香菇、羊肚菌等菌类，以及重楼、石斛等中草药产品；资源整合型产品，包括红色文创纪念产品、少数民族文化遗产文创产品、贴牌加工产品等。

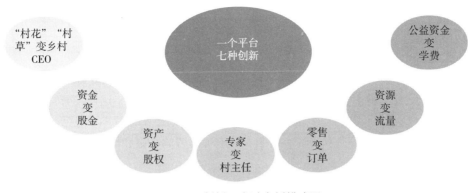

图 15-5 创新三产融合新模式图

何永群这种锲而不舍、勇于创新的精神和打赢脱贫攻坚战的勇气，吸引着一群富有朝气的青年志愿者来到了美丽的香格里拉，共同融入创业新征程。

"用好'红'色资源，引'岭'研学教育，振兴'金'江经济"——敢想更敢干的何永群带着一支有技能和专业的团队，在这片洁净而美丽的土地上，再次开启了真正属于这片土地而又颇具特色的事业，其成效也初步得到了政界、商界、学术界的广泛认可。每一项成绩背后，都饱含着这位年轻创业者的深厚情怀！

辛勤的汗水浇灌出了绚丽的花朵！从起步到 2020 年 7 月初，短短几个月，公司已接待了 10 个党支部的党建培训，培训收入 3.2 万元；开展研学活动 5 次，研学实践收入 6.8 万元。

与此同时，村集体土地入股，盘活农村闲置资产。仕达村以 200 亩[①]林地入股，作为沃夫公司香格里拉纳西族乌骨鸡繁育基地；兴隆村以 300 亩林地入股，作为沃夫公司香格里拉纳西族洞穴黑毛猪繁育基地；安乐村以 5 000 米^2 牛圈入股，作为沃夫公司香格里拉纳西族高原黄牛繁育基地。沃夫公司每年给仕达村、兴隆村及安乐村每个村的村集体 8 万元，每年分红 24 万元。此外，根据村民需要，聘请高校专家担任名誉村主任；设立少数民族助学基金，培养少数民族人才；塑造纳西族民族品牌，形成了"统一标准＋地理标志品牌＋纳西品牌"模式。另外，多维度带动包括退伍军人、留守妇女、返乡青年等在内的人群就业创业，并通过提供研学旅行住宿餐饮、收购农特产品、村集体入股分红等，实现村民增收 2 000~10 000 元，实现一产、二产、三产的有效融合。

2020—2021 年，何永群作为云南大学的大学生创业导师，在继续自己民宿及特色种植持续创业的同时，抽空为母校云南大学做了 20 多次的创业讲座及创业辅导。她说："在我创业道路上离不开母校与老师们给予的培养和支持，我始终抱怀感恩之心，感谢母校与老师们的支持和关怀。未来我依然会继续坚守信念，不忘初心、牢记使命，砥砺前行，敢闯会创，始终做乡村振兴、共同致富路上的领路人与践行者，为建设美丽家乡贡献自己的智慧和力量！"

四、尾声：创业之路，永不停息

"我叫何永群，是云南省迪庆藏族自治州香格里拉市的一名创业青年……创业之路确实艰

---

① 1 亩≈666.7 米^2。

辛，但也一路收获，一路成长。通过奋斗，我不仅把握青春，锤炼自我，让家里的生活越来越好，还用创业的星星之火点亮了家乡的幸福生活，为脱贫攻坚贡献了力量。"一路奋斗，一路成长，何永群坚定地说，"幸福是奋斗出来的，奋斗的青春最美丽。"

"助力民族团结、脱贫攻坚、乡村振兴，我们责无旁贷。"何永群的这一决定，意味着责任，意味着担当，也意味着勇敢和直面。面对创业路上的一波三折，这位美丽柔弱的姑娘却有着一颗坚强的心和一份非常坚定的信念，那就是任何艰难险阻都改变不了她带领家人、带领乡亲们、带领贫困户致富的使命和责任。纳西女孩吃苦耐劳的品格和红土高原养育的宽阔胸怀，让她既能仰望星空，又能脚踩大地。

未来，不知道创业的路上还将经历什么，但能够确信的是，有着"小猪豪豪"创业经历和奋斗经验的创业者何永群，仍然能够以坚毅、果敢的创业精神，继续书写百折不挠、迎难而上的新时代创业故事。

当青年梦与乡村梦在乡村广袤天地间碰撞交融，乡村振兴将拥有更多精彩的可能。少数民族地区的发展、团结和进步需要企业，更需要千千万万像何永群这样的年轻人。在乡村振兴的征途上，何永群将会带着她的沃夫公司一路向前！

鑫垚餐饮：
互联网时代创业的逆行者[一]

◎孟令熙　周云　李榕霞[二]

7月的吉林长春，夏意正浓！

2019年7月22日，外面骄阳似火，吉林省鑫垚餐饮有限公司洋溢着喜悦的气氛，刚刚取得云南民族大学MBA毕业证书的吉林省鑫垚餐饮有限公司（简称鑫垚餐饮）董事长吕阳，看着办公桌上由吉林省委宣传部、吉林省教育厅、共青团吉林省委等五部门联合颁发的第十二届"吉林省高校毕业生十大创业先锋"荣誉证书（见图16-1），心中洋溢着激动、喜悦、兴奋，不由得思绪万千、心情澎湃，回想起了自己曲折的创业历程……

图 16-1 "吉林省高校毕业生十大创业先锋"荣誉证书

一、"跑腿"中发现商机，创业启航

（一）"跑腿"开"跑"

2011年4月，吉林大学学生宿舍。

[一] 云南省专业学位研究生教学案例库建设项目"MBA人力资源开发与管理研究生教学案例库"（批准号129）。
[二] 作者简介：孟令熙，1974年生，男，汉族，副教授；周云，1996年生，女，企业管理专业硕士研究生；李榕霞，1997年生，女，企业管理专业硕士研究生。

"雨停了,吃饭了,谁要一起?"在吉林大学读书的吕阳推开窗户看着外面,询问舍友。

"打游戏呢,别烦!帮我带个盒饭?"舍友徐某的眼睛始终没有离开游戏。

"我也要,帮我带个盒饭。"

"还有我呢,下次我帮你带。"其他舍友也附和着。

"帮你们带过多少次盒饭了?一个比一个懒,这次不帮了。"吕阳很无奈。

"宿舍好兄弟,跨世纪好青年,再帮帮忙,不让你白跑腿,我们几个晚上请你吃大餐,如何?"舍友徐某继续说道。

"跑腿……请客……大餐……"去食堂的路上,吕阳脑海中一直闪现着这几个词,一个创业的思路浮现:跑腿送盒饭。

与20世纪60年代、70年代出生的大学生不同,80年代出生的大学生多是独生子女,生活条件优越,加上伴随着电子产品长大,许多大学生喜欢宅在宿舍玩游戏,甚至连去食堂吃饭、去超市买东西都懒得跑。目前,学校里没有专门的跑腿服务,学校为贫困生提供的勤工助学岗位也有限,跑腿服务可以为学校贫困生提供勤工助学的机会,加之校园周边的餐饮店没有足够的人手提供送货上门服务,与餐饮店联手提供送货上门服务定会受到餐饮店老板的欢迎。跑腿服务进入门槛较低,不需要大量的资金和技术投入,很适合缺少资金和技术的大学生创业。可以说大学跑腿服务是一个接地气的创业项目。

越想越兴奋的吕阳立即拨通了父母的电话,征求父母的意见。

"是个务实的创业计划,支持你!"让吕阳没想到的是,有着多年创业经历的父亲立即表态支持自己的想法。

"因为是在学校内创业,最好取得学校相关部门的支持。"同样具有多年创业经历的母亲已经开始考虑细节。

跟父母商量后,吕阳更加觉得自己的创意符合自己大学生创业者的身份,并且跑腿工作简单易操作,于是就专心为创业做准备。他从创业所需的场地、人员、市场、资金、顾客群等方面进行了考察与机会评价,并取得了学校的大力支持。开展跑腿业务不需要特别大的场地,他直接在各个寝室楼下竖牌子,上面标明跑腿服务范围(送盒饭、水果、日用品等)、配送费用、配送时间以及配送人员电话等,只要同学拨打牌子上的电话,说明自己的要求,跑腿人员就可以送货上门。在创业初期,由于是在学校里开展跑腿服务,吕阳的跑腿工作人员多是对学校寝室分布情况熟悉的在校大学生。由于跑腿服务的时间集中度高,尤其是午饭时间需求量过大,因此为了提高跑腿的效率,吕阳专门为工作人员统一配备了自行车,设立了统一标识,并取名为"餐工场"(带有"餐工场"统一标识的送餐车见图16-2)。吕阳的跑腿自行车队成了校园的一道亮丽风景,吕阳的创业脚步也在跑腿服务中"跑"起来了。

图 16-2 带有"餐工场"统一标识的送餐车

（二）奔"跑"吧，盒饭！

跑腿服务在吉林大学的学生中获得一致好评，吕阳逐渐在创业之路上站稳了脚跟。吕阳不仅是一个有雄心壮志的创业者，还是一个善于观察的发现者。吕阳没有被创业初期成功的喜悦而蒙蔽双眼，而是不断寻求更多的创业机会，期望走得更高更远。

跑腿服务走上正轨后，吕阳没有再投身一线工作，而是一边选修创业管理相关的课程，一边分析现有跑腿业务中可以保留与改进的地方。不得不说，吕阳确实是一位敏锐的创业者。他发现现有跑腿业务以盒饭为主，但是盒饭的质量参差不齐，且种类也有限，不少同学反映盒饭的质量问题和卫生问题。吕阳从中嗅到了另一个创业机会，即自己跑腿送自己做的盒饭。

机不可失，失不再来，吕阳有了想法，立刻去调查盒饭市场的前景。彼时，盒饭因为量大价格实惠的特点深受学生欢迎，盒饭市场还处在一片蓝海中。吕阳经过一番考察，在学校外面租了一家店铺做餐饮，注册了"吉林省鑫垚餐饮有限公司"，但是在校园内仍然沿用已经取得学生信任的原名"餐工场"（见图16-3），除了提供现场餐饮服务，还与跑腿业务结合提供盒饭服务。吕阳在前期的跑腿服务中积累了大量的同学对盒饭的诉求：物美价廉、干净卫生，还要兼顾全国各地的饮食习惯。"餐工场"首先在食材上下功夫，购买了一辆小货车，从田间地头进购食材，既降低了原材料的成本，又保证了食材的品质；其次，考虑到吉林大学的学生来自全国各地，"餐工场"在现有盒饭菜色的基础上添加了全国各地的特色菜，再根据学生的需求免费赠送一份调料，由学生自己选择喜欢的口味；最后，考虑到大学生是纯消费群体，消费能力不高，"餐工场"的菜品做到加值、加量但不加价，并且在墙上张贴价格表明码标价（见图16-4）。全新的"餐工场"一经推出，好评如潮，越来越多的大学生在吕阳的餐馆就餐、订盒饭。吕阳"餐工场"的口碑在学校周边打响，服务的顾客群也由学校学生扩展到周边居民，范围越来越广，吕阳的创业梦飞得越来越高。

图 16-3 "餐工场"店铺

每日套餐——星期一	
套餐一：木樨瓜片＋树椒土豆丝＋凉菜	6元
套餐二：鲜菇肉片＋树椒土豆丝＋凉菜	8元
套餐三：明目养生肝＋木樨瓜片＋凉菜	9元
套餐四：孜然鸡心＋木樨瓜片＋凉菜	10元
套餐五：孜然鸡心＋鲜菇肉片＋木樨瓜片	12元

图 16-4 "餐工场"价格表局部

二、互联网巨头进军外卖，创业折戟

（一）百舸争流

"餐工场"开发的"盒饭＋跑腿"的商业模式虽然取得了稳步发展，但是随着互联网时代的到来，也面临着日益严峻的挑战。餐饮市场的外卖业务在短短几年中得到了飞速发展，商家自身送餐上门的服务已经不再是主流，送餐赛道上聚集了越来越多的互联网玩家。随着科技与经济的发展，手机已经成为人们生活的必需品，与日益完备的互联网服务紧密结合，并且自 2014 年开始，各大外卖软件层出不穷，网上外卖也已经成为市民生活不可或缺的一环，因此传统的商家外卖配送模式逐渐受到各大美食外卖 app 的冲击。除了百度外卖 app、糯米外卖 app 等这些刚开始出现的外卖 app 之外，随后火起来的外卖 app——美团、饿了么也参与"战局"。这些外卖软件一开始会通过各种优惠条件（免配送费、满 10 减 4、满 20 减 8 等）吸引客户，尽管赚不了多少钱，甚至亏本，但它们后面有大财团的补贴政策，通过这种方式让人们依赖使用它们的 app 以期抢占市场，让传统外卖基本被淘汰出局。此时的外卖行业已然成了一片红海，竞争空前激烈，即使吕阳将学生拉到一个跑腿微信群里面，并在群里不定时地发布一些盒饭优惠套餐，但是在外卖软件上各式各样美食的优惠诱惑下，仍有相当一部分学生会选择外卖软件，吕阳的盒饭跑腿生意因此受到了巨大冲击。那么吕阳是如何在激烈的竞争中杀出重围，获得更大的发展的呢？

（二）荆棘塞途

面对外卖软件异军突起、抢占餐饮市场的情况，吕阳的鑫垚餐饮受到了重大冲击，内部工作人员都处于愁云惨雾之中。

厨房总管自嘲道："以前外卖软件没有兴起的时候，厨房都忙不过来，现在大家都去软件上点餐，店里的订单少了，厨房空闲了许多，还真有点不习惯。"

配送员 A 忧心忡忡地说道："我经常送盒饭给一位学生，长此以往熟悉了，通过聊天发现，他现在在网上点外卖，不仅方便，而且能看到相关菜品的评价，比我们这种只能看到图片的盒饭强多了！"

"要不，我们店也跟其他餐饮店一样，加入网上的外卖软件，毕竟现在外卖软件是主流。"服务员 B 说道。

"我也点过几次外卖，虽然价格便宜也方便，但是菜品质量有好有差，进军线上销售有风险。"餐厅大堂主管对线上销售态度谨慎。

针对目前的情况，大家各抒己见。有人认为鑫垚餐饮应该在软件上注册，开启线上销售；有人认为应该坚守线下销售。两种观点似乎都没有错，鑫垚餐饮到底要不要顺应市场潮流，吕阳陷入了沉思……

与外卖软件相比，吕阳的鑫垚餐饮要付出更多的人力成本，财力也无法与大财团媲美。即使吕阳的鑫垚餐饮提供的盒饭菜色多，但是也只有盒饭这一个种类，对比外卖软件上品类繁多的美食，吕阳的鑫垚餐饮对顾客的吸引力直线下降。鑫垚餐饮在此情况下变得举步维艰，要想在现有的餐饮市场格局下杀出一条血路，就要转变自己的经营模式。各大外卖软件后面都有大企业支持，采用的是一种 B2C 模式，而吕阳虽然承租店铺经营盒饭，但本质上还是个体户，也就是采用 C2C 模式，并没有很大的竞争优势。面对众多强劲的竞争对手，吕阳只有选择改变自己的经营模式，打造核心竞争优势，以期抢占市场份额并形成自己的行业地位。

三、拒绝拥抱互联网，创业转型

（一）专注优势：只做配餐

吉林长春的秋季有点短，10月份已经有了冬天的寒意。

"怎么办？怎么办？"吕阳在办公室里走过来，又走过去。

"加入互联网巨头平台，自己多年积累的优势荡然无存，价格还竞争不过其他无名小店。不加入互联网巨头平台，自己又没有规模优势。"尽管外面寒气逼人，吕阳还是急得冒了汗。

随着互联网的发展，外卖行业交易额不断攀升。相关数据显示，外卖市场刚刚兴起的时候，早在2015年，全年交易规模就达457.8亿元人民币。在外卖平台中，饿了么以33.7%的整体市场交易份额再次领跑，美团外卖及百度外卖紧随其后。几大平台虽然有的起步晚，但是在资本加持的背景下后来居上。相关数据分析认为，领先平台将加速吸纳市场资源，外卖市场留给中小外卖平台的空间已经非常小，中小外卖平台的生存环境将非常严峻，更不必说吕阳的鑫垚餐饮了。已然在餐饮创业路上的吕阳没有因为互联网的冲击轻言放弃，他通过分析线上外卖与自身餐馆的销售情况，做了一些对比。第一，线上外卖相对便宜，线下消费确实高于线上消费；第二，线上的餐饮店可以供多个外卖公司的外卖员送餐，配送速度比线下的餐饮店快；第三，虽然线上的美食种类很多，但是吕阳根据亲身去网上餐饮店的实体店调查所知，外卖软件上的一些餐馆提供给的饭菜质量并不好，且有很多是小作坊加工，配餐环境很差。此外，外卖软件的商业模式本质上也是C2C模式，只不过有平台优惠政策的支持。

吕阳正愁眉不展地思考时，电话来了。

"吕总，你还在做盒饭吗？我要转行了。"原来是生意上认识的朋友，专门做中小学配餐和婚宴配餐的老板。

"为啥？你做得不是挺好吗？"吕阳有点惊讶。

"你没看今天的新闻？长春又有一所小学的午餐出问题了，学生集体食物中毒。"配餐老板的声音有点沉重，"这一行不能做了，既要食材新鲜，又要干净卫生，还要价格低廉，难啊！"

"食材新鲜……干净卫生……价格低廉……"吕阳反复思考着这几个词，这不正是这几年自己的优势吗？由于中小学配餐和婚宴配餐需求量比较大，质量要求比较高，一般会固定在几家口碑比较好的餐饮公司，顾客黏性比较高，可以避开互联网订餐的竞争。

一个想法浮现在吕阳的脑海：转而做中小学配餐和婚宴配餐。

吕阳深知加入软件平台所带来的好处，但是他认为线上外卖产业进入壁垒低，自家餐饮公司进入没有竞争优势，且鑫垚餐饮经过多年的盒饭经营，菜品不仅有特色，同时干净卫生，服务质量也不错，在周边形成了相当不错的口碑。因此，在多方思考后，他决定放弃向线上转变的战略，做出紧抓线下餐饮的决策。在互联网时代，要想在线下餐饮行业做出一番事业，做好市场细分是关键。吕阳依据线上和线下的优势，综合分析不同的消费对象，最终将鑫垚餐饮的转型方向指向中小学餐饮和婚礼餐饮。相比C2C模式，中小学餐饮和婚礼餐饮服务周期长，稳定性更高，对食品质量的高要求也符合吕阳做餐饮的初衷。最重要的一个原因是，中小学餐饮和婚礼餐饮不会受到互联网的冲击，是餐饮市场的一片蓝海，吕阳将目标定位于中小学餐饮和婚礼餐饮正是抓住了这一机遇。

俗话说"国以民为本，民以食为天，食以安为先"，餐饮是学校和婚礼的重要组成部分。虽然吕阳将公司的经营理念定位于"诚实、规范、安全、卫生"，与餐饮的要求不谋而合，但是他的公司并没有承接中小学和婚礼餐饮的先例，这就出现了"信任沙漠"，客户不相信鑫垚餐饮的产品与其服务水平。寻找合适的目标客户并与其成功合作，是吕阳创业转型要面临的最大困难。

谈及寻找合作对象，吕阳说："那段时间，压力特别大，一天可能会跟8个负责人见面，从早聊到晚。"阻碍公司谈成合作不仅是由于吕阳年龄小，公司只有店铺经营的经验而没有承接团体餐饮的经验也是一个非常致命的因素。

既然无法让陌生客户信任自己，那么是否可以尝试一下熟人介绍？吕阳和团队想出了切实可行的办法，从最容易获取的"种子客户"扩散。他先从熟识的朋友入手，承接朋友婚礼的餐饮。承接过程中，吕阳脚踏实地，公司只锁定固有的利润点，其他都让利给客户，以提升入口率，让客户舒心。因此即使一开始就算是倒贴钱的项目，吕阳公司也会承接。慢慢地，功夫不负有心人，吕阳的公司在前期的婚礼餐饮中不断总结经验，自身的餐饮和管理服务水平也在不断提高，后来顺利接管了一些中小学食堂的餐饮。

置身于荒凉的"信任沙漠"中，吕阳真正地从零开始，通过朋友的婚礼餐饮案例进行推广和口碑积累来增加客户信任，在沙漠中挖了一口井，鑫垚餐饮的专业服务质量和水平也快速被客户认可，吕阳用最笨的方法做到了最难做的事情。然而，这场战役还远没有结束，吕阳虽然通过朋友的婚礼餐饮案例，打响了"转型"的第一枪，逐渐在团体餐饮这一领域站稳脚跟，抢占了相当大的市场，但是一家餐饮企业要想稳健地成长下去，不仅要时刻遵循"产品为王"的理念，而且要提高公司在提供服务时的管理工作水平。究竟怎么样才能做得更好？吕阳和团队围绕"质量树品牌，诚信立伟业"的思想理念，为加强企业食堂管理制定了一系列更为完善的管理标准。

（二）创新升级：传统＋时尚

作为鑫垚餐饮的董事长，吕阳总是在公司获得某一阶段的胜利时，就会思考公司下一阶段的发展方向。此时，公司已经成功转变模式，进入了团体餐饮领域，并且在各大外卖软件盛行的时代，在线下餐饮市场找到了属于自己的竞争优势。"没有最好，只有更好"，在这一信条下，吕阳在公司业务发展稳定的情况下，将目光聚焦在公司的管理标准上，他认为精细规范化的管理是一个公司的立身之本。

在公司成立之初，吕阳就对食品材料的采购及存储、工作人员的仪容仪表及卫生管理、餐厅就餐管理、餐厅安全及卫生清洁等方面制定了具体的管理制度，并且在每一位员工上岗之前都会对其进行管理制度的培训与考核，以保证公司的服务质量。随着经济与社会的发展，餐饮管理也要满足独特化、个性化需求，朝着市场化、社会化的方向发展。为此，吕阳对以下几个方面的管理又制定了更精细化的标准。

第一，在食品进行验收时，要按照实名、实物、实量、实质进行登记验收，新增验收员岗位，验收单需要验收员、厨师和供货商三人共同签字，验收完毕后才可入库。

第二，在保证常规清洁管理的基础上（吕阳认为这是餐饮的根本，因此要求极其苛刻），还增加了抽检巡查组，会不定时、不定期地检查所负责餐厅的卫生管理情况，并以此作为员工绩效考核的重要方面。

第三，吕阳采用了一种新的奖惩制度——积分制管理。每一位职工最初都有满分积分（100 分），一个季度清算一次积分，低于 60 分的员工会受到适当处罚，高于 80 分的员工会受到奖励。明确的奖惩制度充分调动了员工的工作积极性，使食堂管理工作高效进行。

精细化管理是一种管理理念，它体现了组织对管理的完美追求，是组织严谨、认真、精益求精思想的贯彻，吕阳从餐饮管理标准入手，在已有的基础上继续精益求精，包括桌椅的摆放、服务员的身姿及微笑（见图 16-5）。"没有最好，只有更好"，这正是鑫垚餐饮的追求。正是吕阳这种追求更好的管理思想以及公司自身的服务水平和口碑，让公司蓬勃发展，除了提供中小学餐饮和婚礼餐饮服务，还为多家公司提供了餐饮管理服务，比如说吉大科技园、新城集团、林田远达、吉林大学、颐乐康复中心、大爱传媒集团、东北亚文化创意产业园等。

图 16-5　鑫垚餐饮服务现场

四、尾声

2020 年 4 月，吉林长春。

窗外春光明媚，正契合吕阳现在的心情。由于鑫垚餐饮的品牌影响力越来越大，今年吕阳荣获"吉林省优秀青年"的荣誉称号（见图 16-6）。

"我这算成功吗？"看到又一张的荣誉证书，吕阳并没有沾沾自喜。

"在互联网时代，拒绝拥抱互联网是对还是错？"吕阳望着窗外阳光，思考着公司的下一步发展，"中小学配餐和婚礼配餐尽管可以避开互联网巨头的竞争，但是很难完全避开互联网，很多做中小学配餐和婚礼配餐的餐饮公司通过互联网上的短视频平台宣传，得到了不错的宣传效果。"

互联网时代，公司下一步如何发展？吕阳再次陷入深思……

图 16-6　"吉林省优秀青年"荣誉证书

参考文献

[1] 林嵩,姜彦福,张帏. 创业机会识别:概念、过程、影响因素和分析架构[J]. 科学学与科学技术管理,2005(6):128-132.

[2] 林海,张燕,严中华. 社会创业机会识别与开发框架模型研究[J]. 技术经济与管理研究,2009,30(1):36-37,67.

[3] 彭秀青,蔡莉,陈娟艺,等. 从机会发现到机会创造:创业企业的战略选择[J]. 管理学报,2016,13(9):1312-1320.

[4] 斯晓夫,王颂,傅颖. 创业机会从何而来:发现、构建还是发现+构建?:创业机会的理论前沿研究[J]. 管理世界,2016(3):115-127.

[5] 于晓宇,李雅洁,陶向明. 创业拼凑研究综述与未来展望[J]. 管理学报,2017,14(2):306-316.

[6] 张斌,陈详详,陶向明,等. 创业机会共创研究探析[J]. 外国经济与管理,2018,40(2):18-34.

[7] 刘振,管梓旭,李志刚,等. 社会创业的资源拼凑:理论背景、独特属性与问题思考[J]. 研究与发展管理,2019,31(1):10-20.

[8] 赵国强,刘涛. 饭店餐饮大众化经营之道[J]. 老字号品牌销,2021(8):15-18.

[9] HILLS G E, LUMPKIN G T, Singh R. Opportunity recognition: perceptions and behaviors of entrepreneurs[J]. Frontiers of entrepreneurship research,1997(17):168-182.

[10] LINDSAY N J. CRAIG J. A framework for understanding opportunity recognition: entrepreneurs versus private equity financiers[J]. Journal of private equity. 2002(6):13-24.

[11] MAIR J, NOBOA E. Social entrepreneurship: how intentions to create a social venture are formed[M]. //MAIR J, ROBINSON J, HOCKERTS K. Social Entrepreneur ship. London: Palgrave Macmillan,2006:121-135.

千亿企业，百年温氏：
温志芬的"后MBA时代"

◎陈明　李飞娜　莫英罗娜[◯]

2015年11月2日，一则新闻登上了各媒体头条：来自广东云浮市新兴县的温氏股份在深交所整体上市，这也是创业板首家通过换股吸收合并后实现整体上市的企业，温氏不但实现了零的突破，而且当天总市值超过2 000亿元，独占深市鳌头。在接下来的五年，温氏股份市值均保持在千亿元以上，这无疑已向"千亿企业，百年温氏"的企业愿景迈进一大步。回想当初公司上市的千难万阻，时任集团副董事长兼首席执行官的温志芬先生百感交集。终于，在温氏创立的第32个年头，公司成功登陆资本市场，历任管理团队前赴后继，温志芬挂帅推进的上市任务大功告成。他终于圆了父亲——已故董事长温北英的"大同梦"。

一、履职伊始，全面提升温氏"三化"战略

1997年，春节刚过，时任温氏育种公司总经理的温志芬，经集团董事长兼总经理温鹏程提议、董事会审议，被聘任为温氏集团（简称温氏）副总经理。那一年，他未满27周岁。肩负父辈兄长的期望，这位村里的第一位大学毕业生，始终坚信只有更深层次的工商管理知识体系才能带领偌大的企业达成"千亿百年"的宏愿。于是，他选择报考华南理工大学的MBA，并于同年被录取，开始了为期三年的工商管理类学科深造。通过系统地学习MBA课程，内化梳理华南理工大学专为高层次人才定制的各门有针对性的课程，他相信所学的企业战略、商业模式、品牌管理、资本投资等方面知识的协同效应将会为企业的壮大和深度发展带来事半功倍的效果以及颇丰的效益。温志芬总裁总结前任董事长的观点，多维度结合MBA课堂所学的管理理论，对公司未来发展战略做了农业产业化、资产证券化、农民职业化的"三化"提升，带

[◯] 作者简介：陈明，男，汉族，博士、教授，华南理工大学工商管理学院市场营销系主任、硕士生导师；李飞娜和莫英罗娜均为华南理工大学MBA学员。

领团队全面、高效地实施落地。

（一）农业产业化："温氏模式"是解决农民就业问题的有效尝试

温志芬是温氏集团的早期创业者，也是中长期战略规划的制订者、执行者。他在华南农业大学畜牧系求学期间，通过他的牵线搭桥，促成华南农业大学动物科学系（今动物科学院）以技术入股的方式与温氏建立了深度的、全面的技术合作，这种合作模式开创了国内农业企业与高校"产学研"相结合的先河。

在模式的创新上，"公司＋农户"的温氏模式随着科技、经济和行业的变化，紧跟时代步伐，不断主动进行迭代升级，经过不断打磨与推敲才被市场所接受。在那个企业生存与发展都靠摸着石头过河的年代，这种模式是被验证过能适应企业发展、有利于农牧行业的方式。公司分析养殖产业链中劳动强度、技术难度、管理要求以及资金、市场等资源配置情况，以封闭式委托养殖方式与合作农户在养殖产业链中进行分工与合作。公司负责品种繁育、种苗生产、饲料生产、饲养技术、疫病防治、产品销售等环节的管理及配套体系的建立运营，向合作农户提供鸡苗、猪苗、饲料、药物、疫苗，负责生产过程中的饲养管理、疫病防治、环保技术等关键环节与技术的支持和服务。农户则负责饲养管理、提供生产场地和生产工具等相对简单的环节，双方精诚合作，使整个环节流程顺畅，节省成本。

温志芬上任后多措并举，落实温氏组织架构以适应企业战略调整，牵头探索温氏模式的更新迭代，为适应建设生态文明的新要求，与当地政府紧密合作，推广"公司＋家庭农场"模式，努力向现代农业转型升级。从最初的1.0版"公司＋农户"，到2009年发展为2.0版"公司＋家庭农场（农户）"，2020年逐步升级为3.0版"公司＋现代养殖小区＋农户"，未来，为了适应农民职业化的战略定位，将向4.0版"公司＋现代产业园区＋职业农民"模式迭代。公司每次模式创新升级的核心，意在努力提高合作农户的养殖规模化、机械化、自动化和智能化水平，不断提高合作农户的养殖效率和效益，在保证合作农户总体效益的前提下，进一步降低公司总体经营成本。同时，模式迭代升级后，公司管理更加精细、高效和规范，养殖效率进一步提高，成本进一步降低。

1. "公司＋现代养殖小区＋农户"模式

公司负责整个养殖小区的租地，并统一做好"三通一平"（通水、通电、通路和平整土地）建设规划和经营证照的办理等工作，与农户的合作大致可通过以下三种形式进行。

- 公司出资建设标准化养殖场，吸引农户到养殖场内与公司以合作的形式进行养殖，这种方式下农户投资有限，风险低，受广大农户追捧，是当前养殖小区的主要形式。
- 合作农户根据公司标准，在养殖小区内投资建设标准化养殖场，然后与公司合作养殖。这类农户通常是公司的长期合作农户，与公司签订了长期合作协议。
- 地方政府专项产业基金投资，由公司建设标准化养殖场，吸引合作农户到养殖小区内与公司合作养殖。

2. "公司＋现代产业园区＋职业农民"模式

这一模式展示的是温氏对未来的规划，是公司从农牧型企业向食品型企业转变的推手，是畜禽养殖、加工、分销等功能的集聚联合发展体，初步规划按照年产优质生猪 50 万～100 万头（或肉鸡 6 000 万～1 亿只、水禽 3 000 万～5 000 万只）的规模进行设计。主要建设内容包括四个方面。

- 建设高标准养殖设施，包括种畜禽繁育基地和肉畜禽养殖基地。
- 建设行政和技术服务设施，包括产业化运行管理总部、技术服务中心、检测平台等。
- 建设产业链相关配套设施，包括饲料加工厂、畜禽屠宰加工厂、仓储物流基地等。
- 建设环保处理和资源化利用设施，包括污水处理设施、废弃物处理设施、资源化利用设施、种养结合基地等。

公司作为现代农业产业园区的实施主体，既是主要投资方，也是运营管理方。在养殖产业链的各环节，公司与合作农户开展深度合作，建立合理的利益联结与分享机制，形成产业化联合体。农户入园成为产业工人，可以从事专业化畜禽饲养，也可以参与园区专业服务队伍，还可以参与产业链后端的屠宰分割、加工、包装等环节，成为具备一定专业技能的职业农民。此外，公司也与外部第三方企业或专业机构、政府或其控股平台开展投资、建设、运营等层面的合作。未来，公司将依托"公司＋现代产业园区＋职业农民"的模式升级，努力实现从农牧型企业向食品型企业的转型。

（二）资产证券化："温氏模式"被市场认可，打响温氏资本运作头炮

除坚持模式驱动、文化驱动、科技驱动三大驱动力之外，温志芬还提出"资本驱动"。为了更系统地管理资本运营，2011 年 6 月 28 日，在广州中信广场 64 楼温氏股份广州分公司举办的广东温氏投资有限公司（简称温氏投资）揭牌仪式顺利完成，就此开展一系列资本运作。两年后，温氏投资入围国家级高新区横琴新区"纳税二十强"，取得了行业瞩目的成绩。为了圆已故董事长温北英的"大同梦"，使"齐创共享"的理念得到充分体现，温志芬牵头主理公司整体上市。上市成功之时，除了让公司在资本市场的市值暴涨外，也成就了上千名"千万富翁"，一时风头无两。可谁曾想过，温氏股份的上市之路一波三折……

温氏股份从 2002 年开始谋划上市，但自 2006 年起施行的《公司法》修订案规定，股份有限公司的发起人在 200 人以下，而温氏股份实行全员股份制，参股员工众多，已远超 200 人，上市进程受阻。2008 年，集团对同属温氏家族控制的广东大华农动物保健品有限公司（简称大华农）进行股改，变更为股份有限公司。在 2010 年申请后，大华农于 2011 年 3 月 8 日在深交所创业板挂牌上市，股票代码 300186（现已退市注销）。

温氏股份整体上市的转机出现在 2012 年 9 月，证监会通过的《非上市公众公司监督管理办法》规定，股东人数超过 200 人的非上市公众公司，应该做到股权明晰、合法规范经营、公司治理机制健全、履行信息披露义务，符合条件的可申请在新三板挂牌或证交所上市，股东人数超过 200 人未在新三板挂牌也未在证交所上市的，应当按相关要求规范后申请纳入非上市公众公司监管。这一规定为温氏股份整体上市打开了一扇门。

2012 年 12 月，温氏股份经股改后变更为股份有限公司。2014 年，温志芬总裁担任上市项目组组长。在他的带领下，项目组充分探讨上市路径，反复论证工作方案。由于温氏股份是国家重点农业龙头企业，其上市对农村农业发展有强大的示范带头作用，因此得到时任广东省委

省政府大力支持，温氏股份犹如吃了一颗定心丸。2014年6月，温氏股份向广东省股权托管中心申请进行公司股份的托管。2014年9月，温氏股份通过证监会审核，成为非上市公众公司。至此，温氏股份上市障碍得以清除。

温氏股份于2015年5月再次申请上市。为加快上市进程，以换股吸收合并大华农的方式进行，无募集资金。经过无数次攻坚克难和一系列紧锣密鼓的工作，公司终于获准于2015年11月2日在深圳创业板实现整体上市。上市首日股价收报55.31元，总市值2 005亿元，成为创业板市值"第一股"。温氏登陆资本市场也是当年农牧业资本运作的标志性事件。

（三）农民职业化：全面推广"温氏模式"，助力乡村振兴

为助推实现"千亿企业，百年温氏"愿景，在企业产业化进程中紧握高等教育抓手，充分发挥企业大学效用，履行好温氏学院的使命与职责，温志芬董事长连同各管理层批示：建设学习型组织，传承温氏文化，有效贯彻集团战略决策，为集团发展培养优秀人才。2018年，温氏发展战略中的三产"商业零售板块"的助推器、温氏人才的孵化器——温氏商学院在一片呼声中正式成立。

1. 使命愿景

温氏股份以融汇中西方管理智慧、传承文化、赋能人才、助推实现"千亿企业，百年温氏"为使命，定位于文化传承、人才培养、战略经营决策传导。

（1）文化传承：传承温氏文化和价值观，塑造认同温氏企业文化的干部、员工队伍。通过协调集团高管在培训班中授课、开办温氏大讲堂、推动编写企业文化相关书籍、在不同人员培训班中融入企业文化课程等方式，做好文化传承，塑造认同温氏企业文化的干部、员工队伍。

（2）人才培养：构建温氏人才培养标准，通过各种培训方式为集团发展培养优秀人才。抓好关键人才培养，满足集团战略和业务发展对人才的需求，主要开展以下人才培养工作。

一是新晋干部集训班。新晋主任级、经理级干部聘任一年内须参加温氏学院的新晋干部培训班，参加企业文化和价值观以及高管管理思想、管理实践方面的课程，以传承文化、规范思想和行为，同时通过近距离接触高管了解集团动向。

二是在岗干部循环赋能培训，包括以下方面。

- 集团高管：通过专题培训、优秀企业参访、企业家沙龙、外派培训等方式开展。
- 经理级干部：通过经理人MBA研修班、经理人轮训班等方式开展，培训内容主要集中在企业经营管理的优秀经验方面，促进经理人不断提升企业经营管理能力。
- 主任级干部：课程主要集中在管理能力、业务技能方面，建立标准和要求，督促事业部执行。

三是后备人才培养。建立后备人才培养机制，开展总经理后备干部、领英人才培训项目。

（3）战略经营决策传导：通过温氏学院这一平台，向干部员工宣贯集团战略、管理理念和经营方针，使上下理解一致，让干部员工"内化于心，外践于行"，确保有效贯彻。

2. 温氏学院的运营模式

为更好地承接温氏学院的愿景、使命和定位，落实温氏学院的各项工作规划，参照外部专

业培训机构，未来将建设成集企业培训和管理咨询于一体的专业赋能机构，为温氏股份人才成长赋能，参考市场化运作方式，进行模拟核算和独立运作。对内收取一定费用（可参照市场价格），实行内部模拟核算，促进温氏商学院更好地组织培训工作、用心培养好人才；对外作为一家独立的培训机构，利用温氏股份在行业内的影响力和社会影响力，开展与农牧养殖相关的专业培训和管理培训，进一步提高温氏品牌的社会影响力，同时与外部优秀的培训机构、商学建立长期战略合作关系，凝聚智库资源，将外部优秀资源和先进经验引入温氏股份内部管理，不断提升温氏商学院培训工作及人才培养的专业化水平。

二、着力打造一二三产融合，巧用责任品牌借力打力

2017年3月31日，清华大学中国企业研究中心联合每日经济新闻发布"中国上市公司品牌价值榜"，温氏股份以品牌价值131.39亿元位列总榜第38位，民营榜第9位。企业品牌获得社会认可，在温志芬董事长看来，这代表温氏股份作为销售额超500亿元的上市企业，拥有创新性的管理模式以及充裕的资金实力，产生了良好的社会效应。温氏股份的主业是畜牧养殖业，主产品是"农副产品"。随着公司提出转型升级战略目标，业务逐步向消费端延伸，温氏股份正由生产型企业向食品服务型企业转型。为了让消费者认识、认同、偏爱温氏股份的肉鸡、肉猪等产品，光依靠温氏股份这个整体品牌还不够，必须要深化品牌建设，构建品牌管理体系，提升产品品牌效应。温志芬深刻认识到，品牌建设和提升工作，是擦亮温氏品牌招牌，打造"千亿企业，百年温氏"和"中国生鲜食品第一品牌"的一个非常有效的途径。

温氏股份长期以来十分重视企业品牌的建设与维护，坚持"齐创共享，诚信经营"的理念，吸引了近5万户家庭农场合作养殖，获得了各地政府的认同与支持，同时赢得了金融部门和供应商的充分信任，获得AAA信用评级，企业品牌美誉度名列全国民营企业前列。在2017年发布的第十一届中国品牌价值500强榜单中，温氏股份以品牌价值589.81亿元排名第69位，成为进入前100强的唯一一家中国农牧企业。

随着我国经济不断发展，消费结构持续升级，消费者对产品和服务的消费提出更高要求，讲究品质、品牌消费，呈现出个性化、多样化、高端化、体验式消费特点。作为企业经营管理者，需要适应这种潮流变化，积极培育好自身品牌。为适应潮流变化，温氏股份自2017年上半年起，组建了品牌管理中心，由同为华南理工大学MBA校友的集团品牌总监李镜聪牵头，进行了多次尝试性的品牌宣传活动，取得了较好的效果。2018年1月，温氏股份宣布将携手工信部，加入工信部品牌培育示范项目，建立完善的品牌管理体系，提高温氏股份品牌培育的能力，推动形成较强的品牌影响力。

（一）推动一产"接二连三"，企业品牌和产品品牌双轮驱动集团未来发展

基于历史与现状，温氏股份下大决心、花大力气做好品牌规范工作；基于未来发展，集团需要持续做好品牌建设工作，良好的企业品牌与产品品牌对支撑集团未来发展至关重要。

1. 产品品牌得到有序管理，更好发挥合力

通过加强管理力量、组织名师辅导与人员培训、出台品牌树管理制度等一系列措施，构建

起品牌管理体系，将集团原有产品一一对应到品牌树上，定位清晰，一目了然，让集团的品牌管理工作有序开展。集团今后的品牌管理工作将更加科学、更加规范，新研发的产品所属品系、定位以及后续的市场推广、营销策略能够得到很好的区分、定位和衔接，能够更好地发挥合力。

2. 产品品牌价值得到体现，增强企业竞争力

品牌培育创造价值，这是品牌培育的基本出发点。众所周知，品牌可以提升产品知名度、美誉度和忠诚度，可以提升产品附加值。消费者对品牌产品的黏性越大，品牌产品的竞争力越强，品牌产品就可以卖得更快、卖得更多、卖出更高价格，产品竞争力将转化为企业竞争力。功夫不负有心人，只要能持之以恒地投入人力、物力、财力培育品牌，持续提升品牌影响力，一定会有所回报，甚至是高额回报。这是无数商业案例总结出的道理，也是摆在面前的一个事实。品牌培育需要大笔资金，业界形象地将其形容为"烧钱"，但是"烧钱"并不是盲目投放资金，而是需要把基础工作做好。扎实做好各项管理，钱"烧"到产品痛点上了，最终才会在经济效益上体现出来。随着品牌效应的持续增强，回报甚至可以以指数级增加。

3. 企业品牌价值得到提升，助力构建繁荣生态圈

温氏股份品牌得到社会各界的好评，也在于温氏股份是一家对环保负责任、对当地就业有拉动、对当地精准扶贫有贡献的集团，因此，各地方政府纷纷前来招商引资。这是温氏股份在过去做好企业品牌管理为其带来的红利。企业品牌有助于产品品牌培育，产品品牌反过来有力地影响与支撑了企业品牌。经过充分研讨，集团慎重地提出了构建温氏产业链生态圈的概念。温氏产业链生态圈包括核心扩张圈、战略布局圈和延伸拓展圈。依靠现有的核心圈，集团下阶段将通过入股合作等方式，战略布局一些质地优良、前景广阔的企业和项目，包括状况非常好的上市公司。响亮的企业品牌有助于温氏产业链生态圈的构建，与此同时，加入生态圈也能够分享温氏的品牌序列、技术和资金，生态圈各成员企业之间相互协调、相互支撑，共同成长，共同繁荣。

在温志芬董事长的带领下，李镜聪总监切实落实温氏品牌的规划、设计、宣传与管理等一系列工作，不但推出了全新的以"民食为天，食唯安鲜"为使命的"温氏食品"企业品牌，还培育出了如"鲜之外"乳业、"温氏天露"鲜品、"温氏佳味"熟食等一批在行业上具有重要影响力的品牌产品。温氏安全、健康、绿色的产品得到越来越多消费者的认可和喜爱，同时也持续提升企业品牌美誉度，增强企业品牌吸引力，为构建温氏繁荣产业链生态圈的主战略贡献了力量。

（二）培育责任品牌，铺好"让爸爸回家"的道路

责任品牌不完全等同于商业品牌，责任品牌重点传递的不只是具体产品的质量、性能及顾客使用体验，而是作为社会有机组成部分的企业对自身承担义务和责任的认知与践行。特别是随着各类国际性社会责任标准、指南的推广应用，尤其是面向全球、适用广泛的社会责任自愿性标准指南 ISO 26000 的出台，加速了企业品牌建设与社会责任的融合。企业经营管理者越来越充分认识到，只有积极承担社会责任的企业才是最有竞争力和生命力的企业。作为经济主体，不同企业虽然都将追求商业利益作为目标，但它们所遵从的理念和价值创造的方式有所不

同。在这种情况下，责任品牌的公益主张及公益行为往往能够有效推动各企业在价值观层面达成默契，既有利于形成各方资源广泛参与推动社会进步的强大正能量，又有利于企业增强市场扩展张力和机会创造力，获得更大的事业发展空间。

温氏股份的"公司＋农户"模式，扎根于农村，服务于农业，也带动了农民增收，天然具有"公益"属性。基于这样的公益属性，温氏股份联合中央电视台《品牌责任》栏目、广东营销学会乡村品牌振兴专业委员会（简称专委会）、新牧网、华南理工大学"大农品盛"学生创业团队发起了"让爸爸回家"大型公益行动。该公益行动旨在通过整合社会资源，优化资源配置，为在外务工想回乡创业的农民工以及立志扎根乡村、践行振兴乡村经济的有志之士搭建创业／就业平台，充分发掘农村本地资源，打通一二三产，整合社会优质的创业项目并调动社会资本，共同推动产业兴农和品牌强农事业，以达到根本性解决农村留守儿童、空巢老人等社会问题的效果，让乡村因人口回流而焕发活力。项目于2018年9月中下旬通过公司总裁办公会决议正式立项，其间活动得到温氏股份及其各事业部和控股公司的大力支持与积极配合，项目运营有序进行。

1. 实施方案

活动设定的目标是拟通过"让爸爸回家"公益品牌活动，快速为温氏股份创建公益品牌形象，大幅度提高温氏股份品牌的曝光度，使社会大众产生一提到"让爸爸回家"就想到"温氏股份"，一提到"温氏股份"就想到"让爸爸回家"的认知，提升温氏股份品牌的知名度和美誉度。

同时，运用"公益帮扶＋产业振兴"模式，在温氏股份品牌正能量充分得到传播和认可的情况下，将公益行为与市场行为相结合，扩大市场占有率，相关实施方案如下。

（1）多方筹集资源，组建运作团队。自项目正式立项，项目组即基本确立，形成以华南理工大学工商管理学院的陈明教授为核心指导者，温氏股份为主要发起者与统筹方，乡村品牌振兴专业委员会、华南理工大学"大农品盛"学生创业团队、新牧网等为执行方的基础项目小组，顺利开展策划、组织、统筹、执行等基础工作。

（2）积极探索，确立方案。项目组对公益行动的模式进行多次探讨和多方咨询，并通过在贵州论坛的学习，筹划并初步确立了该活动的开展方案，主要有以下两种模式。

一是"项目＋个人"模式，即向社会征集单个项目及有意愿返乡创业及就业的"爸爸"。主导方向是让"爸爸"不再漂泊他乡，可以陪伴家人，并且有稳定的工作和可以期待的收入水平。该模式主要依托公司的"公司＋农户"形式，由项目拥有主体（企业／组织）向有意愿返乡创业及就业的城市务工人员或有志于在农村发展的有志之士提供生产原料和技术等，签订相关合同，由返乡"爸爸们"进行生产加工等工作。其中，养殖鸡、猪等项目由公司进行对接帮扶，其他农业项目或农产品销售等项目由乡村品牌振兴专业委员会的相关企业和专家进行对接帮扶。

二是"平台＋产业"模式，主导的方向是整合社会资源，帮扶产业振兴，推动一二三产的融合和联动，实现品牌强农。对于在当地有产业的乡村，发展和壮大当地产业；对于在当地无产业的乡村，引进相关产业到当地。发展当地产业，即以乡村品牌振兴专业委员会为平台，由当地政府根据当地产业品牌特色立项，并邀请专委会的相关专家到需要发展相关产业的乡村，为当地产业的企业提供咨询和诊断服务，同时撰写当地产业发展调研报告，提出产业发展建议,并以此吸引外出务工的"爸爸们"返乡,实现本地创业和就业。引进产业到当地,即乡村品牌振兴专业委员会通过调研分析之后,推介和引进合适的产业,以此吸引外出务工的"爸爸们"回乡共同创业或就业。

两种模式是从小家到大家的升级,有助于实现产业扶贫、精准扶贫以及乡村振兴的目标,使"温氏模式"得到政府、专家以及社会民众的广泛认可和积极参与,最终提升品牌在消费者中的美誉度和认同度,实现商业品牌的溢价。

2. 主要开展形式

(1)开展广泛的传播活动,借助媒体的广泛传播,打造企业责任品牌。2018年9月,公司与CCTV《品牌责任》栏目组达成合作协议,从10月起,温氏股份品牌形象及"让爸爸回家"公益行动亮相央视,分别在CCTV-1综合频道、CCTV-2财经频道、CCTV-4中文国际频道、CCTV-13新闻频道宣传及展示温氏股份的企业形象,并同步通过京信大屏、纳斯达克大屏、微信朋友圈广告、微博软文推广等渠道全方位打造温氏股份品牌的社会责任。10月31日,温氏股份董事长温志芬应邀出席由CCTV-1《大国品牌》栏目主办的"改革开放40年40品牌"盛典,温氏股份亦荣获"改革开放40年40品牌"荣誉称号,引起了与会企业家的强烈关注。

(2)结合集团实际情况,探索活动落地形式,收集和总结现有优秀案例。在集团内部收集符合"让爸爸回家"活动条件的养户3 648户,挂牌优秀"让爸爸回家"示范养猪户115户,养鸡户41户,总结优秀案例100余篇。在集团官网上搭建了"让爸爸回家"公益行动专题网页,作为项目对外展示、宣传的主要阵地之一。此外,还开设了"让爸爸回家"微信公众号、"让爸爸回家"在线微信服务号、专题网页、微博、邮箱等。温氏股份通过多渠道、多方式、多形式对外开展宣传、服务工作,并让项目有了统一的报名入口和信息出口。

(3)总结升华责任品牌理论,引起社会各界的关注和讨论。2018年12月17日,陈明教授撰写的文章《责任品牌与品牌的责任竞争力》在光明网理论版发表后,被人民网转载。该文章提到,越来越多的企业投身社会公益事业,树立起了责任品牌形象,同时以"让爸爸回家"公益活动为例,提到温氏股份积极投身社会公益事业的事迹。

借助在农民工集聚地佛山市的首届中国农民丰收节佛山农展会,以及在农民工重要输出地梅州市的中国国际绿色创新技术产品展广梅产业园专展活动,项目组组织开展了两场"让爸爸回家"公益行动的宣传与推广。

项目进行至今,对社会、企业、消费者都具有可观的价值,取得了阶段性的成效。

第一,社会价值:顺应民心民意,助力乡村振兴和产业扶贫工作。首先,倡导了企业承担社会责任。作为公益活动主体,公司通过归纳总结目前的"公司+家庭农场(农户)"模式,向社会传达了公司为返乡农民工提供就业或创业机会的信息,从根本上解决留守儿童、空巢老人问题,彰显公司在助力乡村振兴和产业扶贫工作方面的社会责任担当,对企业文化和企业精神进行了升华。其次,树立公司良好的公众品牌形象。在活动宣传中,不断展现公司的品牌形象,并导入温氏文化、企业理念等内容,通过大众与媒体的宣传作用,为公司在社会公共领域树立了卓越的品牌形象,进而带动了公司商业品牌价值的增长。最后,打造农民工返乡创业平台。依托公司现有的国内产业布局的优势,宣传了以"公益帮扶+产业振兴"打造农村创业可持续发展的新模式,成为返乡农民工就业、创业的首选平台,同时吸引更多人关注和参与到"让爸爸回家"的活动中。

第二，企业价值：传递企业价值，提升品牌文化，拓展温氏模式。首先，提升企业内部凝聚力和养户的满意度。温氏股份将社会责任融入企业发展战略和企业文化，并对养户的创业故事进行包装和推广，让企业相关方倍感亲切，受到内部员工和养户队伍的广泛认可，提升了员工和养户的使命感、幸福感及满意度。活动的相关内容在微信公众号、同呼等平台的推送点击量和转发量均超过 4 万人次，干部员工和养户纷纷对相关内容表示认同。其次，简化"温氏模式"宣传内容，强化企业政治影响力。"让爸爸回家"是温氏模式的通俗解释，让政府相关部门更好地理解温氏股份在创新精准扶贫模式、乡村振兴等方面的作用，在宣传时更容易获得政府和权威媒体对"温氏模式"、温氏项目的兴趣与支持。

第三，市场价值：在消费者层面强化有温度、有责任、有担当的温氏股份品牌，打造品牌新格局。在"让爸爸回家"活动进行期间，派出相关团队对回家的爸爸进行实地跟踪拍摄，并进行图文内容报道，制作成感人的视频不断对外扩散传播，让消费者对温氏股份品牌产品强烈的情感反馈，强化了温氏股份品牌的温度，增强了温氏股份品牌与消费者的情感互动，让品牌更具有亲和力。非洲猪瘟传入以来，主销区的猪肉价格不断上涨，叠加品牌社会责任推广的工作不断开展，"买得放心、吃得安心"成为老百姓当时最关注的问题，温氏股份抓住时机，推广品牌责任，提升产品安全度认知，最终使市场供应份额占优。

3. 项目效果分析和评估

现阶段，温氏股份已成为千亿市值企业，是农牧行业名的"航空母舰"。近年来，公司进行了乳业、营销、屠宰加工、熟食深加工等相关的产业延伸，布局终端消费市场，拟打造从产业到消费者的直接通路。

但公司在消费终端的品牌知名度还比较低，有必要探索一条能有效引起消费者关注的途径。目前，公司已经在使用"公司＋家庭农场（农户）"的模式精准扶贫，积极带领贫困农民增收致富，有意识地把温氏股份打造成一个知名的公益品牌，在社会公众面前彰显价值和内涵。通过"让爸爸回家"公益活动，温氏股份"公司＋家庭农场（农户）"模式面向社会大众进行了总结和传播，使政府、专家和消费者能更好地认识温氏模式的作用，提升温氏品牌的知名度和美誉度。

（1）传播效果分析。根据央视发来的监测报告，央视 4 个频道 75 天共播放 385 次相关视频，时长达 11 700 秒，每天触达 5 210 万人次；户外大屏推广直接覆盖受众 2 722 万人次 / 周；4 次朋友圈广告推广直接触达 210 万人次；200 多篇软文的传播，转载量颇高，且均被百度收录；通过《品牌责任》的高密度传播，让大众对温氏股份品牌有了更深入的认识，提振了投资者信心。

全方位媒体投放引发舆论广泛关注。中央电视台、《佛山日报》、金羊网、新浪公益等媒体的发声，引发了其他各媒体对"让爸爸回家"、乡村振兴、精准扶贫、"公司＋农户"、企业社会责任等话题的共鸣，包括新浪广东在内的许多媒体都纷纷对"让爸爸回家"话题产生了浓厚的兴趣，对活动的相关情况争相转载报道。以宣传温氏股份社会责任为主题的长达 3 分钟的《大国品牌》专题片在 CCTV-1 频道播出，产生了广泛的影响力。相关报道和视频也得到了企业广大员工和合作养户、客户的大量转发。

通过相关农业展会的宣传推广，"让爸爸回家"得到了《佛山日报》《羊城晚报》等媒体的关注与报道，在广梅产业园专展上，更是得到了相关领导同志的关注与支持。

(2)落地推广效果分析。从百度搜索关键词"让爸爸回家"来看,相关内容结果过百万条,完整关键词高级搜索也有超过 460 000 条内容收录。首页内容与项目相关度非常高,与温氏股份的关联度也非常高。

从政府认同度来看,养禽事业部相关领导在与广西、云南、湖南、贵州等地政府洽谈养殖用地项目时推介温氏模式与"让爸爸回家"公益项目,就得到了当地政府的认可,引发了强烈兴趣,同时还协同拟订了《养禽业:助"爸爸"飞》延伸推广计划,充分利用央视《品牌责任》背书影响力。

从对专家群体的影响力来看,华南理工大学案例研究中心、广东财经大学工商管理学院等高校的学者纷纷前来调研温氏股份的"社会责任"情况,并计划撰写高校的相关教学案例,申报"全国百篇优秀管理案例",争取入选哈佛商学院案例库。

相关媒体、政府、专家对温氏模式的认可,还可以增强温氏股份项目的公信力和吸引力,对业务开拓和市场拓展起到了积极作用。

三、温氏生鲜渠道全面助力乡村振兴

从温志芬董事长决定启动温氏股份品牌战略开始,渠道业务就成了温氏股份必须要发展的业务。因为没有与消费者的贴身短打,没有渠道的变现,品牌价值即使再高也无法落地。在温志芬董事长的商业零售板块的布局中,从 2015 年开始,以"温氏生鲜"的零售业态为起点,温氏股份的第一家生鲜门店在深圳德隆广场开业;2019 年底,"温氏生鲜"正式更名为"温鲜生",开启生鲜品牌培育元年;以温氏股份做背书,"一二三产业品牌+渠道融合发展——温鲜生全面助力乡村振兴"项目于 2020 年正式立项运营。这个定位为"现代农业品牌+渠道协同发展"的创业项目,主要包括供应链体系的搭建和运营、社区生鲜门店开设和运营、品牌培育发展与规划、前后端信息系统搭建和运行、B 端大客户销售和服务等五大方面。

温鲜生连锁品牌是温氏股份独家授权品牌,由广东壹先生食品有限公司负责运营,以"每一餐都美味新鲜"为品牌使命,基于温氏股份先进的养殖(种植)技术、严格的质量把控以及完善的供应链体系,"用心守护从农场到餐桌的每一步",致力于为城市每个社区家庭提供"安全、新鲜、优质"的食材和服务,覆盖消费者餐桌上的八大品类上千个单品以及提供健康管理、营养菜谱、方便菜、配送和个性化体验等服务,努力做一个有温度的社区生鲜连锁品牌。

温鲜生将自己定位为社区 OAO(online and offline,即线上线下结合)生鲜连锁品牌,是社区居民的亲密邻居,帮助社区居民解决"最后一公里"的生鲜食品购买问题。温鲜生的产品覆盖八大品类上千个单品,为社区居民提供安全、新鲜、美味、丰富多样的一日三餐食材;凭借温氏股份及产源直供的供应链优势,建立"养殖/种植—屠宰/加工/分拣—中央仓储—物流配送—连锁门店"的新型一体化食品连锁经营模式;同时也为社区居民提供会员活动等人性化服务。除了会员福利活动外,还设置不同类型体验互动活动(如"爸爸回家真好"厨艺大赛、"我眼中的爸爸妈妈"绘画活动、与社区居民一起走进乡村看望留守儿童、产源基地文化旅游等),努力成为社区居民日常生活中必不可少的亲密邻居。同时,温鲜生结合线下零售门店和线上商城、社区团购等形式的电商运营,整合成完整的新零售 OAO 模式。

除了发展渠道品牌,温鲜生还与国家地理标志农产品合作进行农产品品牌的打造,其中包括定位、策划、设计、推广等一系列运作，目前已与云南云县的云茶、云鸡、云酒，孟连咖啡，新兴排米粉，新会陈皮，阳江海陵岛珍珠马蹄，延安洛川苹果，若羌红枣，阿克苏苹果，库尔勒雪梨，罗浮山大米等优质农产品进行合作。在现代信息系统搭建方面，温鲜生打通前端门店收银和后端数据分析系统，搭建全链路一体化的S2B2C（supplier to business to customer，即一种集合供应商赋能于渠道商并共同服务于客户的电子商务模式）的信息系统平台，形成数据信息流闭环，对整体数据进行统计、分析。在B端大客户销售和服务方面，温鲜生利用自身供应链优势，为钱大妈、长隆、农产国际、新兴黄冈中学、温氏总部、新河铝材、翔顺集团等大型企业、学校以及社会社区生鲜门店供应商提供B端产品和服务。

为了更好地帮助农民摆脱困境、发展农村产业，温鲜生继续开展"让爸爸回家"大型公益活动项目，提出"家在哪里，事业就在哪里"的口号，通过"公司＋农户""项目＋合作社"以及"平台＋产业"的方式帮助有志于投身广阔农村创业及就业的人员实现产业落地和事业扎根，并在"温鲜生"的线上和线下渠道中设立"乡村振兴品牌生活馆"，对地方的优质农产品以及"爸爸"回家创业生产的合格农产品进行全方位的品牌包装，通过社区生鲜门店销售、小程序团购、B端大客户销售的方式进行市场销售，保证了这些回家的"爸爸"有稳定的收入，助力实现致富目标，解决了农村留守儿童和空巢老人等社会问题。

目前温鲜生社区生鲜门店遍布粤港澳大湾区，为全国各地的农产品及品牌提供体验和销售的平台，其中不乏国家地理标志优质农产品，通过品牌包装、社区团购、直播带货、食材定制直采直供的方式帮助品牌打开市场，实现农民的快速增收、共同致富。

2020年5月，温鲜生被广州市农村电子商务行业协会授予"粤港澳大湾区电商菜篮子工程承担单位"称号；10月，在广东股权交易中心挂牌成功；11月，荣获"时代营销盛典"2020年度"优秀社会化营销奖"；12月，名列"2020年度广东连锁品牌投资价值100强"；2021年1月，荣获羊城晚报报业集团颁发的2020"绣花精神"新时代榜样"年度发展创新"奖。

温氏股份在品牌运营及渠道探索上仍在不遗余力地实践，未来还会有更多的多样化品牌渠道逐步建成，以适应不断变化的供应链要求以及市场消费者需求，力求将更多优质的农产品用更快速、更低成本、更安全的方式送达消费者的餐桌，践行"食唯安鲜"的品牌使命。

四、结语

温氏股份在温志芬董事长的带领下，通过产业化、品牌化、体系化的深度运作，快速实现了从一个专注于畜牧业发展的农业龙头企业，转型为一家以畜禽养殖为主业、配套相关业务的跨地区现代农牧企业集团。集团秉承"千亿企业，百年温氏"的企业愿景以及"精诚合作，齐创美满生活"的企业文化核心理念，以品牌承诺为引擎，实施乡村产业提质行动，拉动农产品产业链发展和各个环节的价值提升，提高农产品的附加值和市场溢价能力，实现"一二三产业品牌＋渠道融合发展"，以产业帮扶助力乡村振兴的宏伟目标，并朝着实现其"千亿百年"的远大愿景迈进。

唯精唯一：
龙华薄膜的技术创新之路

◎张霜 李海红 张华 胡树林

一、龙华薄膜的洞察与坚守

随着京东方、华星光电等一大批中国企业的崛起，新型显示产业迎来良好的发展机遇。作为 LCD 液晶显示屏和 OLED 显示屏三大关键原材料之一的偏光片，也随着国内市场的崛起而迎来需求增长，对偏光片上游关键配套膜材的需求随之高速增长。然而，由于目前我国偏光片的配套材料基本被日韩企业垄断，严重影响了国内显示产业的安全，因此解决偏光片关键配套材料的自给问题成为促进国内光电产业发展的当务之急。

四川龙华光电薄膜股份有限公司（简称龙华薄膜）的总经理刁锐敏先生（见图 18-1）凭借敏锐的洞察，早已发现这一机遇。2015 年，龙华薄膜在"新三板"挂牌，定位于偏光片膜材，决心朝着显示行业光学薄膜转型升级。龙华薄膜目前建成了全球第一条 2.5m 超大宽幅

㊀ （1）本案例受"卓越案例基金"资助（基金编号：41000001）。该基金由 MBA 校友企业——四川龙华光电薄膜股份有限公司设立，旨在支持西南科技大学经济管理学院原创案例的建设，特别感谢龙华薄膜总经理刁锐敏先生的大力支持。
（2）本案例由西南科技大学经济管理学院张霜、李海红、张华、胡树林共同撰写。四川龙华光电薄膜股份有限公司总经理刁锐敏、副总经理罗灵、董事会秘书唐涵杨、营销部经理何婷婷、审计部负责人王晓丹、人事部刘春兰等给予了支持与协助。
（3）由于企业的保密要求，本案例中对有关名称、数据等做了必要的掩饰性处理。
㊁ 作者简介：张霜，1966 年生，女，西南科技大学 MBA 教育中心执行主任，教授；李海红，1987 年生，女，西南科技大学经济管理学院教师；张华，1970 年生，男，西南科技大学经济管理学院院长，教授；胡树林，1969 年生，男，西南科技大学经济管理学院副院长，教授。
㊂ 刁锐敏，男，1959 年生，广东籍，本科学历。1992 年 11 月至 2004 年 8 月，历任绵阳龙华化工有限公司副总经理、董事、总经理；2004 年 9 月至今，任龙华薄膜公司董事、总经理。刁锐敏先生在高分子材料领域从业多年，对功能性薄膜和树脂粒子特性具有丰厚的研究经验，作为发明人取得了"防紫外防眩光防指纹增硬涂液组合物、涂层及其制备方法""反光薄膜"等多项发明专利，并有多项专利正在申请中。

PMMA[○]同步双向拉伸偏光片基膜生产线，达产后将打破国外厂商的垄断，实现进口替代。

作为一家小小的民营企业，龙华薄膜为何始终对一张"薄膜"情有独钟，又有怎样不平凡的举动？曾有人问刁总，为什么能坚持30年？为什么不去房地产等行业赚快钱？1992年刁总与人合伙创建龙华化工（龙华薄膜前身）时也曾有人劝他，用100万美元在四川投资，可以买地产、可以买房子、可以买固定资产，但是千万不要买设备。但他义无反顾，即便是在2017年因添置超前沿的设备遭到董事会的质疑，也从未后悔过。

图 18-1　龙华薄膜总经理刁锐敏

刁总朴实地说，这么些年能坚持下来主要有两方面原因。一是作为客家人，他拥有专注的思想，专注于自己感兴趣或者自己愿意奉献（献身）的事业。他不追求眼前的结果，追求的是人生成长过程的突破点的享受，每次实现了"填补空白，替代进口"便倍感兴奋。二是中国改革开放40余年，自己从20世纪90年代创业至如今担任总经理30年，看到了太多企业的起起伏伏，很多企业在赚到第一桶金后，被胜利冲昏了头脑，忘了本，没有及时从第一桶金出发去总结，不能坚守"初心"，导致最后的失败。企业的发展不能离开本业，不能见异思迁，不能违背企业成长的客观规律。

从龙华薄膜前身龙华化工1992年创建之初到龙华薄膜发展至今的30年间，已实现了多项"填补中国空白，替代进口"的创举。龙华薄膜一直围绕"膜材"发展，用技术创新的执着扩展了业务范围：从传统薄膜业务逐步拓展至复合板材料业务、光学膜业务等，主要产品也不断实现迭代升级，从印刷、绝缘薄膜^四，超薄导光膜^五，复合板膜材^六，到偏光片用光学膜材^七（见图 18-2），市场空间不断扩大。

经过30年的蓄力发展，龙华薄膜聚集了多方实力。

第一，核心团队拥有丰富的功能薄膜制程开发经验，在工艺控制、设备开发、人员配备方面领先，掌握薄膜挤出、拉伸、涂布、膜层复合全流程核心技术。

第二，具备与上游基础材料厂商研发总部直接对话的能力。上游的三菱瓦斯、帝人、钟渊、可乐丽等向龙华薄膜开放其研发成果并实现联合开发。

○ 聚甲基丙烯酸甲酯（简称PMMA），是一种高分子聚合物，又被称作亚克力或有机玻璃，具有透明度高、价格低、易于加工等优点，是经常使用的玻璃替代材料。
○ 即绵阳龙华化工有限公司，主要从事磨砂印刷类材料的生产、销售业务。
○ 2017年，龙华薄膜净利润97 930.46元人民币，同比下降99.30%。净利润下降主要是因为新项目筹建、新产品研发等产生的期间费用增加。
四 印刷、绝缘薄膜产品广泛应用于各种电子电器、汽车内饰、车载电子产品及道路交通等领域。
五 超薄导光膜产品广泛应用于手机、平板电脑、电子阅读器及发光键盘等产品。
六 在5G通信领域，龙华薄膜是国内最大的PC/PMMA复合板材料供应商，产品在智能手机前后盖板、笔记本电脑前盖板中得到应用。
七 在光学显示领域，龙华薄膜的光学补偿膜采用自主研发的"同步光学斜向拉伸工艺技术与光学补偿膜直接贴合工艺技术"，实现了光学补偿薄膜制造工艺技术的巨大提升，该技术处于国内领先水平。

| 印刷、绝缘系列 | 超薄导光膜系列 | 复合板膜材系列 | 偏光片用光学膜系列 |

图 18-2　龙华薄膜产品展示

第三，材料应用开发能力突出，快速匹配客户需求。龙华薄膜一方面熟悉各种材料性能和商业化应用；另一方面对下游终端需求，能够快速找到或开发合适的基础材料，实现供给与需求的最优匹配。

第四，为优质的终端客户资源提供材料解决方案。随着我国终端厂商的崛起，本地化生产趋势明显，材料需求巨大。龙华薄膜与下游核心客户及终端品牌厂商 OPPO、华为、苹果、三星、奇美、京东方等建立了稳固的合作关系，实现本地化生产。

龙华薄膜专注于细分市场和超强的技术创新能力，虽然远不及国际巨头的规模，但在一些细分市场上从胜利走向新的胜利，可谓是一些领域的"隐形冠军"，这得益于龙华薄膜始终不忘初心，始终坚守"一"。

龙华薄膜的"一"就是一张膜，围绕着这张膜，龙华薄膜从小小的民营企业逐渐发展成行业里的领军者。龙华薄膜的成功也离不开对人才的重视。龙华薄膜始终相信人才的引领作用，尤其是高学历人才对企业的支撑作用。

特别值得一提的是，截至 2020 年底，龙华薄膜拥有硕士及以上学历的员工共 28 人，其中，西南科技大学 MBA 校友 4 人（占比约为 14.3%）。这 4 位西南科技大学 MBA 校友分别为现任龙华薄膜副总经理罗灵⊖（见图 18-3）、龙华薄膜董事会秘书唐涵杨⊜（见图 18-4）、龙华薄膜营销部经理何婷婷⊝（见图 18-5）、龙华薄膜审计部负责人王晓丹㊃（见图 18-6）。

⊖ 罗灵，男，1982 年生人，西南科技大学 2010 级 MBA 校友。2006 年 2 月至 2010 年 5 月，任龙华薄膜质量部主管；2007 年 9 月至 2010 年 6 月，任龙华薄膜物流部主管；2010 年 6 月至 2015 年 2 月，任龙华薄膜制造部副经理兼任质量科主管；2014 年 9 月至 2019 年 9 月，兼任龙华薄膜监事会主席、企业管理部经理、深加工部经理；2019 年 9 月至今，任龙华薄膜副总经理兼企业管理部经理、深加工部经理、管理者代表、安全环保管理委员会副主任、5S 管理委员会主任。另外，2019 年 12 月至今，任盛龙华汇执行事务合伙人。罗灵现被聘为西南科技大学 MBA 校外合作导师。

⊜ 唐涵杨，女，1984 年生人，西南科技大学 2017 级 MBA 校友。2007 年 1 月至 2007 年 12 月，任龙华薄膜销售部统计员；2007 年 12 月至 2011 年 3 月，任龙华薄膜人力资源部薪酬培训专员、企业文化专员；2011 年 3 月至 2014 年 9 月，任龙华薄膜董事长助理、利润管控中心主管助理；2014 年 9 月至今，任龙华薄膜董事会秘书。另外，2019 年 12 月至今，任聚龙华智执行事务合伙人。

⊝ 何婷婷，女，1982 年生人，西南科技大学 2015 级 MBA 校友。2005 年 7 月至 2006 年 1 月，任龙华薄膜原料开发中心职员；2006 年 2 月至 2007 年 5 月，任龙华薄膜销售部大中华区业务主办；2007 年 6 月至 2007 年 12 月，任龙华薄膜市场部业务主办；2008 年 1 月至 2010 年 10 月，任龙华薄膜销售部大中华区业务主管；2010 年 11 月至 2014 年，任龙华薄膜营销部主管；2014 年至今，任龙华薄膜营销部经理。

㊃ 王晓丹，女，1984 年生人，西南科技大学 2018 级 MBA 校友。2007 年 10 月进入龙华薄膜工作，先后任职于公司质量部、生产计划部、利润中心；2014 年 5 月至 2020 年 6 月，兼任龙华薄膜党支部书记；2020 年 6 月 15 日至今，调任审计部工作，曾被选为绵阳市涪城区新皂镇第六次党代会代表、绵阳市涪城区第六次党代会代表、绵阳市第七次党代会代表。

图 18-3　2010 级 MBA 校友罗灵

图 18-4　2017 级 MBA 校友唐涵杨

图 18-5　2015 级 MBA 校友何婷婷

图 18-6　2018 级 MBA 校友王晓丹

这些 MBA 校友身为龙华薄膜中高层管理干部，在各自的岗位上，为龙华薄膜的发展贡献着自己的一份力量。从这些 MBA 校友的工作经历中，不难看出 MBA 教育为龙华薄膜培养了优秀的人才，实实在在地助推了龙华薄膜的发展。

二、1992年：涉足"传统膜材"

改革开放初期，国民经济开始复苏，为企业带来了机遇和挑战。龙华薄膜在四川省投资公路反光标牌项目而国内没有电路板薄膜供应商的背景下，得以创建，可谓肩负着历史的使命。

然而，随着市场的变化，经国际品牌的"收购"事件后，龙华薄膜更加专注于薄膜的研发、生产和销售，从参考美国 GE、德国拜耳、日本帝人的产品目录，到突破国际品牌和国内新进入者的夹击，再到征服日本供应链原材料供应商，进而主动探索无卤 PC[①] 薄膜的研发，龙华薄膜推动了整个电脑行业的无卤化发展，进一步至推出 PC 导光膜，实现发光键盘的构想。

在龙华薄膜从弱到强的初始发展过程中，它扎根传统膜材，不断实现创新和突破，为后续发展奠定了深厚的根基。

（一）创立之初

1991 年，时任广通[②]总经理的刁总，为生产电路板的原材料（即薄膜）断货而犯愁。随着科学技术的进步，竞争者逐渐察觉电路板带来的红利，于是纷纷涌入市场，逼得广通不得不重新思考自身的发展问题。

广通面临因国内无薄膜厂商而不得不受制于国外"三大巨头"（美国 GE、德国拜耳和日本帝人）的困境。而当广通遭遇原材料断货的危机时，也发现了膜材市场的机遇。

7 月，正值炎夏。下午 3 时许，办公室里，刁总又在和大哥刁锐鸣[③]商讨公司转型的事，自从上次被美国 GE 的代理商"断货"，"寻求新发展"已成为两位刁总心头的一个疙瘩，他们的心情比炎热的天气还要沉闷，老旧的风扇发出的响声，似乎比市场上的唇枪舌剑还要聒噪。这时，老友的一通电话为两位刁总指引了方向。原来，近期四川省在中山有公路反光标牌的项目，做反光标牌需要薄膜，做薄膜又需要基膜，基膜的市场相对来说比较大，而且重点是将在四川省投放的新项目规模也不小。

这对广通来说，无疑是一个好的出路，让广通有了新的航向、新的定位。

经过多方的调研、考证，1992 年 11 月，两位刁总参与合伙投资（合计投资 100 万美元），在四川绵阳设立新公司：绵阳龙华化工有限公司（简称龙华化工），主要从事磨砂面印刷类材料的生产和销售。

（二）方兴未艾

然而，由于缺乏一定的市场经验，技术研发跟不上市场的需求，1997 年龙华化工一度出现亏损。为及时解决问题，刁总带领研发团队重点攻克技术难关，经过团队的不懈努力，反光膜基膜终于达到国际水平。但遗憾的是国内的反光膜生产企业未能一同成长起来，当时国内反光膜市场被美国 3M 公司垄断。无奈之下，龙华化工只能期盼国内反光膜企业早日实现突破，但等待是被动的，下一步将何去何从？[④]

[①] 聚碳酸酯（简称 PC），是分子链中含有碳酸酯基的高分子聚合物。PC 是几乎无色的玻璃态的无定形聚合物，有很好的光学性，PC 材料具有阻燃性、抗氧化性，主要性能缺陷是耐水解稳定性不够高，对缺口敏感，耐有机化学品性、耐刮痕性较差，长期暴露于紫外线中会发黄。

[②] 即广东省广通电路板厂（简称广通），龙华化工成立前，刁锐敏任该公司总经理。公司主要从事各类印刷电路板（如小霸王游戏机键盘下的电路板）的制造和销售。

[③] 现任龙华薄膜董事长。

[④] 此后，龙华薄膜关注国内反光膜生产企业，例如为支持道明光学热压棱镜技术的突破，不断配套道明光学所需的彩色薄膜，直到 2017 年底道明光学突破技术，2019 年投资建设 PC/PMMA 光学级复合薄膜及板材生产线，步入电子功能材料领域。龙华薄膜见证了道明光学的发展历程，伴随其成长（参见百优案例《博观而约取，厚积而薄发——龙华"差异化"发展之路》）。

1998年，刁总计划重整龙华化工，实现产品设计后"卖"给美国GE。因为当时龙华化工的产品在市场上的表现令美国GE多次萌生收购的想法，龙华化工开出的条件是美国GE可以参股（25%左右的股份），而美国GE却想实行恶意收购，双方就收购谈了3年，最后因股份问题，加之薄膜行业确实利润可观，龙华化工没有妥协。

不久，德国拜耳也慕名前来与龙华化工讨论收购事宜。当时，龙华化工年利润1 600万元左右，初步商定以这个价格成交。但当德国拜耳的四个经理投票时，出现了小插曲，造成没有收购成功。

当时，除了欧洲区经理不同意外，亚洲区经理、美洲区经理和销售经理都投了赞成票（四人都赞成才可通过收购），原因在于欧洲区经理担心拜耳成功收购龙华化工后，龙华化工生产薄膜的量一旦起来，亚洲的市场会被龙华化工的薄膜全覆盖，导致欧洲的膜材很难出口到中国，欧洲经理的业绩就会严重下滑。

就这样，龙华化工与两大"巨鳄"失之交臂。龙华化工经历两次股权转让后，伟晖电子[⊖]占65%股权，并被许可使用"龙华"名称建立新的独资企业。2004年9月，伟晖电子设立独资企业龙华薄膜[⊜]，此后龙华薄膜专注于膜材，克服了一个又一个困难，逐步建立起完善的销售体系。

龙华薄膜的产品未得到市场认可前，美国GE、德国拜耳和日本帝人三大品牌[⊝]占据中国市场，其中美国GE因产品品类齐全，占据了最大的市场份额。作为国内首家生产工业用PC薄膜的企业，龙华薄膜主要采取了三个措施。①产品：模仿国际品牌的产品、规格，降低客户切换成本；②定价：以低于美国GE至少15%的报价，鼓励客户尝试；③营销：聘用美国GE、德国拜耳的原代理商或销售经理，迅速渗透渠道。

这些有效的举措为龙华薄膜快速抢占国内市场打开了通道，2004年其实现销售额的成倍增长。

随着产品质量日趋稳定及响应越发快速，龙华薄膜树立起了良好的品牌形象，同时，国内竞争者正悄无声息地发展起来。虽说这并不影响龙华薄膜拳头产品的市场份额，但其仍将面临雨后春笋般的"后来者"的入侵。

如何打败对手并扩大市场份额，是龙华薄膜必须接受的挑战。

（三）见招拆招

果不其然，短短两年的时间，国内市场增加了十几条印刷级磨砂PC薄膜生产线。后来者主要依靠国产生产设备的低成本投入，快速切入市场。

相较于龙华薄膜产品种类多、研发水平高、制造能力强等方面的优势，后来者并没能居上。但是，随着终端厂商对低成本产品越发青睐，加之印刷用薄膜本身对品质要求不高，这两方面的原因造成需求链对低成本的诉求逐渐高于对品质的要求，从而提高了"后来者"杀价的话语权。

雪上加霜的是，面对"后来者"的低价，代理商希望龙华薄膜做出降价调整以维持现有利

⊖ 即伟晖电子塑胶厂（简称伟晖电子）。
⊜ 当时的公司名称为绵阳龙华薄膜有限公司（也简称龙华薄膜），2014年9月改制为股份有限公司，公司名称变更为四川龙华光电薄膜股份有限公司，2015年龙华薄膜正式在"新三板"挂牌。
⊝ 三大品牌均有完善的生产和销售体系。

润水平。但龙华薄膜以品质取胜，并认为打"价格战"不是长久之计。当代理商还在与龙华薄膜商讨之时，市场上竟然出现了假冒龙华薄膜的产品。销售部主管何婷婷（2015 级 MBA 校友）经多方调研，确认是两家代理商购买国内同行低价产品，以次充优，触碰龙华薄膜的底线。对此，龙华薄膜果断取消了这两家销售占比为 50% 的代理商的资格，如何快速有效地找人接替被拿掉的 50% 的市场，成为摆在龙华薄膜面前的紧要的问题。

此时，龙华薄膜既面临着产品价格低于国际进口品牌，但高于新进入者的困境，又面临代理商的"背叛"。但值得一提的是，与国内品牌相比，国际品牌制造商在成本、服务等方面不具有优势，市场份额从而逐步流向中国企业。

面对不容乐观的局势，龙华薄膜销售部根据市场分布积极调整营销策略，在众国内品牌中脱颖而出。⊖ 龙华薄膜依据产品特点及客户对技术服务的不同需求，采取不同的销售策略：原传统印刷级膜材，客户零散且单一客户用量较小，对其仍保留分销模式，采取该销售模式的优点是避免投入过多销售成本，缺点是龙华薄膜须让渡部分利润；新开发的光电类膜材（如硬化涂覆系列产品），客户集中且单一客户用量大，需对客户提供及时且全面的技术指导，则对其采取直销或与代理商联合直销的模式。通过销售模式的调整，龙华薄膜逐渐掌握了市场的主动权，同时形成了与大客户深度合作、配套开发新产品的新格局。

（四）崭露头角

随着膜材市场范围的扩大，龙华薄膜开始探索 PC 导光膜领域，但却遭遇了不小的麻烦。技术研发团队在摸索中需要充足的 PC 导光膜原材料进行试验，然而彼时国内的该类原材料根本无法满足生产要求，而国际品牌供应商又拒绝供应原材料。这可急坏了刁总和研发中心，无奈之下，只能先埋头进行原材料的技术创新。

然而，令人动容的是龙华薄膜成功用最便宜的注塑材料做出了薄膜，而且质量没的说！这一举动一时间震撼了整个行业，从而为龙华薄膜新供应链的诞生奠定了坚实的基础。原材料供应商们不由得对龙华薄膜刮目相看，并主动找上门。此举还吸引到了竞争对手日本帝人的合作。日本帝人一改往日"东家"的傲慢姿态，主动要与龙华薄膜"结为连理"，此后，日本帝人甘愿做原材料的供应商，把生产 PC 导光膜的业务交给龙华薄膜，实现互利共赢。

龙华薄膜以新材料、新应用、新市场为牵引，使市场稳定在一个较好的水平。龙华薄膜不断有新的产品推出，以"新膜材"的价值替代"旧膜材"的价值，保持着旺盛的生命力，因此，龙华薄膜不畏惧新进入者的杀价。

龙华薄膜的"旧膜材"包括二代身份证的金色长城防护膜。龙华薄膜做了 16 亿张后，果断转到"新膜材"阻燃 PC 薄膜领域。当时（2005 年）电视机的阻燃 PC 薄膜只有美国 GE 和龙华薄膜可以生产，龙华薄膜供应了三星、TCL 电视机约 75% 的阻燃 PC 膜材，供应国内其他电视机企业的就更多了。

不久，龙华薄膜重新布局生产线，推出符合欧盟 RoHS 指令⊖的无卤阻燃 PC 薄膜，继而开发无卤超薄阻燃 PC 薄膜，成为全球率先推出无卤超薄阻燃 PC 薄膜的企业之一，推动了 3C

⊖ 何婷婷时任销售部大中华区业务主管，她分析了龙华薄膜当前业务板块及相应用户需求的特点，加强与大客户的联系，进行深度合作，提出并积极推进营销策略的调整，由代理商模式转变为代理商＋直销的模式。

⊖ 即"在电子电气设备中限制使用某些有害物质指令"（简称 RoHS 指令），基本内容为从 2006 年 7 月 1 日起，在新投放市场的电子电气设备产品中，限制使用铅、汞、镉、六价铬、多溴联苯和多溴二苯醚等有害物质。

行业①无卤化发展。

2006 年，笔记本电脑飞速发展，但其原材料含大量卤素，存在污染环境的隐患。为此，龙华薄膜毅然开始研发用于笔记本电脑的无卤薄膜。龙华薄膜的举动"打动"了美国陶氏主动与龙华薄膜合作，赢得了苹果公司的信赖。2006 年下半年，龙华薄膜推动了整个电脑行业的无卤化发展，甚至还推动了 SGS②检测机构的发展。

随着合作的深入，龙华薄膜洞察了苹果希望笔记本电脑"更薄"、希望笔记本电脑的键盘可以像手机的发光键盘一样发光的设想。德国企业做的亚克力薄膜导光膜很厚，有违苹果初衷。经过研发团队的不懈努力，2009 年，龙华薄膜用 PC 薄膜做出超薄的导光膜，将苹果笔记本电脑拉入"薄"时代。毫不夸张地说，现在乃至未来若干年，只要看到有发光键盘的电脑，底下的那层薄膜一定出自龙华薄膜。

龙华薄膜的竞争力、知名度在各个领域逐渐显现，反过来推动龙华薄膜在技术创新以及管理人才培养方面的进一步深入，最为典型的便是 2010 级校友罗灵。③

三、2011 年：踏入"复合板膜材"

随着智能手机配件（如手机皮套、电池盖等）市场的迅速增长，产品由单一保护功能向操作功能化、外观时尚化发展，龙华薄膜看到了新的市场发展方向。为解决体量不足的问题，龙华薄膜立足创新，进一步专注于开发高附加值和拥有广阔市场的新膜材。

龙华薄膜先后开发了 2.5D、3D 手机背板和电脑背板复合材料并实现量产，是国内率先进入手机背板复合材料领域的企业，也是目前全球 PC＋PMMA 手机复合板材出货量最大的供应商。龙华薄膜研发的智能手机皮套、彩色手机后盖、车载电子触控屏前盖板等复合板材为龙华薄膜打开了新的市场空间，多次赢得客户好评。

（一）雪中送炭

龙华薄膜不但多次做到了史无前例，其高超的技术创新还为客户解决了"燃眉之急"。三星 S4 手机设计有个智能显示皮套（参见图 18-7），为满足显示窗的光学效果，当时三星几乎找遍了所有的供应商。龙华薄膜得知消息后，迅速组织专项研发团队，经过研究对比很快给出了解决方案：用三层膜贴合，表面层和底层用高硬度的亚克力薄膜，中间层用高柔软度的 PC 薄膜。样品出来后，刁总应邀到三星总部展示，同时受邀的还有日本的一家膜材公司。

2012 年的一天下午，刁总和日本膜材公司的营销经理一同来到三星会议室，接受三星技术总监的谈话以及样品检验。经过三星的专业测试和研讨，5 天后，龙华薄膜收到三星的邮件，三星决定采用龙华薄膜提供的方案和膜材。龙华薄膜再次用实力证明了自己的"名不虚传"。

不久后，市场上的手机智能显示皮套上透明框的薄膜材料几乎都来自龙华薄膜。随后华为推出的 Mate8、Mate9 显示屏后盖大部分也都是龙华薄膜供应的。

---

① 3C 行业是指电脑、通信和消费电子一体化的信息家电产业。
② SGS 是全球领先的从事产品质量控制和技术鉴定的跨国服务品牌。
③ 罗灵（由何婷婷引荐到龙华薄膜）2006 年底入职龙华薄膜，凭借大学期间任职学生会主席时锻炼的组织能力和协调能力，得到刁总的赏识，并被着重培养。

图 18-7　智能显示皮套示例

由此可见龙华薄膜近些年来发展的速度之快、发展客户的层次之高。但在此期间也出现过人才梯队匹配不上的问题，龙华薄膜通过积极推进各部门间的协调和配合，大大提高了组织的敏捷性，对市场的需求做出迅速的反应。

随着企业的快速发展，2013 年，龙华薄膜决定在"新三板"挂牌；2014 年 9 月，成立董事会，2017 级 MBA 校友唐涵杨任董事会秘书，主要负责股权融资；㊀2015 年，龙华薄膜正式挂牌"新三板"，标志着其迈入新的阶段。

（二）锦上添花

龙华薄膜挂牌"新三板"后将企业发展定位在偏光片基膜领域，于 2016 年投资建设"凤凰膜都"产业园一期，因为购买新设备，加之原材料涨价，2016—2017 年龙华薄膜资金流出现问题，进入较为艰难的时期，任职于利润中心的 2018 级 MBA 校友王晓丹从存货、成本等方面开展了多项工作，在成本控制方面发挥了重要的作用。㊁随着彩色手机后盖市场的发展及新产品初见规模，龙华薄膜逐渐走出艰难时期。

进入"后 4G"时代，各手机厂商察觉传统的金属后盖慢慢失去市场地位，而刁总似乎具有准确捕捉市场信息的"超能力"，龙华薄膜提前捕捉了这一市场，提前两年设计出彩色后盖用膜材。

2018 年新出炉的大多数手机有一大特点：拥有彩色的塑胶后盖，这一新趋势为龙华薄膜带来新的利润增长点。

PC 与 PMMA 复合板材要实现 3D 成型并完成膜层硬化，这在工程塑料领域几乎是不可能的命题。龙华薄膜的研发中心、UV 实验室、制造部、深加工部是龙华薄膜各个新产品得以顺利推出的强大保障，因此当时国内只有龙华薄膜能开展 3D 手机盖板项目。历经 6 个月、上千次的成型测试，2017 年 3 月，龙华薄膜终于完成了 3D 成型并与背板其他材料完美结合，再次将"不可能"变成"可能"。

这一创举在 OPPO 的手机工业设计事业部的王总拜访刁总之前完成，毫无疑问，龙华薄膜提前为 OPPO 的 R9S 手机解决了玻璃与陶瓷背板贴合成本高的问题。

㊀ 唐涵杨主要负责资本市场的股权融资，参与每一轮的资本融资，另外唐涵杨还负责新型设备投资的跟进，与外资企业和国内企业等不同类型的租赁公司打交道。
唐涵杨就读 MBA 期间表现优异，参加第六届全国管理案例精英赛校园突围赛获最佳风采奖，参加第六届全国管理案例精英赛西部区晋级赛获季军。

㊁ 王晓丹积极响应刁董提出的成本控制要求，从存货、成本等方面开展了一系列成本控制的措施，有效帮助龙华薄膜实现了成本控制。此外王晓丹兼任党支部书记，在她担任党支部书记期间申请入党的年轻人最多，在跟年轻人交流、沟通方面得到了刁总的高度肯定。
王晓丹就读 MBA 期间表现优异，参加第七届全国管理案例精英赛校园突围赛，第七届全国管理案例精英赛西部区晋级赛获亚军，第七届全国管理案例精英赛总决赛获全国季军。

2017年下半年，联想的彩色手机后盖机种率先在欧洲市场试销成功，无疑掀起了彩色手机后盖的浪潮。借此时机，OPPO 于 2017 年第四季度积极推进彩色后盖机种，迅速将产品推向市场并大卖。似乎就在一瞬间，整个手机市场活跃起来，龙华薄膜的技术人员围绕实现"新膜材"与不同品牌手机的配套及"新膜材"的升级，开始了新一轮有计划的忙碌。彩色手机后盖膜材的一个特点是把最硬的材料和最柔软的材料贴合在一起，因而龙华薄膜不仅做材料，还开发各种功能服务以满足材料的需求。

手机的这种创新式发展，为 5G 提供了强大的供应基础，龙华薄膜看准了电子行业需求与塑胶行业发展的结合，因而坚守这一领域，不断创新并发展。龙华薄膜最初投资彩色手机后盖膜材的生产线是为了填补我国的空白，而后来成为全世界领先企业，生产出来的薄膜的厚度只有 0.1～3 mm。

龙华薄膜原预计 2018 年彩色手机后盖用膜年销量为 3 万张，然而，完全超出预料的是，单单该年度 3 月份一个月该膜材的销量就超过了 3 万张。㊀ 2018 年春天，龙华薄膜同多家企业（如 OPPO、华为等）签订了产能保证协议，龙华薄膜承诺按期交付特定数量的膜材，违约则缴纳 100 万元人民币/天的违约罚款。好在龙华薄膜技术创新能力过硬，且部分设备是自己设计的，很快实现了设备和产能的改造和提升，产能从原先的 350 千克/时，提升至 500 千克/时，乃至最终提升至 700 余千克/时。㊁ 这是龙华薄膜生产、销售、研发等部门全员联动、协调配合的成果。㊂

在保持行业领先地位的同时，龙华薄膜持续投入研发 3.5D 手机背板复合材料、无卤阻燃透明背板材料、背板用液晶幻彩膜等新产品。通过多年 PC＋PMMA 复合材料生产的经验积累，龙华薄膜快速调整型号规格，匹配不同背板厂商的品质要求，实现对日本帝人、日本住友等厂商的进口替代。㊃

显然，龙华薄膜近几年投产的各类新生产线对现有业务形成了良好的补充和延伸，顺应了消费电子上游产业链整合的趋势，推动了 PC＋PMMA 复合板材在消费电子盖板领域的大规模应用。由此，龙华薄膜取得了良好的业绩，2018 年，龙华薄膜营业收入 50 456.63 万元，同比

㊀ 当时发展 5G 成为趋势，龙华薄膜是国内率先有复合板生产线的企业。2018 年 4 月 1 日，OPPO 采购总监带队到龙华薄膜考察，董事长习锐鸣亲自接待；4 月 25 日，OPPO 正式向龙华薄膜下订单；4 月 26 日，龙华薄膜与 OPPO 签订供保协议，约定 5 月 25 日龙华薄膜开始供货。随后，2010 级 MBA 校友罗灵全面接管该业务板块，与终端进行沟通和交流。罗灵深感压力之大，一是由于产品从出产到运输再到使用发现问题可能需要一周时间，一旦出问题，一周的产品价值至少两三千万；二是面对的终端企业（如 OPPO、华为、三星、小米）的企业文化与龙华薄膜不同；三是罗灵同时在管理生产，一旦生产线出了异常，哪怕是凌晨 1 点到早上 7 点（龙华薄膜规定管理干部不准关机），工人随时给罗灵打电话。多方的压力使罗灵时刻保持警觉，虽然压力巨大，但也扛了过来，使龙华薄膜从 2017 年的亏损 500 多万元到 2018 年的净利润超过 6 500 万元（5 月当月获得 1 300 万的净利润）。现在罗灵带领技术推广团队直接对接 OPPO、VIVO、华为、小米等终端企业的高管，不论是北京的小米研发总部还是华为的研究院，罗灵都深度参与，双方建立了良好的合作关系。习总非常认可和欣赏罗灵的组织能力，将其培养为副总并高度评价罗灵在推动龙华薄膜复合板材业务发展过程中的工作，认为他有不可磨灭的功勋。

㊁ 龙华薄膜 1 条生产线的产能是日本 4～5 生产线产能的总和，在改造产能方面让日本同行惊叹。

㊂ 2018 年起，龙华薄膜的彩色手机后盖掀起了巨大的浪潮，吸引华为、小米、VIVO、OPPO 等知名企业和厂商成为龙华薄膜的顾客，需求很旺盛。但是由于需求过于旺盛，2018 年和 2019 年，彩色手机后盖的订单出现了有的厂商（没签产能保证协议）收了定金，但交不出货的情形。何婷婷作为营销部经理，经多方了解各厂商的具体情况和需求并向习总汇报，最后决定：一方面，想尽各种办法满足客户需求（如花高价从国外进口产品）；另一方面，根据市场分布做取舍。当时受影响最大的是华南市场。

㊃ 在手机触控屏前盖板方面，龙华薄膜已研发出样品，并给传音等手机厂商送样检验。在背板用液晶幻彩膜方面，龙华薄膜已完成产品研发并通过 VIVO 等终端厂商的验证，实现了产品的小批量出货。

增长约 82.78%，净利润 5 798.56 万元，同比增长约 591.29%。①

同时，随着 LCD 光学膜原材料越来越受到国家的重视，龙华薄膜除了保持复合板材的增长态势②外，还将目光投向偏光片基膜并提前进行布局。

四、2015年："进军"偏光片膜材""

全球光学膜材曾一度几乎由国际生产企业垄断，尤其是高端光学膜材领域。截至 2017 年，中国市场占全世界偏光片的市场份额不足 9%，其中中国台湾地区有三家企业，中国大陆有两家企业③，而日本和韩国所占的偏光片市场份额为 70%，且偏光片的原膜由日本和韩国完全垄断。对龙华薄膜来说，这是千载难逢的机遇。为此，龙华薄膜 2019 年和 2020 年投入了大量的研发费用。④

为不断发现新机遇，刁总在世界各地"视察"，为此，四川省政府专门批给他 APEC 商务旅行卡。⑤龙华薄膜从此开阔了视野，看到了新机遇。

刁总在"视察"中收获了很多实质性的支持。在人才方面，龙华薄膜招揽了一大批光学显示领域的人才，组建技术研发团队，并吸引留美学者的加盟。在原材料方面，日本原材料供应商不但为龙华薄膜提供日本薄膜厂商正使用的原材料，还开发了龙华薄膜专用的原材料。在斜拉式设备方面，龙华薄膜前期在原膜领域的研究和积累以及对斜拉设备的深刻理解，为龙华薄膜争取到了行业内绝对领先的设备——日本东芝机械的专利斜拉式光学设备。

这些支撑为龙华薄膜在显示光学领域的开疆辟土打下牢固的根基。

（一）招贤纳士

1. 技术良才

光学膜材的研发、生产依赖经验和技术的积累。在基膜拉伸方面，龙华薄膜已拥有十多年的量产实践，为光学基膜的拉伸工艺奠定了良好的基础。同时，龙华薄膜不断吸收引进境内外具有丰富制造与研发经验的团队，建立了在薄膜制造、高分子材料、光学膜设计与开发等方面拥有丰富经验的技术团队和高效的营销团队（如工程技术服务部⑥）。这是龙华薄膜技术创新的源泉，也是国内其他企业不易攻破的堡垒。

从 2013 年开始，刁总每年都去往我国台湾地区寻找前沿的技术并挖掘人才，台湾地区显示领域的光学科技人才对刁总和龙华薄膜逐渐了解、信服。在刁总的带领下，龙华薄膜不断开发新产品，尤其是近几年龙华薄膜在光学膜材方面的突破，使光学人才更愿意加入龙华薄膜，

---

① 2017 年营业收入 27 605.66 万元，净利润 9.79 万元。
② 2018～2020 年，龙华薄膜营业收入分别为 50 456.63 万元、50 932.68 万元、55 124.19 万元，复合增长率为 4.5%。
③ 这两家企业分别为深圳市盛波光电科技有限公司和深圳市三利谱光电科技股份有限公司。
④ 2019 年和 2020 年研发费用占比分别为 7.21% 和 9.29%。
⑤ APEC 商务旅行卡（APEC Business Travel Card）计划是亚太经合组织工商理事会（ABAC）于 1996 年向 APEC 领导人会议提出的一项重要建议，该计划旨在方便 APEC 范围内各经济体的商务人员往来。
⑥ 产品推广工作由博士、硕士等学历的员工组成的二十余人的工程技术服务部开展，该团队由罗灵带领，专门负责新产品的推荐和介绍、日常运作过程中问题的解决和服务。该团队经常到 OPPO、华为、VIVO 等客户的研发中心授课并推荐龙华薄膜的新产品。

跟随刁总。

目前，龙华薄膜拥有一支由我国台湾地区光学薄膜领域优秀高学历人才加盟组建的研发团队。该团队具有很强的社会影响力，吸引台湾地区代工行业的工程师、研发人员、教授等纷纷加入龙华薄膜，为龙华薄膜偏光片膜材的发展战略奠定了深厚的技术创新人才基础。

此外，龙华薄膜先进的设备和优质的基膜还吸引了在光学薄膜领域有一定造诣的留美华人高端人才的加盟。○

龙华薄膜拥有一支技术精湛的研发队伍，并与德国拜耳、日本帝人、美国陶氏、中国工程物理研究院（九院）、四川大学、西南科技大学等全球优质企业和科研院所建立了长期技术合作关系。○

2. 管理贤能

除了技术创新团队的战略布局外，龙华薄膜还十分注重对高素质管理人才的培养。龙华薄膜不但帮助员工进行自身能力的提升，还对高校的发展进行多方面的支持。

（1）员工提升。一方面，龙华薄膜全力赞助员工读书深造，承诺员工只要拿到毕业证，就全额报销学费，这么大力度的支持在民营企业中绝对是少有的。2010级MBA校友罗灵、2015级MBA校友何婷婷、2017级MBA校友唐涵杨、2018级MBA校友王晓丹可谓是最大的受益者。相应地，以上四位MBA校友通过学历的提升、知识的系统学习，提升了自身的业务水平，对龙华薄膜现阶及未来的发展发挥了重要的促进作用。另一方面，由于制造企业的特殊性，龙华薄膜员工的学历水平参差不齐，尤其是一线员工的学历水平普遍偏低，但他们仍然需要进步、渴望进步。对此，龙华薄膜积极寻求与西南科技大学经济管理学院进行合作，筹划开设EDP班。

（2）校企互动。2020年，新冠疫情使得学生线上上课成为常态，然而西南科技大学2019级MBA学生战略管理"差异化"的课堂上出现了不同寻常的一幕。

这堂课由西南科技大学经济管理学院张霜教授讲授，她采用自己开发的案例《博观而约取，厚积而薄发——龙华"差异化"发展之路》。○她提前一周将案例发给学生，并邀请龙华薄膜的刁总参与课程的讲授。

4月2日，晚7时，龙华薄膜总经理刁锐敏走进"空中课堂"。刁总通过阐述龙华薄膜自身发展的"人无我有、人有我优、人优我转"的战略方针，揭示了龙华薄膜的差异化战略之路。通过"空中课堂"及案例的学习，同学们更加全面地认识了龙华薄膜，深深感受到刁总的专注和执着（见图18-8）。

相应地，通过前期与西南科技大学张霜教授深度合作开发龙华薄膜3篇相关原创教学案例及本次"空中课堂"的亲身感受，刁总更加坚定了与西南科技大学合作促进管理人才培养的信心，并对案例开发做出实质性的支持。

○ 一方面由于中国光学显示市场的发展，另一方面由于龙华薄膜卓越的技术创新成果，许多留美华人被吸引前来，有的人已在光学领域从事多年基础研究工作，并获得多项专利。

○ 西南科技大学是龙华薄膜最大的人才摇篮，经过二十余年的人才聚集，龙华薄膜30%以上的中层技术人才来自西南科技大学。

○ 这篇案例被评为"第九届全国百篇优秀案例"。2018～2019年，西南科技大学经济管理学院张霜教授与龙华薄膜合作开发了3篇原创案例（其中2篇被评为"全国百篇优秀管理案例"），另外一篇《精一执中：龙华守得云开见月明》被评为"第十届全国百篇优秀案例"。

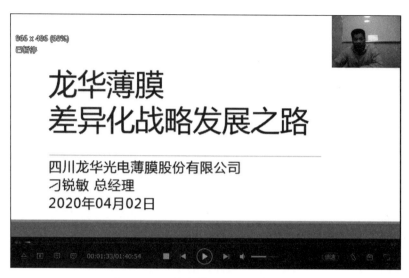

图 18-8　刁总走进 MBA "空中课堂"

2020 年 9 月 19 日，在西南科技大学 MBA 教育十周年总结大会上，MBA 校友企业龙华薄膜向西南科技大学经济管理学院捐赠 50 万元作为支持学院原创案例建设的"卓越案例基金"（见图 18-9）。

图 18-9　龙华薄膜支持"卓越案例基金"建设（左侧为刁总）

此外，刁总参加了 MBA 教育十周年暨高峰论坛之案例沙龙"以案为学，传承行践"的学术交流活动（见图 18-10）。刁总表示希望与西南科技大学建立长期稳健的合作关系，促进双方共同发展。㊀

㊀ 由西南科技大学承办的第八届全国管理案例精英赛（2021）西部二区晋级赛的顺利举办得到了龙华薄膜 10 万元资金的大力支持，并冠名"龙华"，2010 级 MBA 校友罗灵代表龙华薄膜作为特邀嘉宾为获奖院校颁奖。

图 18-10 "以案为学,传承行践"(左起第三为刁总)

(二)将遇良"材"

与日本供应链合作 20 年,龙华薄膜逐渐被了解和认识,从成功用最便宜的注塑材料做出薄膜创造业界神话,到日本帝人甘愿由原材料供应商变"合伙人";从令竞争者叹服到最后征服日本供应链。凭借过硬的研发实力,龙华薄膜与国内外主流材料供应商建立了长期稳定的合作关系,使龙华薄膜在材料领域能够掌握市场最新动态。

日本几乎所有高分子材料领域(PC、PMMA 材料)的研发部门的领导都到访过龙华薄膜,相应地,刁总也去过他们的研发中心、生产车间。最为典型的是日本三菱化学专门为刁总升中国国旗表示感谢。

刁总仍清晰地记得那年到三菱化学[一]研发中心参观学习的情形。

那天刚出机场,刁总便看到接机的吉田正一(当时的三菱化学技术主任),感觉他这次有点神神秘秘的。路上吉田正一同刁总聊了很多,聊起了与龙华薄膜的"缘分",聊到了三菱化学的技术创新,还聊到了古老的中国传统……不知不觉就到了工厂。

刚下车,刁总隐隐约约看到了飘扬的五星红旗,以为自己产生了幻觉,他走近一看,确实是五星红旗,格外鲜艳耀眼。

"三菱化学没有与中国合资的项目呀!"刁总心里嘀咕。

随即他看到液晶显示屏上赫然出现"欢迎刁锐敏先生,特升中国国旗致以敬礼!",十分醒目。刁总一怔,瞬间明白了,内心十分震撼、感动。

"刁,很感谢龙华薄膜把我们开发的新材料用在光学薄膜上,那材料就是为光学行业研发的,但遗憾的是,之前没有一家公司帮助我们实现这个愿望,龙华薄膜做到了,很感谢你,感谢中国企业。"吉田看着刁总不流畅地表达。

"龙华薄膜也一直在探索使客户更满意的产品,希望以后我们一起努力。"刁总满心欢喜

[一] 龙华薄膜的日本原材料供应商之一。

地说。

"刁，龙华薄膜让我心口都服，一起努力。"两人默契地笑了。

"果然是实力决定话语权！"刁总万分感慨，龙华薄膜从起初被"嫌弃"到现在被"致敬"，一路走来太不容易了！

"遇强则更强"使龙华薄膜在新的挑战中超越自我，也为龙华薄膜的后续发展奠定了必要的物质基础。

（三）可遇不可求

为打破国外偏光片基膜的垄断，保证"凤凰膜都"的顺利建设，龙华薄膜供应链需寻求高品质原材料和设备厂商。

在征服日本原材料供应商的基础上，龙华薄膜利用自身技术创新团队，对偏光片基膜材料进行研发。但光有原材料远远不够，因而龙华薄膜不惜巨资引进东芝的斜拉式设备。而东芝一贯的理念是"把设备卖给'懂它'的企业"，为此刁总和技术创新团队倾注无数心血，值得欣慰的是龙华薄膜最终征服了东芝设备厂商。

2017年8月的一个夜晚，在东京半岛酒店的宴会大厅里，端着红酒杯的中野先生（东芝研发主任）正和微醺的刁总碰杯，并向刁总竖起大拇指表示称赞。

"刁，龙华薄膜指导我们改造了实验线，了不起！"中野先生夸赞道。

"不瞒阁下，龙华薄膜为深入理解东芝的设备下足了苦功，我们的研发人员甚至可以三天三夜不睡觉，当然饭还是要吃的。"刁总诙谐地说。

"中国员工了不起！"中野先生再一次竖起大拇指。

"当然我们的基膜也相当不错！"刁总自豪地说。

"刁，我工作30多年，第一次看到龙华薄膜这样的企业。"中野先生说着，伸出右手。

"龙华薄膜一定会做得更好！"刁总说着，也伸出右手，两只手牢牢地握在一起。

这天下午，龙华薄膜在东芝设备的实验线上又创造了奇迹！

出乎东芝设计师意料，东芝实验员用龙华薄膜优质的基膜在实验线上竟达到30m/min的线速度，着实让人开了眼界。

这条2.0米宽幅的同步光学斜向拉伸生产线一经问世，便引起了整个日本业界的轰动，龙华薄膜凭借实力争取到了国内第一条生产线——最快速度达到40～60m/min的设备，真的太不容易了！

在该设备上，龙华薄膜把薄膜的光学结构拉到预设的角度即可贴合使用。不久后，日东电工的厂长受吸引前来加盟龙华薄膜，他的加盟使龙华薄膜如虎添翼，让龙华薄膜少走数十年的弯路，极大地加快了偏光片基膜布局的进程。

2018年，国内第一条同步光学斜向拉伸生产线安装完成，龙华薄膜用PC材料生产的偏光片位相差膜为国内首创，填补了国内产业链的空白。○

2020年，龙华薄膜偏光片位相差膜产品已通过客户认证并实现收入226.74万元，后续逐

○ 据《国家自然科学基金委员会关于发布"十三五"第三批重大项目指南及申请注意事项的通告》，我国显示产业只具备系统集成能力，因缺乏核心技术而存在严重的"空芯化"问题，决定显示质量的偏光膜和补偿膜等光学膜材料完全依赖进口。

步投放于国内市场。随着龙华薄膜偏光片基膜的批量生产，将逐步实现偏光片基膜的进口替代，这也将成为龙华薄膜的重要增长点之一。

截至 2021 年 5 月 31 日，龙华薄膜拥有的全球第一条 2.5 米超大宽幅同步拉伸 PMMA 偏光片基膜生产线已初步投产，偏光片 PVA 保护膜⊖已出货 1 258.53 万元，在手订单金额达 3 290.01 万元。该产品为超大尺寸显示面板提供偏光片基膜，替代被国外厂商垄断的 TAC 膜⊖。

近年来，国产液晶面板企业随着我国电子产品的国产化得以迅速发展，随之而来的是偏光片产业的大规模进口替代。最为典型的是京东方在四川投资显示面板，其中在成都投资 500 亿元，在绵阳投资 400 亿元。为配套京东方的 OLED 技术，龙华薄膜看准了显示行业偏光片的膜材市场，并将其作为龙华薄膜转型升级的立足点，龙华薄膜主要的利润增长点是偏光片的斜拉技术，这将是千亿美元的市场！

其实早在京东方投资前，刁总就洞察了市场和政策的变化，下决心朝着偏光片基膜领域转型升级，部署了人才储备计划，完成了对日本和我国台湾地区供应链原材料、设备及研发团队的考察。

龙华薄膜于 2015 年前瞻性布局偏光片基膜领域，投资新建"凤凰膜都"，并得到绵阳市委市政府的大力支持⊖。目前，偏光片基膜生产线初步投产，略见成效，产业化项目全部达产后，预计可实现年产高端光学膜 2.2 亿平方米，实现年营业收入超 50 亿元。

龙华薄膜历经风雨近三十载，在完成多项"填补空白，替代进口"后，终于实现重大突破和飞跃。

参考文献

[1] 张霜，李海红，蔡文彬，等. 博观而约取，厚积而薄发：龙华"差异化"发展之路［Z/OL］. （2018-08-13）［2022-10-01］. www.cmcc-dlut.cn/Cases/Excellent/44.（本案例入选 2018 年全国百篇优秀案例）

[2] 张霜，李海红，向海燕，等. 精一执中：龙华守得云开见月明［Z/OL］.（2019-09-06）［2022-10-01］. www.cmcc-dlut.cn/Cases/Excellent/39.（本案例入选 2019 年全国百篇优秀案例）

⊖ PVA 膜是偏光片实现偏光功能的核心材料，决定了偏光片的偏光性能、透过率、色调等关键光学指标。
⊖ TAC 膜是用于制造偏光片的光学薄膜。龙华是用 PMMA 来替代 TAC 的。PVA 保护膜材料最早均采用 TAC 材质，但近年来，PMMA 因具有优越的阻水性能和光学性能开始被大量导入。
⊖ 主要是政策、土地等方面的支持。

"郭牌西瓜"助力乡村振兴之路

◎李忠华　王新军　由守昌　张立涛

2021年4月18日,由山东省对口支援新疆工作指挥部、潍坊市农业农村局、潍坊市寒亭区人民政府主办的"第五届固堤西瓜文化节暨'固堤西瓜产业模式'走进新疆合作交流会"开幕。"郭牌西瓜"作为固堤西瓜的领头羊,一如既往地充当了交流会主角。寒亭主会场之外,新疆喀什地区和上海辉展水果批发市场两地分会场也气氛热烈,"固堤西瓜产业模式"助力新疆乡村振兴元素彰显,也预示着潍坊郭牌农业科技有限公司总投资20亿元、总面积达2.1万亩的新疆阿克苏地区和喀什地区"郭牌西瓜"基地正式分期建设启用。

利用一枚小小的西瓜,在不到十年的时间里就做成了农业大品牌,带动了数万农民增收致富;打造这枚西瓜的由守昌,也从一个普通的"打工仔",变成了远近闻名的"西瓜大王"。从2011年开始,"郭牌西瓜"总经理由守昌怀揣"为了国产水果的荣耀"的梦想,专注于西瓜种植,坚持"健康、环保、绿色"的生产理念,靠高质量、高品质赢得了市场,并陆续将西瓜种到了新疆哈密、内蒙古巴彦淖尔、海南陵水、辽宁沈阳等地,让西瓜成为能够四季供应的"超级瓜"。

截至2020年12月,"郭牌西瓜"在产种植面积达866.7公顷,是国内最大的精品西瓜产业综合体,2020年销售收入突破2亿元,合作的瓜农每户最低收入20万元。而"郭牌西瓜"通过产业带动、科技帮扶、定点包靠、无偿捐助等形式,扶持贫困户近2 300户,帮扶贫困人口9 200多人,受帮扶贫困户全部"摘帽",实现了"两不愁"目标。

在"郭牌西瓜"助力乡村振兴之路越走越宽广的同时,由守昌还获得了"全国农村青年致富带头人""齐鲁乡村之星""潍坊市劳动模范""潍坊市有突出贡献中青年专家"等荣誉称号,成为被人点赞的青年创业之星。

㊀ 基金项目资助:山东省研究生教育质量提升计划项目"'管理信息系统'教学案例库"(编号:SDYAL18070)。
㊁ 本案例由山东理工大学MBA教育中心主任李忠华、教学部主任王新军、案例中心主任张立涛以及MBA校友潍坊郭牌农业科技有限公司总经理由守昌共同撰写完成。

一、变更产销模式:"郭牌西瓜""加由"起飞

"郭牌西瓜"的创始人并不是由守昌,而是他的岳父郭洪泽。由守昌原本和西瓜没有多大关系,他就读于中国石油大学(华东),大四期间,他和女朋友小郭一起回潍坊寒亭。在路上,小郭告诉由守昌,她家的西瓜卖 8 元钱 1 斤,由守昌不信。等到了小郭家,由守昌一口西瓜咽下,当场就服了,赞不绝口:"入口即化,回味有一种吃冰糖的感觉。"这是由守昌第一次吃到这么好吃的西瓜。这么好的西瓜,为啥不能做大做强?农民出身的他,看到了靠西瓜发家致富的大好前景,燃起了他靠种西瓜带动农民致富的创业激情。

于是,由守昌日夜陪伴着郭洪泽穿梭在西瓜园里学习种瓜。因自知是一个门外汉,他非常谦虚努力,每一个环节均亲身实践,虚心向郭洪泽和乡亲们请教。不到三个月的时间,由守昌便摸透了郭牌西瓜的"品性",并和郭洪泽达成了共识:要想做大做强,必须抓好西瓜的品质,并将其定位为"礼品",打开销售市场。就这样,2010 年毕业工作还不足 1 年,由守昌就辞职回到寒亭,做起了种瓜、卖瓜的生意。

为了让自家的西瓜"走出去",2011 年,由守昌在沿用"郭牌西瓜"品牌的基础上,注册成立了潍坊光合庄园农产品科技有限公司,将原有的家庭农户式管理模式转变为正规化的公司运作,大力招聘人才、建立管理体系、完善管理制度,逐步使公司的运作正规化。他还贷款 100 万元用于改善园区的基础设施,为物理灭虫、施有机肥的西瓜申请了绿色标志,重新设计制作了产品包装,制作了巨幅路牌广告,建立自己的网站进行宣传。"郭牌西瓜"宣传图如图 19-1 所示。这一年,公司的西瓜销售额突破了 600 万元,实现了翻番,带动帮扶农户 20 余户、扶持贫困户 100 余人;同时厘清了管理流程,实现了规模化运作,并取得了"郭牌西瓜"农产品绿色认证。

图 19-1 "郭牌西瓜"的宣传图

2012 年 9 月,在当地政府的协调下,公司从寒亭区开元街道流转了 1 000 亩地,建设西瓜拱棚以扩大产量。产量的扩大并不意味着质量的下降,由守昌对质量的要求一刻也没有放松,他强调:"有的西瓜亩产上万斤,而我们的西瓜亩产才 3 000 多斤,但我们不眼热,为保证西瓜

最原始的口感,我们绝对不能使用'膨大剂'等激素类物质。只有严抓质量,才能打造具有竞争力的品牌。"公司不仅在整个种植过程中贯彻绿色理念,根据西瓜的不同生长期需要,选择加氧喷水、加氧施肥、分期控水、分期施肥,还做好对每个西瓜的"管理",做到"一瓜一编号",保证质量可溯源。每个西瓜在授粉期都会挂一个数字吊牌,在西瓜重一千克左右的时候把吊牌上的数字刻到西瓜上,比如图 19-2a 中这个西瓜的编号为"郭 8437","郭"就是"郭牌西瓜","8"表示种植户编号,"4"表示 4 号大棚,"37"表示 3 月 7 日授粉。这也决定了摘瓜日期,从授粉到采摘,严格控制在 50 天左右。图 19-2b 为改进后的打码方式。不仅如此,"郭牌西瓜"还严格坚持"一蔓一瓜、只卖头茬瓜"。

a) b)

图 19-2 "一瓜一编号"示意图

在经营模式上,由守昌也没少动脑子。他敏锐地察觉到公司当时的发展战略可能存在的风险——"自己种,成本太高,不好管理,风险全部由自己承担;收别人的瓜贴牌来卖,成本是低了,但品质没法保证,尤其是农药残留等很难控制。"为此,由守昌和杨猛、邢石磊两位副总经理多次讨论后决定,公司不再收散户的瓜,而采取"公司+农户"的方式,建立"五统一"管理模式(见图 19-3),将 800 多个棚分包给经过挑选的优秀种植户,公司给种植户提供统一的种苗、肥料、农资和技术指导,西瓜收获后,公司统一回收,承包人不需要进行任何投资,但必须接受公司的统一管理,保证"把瓜种好"。该模式也获得了农户的大力支持,农户积极参与瓜棚的承包,扩大了西瓜的种植规模。2013 年,"郭牌西瓜"销售额突破 1 000 万元。

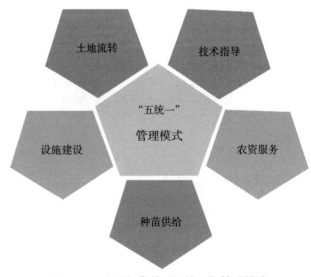

图 19-3 公司初期的"五统一"管理模式

二、从"产品"到"食品":"郭牌西瓜"的进阶之路

在公司销售额不断攀升时,由守昌却敏锐地预见了危机。"郭牌西瓜"作为"礼品",其销售范围仅仅局限于潍坊市内,除了区域受限,礼品市场本身也趋于饱和。"郭牌西瓜"是否应该突破礼品定位局限?又该如何走出潍坊?

2014年4月,由守昌带着对"郭牌西瓜"品质的自信,开始了市场开拓之旅。同年5月,赶在西瓜大批上市之前,"郭牌西瓜"叩开了浙江嘉兴市场的大门,通过在几大超市进行大量促销活动,当地消费者对"郭牌西瓜"的认可度大幅度提升。

但很快,喜悦变成了尴尬。当嘉兴人民渴望吃到好西瓜时,当年的西瓜季却要结束了,出现了"无瓜可卖"的局面。在和百果园董事长余惠勇接触时,由守昌更加深刻地认识到短板所在。虽然大家对"郭牌西瓜"的品质非常认可,但公司能够提供的数量太少,持续稳定供应能力太弱,以至于百果园等国内大牌水果经销商对"郭牌西瓜"根本不屑一顾。余惠勇尖锐地指出,"郭牌西瓜"只是一个好的"产品",而不是一个好的"商品"。

初战失利,只能来年再战,但也并非一无所获。在开拓市场的过程中,由守昌大大开阔了眼界,复盘了世界知名水果蔬菜生产销售商都乐集团的成功之路。在坚定信心的同时,由守昌也在苦苦思索公司的发展之路。摆在他面前的除了如何基于消费者、经销商的诉求进行产品定位的问题,还有产量如何提升、生产成本如何降低的问题。

也正是在这一年,由守昌带着诸多疑问,踏进了山东理工大学MBA教育中心的大门,开始了MBA学习生涯。此行是为解惑,更是为拓展。通过自己的努力学习,以及和老师、同学的交流,由守昌将实践与理论相印证,让"郭牌西瓜"的进阶之路逐渐清晰。

(一)目标客户进阶:重新定义各方群体

经过深度调研与思考,由守昌重新定义了客户群体及其面临的问题。

一号目标客户是生产种植者(瓜农)。西瓜品种五花八门,同一个品种的西瓜由不同瓜农种植,不仅质量起伏不定,而且瓜农还要承担着西瓜价格大幅波动的风险。因此,如何在保证西瓜质量的同时也保证瓜农的收益,是公司要解决的首要问题。

二号目标客户是经销商。选择良好的合作商,通过高品质的西瓜占据市场,提高销售份额,提升客户的消费体验,引导消费者的偏好,获得消费者的持续关注与忠诚度,是保证公司效益的根本,但是高品质西瓜价格过高,会影响销售效益,也是需要重点解决的问题。

三号目标客户是优质高端消费者群体。优质高端客户在购买西瓜的时候,不但会考虑西瓜的口感、大小、价格,还会关注是否有品牌背书,以及怎样选西瓜等问题,这些如果得不到保障就会影响其消费体验和偏好。

由守昌认为,要做品牌西瓜,就需要努力在生产者、消费者、销售者、经营者等多利益主体之间找到最佳平衡点,以解决以上问题。

为了突出公司的品牌效应,2015年初,由守昌将公司更名为"潍坊郭牌农业科技有限公司"(以下简称郭牌农业)。

（二）西瓜品质进阶：搭建科技支撑体系

品质保证离不开科技支撑。通过经验总结及科技研发，郭牌农业独创性地把西瓜种植划分为 270 个节点，实现了种植节点图谱化（见图 19-4），通过对关键节点进行重点管理来提升西瓜品质、降低种植成本。公司先后研究并推广了花粉储存技术、西瓜防裂技术、规模化立式种植技术、对卷帘温室大棚在西瓜生产中的应用技术、西瓜四季立式种植集成等 20 余项新技术，申请了 167 项国家专利。在寒亭区国家现代农业产业园"郭牌西瓜"智慧大棚内，"极度种植"的做法更是体现得淋漓尽致。定植、管理、采收等涉及栽培每一步过程的数据都贴在墙上，有理有据。仅管理一项就细化到水肥配比、棚内气体成分调节、整枝绑蔓等节点，每个节点该怎么做，也都写得十分详细。

深耕种植环节，首创270个节点管理法

按标准对每一个节点进行管理，对各个节点进行创新提升

图 19-4 "郭牌西瓜"种植节点控制图谱（节选）

郭牌农业创新了西瓜立式种植模式（见图 19-5），让瓜农跟着西瓜"站"起来。立式种植一亩地能种 2 000 株，是传统趴式种植的 3 倍，让密度"站"起来；立式种植受光照均匀，没有阴阳面等问题，提升了品质，让效益"站"起来；瓜农再也不用弯腰蹲着干活，让劳作"站"起来。让由守昌引以为豪的还有西瓜花粉储存技术，郭牌农业的西瓜种植是一藤一瓜，只对第二朵花进行授粉，花粉储存技术大大避免了阴雨天对西瓜产量和质量的不利影响。在西瓜种植过程中，郭牌农业共制定了 106 项种植规范标准，在这套标准下，优品率从 2011 年的 70% 提升到了 2015 年的 90% 左右。

郭牌农业还与日本公司合作，引进了国内首条"西瓜无损筛选检测分拣包装流水线"。该流水线能够实现对西瓜外观、规格、甜度、水分含量等指标的科学精确判断，以彻底解

图 19-5 "站"起来的"郭牌西瓜"

决西瓜质量参差不齐且难辨这一长期困扰西瓜产业发展的大问题,同时可以倒逼种植环节尽快实现标准化,提高西瓜的品质。

(三)营销体系进阶:织密全国销售网络

从 2015 年开始,郭牌农业开始致力于建设自己的全渠道营销体系,在北京、广州等地建设直营档口以及合作档口,开始与百果园、叶氏兄弟、家家悦等连锁水果店和大型连锁超市建立长期合作关系,同时积极开展线上业务,建立了企业微商城及自媒体平台等,与本来生活、每日优鲜、天天果园、京东生鲜等平台也建立了良好的合作关系。

2017 年 5 月,郭牌农业赞助并承办了首届潍坊固堤西瓜文化节。借助这一平台,公司先后与深圳佳沃鑫荣懋股份有限公司、广州合顺果业有限公司、海南鲁宏农业开发有限公司等国内规模性农产品销售企业建立合作关系,实现强强联合,进一步织密了"郭牌西瓜"遍布全国乃至全球的销售网络,也为潍坊市以西瓜为代表的优质农产品走向世界打开了大门。

(四)生产基地进阶:追着太阳,全国布局

以"追着太阳种瓜"为基地布局理念,公司在山东潍坊、内蒙古巴彦淖尔、海南陵水、辽宁沈阳、云南勐海等地布局建设大规模精品西瓜培育基地,保证精品西瓜每年供应 300 天以上。公司实现了全年不断供,成为国内最大的精品西瓜培育和种植基地之一。为保证西瓜的优良品质,让农民种瓜放心、挣钱稳定,公司采取"科研机构+公司+基地+市场营销体系"一条龙生产和经营模式。西瓜种到哪里,公司人员来到哪里,技术研究和技术培训就推广到哪里。近年来,公司先后培训技术人才、瓜农两万余人,并根据全国各地的不同地理和气候条件,"踏着沙土地,跟着太阳走",采取差异化的种植技术方案。

经过多年的探索,郭牌农业从创新研发入手,逐步提升高品质西瓜的产量,构建营销体系。2017 年,郭牌农业实现了消费者每年有 300 天以上能吃到高品质的"郭牌西瓜"的目标。

由守昌回忆道:"我们的西瓜从产品到商品,再到食品,东西还是那个东西,但内涵已有所不同。在不同的阶段,就有着不同的内涵,其体现出的价值也是不一样的。因此,要想运营好郭牌农业,就既要知其然,又要知其所以然。"正是在这一年,由守昌也完成了在山东理工大学 MBA 教育中心的学习,顺利毕业并取得了工商管理硕士学位。

三、破局后进阶时代:"郭牌西瓜"成为连心西瓜

在公司高速发展的过程中,两个问题一直萦绕在由守昌脑海中——一个是公司的管理规范如何严格执行,另一个是公司的发展规模如何实现突破。

保证产品质量是保持品牌优势的根基,稍有不慎,就会造成品牌名誉崩盘。尽管公司围绕西瓜种植制定了严苛的规范标准,但是标准的严格执行却一直是一个大难题。不仅合作农户时有违规,就是公司内部员工也经常打破种植规范,甚至有不少种植农户和员工抱怨过:"种个西瓜也那么多要求!"

公司的发展规模一直没有得到大突破也成为由守昌的心事。2017 年至 2019 年期间,郭牌

农业正处在由传统农业向现代化农业转变的关键时期。2017年，公司3 500亩的种植规模在全国西瓜种植企业中并不具有规模优势，当时仅山东省就有21家种植大户，全国有几百家种植大户；就品牌而言，仅在潍坊市内，西瓜品牌商标就有40余个，且这些企业的产品大同小异、竞争无序，西瓜市场同质化现象非常严重。为了生存，这些企业通过价格战的手段来提高自己的市场份额，导致西瓜市场上产品的价格持续下降，利润持续压缩，最终必然导致西瓜产品走向低端化。

保证质量与扩大规模，看似相互矛盾的两大任务摆在了由守昌面前，该如何破局？

和土地、农民打交道多了，由守昌对中国农业和农民的责任意识也愈发强烈。如何让农民经得起市场的折腾，这是由守昌一直思考的问题。2017年前，郭牌农业的运营模式是"公司+能人农户"的运营模式。农村能人是农村社区发展中重要的人力资源，他们凭借经济优势，在社区有较高的威信和组织能力，在郭牌农业的帮助下，能够形成以农村能人群体为头雁，以贫困户为雁群的内源扶贫发展机制。而要扩大经营规模，不能仅仅依靠少数能人，更需要发动贫困户参与其中。只有发动农村广大群体参与到郭牌农业的发展过程中，让他们能持续获益，企业才能经久不衰。因此，更好地实现企业利益、社会利益与农民利益的联结，提升农村贫困户的参与度，成了郭牌农业经营破局的关键点。

2019年，由守昌将自己的西瓜种植技术和经验带到了新疆新和县奥依巴格村，在当地政府的帮助下，建立起占地面积2 232亩的新型西瓜种植基地，他希望通过种植西瓜帮助当地农户致富。

刚到新疆，由守昌仍然打算沿用在潍坊实施得比较成功的"公司+能人农户"运营模式，但尴尬的是无人可用——当地没有人愿意种西瓜。这让由守昌的运营团队有些着急，他带领团队找当地的村委会商量对策。在村委会的帮助下，团队从一些有西瓜种植经验的农户开始，劝说他们参与进来，可是遭到了拒绝，理由是种瓜没前途，他们只想把土地承包给合作社，自己去打工，这样收入更稳定。

如何打开村民的心结，让当地的农户愿意种瓜，成为摆在由守昌和当地村委会负责人面前的难题。恰逢此时，当地的旅游节开幕，由守昌当机立断，决定抓住这个机会。他让当地农民首先品尝"郭牌西瓜"，体会其与传统西瓜不一样的品质，并向他们讲解为什么不一样、怎么做到不一样，让他们逐渐了解、认可，并最终喜欢"郭牌西瓜"。很快，越来越多的人开始找由守昌的团队咨询承包农业大棚种植西瓜的事宜。对每一个找上门来的农户，由守昌的第一句话都是："我们郭牌农业不是想让你为我们打工，而是想让你成为一个小老板。"随后，由守昌详细地向他们解释运营模式，并为他们初步估算了一年的收入。这一招还真管用，越来越多的当地农户由最初的不认可慢慢变得感兴趣了。

人的积极性调动起来了，由守昌在高兴之余又有了几分担心：这些农户能不能种好西瓜？如果种出的西瓜多为不合格品，不但会导致农户的收入不能保证，还会让许多人打退堂鼓，这可怎么办呢？思考再三，由守昌决定利用当地的西瓜种植淡季搞一次夏季培训。

"西瓜课堂"开课了，由守昌在每个大棚里都安排了一名专业技术人员为当地农民答疑解惑。可是语言障碍成了"拦路虎"，技术人员的潍坊方言很难被当地村民理解。经典的一幕是技术人员讲了半天后发现大家仍然懵懂地看着他，他无奈之下打开手机里的语言翻译软件，可是翻译的结果又让村民们哄堂大笑，技术人员却是满脸不解。

为了解决这一问题，在村委会的帮助下，由守昌找到了十几位在外打工多年且能够说普通话的年轻村民，动员他们加入郭牌农业，保证了"西瓜课堂"的顺利进行。当地的村委会负责人、农户当起了"西瓜课堂"的学员，一起学习西瓜种植技术，并在课堂学习之余积极交流经验和感想。农户们逐渐认可了郭牌农业对他们的定位，也吸引了更多人加入西瓜种植队伍。也正是在培训过程中，由守昌认识到，不能仅仅靠利益去吸引农户参与，而是要构建利益创造机制和保障机制，只有这样才能实现企业与农民的深度融合，让小小西瓜联结多方。于是，由守昌把新疆项目部命名为"连心西瓜"项目部。

四、独创"蝴蝶模式"：助力乡村振兴

接下来，由守昌的团队就开始思考如何调动贫困群众的积极性、主动性和创造性，以激发贫困地区和贫困群众脱贫致富的内在活力、内生能力和自我发展能力，解决现存的"扶强不扶弱，产业不扶贫"问题，同时助力郭牌农业经营规模的提升。

由守昌又想到了刚刚离开不久的母校，通过邀请山东理工大学多位专家教授去各基地实际参观考察、进行企业诊断、召开咨询论证会议，郭牌农业的经营理念、管理模式和发展路径逐渐清晰起来。

首先，郭牌农业明确了"农民能有长期收益，企业才能够经久不衰"的理念，把保障农民收益、降低农民种植风险放到首位；然后，充分发挥区位、资源、产业、品牌、科技等优势，突出西瓜特色主导，集聚农户、企业、村集体、经销商等主体的力量，通过利益创造机制、分配机制和保障机制，构建增收、发展、共赢的联结合作关系；最后，在整合资源的基础上，重点规划建设技术集成示范区、高标准种植提升区、利益联结探索区、科技仓储物流聚集区、生态农业休闲旅游观光区和现代农业服务体，形成"五区一体"六大功能板块，打造现代农业产业集群，促进区域和地方农业产业的提质增效，助力乡村振兴大业。

于是，依托"郭牌西瓜"的品牌效应，建立在多主体合作共赢、全方位协同运作、产供销一体化基础上的郭牌农业独创的"蝴蝶模式"应运而生，其集聚效应和带动价值也逐渐显现，如图19-6所示。

（一）丰富农户资产性收益渠道，保持收入同步增长

面向广大农户，郭牌农业探索建立了品牌共享联结、生产经营联结、产业工人联结和股权量化联结"四大联结"机制，有效拓宽了农民增收渠道，让农民共享发展红利；推行合作制、订单制，深化资源变资产、资金变股金、农民变股东的"三变改革"，充分调动农户的积极性和创造性。同时，通过"蝴蝶模式"，将企业、农户、村集体、经销商、研发中心、消费者这六大主体组成利益共享、信息交互的产业化联合体，促使企业更好地闯市场、提质量、创品牌。

（二）降低经营技术门槛，小"蝴蝶"大带动

郭牌农业所独创的以"企业＋农户＋合作社＋经销商＋研发中心＋消费者"为主体的"蝴蝶模式"，既保证了西瓜的优良品质，让农户种瓜放心，挣钱稳定，又让农户有了种瓜技术和

销量保障,让企业有了产品和质量保障,给经销商提供了更优的产品,给消费者带来更好的体验,促进了科研中心的持续科技创新,带动了村集体产业振兴。

小小"蝴蝶模式",扇动它的"翅膀",确保了"郭牌西瓜"基地建设一个成功一个、建成一个造福一方。

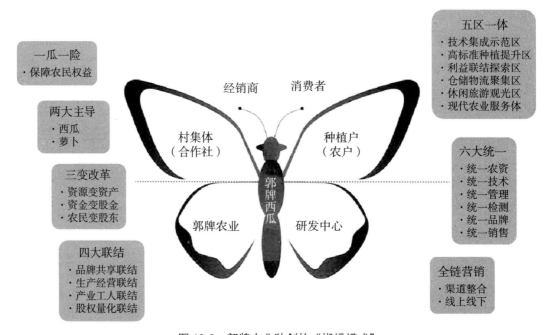

图 19-6　郭牌农业独创的"蝴蝶模式"

(三)"六大统一"保障产品质量,全链营销助力品牌提升

为保障产品质量,让智慧农业走进更多瓜棚,郭牌农业实施了贯穿西瓜种植全生命周期的"六大统一"管理模式,即统一农资、统一技术、统一管理、统一检测、统一品牌、统一销售,真正实现了西瓜种植的有机、绿色、标准化管理,保障了西瓜的优质优价,从根本上增强了品牌竞争力。

郭牌农业始终以客户为导向,为客户创造价值并建立良好客户关系,从而保障利润和客户权益。通过整合渠道营销、互联网+营销、新媒体营销等措施,郭牌农业创造了竞争优势,助力"郭牌西瓜"走向世界,并坚守企业的社会责任和道德示范作用,保障了公司的可持续发展。

(四)创新农保体系,引领全国西瓜产业发展

2020 年初,公司与平安集团合作,实施了"郭牌西瓜"溯源品控一体化管理平台项目,将郭牌农业 40 年的种植技术经验与智能科技、金融保险深度融合。该项目的实施,实现了"一瓜一码"保护西瓜品牌、"一瓜一险"保护种植者权益的目标,保证了西瓜的品质。同时,该项目的实施还有利于打造"郭牌西瓜"产业一体化的智能管控样板,发布"郭牌西瓜"标准,引领全国西瓜产业的发展。

郭牌农业打造的"蝴蝶模式"已经在新疆阿克苏地区新和县、内蒙古巴彦淖尔、辽宁沈

阳、海南陵水等地得到推广。同时，根据当地实际情况不断探索利益联结机制，比如农民土地量化入股企业、订单农业带动家庭适度规模经营、农民到基地工作领取工资等，使"蝴蝶模式"更加丰富完善。截至案例采编之日，郭牌农业已在全国带动了超过1万名农民在西瓜产业链条上增收致富。数据是最好的尺子，带动更多贫困农民致富的初衷，也在公司的不断发展中，一步步实现。

模式的创新和丰富，真正让郭牌农业称得上：小西瓜、大产业；小"蝴蝶"、大带动。

五、开辟第二曲线：寻找新的增长点

回首郭牌农业的发展历程，由守昌发现其非常符合欧洲管理思想大师查尔斯·汉迪（Charles Handy）提出的第二曲线理论（见图19-7）。

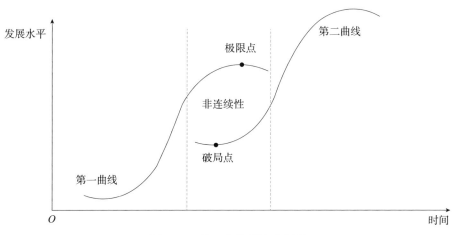

图 19-7　第二曲线理论示意图

汉迪提出的两个曲线理论，是组织和企业在预测未来时常用的参考工具。汉迪把从破局点（拐点）开始的增长曲线称为第二曲线。任何一条增长曲线都会到达抛物线的顶点——增长的极限，而持续增长的秘密则是在第一曲线消失之前开始一条新的增长曲线。第二曲线是相对于第一曲线来讲的，企业、产品、技术都有其生命周期，保障企业持续发展的方式有两种，一种是连续性增长，另一种就是开启第二曲线式增长。持续性增长只能延长生命期限，不能解决"终有末日"的问题，因为技术进步、消费者需求变化、竞争加剧等因素持续存在。因此，开启第二曲线就成为发展的必然。相对于第一曲线而言，新的产品、技术、行业、模式等的出现，形成支撑公司新发展的业务，就会形成第二曲线。第二曲线不是对第一曲线的改良，而是重新开启新的曲线。

形成新的曲线是个痛苦的过程。打造新的业务曲线，需要统一思想、整合资源，其实质是推翻原有体系的自我变革，是极其痛苦的革新过程。

第二曲线的开启需要企业重新梳理过去的经验，结合新机遇，找到新的增长点。

目前，由守昌的"第二曲线"已初步破局。按照规划，他将郭牌农业的发展方向定位为高端西甜瓜品种的研发和推广，打造"世界级"著名品牌，创建中国的"西甜瓜Dole（都乐）"，他要让世界爱上"郭牌西瓜"，让"郭牌西瓜"走向世界。

与此相适应，他瞄准了世界前沿，加大与国际尖端科研机构的技术合作力度，使公司在西甜瓜品种的研究和产业标准化发展方面时刻走在世界前列。同时，他不断探索和优化"蝴蝶模式"，努力扩大基地面积，带领更多农民增收致富，带动更大范围的乡村走向振兴之路。

郭牌农业计划于2021年继续拓展种植基地，力争5年内在全球布局基地20万亩，年产西甜瓜50万吨，产值突破40亿元，带动农户1万户，带动就业人员15万人以上，同时加强生态循环农业建设，探索再生资源利用和西瓜废弃物利用的有效途径，使公司的每一处基地都实现西瓜吃着甜、环境看着美、综合效益高的目标。郭牌农业团队将在西瓜产业链上做更多的研究和创新，不断深化智慧农业，使潍坊以外的基地也实现农业智慧化，将"郭牌西瓜"打造成西瓜界的"劳斯莱斯"，最终为乡村振兴贡献"郭牌西瓜"智慧。

参考文献

[1] 汉迪. 第二曲线：跨越"S型曲线"的第二次增长［M］. 苗青，译. 北京：机械工业出版社，2017.

[2] 张丙宣，华逸婕. 激励结构、内生能力与乡村振兴［J］. 浙江社会科学，2018（5）：56-63.

[3] 徐顽强，王文彬. 乡村振兴的主体自觉培育：一个尝试性分析框架［J］. 改革，2018（8）：73-79.

[4] 李从玉，潘旺旺，仇婷. 乡村振兴齐鲁样板的"阳信探索"：山东省阳信县依托特色优势产业振兴引领农业农村现代化［J］. 人民论坛，2020（33）：104-107.

[5] 沈扬扬. 以农业农村现代化建设中国特色社会主义乡村振兴道路［J］. 兰州大学学报（社会科学版），2021，49（3）：59-65.

口述创业史：
为何是王宁，为何是泡泡玛特

◎张一弛　王小龙

一、耳濡目染

严格意义上讲，世界上也许没有纯粹"白手起家"的创业。

当人们热衷于分析中外成功创业者，如何依靠父辈关系走出捷径，如何依靠奇遇获得特殊资源时，却往往忽视了创业者成长环境中因"耳濡目染"所形成的品格性情、思维习惯与行为方式。这些都经常被相当多的创业者在回忆成功之道时反复提及。

1987年生于河南新乡的王宁，父母及亲戚中大多数人乘着改革开放的春风选择自谋出路，做着各式各样的小生意。在王宁的记忆中，父母先后做过音像、钟表、渔具等生意，王宁童年的课余时间也大都在父母的店里度过。"每天看着形形色色的顾客，不知不觉间从小就对商业产生了兴趣。"王宁表示，"每次家族会议或亲朋相聚，大家谈论的也都是生意。所谓耳濡目染，我从小对商业信息比较敏感，认为以后长大了就应该做生意、就应该创业，对批发零售、资金往来、风险与机会多了一分熟悉。也许正是这样的成长环境，决定了我会走上创业这条路。"

二、大学创业，埋下"种子"

2005年，王宁进入郑州大学西亚斯国际学院，主修广告学专业。这所学院由郑州大学和

○ 本案例由北京大学光华管理学院教授张一弛、原北京大学管理案例研究中心研究员王小龙根据企业访谈整理编写。本案例版权归北京大学管理案例研究中心所有，案例仅用于课堂讨论，而非管理决策或活动是否有效的证明。未经北京大学管理案例研究中心授权许可，禁止以任何方式复制、保存、传播、使用本案例或者案例正文中的任何部分。案例编号：ENTREP-1-20201016-184。

○ 作者简介：张一弛，出生于1966年，男，北京大学光华管理学院组织战略系教授；王小龙，北京大学管理案例研究中心原研究员。

美国福特海斯州立大学合办,办学风格较为美式,鼓励学生自由创新。学院经常组织大量活动,这激发了王宁将这些"新鲜事"记录下来分享给家人和朋友的想法。于是王宁将校园中的生活点滴拍成MV并刻录成光盘,本打算过年回家和家人分享,却没想到这份光盘很快在班级甚至校园流行开来,班里几乎每个人都找他刻录了一份。

"这里面绝大多数都是我的照片和生活,居然也有这么多同学感兴趣。那如果我做一个全校学生的大学生活纪录片,然后用光盘的形式发行,是不是很多人会买?"思及此,王宁非常兴奋,直觉告诉他,这会是一个很好的商业项目。于是当新一届新生入校时,王宁成立了一个社团工作室——"Days Studio",意为记录生活的工作室。在家人的支持下,他购置了最低配的数码相机,靠数码相机的拍摄功能,开始了他第一次真正意义上的创业。

新生到校报到的情景、迎新晚会、各种社团活动……王宁足足花了半年时间拍摄素材,又自学剪辑,制作成纪录片后找公司批量刻制光盘,包装后开始出售。第一批1 000张光盘在半天的时间里就销售一空。一届学生中超过50%的人成了他的"客户",王宁和"Days Studio"团队也在学校迅速成为明星,校园里的"活跃分子"纷纷慕名加入,其中不乏后期跟随王宁创业至今超过10年的元老与骨干。

"虽然这不是一个大生意,但从前期创意、策划、拍摄,到后期的制作、宣传、销售,以及售后服务,团队经历了一个比较完整的商业流程,这为我们以后的创业项目打下了基础。"王宁表示,"后面我们每半年都会发布一部新的纪录片,但当时视频网站越来越成熟,我们的纪录片被同学传到视频网站上,就很少再有人来购买光盘了,所以这个生意模式很快走到了尽头。不过这也带给我很大的启示——有时候打败你的可能不是竞争对手,也不是你自己,而是这个时代,所以任何商业模式都要随着时代的发展而及时调整自己的方向。从小的家庭环境也让我明白'不要抱死一棵树'的生意经,我知道自己该尝试新的项目了。"

2007年的十一国庆节假期,王宁和好友去上海旅行。这个国际大都市带给少年无限新奇。王宁在傍晚的上海街头,看到很多人头戴发光的牛角小饰品去参加演唱会,他立刻对这个产品产生了兴趣。"我在河南可从来没有见过这个,这很新潮。"王宁没有理会同伴的不解,心中已经开始盘算着要让这个饰品在自己的家乡流行起来。

回到学校,王宁立刻开始联系制造这种饰品的工厂,并联系了自己在河南多个城市的同学,准备在元旦期间"全省同步"开展销售。货品齐备,元旦也即将来临,王宁通过"大学生摆地摊"的方式开始了与零售业的第一次亲密接触。短短几天时间,1万个发光牛角饰品销售一空,这给王宁带来了很大的震撼。

"拍视频需要我们投入很大的精力去制作产品,而做批发零售生意,一转手就能获得利润。这就是效率,效率是赚钱的重要条件之一。"王宁表示。经此一役,他开始更为积极地探索,带着团队去杭州、义乌等地考察,又销售了一些有意思的小商品。对此,他评价道:"从此我们像着了魔一样,喜欢上了那种去发现新产品,然后拿过来就能被人喜欢,又很快销售一空的快感。"

顺着零售的这条脉络,2008年初,王宁和团队的小伙伴虽然还是大学生的身份,但他们的资金已初具规模,眼光、胆识、魄力更是远超同龄人。他们发现了"格子店"这种零售业态,即通过整租一个店铺后,装修、分割、摆放很多"格子置物架",每个格子再以非常低廉的租金"分租"给更小的商家(甚至是个人寄售二手物品),商家把自己的小商品放在这些格子里,由"格子店"整体运营和销售,运营方以此赚取租金的"批发零售差价"及管理和销售费用。由于这种"格子店"能够汇聚各式各样的商品,"小格子"的物理空间又决定了这些商品无论属于什么品类,往往以创意商品为主,真正诠释了何为"琳琅满目",所以这一业态格外吸引消费人流,堪称一个迷你的百货商场型创意市集。

王宁判断,这种模式很适合在大学周边做,因为很多大学生可以租用"格子"来低成本开店;同时这种业态的商品价格很有竞争力,品类也非常丰富,能够很好地满足学生群体的购物需求。于是王宁和团队筹集资金开了第一家"格子店铺",起名"格子街",开业招商期间就成为当地热议的话题,"格子"出租也十分火爆。

"零售业态的管理十分琐碎,无论是来租格子的'格主',还是来购物的消费者,两端有任何事情我们都要协调处理。"王宁表示,"出租虽然很火爆,但对于当时还是学生的我们而言,起初也经受了前所未有的压力。"与此同时,由于"格子街"名声大振,模仿者一时群起,两个月内,学校周边竟然开起了十几家格子店。"我也是从那次开始感受到了真刀真枪的商业竞争。"王宁表示,"这次创业虽然很成功,但并不可持续。我的感受非常深切——应该尽量选择商业模式门槛高一点的行业,或者争取让自己快速地具备核心竞争力,否则这个行业很快就会由于进入门槛低而陷入一场混战。无论多么优秀,绝大多数人都会在竞争或者说是'创业踩踏'中失败。"

三、进入职场,看一看大公司是什么样子

按说在大学时拥有这样丰富的创业经历,毕业后王宁不可能按部就班去求职、打工。

但王宁在此时却非常冷静。他认为,大学创业过程中,自己建立了一个团结且努力的团队,但大学创业属于"小打小闹",真的"拉出队伍来",需要"更大的舞台"。什么是更大的舞台?大企业才能做大生意,但大企业怎样运行都没有见过,何谈去创建一家规范的企业?王宁表示:"很多大学生甚至不知道一家规范的企业都需要哪些职能部门,各个部门的职能划分是什么,就盲目走向社会创业,我觉得多数都将以失败告终。"

在这样的想法下,王宁先去了上海,2008年正值金融危机,作为应届生的王宁只拿到了几家企业的销售岗录取通知,显然他不需要再锻炼自己"基层销售"的能力,因此没有接受这些工作,反倒是因置身人头攒动的招聘会而得到灵感。

"着正装参加面试是最基本的要求,我自己找便宜的西装就花了一整天时间,那如果我在招聘会现场卖廉价的职业装,这是不是一个好生意?"王宁说干就干,放下应聘简历,他直接就去批发市场进货,当起了"老板"。"Well Match"(音译为威尔麦琪,意为良好匹配)是个好名字,绝对可以拨动每个求职者的心弦,他想到自己还可以建立电商网站,将西装卖给全国数百万大学生,就更是兴奋不已。不过这次创业,王宁"失手"了,因为招聘会的场馆方不同意将场地租给王宁用于销售西装,即使在场地周边销售,也需要办理营业执照、税务登记证、组织机构代码证等。

"大城市的营商环境不match(匹配)大学生摆摊式创业。"王宁苦笑着表示,"而且做事情讲究天时、地利、人和,'天时'有了,但是我初来乍到'地不利''人不和',再棒的商业项目也没有办法落地。"

到了2008年6月,王宁收到了北京一家科技公司的策划岗录取通知,他决定转战北京。

2010年,他跳槽到新浪,逐渐接触了大公司流程化、体系化的管理。一段时间后,固化的标准与流程也不再能够让他实现个人的追求和抱负,王宁开始准备再次创业,其首选赛道还是零售业。

"格子街"留给王宁太深的印象——零售业的活力与多变、充沛的现金流、每天的新奇感、消费者的笑容、发现好东西的心动……这一切都让王宁和团队非常"有感觉"。他还曾想过去屈臣氏等大型连锁零售企业"卧底"学习○,因为这些企业厚厚的SOP(标准运营管理手册)正是针对当年"格子街"运营难题的法宝和秘籍。此外,王宁离开新浪的一段时间里,恰逢纪念歌手迈克尔·杰克逊逝世一周年的纪念日,他和团队经历了很多困难,最终与新中关购物中心合作,仅用4天时间就在商场内举办了一场盛大的歌迷纪念活动。各个环节都超过团队及商场的预期,这让他深刻感受到,北京是一个各方面资源都十分丰富的城市,在这里只要有想法,没有什么不可能。也是从这一刻开始,他决定把北京作为创业的起点和主战场。

四、泡泡玛特的诞生

王宁还是回到了"格子店"这种零售业态,他认为,这种模式虽然可以提供种类丰富的商品,顾客愿意在这里长时间停留以便"淘宝",但分租模式带来了商品品质难以把控、陈列混乱、毛利低、产品风格千差万别等一系列问题。精致、新奇、创意十足是"格子店"的魅力所在,但原有的模式很容易将其变成低质量的杂物铺,售后和口碑问题都难以解决。所以王宁一直想在格子店的基础上,开发一种统一采购、统一控制品质、统一控制毛利,又保持产品丰富度的零售模式。

站在2020年这一时间节点来看,王宁设想中"这样的店铺"已经不算新奇,而且顺着这一思路,很多品牌都已获得了成功。但在2010年前后,与其说我国的零售业态中没有类似的店铺,不如说我国零售市场在"供给侧"非常缺少"创意商品"或"潮流杂货"这个大品类。没有供给,自然也鲜有"浮在水面"的需求。但2010年,我国GDP同比增长10.4%,首次超越日本,成为世界第二大经济体,人们正在不断酝酿着"对美好生活的向往"。王宁从杂乱、热闹、喧嚣但也充满热情的"格子店"中感知到了这股"暗流",他尝试拨开迷雾,将这一需求挖掘出来。

"这个过程当然也并非凭一己之力可以完成的。"王宁表示,"我和团队去过很多城市考察当地最'潮流'的零售聚集地。终于在香港看到了一家名为 Log On 的公司,它像超市一样将潮流产品陈列和销售,在香港开了很多家店铺,非常成功。这和我脑海中的商业模式几乎一模一样,所以我马上决定回北京参照这样的商业模式创办我的第一家公司——泡泡玛特。"

王宁回北京后,将此前创业所积累的所有资金都投入了泡泡玛特的筹备工作中。2010年11月,即泡泡玛特(Pop Mart)第一家店在北京中关村欧美汇购物中心正式开张。Pop 意为流行,Mart 意为超市,正好可以表达王宁和团队在当时就想做的事情——做引领潮流富有创意的零售平台。

○ 王宁丰富的履历与其应聘的普通店员职位不匹配,大型连锁企业非常善于识别"卧底"或"学徒",所以王宁没有应聘成功。

泡泡玛特最初的商品包括家居（如皮革家饰、香氛等）、数码产品（如 2014 年的 Apple Watch、Beats 耳机等）、文具杂货（如糖果、背包等）等，属于潮流杂货渠道商。王宁表示："后来经过对这个品类的研究，我发现日本称这个品类为杂货，我国香港地区称其为小百货。这个品类在发达地区是一个非常成熟且重要的商品品类，但是在我国内地才刚刚起步，我们不经意间踏上了一个新兴品类的上升通道。"

　　泡泡玛特开业后，压力随之而来。在"格子街"时代，王宁面对的竞争对手无非是一些个体从业者，而当前泡泡玛特开在高档购物中心，被杰克琼斯、Only、屈臣氏、优衣库等品牌专卖店"包围"，开业当天，王宁就感到泡泡玛特是整个购物中心运营管理最差的门店。

　　"真正的专业零售，是一个非常烦琐的系统，仅靠我们大学时期积累的创业经验完全无法应对。"王宁表示，"从商品管理、人员管理再到卖场管理，我们都处于比较初级的阶段，需要靠自己一点点摸索。"初次创业，新颖到有些"超前"的商品，几个二十多岁的年轻老板——虽然陆陆续续也有一些之前的大学同学慕名加入团队，但泡泡玛特几乎招聘不到具有零售管理经验的优秀人才。2010 年的新年，王宁的愿望是"2011 年再开三家店"，但现实是这唯一的一家店经营也异常艰难，客流稀少，门店冷清，店员集体辞职。"那个时候常常用'今天很残酷，明天更残酷，后天会很美好'来安慰团队。"王宁回忆，"最难熬的时候，我们甚至会把希望寄托在旁边正在修建的一座和我们毫不相关的天桥上，每天从那里路过的时候就会安慰自己，桥修好的那天我们就会好起来的。"

五、绝处逢生

　　创业是一场修行，无数的成功故事告诉后人"我就是再坚持了一下，真的就好了起来"，但只有经历过的人才会明白那种绝望与焦虑。2011 年底，泡泡玛特已经开始思考转型。虽然王宁通过一年的一线奋战，找到了一些适合泡泡玛特风格的供应商和商品，但门店的营收和运营效率，让他们始终看不到希望。

　　王宁在思考新的机会时认为，自己用了一年时间从全国找来各种优质商品，还亲自尝试去做零售，那是否可以把这些资源打包，作为一种服务来提供给和自己一样想要开店的人？至少可以帮他们解决货源的问题，让他们省去时间，于是王宁创建了"淘货网"。开发网站和运营门店不同，团队没有办公室，每天就在泡泡玛特门店附近的咖啡厅办公，几个月后，"淘货网"正式上线。王宁发现，开发网站虽然不难，但后续推广和运营都需要巨额资金，于是他和所有创业者一样，开始尝试接触风险投资。

　　"2012 年，我们前前后后见了十几家 VC，对方都是给了否定的答案。本来我们都已经放弃了，但是意外的是那年 8 月的一天，国内著名的天使投资人麦刚突然自己找上门来。他进来就说，'我对淘货网不感兴趣，但是对泡泡玛特很感兴趣，我们可以谈一谈'。"

　　王宁的这段回忆非常有代表性，很多创业者都无法绕过这段与 VC "鏖战"的经历，虽然如今已是轻描淡写，但彼时可谓生死一线间……王宁和麦刚 3 天谈了 3 次，最终敲定 200 万元投资。对于彼时的王宁而言，这笔投资金额绝不算小，而且是一笔"救命钱"。再开三家店的愿望虽然迟到了 1 年，但终于实现。年尾时，王宁对团队说："今年我们懂得了'坚持'的意义，我们实现了本该去年就实现的目标。这告诉我们，理想还是要有的，也许不是不能实现，只是有可能来的会比你预期的要晚一些。"

如果对零售行业有所了解，你会发现单店很难盈利，因为无法摊销中后台成本，也无法抵抗各种微观风险。多店或"连锁店"则是这一问题的解决之道。时代也开始慢慢向王宁伸出橄榄枝——消费者对潮流百货的需求开始崛起，相关产品的供应链不断完善，购物中心开始逐渐向生活体验场所转变，"人、货、场"这个零售三元素的组合开始迅速发生变化。

在2012—2015年期间，泡泡玛特的一家家门店开起来，成为能够开进北京太古里、上海港汇等高端购物中心的最年轻的中国本土零售品牌。很多机构的投资也纷至沓来，其中包括零售行业的产业投资者，这给完善泡泡玛特的零售体系带来了很多帮助。在各种合力之下，泡泡玛特从初期几个人的创业团队，发展为规范化的企业，有了不同的职能部门，继而各个部门有了具体分工和绩效管理，门店的管理也越来越规范。简言之，泡泡玛特的路越走越宽。

六、"真·泡泡玛特"

如果故事到此结束，泡泡玛特和王宁并没有比很多城市的"格子店"及其背后的老板们高明太多。实际上，王宁多年前创办"格子街"时形成的要做"高门槛"生意的认知开始潜移默化地发挥作用。"潮流杂货渠道商"不掌握独家货源，供应链整合的工作门槛不高，当前商场中随处可见各式各样的此类店铺。如果没有后面的故事，那么泡泡玛特虽然握有先发优势，但很容易在这一轮"新零售＋消费升级＋供给侧改革"的大潮涌动中成为"前浪"。

2015年，王宁感知行业开始发生变化。微观上，进店人数、提袋率、销售金额的增速都不及以往，商场中人流量不断下降，线上电商对线下零售造成很大冲击。宏观上，经济增速下降，房租、人工费用等零售业成本不断上升，加之实业税负较重……简言之，线下零售门店销量下降、毛利下降，整体经营环境给企业带来很大的压力。

"在我们迷茫的时候，有一款商品像引路人一样帮我们开启了一扇窗。"王宁表示，"这款名叫Sonny Angel（见图20-1）的商品是日本的一款玩具娃娃，它是一个高度只有8厘米的摆件，拥有几百个款式。"本来这款商品只是泡泡玛特经营的一个很普通的商品，没想到2015年下半年开始，这款商品迅速走红，其销售量从一个月几千个，瞬间飙升至一个月六万多个，而且这个数字还在持续上升，甚至到了平均每20秒就销售1个的地步，而且很多限量款往往一到货就被抢购一空，门店甚至出现排队抢购的疯狂"粉丝"。

图20-1　Sonny Angel

资料来源：Sonny Angel天猫旗舰店。

看到这样的爆款商品，王宁最初也感到非常疑惑，但他迅速开始分析购买者的心理。他的分析结果如表20-1所示。

表20-1 Sonny Angel 热销原因

销售规则	收集欲望	分析结果
该产品以"盲盒"形式销售。这种销售规则在日本很流行，即虽然这个产品拥有许多款式，但是你并不一定能够买到心仪的款式，因为包装的盒子都是一样的，想要买到自己喜欢的款式要看运气	很多人买了越来越多的Sonny Angel，不知不觉形成了想要收集全的癖好，所以慢慢地，一旦Sonny Angel上新款，这些"粉丝"就会一拥而上，为的只是不错过任何一款藏品	太多例子已经证明，就是这样一个简单的销售规则让很多人欲罢不能。因为想要抽到自己喜欢的款式，所以很多人会"反复购买"，动不动就来店里买上几个，这种带有娱乐性质的销售规则会大大增加复购率。此外，诸如二手交易可以升值、获得概率较小的"隐藏款"升值空间巨大、通过盲盒识别"同好"进行社交、各类社交媒体和视频网站直播开箱……都是该类产品的隐性优势

资料来源：访谈资料整理。

Sonny Angel 一下子给泡泡玛特开启了一扇窗，王宁突然发现了一个巨大的市场——收藏类玩具市场。王宁分析认为，无论年幼还是年长，无论贫穷还是富有，人们或多或少都会有集的癖好。很多人小的时候收集各种卡片、弹珠等，长大后收集星巴克的杯子、耐克限量鞋子等，时间倒退20年的话，甚至全民都在收集邮票……什么东西是当前的全民收藏品？王宁认为，具有收藏价值的产品首先要具备以下几个基本条件：①稀缺性；②流通性；③艺术价值。其实收藏品多数就是商业和艺术的完美结合。

本案例的重点不在于分析与讲述市场和行业，因此对收藏类玩具市场的发展不做过多展现，核心是王宁此时的认知。他认为，在艺术和商业的结合中，当前变化最大的是"艺术侧"。因为从供需角度看，新一代消费者的成长环境与过去相比有着"跳跃式"的变化，他们眼中的艺术品不是笔墨纸砚，甚至不是一张画、一个雕塑，而且新一代的艺术家都在尝试以新的载体去承载和表达自己的艺术主张。从国外的发展趋势来看，"玩具"成为越来越多艺术家表达艺术主张的一种载体。王宁和很多玩具设计师深入交流后也发现，他们不认为自己做的是玩具，他们认为自己做的就是艺术品，他们的玩具大多是为15岁以上的人群设计的。

所以，潮玩开始浮出水面——潮玩是潮流文化的具象化载体，是设计师基于创作理念和灵感制作的玩偶，这类玩偶在内核上融合了流行文化及艺术家个人气质，作为反映独立、自由、个性的色彩鲜明的文化载体，具有一定的艺术及收藏价值。

谁为潮玩买单？从2020年的时点回顾泡泡玛特的用户，根据谷雨数据的相关调研，盲盒玩家中女性用户占比高达75%。年龄上，以18～29岁为主；职业上，白领、学生、教职人员占比位列前三，其中白领用户月收入在8 000～20 000元的占比达到90%；购买动机上，以"悦己型消费"为主，包括追求盲抽的刺激感、为"颜值"买单、满足社交收藏需求、满足个性化审美需求等。

其实，"收藏类玩具市场"并非"新大陆"。根据各类知名漫画、动画、游戏、影视作品角色形象所生产的二次元手办在国内一直有着非常多的受众，但由于这部分IP绝大多数源自海外，同时长年以来我国社会环境对游戏和动漫的关注度有限，也没有形成相关产业链及知识产权保护氛围,这一市场一直"在水面之下",在暗中积聚能量。同时,二次元手办与王宁发现的玩具收藏品市场存在重合,但又有一定区别。二次元手办须忠实还原原著人物,不能有太多二次加工,且二次元手办是以动画、漫画为主的原著的周边产品,因此原著的创作与发行、内容运营才是这一产业链的核心。

而盲盒 IP 多为艺术创作,本身不具备也不需要长时间的内容积累,消费者做出购买决策的首要考虑因素即为玩偶的"颜值"。丰富的 IP 系列和不同 IP 形象满足不同年轻人的个性化审美需求,消费者为自己喜爱的"颜值"买单。

如图 20-2 所示,从 2019 年 11 月 25 日淘宝销量排名前二十的盲盒的评论关键词频次来看,"可爱"出现在评论中的频次高达 2 217 次,与年轻女性的用户画像相符。此外,在审美需求之上,盲盒 IP 个性化的形象设计往往给年轻人带来想象空间,从而让他们得到精神层面的治愈感和认同感。部分 95 后消费者表示,少女"Molly"表达了自己的内在形象,时刻提醒自己要勇敢做自己和表达自我。多数消费者会将喜欢的玩偶摆在自己的工作、学习场所,在欣赏个性化形象中得到解压。[○]

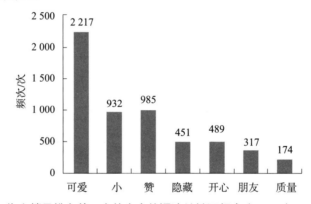

图 20-2 淘宝销量排名前二十的盲盒的评论关键词频次(2019 年 11 月 25 日)

至于这一市场为何在 2015 年左右崛起,以当前时点去分析各种原因并无任何建设性意义,核心也许正如王宁对年轻人的喜好与过往出现"断层"的认知——与过往有极大不同的一代人,会去寻找、消费、认同与过去不同的东西。同时,一个底层的判断在于,从 2015 年开始,"Z 世代"人群(可简单理解为 1995 年前后出生的人群),作为网络与新消费的"原住民",开始成为潮流消费的主要力量,同时他们也是典型而纯粹的"独生一代",相对缺乏与同龄人的互动,他们更加希望通过圈层社交表达情感诉求。在主观与客观层面,这一群体对于彰显个性与独立的非必需消费品,具有更高的接受程度。

七、打造核心竞争力

零售企业的核心是货源——要么货比别人卖得便宜,要么拥有受到市场欢迎而别人没有的货,这就是核心竞争力。两条路径的门槛都很高,前者依靠规模和效率,后者依靠创意和资源

○ 资料来自国盛证券 2020 年 6 月发布的《如何看待泡泡玛特的商业模式》。

整合。王宁看到了一个自己多年以来一直寻觅的零售门店转型机会，而且这个机会能彻底改变泡泡玛特。

王宁表示："随后我们做了以下几件事，将公司从一个单纯的零售公司，转型为包含艺术家经济、IP 孵化、零售、潮流文化推广于一体的全产业链平台型企业。

"我们开始大规模整合国内外优秀的 Art Toy（即潮流玩具）艺术家，这些艺术家绝对是稀缺资源，我们抢先将他们揽入麾下，这也逐渐成为公司最核心的竞争力。

"我们开始帮助艺术家整合供应链，之前由于艺术家付不起高昂的玩具开模费等费用，导致很多优秀的设计不能投产，而我们整合了一批国内优秀的玩具工厂，帮助艺术家高效地制造品质一流的产品。

"我们组建了一支专业的工业开发团队，艺术家只需要出设计草图，后续的完善设计、3D 建模、工业设计、打样等环节我们全部帮他们搞定。大大提升了设计师的效率，也提升了设计师对我们的依赖性。

"我们推出了一款'葩趣'app，专门服务收藏玩具的'粉丝'，将其打造成国内最大且最专业的玩具社区，这也是我们商业闭环中非常核心的一个环节。"

王宁简单的描述，勾勒出了团队面对这一市场机遇的做法。泡泡玛特随后开始从潮流杂物渠道商全面转型为"经营潮流玩具的零售商"甚至"IP 品牌运营商"。其先后推出的多款 IP、多款系列产品大放异彩，引爆了一个全新的市场。

总结起来，以具有艺术性和收藏性的独家 IP 潮流玩具切入，以盲盒销售增加复购，以社区和活动"种草"来推动文化流行……泡泡玛特累计获得注册会员 320 万人，复购率达到 58%，收藏类玩具市场被彻底激活，连带一直处于亚文化圈的二次元手办爱好者也一起全面"破圈"，泡泡玛特因此成为国内该市场的开创者和引领者。

根据泡泡玛特招股说明书显示，公司营收从 2014 年的 0.17 亿元迅速增长至 2019 年的 16.83 亿元，2014—2019 年复合年均增长率达到 150.7%，其主要营收来源为自主开发的潮流玩具产品，占比达到 82.2%。公司在 2016 年前仍处于投入期，设计、推广等费用居高不下，同时逐步拓展销售网络，衔接产业链上下游。2017 年起营收迅速增长，持续拉动盈利，净利润从 157 万元增至 2019 年的 4.5 亿元，2017—2019 年复合年均增长率达 1 604%。

其中，泡泡玛特运营 85 个 IP，包括 12 个自有 IP、22 个独家 IP 及 51 个非独家 IP。⊖ 其爆款自有 IP "Molly" 和独家 IP "PUCKY" 合计创收近 8 亿元，2019 年，分别占总营收比例的 27.1% 和 18.7%。目前公司内部团队共有 91 名设计师，他们与艺术家、IP 提供商合作，负责草图三维设计以及从艺术和商业角度改善作品。同时，公司通过授权等方式实现合作的原创型艺术家达到 25 位，并与超过 350 位艺术家持续合作（70%～80% 来自海外地区），以保证每个 IP 每年 1～7 个系列的更新频率，持续吸引消费者。

"转型的成功也让我开始思索零售业的未来。我觉得零售业也许应该要向娱乐化方向进行创新。"王宁表示，"一路走来，我们尝试过很多跨界合作，不管是和书店、和咖啡店还是和科技产业，我认为最为成功的还是和游戏及娱乐元素的结合。因为随着我国从商品短缺逐渐到商品过剩，零售业不仅需要将商品本身做得更好、更有竞争力，附加在商品之外的精神层面的东

⊖ 泡泡玛特与迪士尼、环球影画等成熟 IP 供应商合作，并通过二次设计开发了米老鼠、卑鄙的我（小黄人）及 Hello Kitty 等知名卡通人物潮流玩具。此类高质量成熟 IP 可丰富公司 IP 品类，有效帮助公司触达知名 IP 后的庞大"粉丝"群体。

西也要有大的创新。我认为零售业很重要的一个创新方向就是娱乐化创新。"

顺着这个思路，王宁给出了相关洞察。

（1）从销售商品变成销售情感。在商品饱和的竞争状态下，不同的品牌和商品蕴含着不同的情感。优秀的零售商和品牌一定不仅仅是在销售商品，它们一定也在销售情感：有些销售的是张扬，有些销售的是快乐，有些销售的是骄傲，有些销售的是克制，有些销售的是勇敢……品牌和商品自带的情感将会对消费者进行分类，消费者会将商品作为情感的表达和寄托。

（2）从输出货物到输出娱乐。零售商和品牌以前只是简单地输出货物，但是当商品的同质化和需求的个性化开始"交锋"时，消费者希望自己的消费变得更加有趣。就像盲盒，或者像日本的扭蛋和福袋，都是将娱乐元素注入零售，当消费者打开商品的那一刻，他或开心，或失落，或惊喜，整个购物环节变成一种体验，也像是一场游戏——零售商后期也许会成为一家娱乐公司。

沿着零售娱乐化的战略方向，公司不断进行创新，2017年3月，泡泡玛特推出了手机上的"抓娃娃"付费游戏，玩家有一定概率抓取娃娃"碎片"，集齐后会收到泡泡玛特邮寄的实体娃娃。上线一周竟然有超过20万名玩家和过百万元的收入，这让团队兴奋不已。王宁表示："在经历这么长的黑夜后，我们的方向感前所未有的清晰，大家终于看到了曙光。"

"公司用了九年时间，从一个人到上千人，从一家店到一百家店，从一个城市到几十个城市，从月销售额几万到几千万……"王宁表示，"从懵懵懂懂，到初见成效，再到豁然开朗，我和团队中的每个人都经历了无数个刻骨铭心的故事，我们也慢慢长大，现在的我们也刚刚开始相信，未来我们有可能成为中国新一代零售品牌的代表，也有可能带动一轮新的全民玩具收集热潮。而我们的创业故事还将继续……"

我国从事零售业的企业何止千万，但从潮流杂货渠道商转变为IP运营商，不但将门店销售的商品全都换成了潮流玩具和手办，还向上游签约艺术家，向下游整合供应链，自己作为中间平台，连接艺术、产品、销售、用户……这就是泡泡玛特的转型，不但让自己进入了一片蓝海，还开创和引领了一个正在蓬勃发展的行业，因此它的转型也创造了增长奇迹。

泡泡玛特的转型与王宁的生活经历、创业经历有怎样的联系？你能够理解潮流玩具在"Z世代"人群心目中的位置吗？泡泡玛特的转型之路对其他创业者有怎样的启发？如果你是王宁，泡泡玛特未来该如何发展？目前泡泡玛特的核心业务领域是否"门槛足够高"？泡泡玛特是否也面临着威胁与挑战？如果有，又应该如何应对与化解？

附录
王宁的创业感悟

创业已经逐渐成了我生命的一部分,在每天的调整中,我不断学习与成长,也有了一些感悟,希望和大家分享。

1. 如何选择创业方向

越来越多的人想要去创业,还有很多已经在创业路上,大家都会遇到这种困惑,就是我们怎么来选择我们的商业模式?我们到底要干什么,我们到底要干线上还是干线下?是做产品还是做渠道?成功的路径可能有很多,但是我们到底要选择哪一条路来走?

之前有人用象棋和围棋来定义商业模式,我比较认可,其实绝大多数商业模型都可以分为围棋生意和象棋生意这两种类型。

象棋模式就像我们两个人下象棋,我怎么做才能赢。我需要把你的将消灭掉,也就是说,我的胜利意味着你的死亡,这是一个你死我活的战场。目前互联网行业80%以上都是一盘象棋生意,往往只有行业前几名才有可能活下来。比如你想要去做移动互联网社交平台,必须打败微信;想要做好搜索服务,必须打败百度。这种象棋商业模式伴随着巨大的竞争,那关键点就不是这件事情好不好,或者能不能做大,而是你能不能成为最后的那个赢家。但是创业者往往在资源、人脉、资金等方面都不具备优势,要想成功,需要具备一连串的好运气和巨大的投入,成功的概率非常低。不是创业者没有理想,而是在早期的时候,我们要先活下来,不要老想做那么大,要一步一个脚印地往前走。这种商业模式是非常难的。在北京有一个创业小圈子,我身边好多朋友都在做这种象棋生意,就天天想着我怎么做出一个东西,打败那些巨头,或者做出一个什么样的新鲜的东西,颠覆某个行业,而且全部都在做数字新媒体行业,因为数字新媒体行业成本低、融资容易,做个app,或做个网站,花几万元建立一个小团队,说不定就能成功融资,但其实最后失败率非常高。

而围棋模式就好比我们两个人下围棋,最后也许你赢了,我输了,但无非就是你的白子比我的黑子多一点,这更像是一场圈地运动。假如你是知名连锁饭店,你一年赚一百亿元,那我是一家普通的饺子馆,我一年赚一百万元,我也算是一种成功,我明年就再下一个"棋子",看怎么赚两百万。我觉得这种生意更适合绝大多数创业者。我想起了当年某些企业家的对赌,他们在赌十年以后到底互联网强还是线下强。首先我觉得这场对赌是没有太大意义的,另外我是怎么来理解这场对赌的呢,我把它比喻成一场两个国家间的战争,到最后有可能A国会赢,但是不一定A国的死伤人数比B国少。所以说,我们在选择行业的时候,如果你只是判断这个趋势会赢就站在这一队,有可能你死得比别人还快。

关于创业方向选择问题，很多创业者还常常会犯以下错误。

第一，假想需求，假想市场。很多创业者常常会因为发现一个空白市场而兴奋，但是创业者所描述的行业和市场需求经常是他们自己假想出来的。有时候如果你发现了一个市场机会，发现了一个完全的蓝海，那么你有可能是天才，但更有可能是你的想法不全面，之前没有这样的产品和服务是因为市场根本不需要。存在即合理，有时候不存在往往是因为不合理。

第二，大趋势和我们有关系，又没有太大关系。大趋势和风口到底是不是那么重要？和创业者到底有关系还是没有关系？我觉得大趋势代表着未来的方向，它和我们每一家企业都有着密不可分的联系，但是回到创业本身，这种联系其实是弱关系。很多创业者每天都在寻找风口和最新的科技动态，但是趋势是很多人都能看到的，比如人工智能、生物医药、再生能源等的发展。我们发现很多大的趋势，大到普通的创业者很难去深度参与。当你只有几杆枪的时候，看再多的大国战役经验，意义都不大，你需要的是立足自己的资源，来探索属于自己的路。

第三，画蛇添足，为了不同而不同。近些年，有很多智能硬件的创业项目，其中不乏很多为了智能而智能的画蛇添足的项目。例如，有些创业公司做智能电灯，而所谓的智能电灯就是你可以用手机开关电灯，这就是典型的画蛇添足式创业。他们认为，未来是万物互联的，任何硬件都要与手机互联，很多创业团队就因此"走火入魔"，为了智能而智能。但是，如果你的改良远远没有通过按动开关来控制电灯方便，那么你改良的实际意义又是什么呢？所以，我们选择创业项目更应该考虑的是商业的本质和产品的本质。

2. 尊重时间，尊重经营

我把企业分成三类，就是草、花和树。我觉得我遇到的公司基本上都属于这三类。

第一类是像"草"一样的企业。你会发现这种草长得非常快，和花、树的种子一起种下去，草是长得最快的。它快速利用各种资源，然后迅速地吸引目光，但其实长大了以后你会发现，它没有什么价值，它就是"草"而已，最大的价值就是"快"。有很多这种类型的公司，比如一些一夜爆红的app，可能一夜之间全国人民都在玩，也可能第二天全国人民又都不玩了。它们没有很强的用户忠诚度和核心价值，但是不排除他有在其他方面成功的可能性，比如吸引资本目光后融了很多钱，有了资本后慢慢地积蓄力量转型，从一个空的东西做成一个实的东西。但从这件事情本身来看的话，它就是一棵"草"，没有太多价值。

第二类是像"花"一样的企业。这类企业可能在一段时间内成长很快，一旦遇到成长瓶颈后就很难突破，但是它能获得阶段性价值，就像花一样，可能长着长着长不大了，却能开出一朵花来。相对于"草"，"花"有一定的价值，但生命周期会很短，所以当花开后，它的命运往往是被挖走，去装点"树"。

第三类是像"树"一样的企业。其实"树"是最苦的，同样长一两年，"花"已经开了，"草"已经生生死死长了好几个回合了，而"树"可能一年、两年、三年，还是"小树苗儿"，砍了也不值钱，而且这个时候需要更多的养分、更多的水。虽然感觉生存非常难，但是"树"最大的价值就是它是一棵"树"，一棵可以参天凌云给大家带来绿色和希望的"树"。

我认为做企业和做人一样，比拼的是大家对待长期利益和短期利益的抉择。我常常对团队说，我们的理想就是要做像"树"一样的企业，做"树"一样的企业需要的是坚持、专注、努力、韧性。所以对创业者来说，如果你觉得你是"树"的种子的话，那么你就要坚定地走下去，方向对了就不怕路远。你可能早期成长得慢一些，但是终有一天，你会成为一棵参天大树。

最近很流行谈论工匠精神，我觉得不是专注于一件事情就可以标榜自己有工匠精神，工匠精神必备的另一个维度就是"时间"——几十年如一日，不断在一个点上用功，水滴石穿，才是真正的工匠精神。近两年，很多国内新成立的企业都希望靠资本的力量速成，用几年的时间就打造出一个强大的企业，我觉得这都是拔苗助长，终有一天它们会为自己的不尊重时间埋单。

我们从事的零售业相比其他行业更加烦琐，也更需要耐心。都说零售就是细节，而对无数个细节的完善就要付出很多时间。举例来讲，我们一个标签的设计就用了很长时间来完善。因为我们发现，来泡泡玛特购物的顾客很多是来买礼物送人的，那么很多人都有一个需求就是想把价格标签去掉。但是传统的贴在商品包装上的标签很难去除，当初我们就设想能不能把标签分成两部分，上半部分是条码和品名，下半部分是价格，做到上面有背胶下面没有背胶，中间最好还有一条针孔线，方便想把价格标签去掉的顾客轻松撕掉标签。就是为了这样一个关于标签的小想法，我们找遍国内大部分工厂，它们要么做不到，要么嫌太烦琐拒绝接单。我们差不多用了一年半的时间才找到合适的工厂生产这种定制的标签。再到门店的音乐、灯光、货架的尺寸，装修陈列布局等方面，我们为无数细节付出了很多心血。

有的国内创业者喜欢赶时髦，听风就是雨，往往缺乏对商业本质的基本认识。很多创业者膜拜学习的创业明星可能本身就是一个错误的样本，如前两年各种互联网餐饮、O2O、网红等进入了人们的视野，又像流星一样从人们眼前划过。创业者的独立思考，以及对商业本质的探索才是最有价值的，千万不要重"术"轻"道"，只做表面功夫，创业这件事绝对不是一个"靠脸"吃饭的事情。我觉得商业的本质就是成本和效率，如何提升企业的经营效率并降低运营成本才是最核心的工作。

3. 正确理解企业与资本的关系

中国一级市场的股权投资还处于比较早期的阶段，而不同的个人投资者和机构投资者偏好的股权投资的阶段也不同。我们的天使投资人麦刚曾经发表过一个观点："在中国，二级市场投机，一级市场投资！"他认为我国的二级市场由于是一个散户市场，所以投资者更多是在投机，国内不少企业欠缺逻辑的高市盈率也反映了这一点。但是，一级市场和二级市场往往是血脉相连的，一级市场对价值的判断往往也会跟风。

创业者要学会与狼共舞。很多美国投资人被称为华尔街之狼，因为他们能像敏锐矫健的狼一样很快嗅到大赚一笔的机会。但是，很多创业者早期要么不懂资本，要么害怕资本。确实，投资人和创业者获得利润的方式可能有巨大的差别。那么到底应该用什么态度来对待资本呢？我们一路都是资本推着走过来的，很幸运一路以来投资我们的都是非常优秀的投资人和投资机构。一路上，我们也拒绝和被拒绝过很多次。总的来说，我认为今天的创业者一定要学会拥抱资本，特别是现在的中国处于完善资本市场的阶段，我认为任何一个想要做大的企业都应该和资本有比较深的接触。通过资本，一来可以间接帮助企业实现规范化，二来可以利用资本的力量加快发展的速度。

创业者要不忘初心，不能为了创业而创业，也不能为了融资而融资。在市场最疯狂的时候，好像只要是创业者就可以很轻松地拿到融资，有些创业者为了拿到融资，在创业方向和战略上刻意迎合资本当期关注的方向，市场上开玩笑说不仅有to C、to B项目，还有to VC项目。之前，很多人坚信只要站在风口上"猪"都能飞起来，但是当风停的时候，"猪"也是死得最惨的。所以创业者的初心一定要是对的，而不是看到别人拿钱很容易，就为了拿钱而创业，这类公司往往也经营不久。

我们进行过很多轮融资，也接触过国内大大小小上百家投资机构。这个圈子不小，但是也不大，风险投资的从业人员鱼龙混杂。很多人把融资比作相亲，我认为还是很贴切的，因为常常是相互看不上眼的怎么聊都聊不成，遇到一见钟情的怎么都行。如果中国的二级市场算是处于资本时期初期，那么一级市场可以说算是处于婴儿期，这个行业的从业人员和市场环境并不成熟。关于股权融资，我可以给创业者讲一些自己的心得体会。

第一，首先要明白风险投资的组织构成和决策流程。风险投资往往根据项目阶段分为种子轮（泛指50万元投资额以下的）、天使轮（200万元投资额以下的）、A轮、B轮等（泛指天使轮投后、投资额多为1 000万以上的），较后期的有PE投资及Pre IPO投资。阶段越靠前，风险越大，收益也越大，这就造成了专注于不同阶段的投资机构和投资人的组织结构与决策流程非常不同。

由于越早期项目数量越多，可参照的财务模型也越模糊，可以说看人看方向也就越重要，这个时期的项目就像银行经理完全顾不上的小微贷款，那么就可能需要广大民间力量来解决这些资金问题。所以，种子轮和天使轮常常是个人投资，而越往后的阶段，往往投资额越大，一般个人承担不了，所以后期投资的资金多数是私募基金和企业提供，也就是说投资人多数为机构投资者。机构投资者通常会有清晰的组织构成，比如风控、财务、法务、合伙人等部门或人员。

不同阶段的决策机制是不同的。个人投资最简单，只要投资人觉得你具有投资前景，那么他就可以快速决策并执行。机构投资决策流程往往比较复杂，会有较明确的分工和项目调研，流程一般是：寻找项目—初期调研企业—开会讨论行业前景及企业情况—对企业进行尽职调查—对行业及关联方进行调查研究—讨论投资方案—投决会—完成投资后续手续—投后管理—退出。投决会通常是基金合伙人投票制，有些机构是全票同意才可通过，有些机构是少数服从多数，所以和机构投资者谈合作会是一个相对漫长的过程，而且合作谈判在任何一个环节都可能被终止。

第二，不要在对你所处的行业不熟悉的投资人身上花时间。很多创业者开始找投资后，只要听说对方是做投资的就凑过去高谈阔论，但是往往非常低效，找投资会花掉自己很多时间却没有什么结果。国内多数投资人和机构并不深入了解行业，所以你需要尽可能从无数投资人中筛选出适合自己的投资人，一要寻找投资阶段和你所处阶段一致的投资人，二要找投资过相关行业、已经非常熟悉这个行业或者专注于这个领域的投资人。

第三，对待投资人，要尊重他们，但不能讨好他们。投资人对企业来说像是雪中送炭的知己,但绝对不是你的"上帝"。投资人投资企业,我们要珍惜这份信任,所以要尊重他们,但尊重不是讨好,在谈判的过程当中,投资人往往会根据自己的判断提出建议和假设,而真正熟悉公司、熟悉行业、熟悉战场的人是你自己,你不能一味地讨好,忘了自己的初心,如果你坚信自己的选择,那么就要做你自己认为对的事情而不是做别人认为对的事情。

4. 关于搭建创业团队

创业团队应该用人以忠还是用人以能?

我认为在当前的创业环境下,早期搭建一个相对完善的团队是几乎不可能的,很多创业者也在纠结,在用人的时候到底是用人以能还是用人以忠。当然,最完美的搭档一定是德才兼备的,但是这样的人往往可遇不可求。我认为,一个企业不同阶段对人的需求也是不一样的,一般情况下,外企用人常常遵循用人以能的原则,就是说你只要把这件事做好了,哪怕你有一点点性格缺陷,你没有团队意识等,这些都不重要。原因是外企一来普遍时间积淀比较久,制度相对比较完善,公司发展也比较平稳,所以需要的是螺丝钉式的人才。而创业企业在很长一段时间内都是相对不稳定的,公司战略方向或市场可能都在不断变化,所以需要的更多是弹性人才,是愿意跟着公司经历起起伏伏的人,所以一般创业企业早期都适合用人以忠。

创业的过程中往往很难招到一流人才,却要努力做出来不错的产品去和一流的企业竞争,所以创业是一个付出更多努力、付出更多时间、经历更多挫折的事情。很多人会因为各种各样的原因掉队,创业者需要找到那些学习能力快、有韧性、抗压能力强、聪明、情商高且正直的人组建核心团队。创业越久就越会发现积累靠谱的人才是企业真正的核心竞争力,人才是企业成长最重要的动力和核心财富。

下面分享一下我自己在不同阶段遇到的人才问题和解决方案。

首先是初创期。泡泡玛特刚创立的时候和很多创业公司一样,多数员工是我自己的家人和朋友。所以开始的时候要处理好分工和决策流程,要尽量不要让大家觉得是在给我们的小团伙儿打工,而是在和我们一起创业。早期的时候大家都是身兼数职,工作压力大,工作时间也较长,常常不像一个"团队",更像一个"团伙"。这个阶段困难也越多,不仅需要我不断地组织集体活动或聚餐,加强凝聚力并快速沟通和解决问题,还需要我不断地给予大家鼓励,共同畅想未来。因此,这个阶段需要的是团队凝聚力强、吃苦耐劳的人。这个时期的苦劳比功劳更重要,因为艰苦奋斗的状态是最好的团队黏合剂。

其次是成长期。随着企业规模的不断扩大以及问题的不断细化,公司需要更多优秀的人加入团队。如何处理好"野战军"和"正规军"因工作状态、工作方法等方面的不同而带来的冲突成了这个时期最难解决的问题。这时,一方面,常常会遇到假的"正规军",因为有时候其实你也不清楚能解决问题的正规军长什么样子;另一方面,就算遇到真的"正规军",他们也常常会对原来的"野战军"感到非常不满,他们并不理解初创期"野战军"的工作方法和工作标准。所以,这个时期要尽量招来那些接受过正规培养,但又不拘泥于形式,善于打破常规完成工作的人,他们能更好地和原来的团队有效地结合。当然,这个时期原始成员常常会有较大的挫败感,要及时沟通,帮助他们成长并与团队融合。这个时期要开始向团队强调不能只有苦劳没有功劳,工作应该更加规范、更加有效,大家要开始有结果导向意识。

最后是壮大期。公司越来越大，员工越来越多，组织划分也开始越来越明确。公司成员的组成已经非常丰富，创业者此时也很难像原来一样做到和每个人有充分的沟通。此时，公司的业务也已相对成熟，工作强度和成绩相对可以量化。这个时期，团队遇到的最大问题就是沟通，因为部门交叉比较多，各个部门自己的工作又相对明确和饱和，需要创始人加强公司正式及非正式的沟通，特别是各种形式的非正式沟通。比如我们每年都组织一次总监级别的远程旅行，这个过程中新的总监会快速融入团队，部门之间的不满和问题可以通过非正式沟通解决，也增加了大家的相互了解，成为朋友后，各方会更加包容。在这个时期的团队中，我们只认功劳不认苦劳，用成绩来说话，这样的企业文化更加公平，杜绝出现论资排辈的情况。

5. 创业者的焦虑

很多时候大家看到的都是创业者光鲜的一面，看他们风风火火地创业，虽曲折但最终修成正果的故事非常励志，但是很少有人关心创业者的心理健康问题。我认为创业者是一种社会稀缺资源。他们每天需要承担巨大的经营压力、繁重的具体事务、各种突发情况，等等。我创业这么多年，感觉自己的心理状态就是时而兴奋、时而恐惧、时而焦虑、时而坚定、时而踌躇，而且我觉得最常有的心理状态就是焦虑。我曾和很多创业的朋友交流，甚至一些经营比较成功的上市企业的管理者，他们每天最常有的心理状态其实也是焦虑。

创业者常常在不断发展中面对各种困境，需要自己一个人来承担压力，从而产生焦虑和不安。而且创业者并没有很好的排解心理压力的渠道，即使在公司最糟糕的时候，自己也要对外表现得信心满满。这种长期的高压和焦虑会成为绝大多数创业者的常态，刚准备创业的人要做好这样的心理准备。我觉得很多创业者在团队中往往不一定是能力最强大的，但一定要是内心最强大的。以前觉得"宰相肚里能撑船"指的是度量，后来发现"宰相的肚子"其实一方面是包容，要接受不完美，容忍多样性；另一方面像是一个负能量处理器，每天你都能接收到人和事带给你的无数负能量，你要统统吸收后转化成正能量和信心，再向外进行输出。

创新创业的高地，城市更新的范例：
上海长阳创谷改革发展简析

◎徐勤 奚荣庆 苏涛永 许涛 施骞 谢恩①

在距离上海同济大学四平路校区不远的长阳路上，坐落着一片知名的创新创业园区，这就是长阳创谷，是城市更新的典型范例。置身其间，看到的是现代化办公街区，感受到的是蓬勃向上的科创朝气，体会到的是历史沧桑巨变的日月新天。

迄今为止，这块土地上工业文明的历史已超过百年。黄浦江水澹澹，依旧拍打着先哲们行过的足迹，诉说着曾经的辉煌。百年来，它历经沧桑巨变，却未变其风骨。而今在其掌门人奚荣庆的带领下，长阳创谷走出了一条改革发展的新路子。

2015年，长阳创谷时任总经理奚荣庆从历史的手中拿过接力棒，承担起长阳创谷的创新性、现代化改造使命，是改造，更是复兴。

此后几年，在曾经的纺织企业园地上，奚荣庆进行了战略性规划。毕业于同济大学EMBA班的他，立足长阳创谷的深厚工业文明及现状，将自己在EMBA学习过程中获得的企业前沿理念以及经验在长阳创谷进行实践推广，并借助同济大学EMBA教育的力量，使长阳创谷在传承中坚守，在改革中前行，在创新中蜕变。

而今，这片土地上落后的厂房、冒出的浓烟、戴着传统样式帽子的纺纱工人，已经成为尘封的历史，转型升级后的长阳创谷是一个集社区、创谷、智能化高地等为一体的地标性园区。这里曾诞生了共享经济的代表摩拜单车、爱回收、诺亚财富、流利说等众多赫赫有名的创业企业，孕育了超过300家企业20 000名创业者的创业梦想。在坊间，"北有中关村，南有深圳湾，中有长阳创谷"的说法广为流传。

2016年，时任上海市委书记韩正莅临长阳创谷，视察国内共享经济代表摩拜单车；2017

---

① 作者简介：徐勤，同济大学经济与管理学院副教授，MBA/EMBA教指委副主任；奚荣庆，杨浦科创集团副总裁，长阳创谷董事长；苏涛永，同济大学经济与管理学院教授，MBA/EMBA学术主任；许涛，同济大学创新创业学院教授；施骞，同济大学经济与管理学院教授，党委书记；谢恩，同济大学经济与管理学院教授，副院长（主持工作）。

年,第三届全国"双创"周在长阳创谷举办,引起强烈社会反响;2018 年,时值改革开放 40 周年,时任国务院总理李克强视察长阳创谷,并指出要把长阳创谷早日建成世界级创谷;2019 年,哥伦比亚总统考察长阳创谷⋯⋯

园区获得了各界的肯定,依旧不忘初心,走在改革发展的征程上,其欣欣向荣的崛起之态,是对长阳创谷这一改革典型案例取得成功的诠释;将科技创新与城市更新相结合的改革模式,顺应了时代潮流,是对时代发展的正反馈;长阳创谷改革的成功,也是 MBA、EMBA 教育在管理实践中落地并取得成功的一个缩影。

一、老厂房,新机遇,焕发百年工业文明价值

在具有古老工业文明的土地上谋改革、谋发展,不仅要有现代化的改革意识,同时也要注意继承和发扬其固有优势,既要"承前",又要"启后"。

(一)百年风华,辉煌传承

长阳创谷园区的历史要上溯到 1920 年,一座名为"东华纱厂"的日资企业在这片土地上诞生,正是长阳创谷的起源。1945 年,原有的老厂区被接收,为时人所知的丰田式织布机就是产自这里,这时它归属于中国纺织机器制造公司,也是从这时起,积累了一大批产业技术工人,在这片土地上孕育出了浓厚的工业文明。

新中国成立后,随着民族工商业改造,这座企业又在 1952 年改为中国纺织机械厂,其产品的目标客户主要聚集于上海。当时,上海杨树浦路一带的相关纺织业单位,大多为中国纺织机械厂的下游客户。那时,这块土地与周边产业互联互通的合作其实已经开始萌芽。

改革开放以后,由于国家产业结构调整,国内纺织业遭受冲击,诸多纺织厂纷纷关停,中国纺织机械厂作为上游企业,也不免受到影响,于 2000 年左右停产。工厂停产,但硬件设施被最大限度地保留下来,取而代之的是一个立足于居民生活的长阳商务休闲广场。很显然,这个尚未形成统一业态的"广场",不足以承接这家企业的工业文明。

2010 年,长阳商务休闲广场重新定位为文化创意产业园,称"长阳谷",直到 2015 年,奚荣庆作为总经理主导该园区发展,改名"长阳创谷",定位为科技创新园区。奚荣庆说,这个有着厚重工业文明的土地,其工业基础、工业文明应该被继承、发展。

"这里好比是一块上等的大衣的料子,仅仅做成一件衬衫、一套西服,是对不起这块土地的价值的。"奚荣庆这样谈长阳创谷的宝贵历史价值。

(二)改革萌芽,蓝图擘画

2015 年,奚荣庆正式入驻当时的长阳谷,着手长阳谷的现代化改造,定位为立足城市更新的科技创新园区,这片土地也从那时起正式被命名为"长阳创谷"。

"长阳"二字,既含着对所处地标——长阳路 1687 号的明确,也含着工业文明的历史传承,同时还有长河、骄阳般向上发展,向阳而生的浪漫诗意;"创谷"二字则对标美国"硅谷",在"大众创业、万众创新"的时代号召和战略指导下,成为新时代创新创业产业聚集地

的先驱。

长阳创谷总占地面积约 500 000 米^2，位于上海内环，加之浓厚的工业文明，被奚荣庆称之为"上等的大衣的料子"（见图 21-1）。

图 21-1　长阳创谷俯瞰

此前，奚荣庆曾任职于同样是创业园区的创智天地，于是他计划将创智天地中对于科技创新社区的宝贵经验加以优化，合理地运用到长阳创谷的建设中。

首先是价值定位。"重新焕发这块拥有古老工业文明土地的新价值，就这一回"。确定了这样主基调后，在奚荣庆的领导下，这块土地开始重新规划、建设、开发和运营。最大限度利用老工业基地的基础建设和风格，并恰如其分地发挥其价值。

其次是主要目标。长阳创谷旨在打造一个城市更新的代表。如果将这块土地的城市更新理解为版本升级的话，那么早期工业文明为 1.0 版本；2000 年至 2014 年间把一些老厂房拿出来，做一些基本商业，称之为发展的 2.0 版本；2015 年以后，长阳创谷则计划发展为城市更新的 3.0 版本。

最后是改革愿景。最初确定的长阳创谷的愿景为"产品优秀，运营卓越，客户亲密"。而说起这个愿景，就不能不提 EMBA 教育在其间发挥的作用。2015 年初，奚荣庆参加了同济大学 EMBA 和美国百森合作的创新课程，当时一位美国教授讲到一家企业的发展策略，其内容高度符合长阳创谷的发展趋向。这给了奚荣庆灵感，他将其翻译后，制定了长阳创谷"产品优秀，运营卓越，客户亲密"（product leadership, operation excellence, customer intimacy）的发展愿景。

长阳创谷的更新蓝图就这样被确定下来，一块具有辉煌工业文明的土地的蝶变，也由此开始。

（三）跨越发展，脚步铿锵

长阳创谷的现代化改造如火如荼地开始进行。

在硬件的改造上，同济大学建筑系知名教授章明[一]亲自主持长阳创谷的规划设计，坚持最大限度保留其历史建筑，"建成中国早期工业建筑博物馆"。这座"博物馆"并非一个简单的区域性展馆，而是把现代的装饰风格与古老工业文明的历史建筑进行有机融合，使"工业遗存"通过二次设计具有"实用属性"。钢铁与艺术并生，历史与未来对话，矛盾与和谐共存，从硬件改造上，已将精神文明的深刻内涵孕育其中。

改造落地时，长阳创谷的核心负责人以"产业复兴"的态度对待每一项工程。长阳创谷核心负责人选取旧厂房的简易办公室作为"作战指挥部"，布置了简单的桌椅，墙上贴满了工程规划图、进度表，因为常常要去现场，管理人员们也常备着安全帽、劳保鞋、防蚊虫的花露水，俨然一副立志"艰苦奋斗"的景象。老厂房焕发新辉煌的梦想被植入工作中，变为前行的乐观动力。

自项目开始以来，长阳创谷几乎每天都有外界团体来调研考察，利用接待外界团体的机会，长阳创谷一边传播自己的改革理念，一边开展信息需求对接，碰撞思想，夯实长远发展的基石。

同济大学 EMBA 的一位校友在考察了长阳创谷之后，一口气拿下 2 平方公里的土地，志在建成一个开放型社区，与长阳创谷的整体基调同频共振；有位 EMBA 同学租用了长阳创谷的一整幢大楼，将自己的公司总部搬到了这里。周边社区的居民则步入长阳创谷参观、散步。相关社会团体和政府对长阳创谷的考察评价也在不断地助力长阳创谷的发展壮大。

长阳创谷的再造脚步，铿锵有力。

（四）风华再展，旧貌新颜

如今，长阳创谷已旧貌换新颜，其全新的面貌却并未抹掉它的百年风华。从建筑上而言，走进长阳创谷你会发现，老厂房内的桁车桁架成了楼与楼中间的"风雨连廊"，多空间互联交通，打造了不可比拟的步行体验；一些办公室、房间是用桁车控制室改造而成的，传统与现代交汇，营造了特别的办公氛围；路边的指示牌则是用工厂的悬臂制作的。百年老厂的基础建设发挥出了现代化的最大作用。

除此之外，长阳创谷还区别于传统刻板的办公区域，园区内绿树成荫、环境优美，自然与建筑达成了和谐统一；各种咖啡吧、书店、剧场入驻，增添了生活气息。长阳创谷成为一个集工作、学习、生活于一体的"Campus"双创街区。

就运营情况而言，依靠其极具吸引力的软件、硬件，长阳创谷目前在商业租金、办公楼租金、物业费、会场租赁费用等层面的创收连年增长，年收入达 5 亿元，并处于满租状态。其中商业办公楼贡献的收入占总营收的近 90%，租户主要为科技创新型企业。

长阳创谷还是新兴头部创新创业者的摇篮。迄今为止，长阳创谷已经有超过 300 家企业、

[一] 章明，同济大学建筑与城市规划学院建筑系副主任、教授、博士生导师；同济大学建筑设计研究院（集团）有限公司原作设计工作室主持建筑师。曾获中国建筑学会青年建筑师奖、上海青年建筑师新秀奖、全球华人青年建筑师奖，获评"中国 100 位最具影响力的建筑师""AD100 中国最具影响力建筑设计精英"。主要设计作品有上海新天地屋里厢博物馆、2010 上海世博会城市未来馆等。

20 000名创业者入驻,其中有150多个"双创"代表以及非常具备"双创"潜力或条件的中小群体,有的已经形成规模。数年来,如摩拜单车、流利说、诺亚财富等一些知名的新兴创业公司先后入驻长阳创谷,并各自走出了独特的闪光道路。专注于互联网科技的沪江集团将总部设在了长阳创谷。2020年,经过紧锣密鼓筹划,年轻白领喜爱的小红书团队也搬来了长阳创谷。

最近几年,长阳创谷中的诸多独角兽企业不断刷新产业形态、创新模式,尤其是在长阳创谷被设为人工智能试点园区之后,更是迎来蓬勃发展。立足大健康,融合人工智能,伦琴医疗可谓开拓创新谋发展,以"AI+健康"的面貌在园区里盛大开张。赢彻科技则作为"AI+物流"的代表,获得了市场的青睐,规模逐步扩大,不久前又新租用了两层办公楼。爱驰汽车也不甘落后,这家"AI+新能源"的新企业正筹备推出新款车……创谷内的业态多元化、科技化、智能化、成长快速化、产业链条化让园区置身新时代的聚光灯下。

社会各界纷纷将目光聚焦于长阳创谷。2016年,时任上海市委书记莅临长阳创谷,着重考察了入驻园区的共享经济代表企业摩拜单车;2017年9月,第三届全国"双创"周选在长阳创谷举办,活动获得了充分好评,长阳创谷的知名度进一步提升,据不完全统计,本次"双创"周共吸引了150 000人次前来,尤其值得一提的是,"创新创业七日谈"主题活动的围观和直接参与者创下了高达100万人次的纪录;2018年4月,时任国务院总理李克强在视察上海期间来到长阳创谷,对老厂房改造升级、新旧动能转换成果给予充分肯定;同年,长阳创谷项目入选上海改革开放40周年40个首创案例;2019年全年,园区接待参观团体超过800家,哥伦比亚总统及部分政要重点考察了长阳创谷,这一年,全上海仅有两家人工智能示范区,长阳创谷便是其中之一,正式进军AI产业;2020年,园区又启动了"Health Campus"项目。在学术界,同济大学经济学教授诸大建①将长阳创谷评价为"大学之外的大学校区";创业圈内,"北有中关村,南有深圳湾,中有长阳创谷"的说法广为流传。长阳创谷旧貌换新颜,对社会各界的影响力正日益加深。

老厂不老,历久弥新。

二、抓科创,促发展,致力城市更新社区复兴

业界不乏创业园区,"创"似乎是不变的主题,但长阳创谷的不同之处在于,它是基于工业转型的创新创业园区,除了科技创新主题,重要的还有致力城市更新,带动社区复兴。

(一)理念引领,科技创新

创新是时代不变的主题,是发展的重要引擎。2014年,在"大众创业,万众创新"的号召下,政府带动城市积极响应"双创"政策。长阳创谷作为创新创业的重要载体,在这样的背景下,积极主动致力"双创"事业,紧扣时代脉搏,将营造更为优良的创业、创新环境,构建一体化的科技创业孵化体系列为重点规划事项。数年来,长阳创谷在抓牢科技创新、孵化创业

---

① 诸大建,同济大学经济学博士、教授、博士生导师,同济大学可持续发展与管理研究所所长、资深文科教授。主要研究方向有行政管理、城市管理与建设工程管理,发表学术论文150余篇,著有《大学与城市》《管理城市发展》等。

企业层面，形成了自己鲜明的特色。

一是"创"的规模较大。长阳创谷规划的总建筑面积约为 300 000 米^2，2015 年开始改造，共分四期工程。由黄兴路（上海内环高架路）、长阳路、周家嘴路（北横通道）和临青路围合的创新街区，就规模而言，在国内外几乎没有可以与之媲美的创新创业园区。如此规模庞大的创新创业集群，为营造"双创氛围"、响应时代号召、储备创新力量、碰撞"双创"思路提供了较大的平台。

二是"创"的模式更新。凭借市场化、专业化、集成化、网络化等诸多优势，长阳创谷的众创空间已具备自身的显著特色，目前投入运营的产业具有高品质、低成本、便利化、全要素、多元开放等优势，如清华启迪华东基地、优客工场上海总部、电信的创翼天地以及 24 小时开放的 Sandbox3 创合社区等 9 家先期入驻的众创空间就是其中代表。除此以外，长阳创谷还有 150 多家极富科创特征的中小企业进驻，共同构成了全新的众创空间。

三是"创"的承接及时。长阳创谷三期工程已经交付，提供的大量办公空间使引入科创大企业、总部型企业成为现实。与此同时，长阳创谷最大力度发展创新要素和平台机构、整合前沿研发团体资源，从创业萌芽、初具规模到日趋成熟，微、中型的科创企业能够得到长阳创谷"接力式"的各阶段支持，为创业企业的平台接续保障，是"创"谷吸引广大创业者的又一亮点。

全新的"创"谷理念，使长阳创谷的科技创新步伐走在时代前沿。

（二）打造标杆，城市更新

科技创新是长阳创谷向前发展的内驱力，而基于老厂房改造这一基本客观现状，长阳创谷把科技创新驱动城市更新作为基本目标，并从开始就志在建设一个城市更新的地标性园区，使其成为区别于长阳创谷历史上改革发展的"城市更新 3.0 版本"。而 3.0 版本与以往相比，最大的革新点在于"无中生有"。

所谓"无"，即"无边界"。长阳创谷旨在营造一个开放式的创新街区，园区内给人的直观感受是如同身处国内外知名大学的校园一般。在长阳创谷的规划蓝图中，园区完全建成以后，其中设立三条市政道路，穿行其中会让人感觉置身一个幽静的城市中，分不清哪里是创谷，哪里是外界。高度的融入感、无边界感，使园区改造与城市更新无缝衔接。

所谓"有"，即"有生活"。传统意义上的园区业态统一，缺乏精神文明建设，而在长阳创谷中，有长阳会堂（Changyang Block Hall）这样一个独特的存在，这是一个由旧车间重新设计而成的超大共享会场，宽 21 米，高 12 米，可以供创客们进行产品或服务推广、全新产品的推介、文艺会演等活动。园区和社会资源的双向选择，也吸引了诸多的咖啡馆、餐厅、酒吧、小剧场、休闲书店入驻，共同营造永不落幕的创客生活。长阳会堂前方有 7 000 米^2 的草坪，结合区域特点，这里为园区的活动提供了一个浪漫而具有丰富内容的场地。这里还曾轮番举办毕业季晚会、创客主题活动、独具创谷特色的草地音乐节、设计师交流沙龙等，增添了城市的生活气息。

无边界，有生活——长阳创谷全新模式的城市更新，成为一个可供业界借鉴的标杆性范例。

（三）着力配套，社区复兴

"城市，让生活更美好"是2010年上海世博会的主题。这次盛会距离现今已十余年，但这个主题却一直在路上。城市发展的根本是要服务于社区、服务于人，让居住其间的群体感到便利、幸福。长阳创谷作为以科技创新带动城市更新的标杆性企业，深刻把握这一内涵，也将社区复兴作为改革发展的重要内容之一。

有了科技创新驱动城市更新的基础，长阳创谷聚集了各类新兴理念与技术，此时便着力注重相关配套。例如，缤果盒子致力打造一个自己的生活品牌，融合人工智能，使用"AI＋新零售"的方式给创谷带来新的无人超市、无人奶茶店、无人健身房，共同构成了"无人区部落"。除了园区白领能够享受外，园区所辐射到的社会群体也能享受其提供的多彩而方便的配套设施。令我们想不到的是，这样的"AI＋"配套，是由5个集装箱改造而成的。除此之外，无人驾驶的安防机器人也在园区内流动巡逻；长阳创谷作为一个环境优美的和谐园区，还可供休闲旅游；如果在逛园区或者到某企业办事时感觉路远，也无须担心，极为便利的园区内通勤车会接你到想去的地方，这就是已经投入使用的LA级无人驾驶通勤车……长阳创谷"人工智能应用试点园区"已揭牌，初具规模的长阳创谷"AI＋"园区向广大公众开放。高品质的生活配套设施完全解决了周边社区配套缺乏或者配套低端的问题。早晨和晚间，长阳创谷周边社区群体选择在园区内锻炼身体、聚会聊天，人流涌动，是长阳创谷与周边居民和谐共生、获得社区认可的有力佐证。

以科技创新带动城市更新，促进社区复兴，成为长阳创谷"最为欣慰的成绩"。

（四）三位一体，上海首创

科技创新、城市更新、社区复兴三位一体的园区改革属于上海首创，并取得了阶段性成绩，而这与长阳创谷"绿谷、光谷、锈谷、合谷"的改革理念建立并扎实落地息息相关。

"绿谷"是长阳创谷的生态系统。在室内，原有的车间大量保留自然光照，阳光照进古老的房间，照到现代创业青年的办公桌上，营造出自然和谐、更加愉悦的办公氛围，可以与国际先进大学的环境相媲美。在室外，除了上文中长阳会堂前7 000米^{2}的绿地外，长阳创谷在园区北部还开辟了一块5 000米^{2}的新绿地，引入多种上海本地果树，形成"长阳果园"。"长阳果园"作为亲子教育基地，适龄儿童可以在其中学习接触自然，感受果木从发芽、开花到结果的全过程，还能激发创意。此外，城市绿洲、绿顶花园、绿棚集市等也是长阳创谷的"绿谷"组成内容。因此，"绿谷"除了指绿色的环境外，更是运用绿色的技术、创造绿色的生活体验、倡导绿色的生活理念的完整生态系统。

"光谷"是指在改造过程中最大限度保留自然光线，保留自然环境优势，长阳创谷现存办公室由古老的工厂车间改造而成，最大的问题是采光的流失。在"光谷"理念下，长阳创谷改造时采用光庭、光塔、光斗的空间创新，室内照进的是太阳光，流通的是新鲜空气，创造了亲切舒适的空间体验，极大限度保留了自然环境优势，为今后的老工业区改造提供了新思路。

"锈谷"为工业遗存。古老的车间建设特色被继承了下来，这里的过街廊道、创谷点缀物由旧的桁车、吊臂重新设计而成（见图21-2）；旧址里的轨道、动力操作箱、表具、管线等具有时代感的部分经努力复原，不仅是"工业遗存"的美学再造，更让它们具备了实用价值。长阳创谷B楼老厂房的外立面是目前上海最大的马赛克拼图，面积超过800米^2，有近40年历史，园区想尽一切办法进行保留，保护工业文明载体，维系精神文脉。

图 21-2 过街廊道、创谷点缀物由旧的桁车、吊臂重新设计而成

"合谷"则是指主张人员流动和聚集。独树一帜的是，长阳创谷内有一些"不方便"之处，如不开设公共食堂，楼内没有供大家使用的公共服务设施，要获得便利，只能到长阳会堂，如此一来，长阳会堂成了园区内各企业人员的临时"交流处"；长阳创谷楼宇电梯也"不方便"，设置在不起眼的角落，找不到时，大家只能走楼梯。这些"不便利"，却是长阳创谷刻意设计的，会堂前的交流，楼梯中的不期而遇，是长阳创谷为国际"顶流"的商业精英所创造的互相碰撞、相识、相知，谋求更多发展可能的"便利"，使长阳创谷成为一个集合诸多面对面交流机会的成熟园区。

在长阳创谷中，无边界式的接纳营造了气氛浓厚的创客空间；高品质的生活配套设施，则给社区的居民和园区的创业者带来了便利，既有科创，又有生活。"我们解决了科技创新、城市更新、社区复兴有机融合问题。"奚荣庆表示，"所以，我们才有机会成为上海改革开放四十年四十个首创案例之一。"

三、优服务，重转化，打造创新创业热带雨林

长阳创谷积极落实国家对创新创业的优良政策，同时结合本园区实际，着力营造优质营商

环境，为入驻企业提供贴心服务，打通技术转移通道并海纳百川地吸收具有发展潜力的不同创新企业，搭建互融共通的企业发展平台。在这里，一座创新创业的"热带雨林"不断蓬勃壮大，为国家发展提供创新的力量。

（一）优化营商，周全服务

为了向入驻企业提供更加优良的经营环境和发展空间，长阳创谷时刻关注国家相关政策，时刻关注入驻企业发展态势和需求，时刻关注自身配套的不足。在为园区企业服务上贴心、细心、用心，新招频出。例如，响应政府相关产业政策体系，强化精准扶持。长阳创谷不断发力，在新一代人工智能、大数据等应用上提供相应的鼓励政策；用心设计园区环境，营造人员沟通、企业沟通的良好氛围；寻求工商便利渠道，为企业的政府事务提供便利。

一个典型案例是园区与市场监督管理局积极沟通，通过努力争取，一种名为"创厢"的政府办公形式在长阳创谷推广开来。在长阳创谷入驻的企业，可以在"创厢"内完成登记注册、工商年检、质量标准化等企业工商全流程事项。

"在这里，不需要出门，喝一杯咖啡的时间就能打印一张新的营业执照。"这便是长阳创谷为入驻企业提供周全服务体系的切实体现。

（二）重视成果，促进转化

长阳创谷除了为企业提供周全服务之外，另一个重要功能是助力创业孵化、促进技术转移与成果转化。

园区汇集了启迪之星、优客工场等10家有着鲜明特点的众创空间和孵化器，2 500名创业人员在这里有了实现梦想的办公地。

启迪之星创业孵化器是长阳创谷的一个创业孵化代表。它更像是一所新型学校。在创业资源上，创业者可以获得创业导师、投资人、各领域专家的亲身指导，降低创业的风险。同时，园区结合MBA、EMBA领域的优势资源，同样为创业锦上添花。在模式上，启迪之星结合上海在国际化、商业和金融领域的区位优势以及长三角城市群的辐射效应，推动了"空间服务＋实业资源＋金融支持"的全链条创新孵化模式，形成了"专业化、国际化、生态化、人本化"的区域孵化特色。在孵化类型上，面向的第一类人群是初次创业者或高科技及互联网创业者，面向的第二类人群是有一定经济基础的多次创业者或传统中小微企业家。启迪之星孵化器更偏向于托管型，为创业者提供企业生存的基础设施、良好的平台、创业培训、投资人对接等服务。

在园区众创空间内，入驻的创业企业和创业者能够获取产业对接、科技成果转化、知识产权等各方面孵化服务解决方案；能加速企业个性化、专业化、高层次发展；提供创业企业从萌芽、发展到盈利乃至资本介入的全生命周期的金融支持；满足创业者创业指导、课程培训、各类沙龙、商业计划优化等活动的基本诉求。

在长阳创谷，有想法而缺资源的创客们有了归属之地，使他们的创意能够跨越萌芽期加速成长，继而进入市场实现梦想。

数据显示，在全上海的众创空间中，杨浦十占其一。纵观全国，创业平均成功率为10%，而杨浦区内的创业平均成功率为30%，超过了全国平均水平，而企业存活下来的概率可以达到70%。统计结果反映，长阳创谷相对而言能更好地对接资源、得到政府政策扶持、引入资本等。

（三）开放生长，培育雨林

长阳创谷引进并培育了一大批科技创新企业，其中不乏行业内的"网红"和独角兽。此外，还有很多科技中小型企业，其数量超过3 000家。它催化的是创新创业者的蓬勃生长，实现的是创新创业者们的丰满理想，营造的是上海本土的创新创业风潮，孕育的是大国发展的新鲜血液。海尔把自己比作大海，"只有大海能以博大的胸怀纳百川而不辞细流"；长阳创谷把自己助力创新创业的热土比作热带雨林，"热带雨林里所有的参天大树、灌木、小草能共生共长"。

长阳创谷不锚定单一物种，而是锚定多生态科技创新园区。在"无边界"的模式下，没有人问你从哪里来。无论是"小草"阶段的初创企业、初具规模的"灌木"企业，还是长成"参天大树"的独角兽企业，在这里都会找到自己的一席之地，彼此互惠互利，共同健康成长。曾有人做了一个假设：如果有一天，园区内某家企业的中高层也要下海创业，那么旁边的楼就是新办公室，门禁卡都是原来的，这生动地诠释了长阳创谷的多元化创业生态。

创业集群优势互补、互融共生，创业热带雨林使企业积极发展，带动园区提升影响力，促进当地创新创业氛围，形成良性循环，并由此为大国发展培育中坚力量。

2021年9月，北京证券交易所成立，侧面印证了国家加大对创新驱动的重视和支持力度。在实现中华民族伟大复兴的道路上，创新是重要驱动力，鼓励创新、支持创新、为创新企业提供资源是发展的重要内容。就这个层面而言，长阳创谷早已在路上。

（四）面向全球，长远规划

"把长阳创谷早日建成世界级创谷"的重要指示，确定了长阳创谷的长远发展目标。党的十九大报告提出"加快建设创新型国家""创新是引领发展的第一动力，是建设现代化经济体系的战略支撑"，作为创新创业的领航式园区，这也为长阳创谷的战略规划指明了方向。

对标世界级创谷，打造创新创业高地，长阳创谷对自己提出了实现这一目标的具体要求——第一，长阳创谷内的企业应是世界级企业；第二，长阳创谷产出的是具备全球影响力的成果；第三，园区氛围和社区复兴也应该是世界级的。

为了完成这些具体任务，长阳创谷博采众长，以奚荣庆为首的企业管理人员将此前的创业园区经验加以优化并运用到长阳创谷的管理实践中；同时，纵观国内外同类创新创业园区，譬如深圳湾、中关村、硅谷等，长阳创谷充分借鉴和发扬这些园区的经营模式，更不忘充分发挥以上这些园区所没有的"老厂房改造"中长阳创谷的"绿、光、锈、合"优势，将"科技创新、城市更新、社区复兴"的理念贯彻下去，吸引世界级资源。

四、顺时代，立潮头，融通管理教育理论实践

践行"双创"新使命，推动"双创"新发展，长阳创谷的改革迈出了顺应时代所需、勇立

时代潮头的重要步伐，直接为我国经济向高质量发展跨越赋能。而科技兴、产业兴离不开教育兴，长阳创谷的成功范例也是中国教育尤其是 MBA、EMBA 教育取得的优异成绩。

（一）理论指导，知行合一

长阳创谷的带头人奚荣庆是同济大学 EMBA 学员，理论通识最终转化为实践的力量，同济大学 EMBA 的资源也提供了各类支持，呈现出长阳创谷改革发展的成功。

同济大学 EMBA 课程自 2002 年创办以来，始终坚持走"特色化、国际化、专业化"的发展道路，面向需求，立足本土，把我国工商管理教育与实际问题的紧密结合作为重要的项目改革举措之一，旨在培养"具有全球视野、社会责任感及创新精神并掌握现代经济管理知识和技能"的业界领袖。在课程设置上，同济大学 EMBA 跟随国家发展，紧扣时代主题，近年来先后设立"一带一路""技术转移""乡村振兴""创新创业"等课程方向；面向学生需求，先后推出"3D"实践、"3C"软技能、"3E"通用能力培养方案。在这样的氛围中，奚荣庆大获裨益，这也影响了长阳创谷的发展，可以说，长阳创谷是同济经济与管理学院浇灌的创新之花。

长阳创谷的成功，也是中国 EMBA 教育立足本土实际、面向全球发展的典型。MBA 教育发源于美国，但在中国 30 余年的发展中，依托我们浓厚的商业氛围和丰富资源土壤，使广大的 MBA、EMBA 学员有了从理论到实践，实践再反哺理论的广阔天地，真正实现"知行合一"。在此基础上，协同共生，特色办学的理念使多样化、个性化、实务化的办学实践深入中国 MBA、EMBA 教育当中，收到了实际成效，折射出的是中国 MBA、EMBA 教育由跟随者到改革者再到引领者的发展历程，建立起了 MBA、EMBA 教育的良好生态。

（二）资源整合，助推改革

除了理论指导实践，同济大学 EMBA 的各方资源也成为长阳创谷发展的重要力量。

园区的硬件改造是同济大学老师亲自设计的，项目在运营层得到了 EMBA 校友的支持，项目发展更是得到了学校的持续关怀。

同济大学 EMBA 隶属于经济与管理学院，院领导和老师们高度关注校友企业，持续关心长阳创谷的发展，从营销定位、规划设计到校友资源对接，特别是在重大场合推介校友项目发展，极大地提升了项目的知名度。

奚荣庆本人则不仅在读书时常与老师同学沟通，把企业发展的实际问题拿到课堂上，与老师同学进行头脑风暴，商讨解决之道，更在毕业之后经常返回校园，来到同济大学经济与管理学院，寻求 EMBA 老师的帮助，对接有效信息和资源，持续为长阳创谷的改革发展探索新的动力源、创新点。

（三）功能外溢，时代前沿

长阳创谷改革发展受益于同济大学 EMBA 项目，除了助力创新创业、城市更新、社区复兴之外，功能外溢至园区，这也是长阳创谷的定位的重要组成部分。以"开放式创新"为主题是设计园区时植入的理念。留下行人走路的地方，设置两个停交通工具的场地，当走进园区向目的地进发时，映入眼帘的是漂亮的绿地和林荫路。因为是老厂房，建筑的高度基本不超过树的高度，以保证园区受自然景观主导。

沪江集团于 2021 年把总部搬到了长阳创谷，它的主要业务为互联网教育。本次入驻长阳创谷，这家科技公司的 25 个业务部门全部搬了过来。入驻没多久，这家知名公司的掌门宋相伟就在长阳创谷"旅游"了一番，并给予了中肯的评价，面对着诸多特色饭店、健身场地、咖啡馆以及开辟出的景观地带，宋相伟表示："其他的科技园强调的是商办属性，而这边比较强调社区氛围，这是跟我之前接触到的园区最不一样的地方。"而与他感受相似的，当然还有沪江集团本次搬来的 750 余名员工，他们纷纷表示这里是第二个大学，是"Campus"。

在 2021 年浦江创新论坛上，同济大学知名教授诸大建发表主旨演讲，着重介绍了长阳创谷的成功案例，并给予高度评价："对于创新城市在长阳创谷的成功，我用大学校区的功能混合，即亦学、亦居、亦乐，第三空间功能的外溢进行解释，说明创新人才喜欢大学校园这样的城市街区。"他同时称长阳创谷是"大学之外的大学校区"。

值得一提的是，奚荣庆现在担任了校友导师，参与到同济大学 MBA、EMBA 项目的建设当中，把长阳创谷的成功经验系统地反哺于工商管理教育；长阳创谷也成为同济大学 MBA、EMBA 学生的实践基地，每年接待大量在读学员，同济 EMBA 的学生在这里拓宽视野、储备技能、贯通理论与实践。这是长阳创谷的又一功能外溢，更是同济大学 EMBA 教育的良性循环（同济大学 EMBA 校友参访长阳创谷合影如图 21-3 所示）。

图 21-3　同济大学 EMBA 校友参访长阳创谷合影

（四）解放思想，范例延伸

长阳创谷"大学之外大学"式的改革模式，也是对当下年轻创业群体、创业趋势的精准判断。当代创业者大多是在我国改革开放后飞速发展的几十年间成长起来的，他们创新意识强，创业动力足，但对"双创"环境的要求随之增高，创业萌芽形态也发生变化。

现在的创业青年,其创新思想大多基于城市、社区的现实问题。诞生于长阳创谷的摩拜单车、流利说就是这样,年轻人需要集聚到城市进行交流、分享、合作,这是当下创新的主要方式之一。

长阳创谷没有墨守成规,以"艰苦创业"的思维看待新兴创业群体,而是解放思想、转变思维,打造了长阳创谷这样一个让年轻人能够坐得下来、聊得起来的未来型创新创业园区。

这些思维也出自 EMBA 教育中,如何与当代"后浪"青年沟通交流的工商管理通识,毕竟,引领发展的第一动力是创新,创新的主体是"后浪"。

奚荣庆表示,长阳创谷对老厂房改造的思维转变,或许给诸多类似项目提供了一些启发或经验。

长阳创谷将于 2030 年完成全部规划,500 000 米^2 的园区成为世界级的创谷园区,吸引着 50 000 余名世界级的创业者在其间办公,碰撞产生的是助力大国复兴、屹立于世界民族之林的世界级创新成果……那是长阳创谷的终极目标。

改革发展,仍在路上。下一步,长阳创谷会面向世界,创新联动,带动周边;通过营造更加和谐的"双创"氛围,建设 1+1>2 的集约化创业媒介,完善技术转移的平台支持机制等具体举措,走出一条工商管理教育与企业紧密联系、世界级科创人员积极参与、产学研深度合作的创新驱动、协同发展的全新园区发展道路。

参考文献

[1] 凤凰咨询. 奚荣庆:打造城市更新领域的"潮牌"[EB/OL].(2016-09-19)[2022-10-20]. https://news.ifeng.com/a/20160919/49988756_0.shtml.

[2] 中华人民共和国人民政府网. 李克强寄望上海长阳创谷早日建成世界级创谷[EB/OL]. (2018-04-11)[2022-10-20]. https://www.gov.cn/guowuyuan/2018-04/11/content_5281753.htm.

[3] 杨建正. 走进长阳创谷体验身边的人工智能[N]. 新民晚报,2019-08-20.

[4] 第一财经. 长阳创谷:从闲置厂房到世界级创谷[EB/OL].(2018-09-26)[2022-10-20]. http://www.yicai.com/news/100032114.html.

东风股份的业务战略转型

◎文豪 余岳峰 王艳明

随着经济全球化的不断深入，全球汽车产业的发展格局正在发生转变。世界各国对汽车安全、排放、节能法规的日趋严格，促使汽车产业全球性结构调整步伐明显加快，许多国际汽车公司通过扩张、联合、兼并等方式增强自身竞争力。产业链的全球化和大规模的跨国重组，正在从根本上改变汽车产业的传统资源配置方式、企业的竞争模式和企业的组织结构。

中国经济发展动力正从传统增长点转向新的增长点，汽车行业仍处于重要的战略机遇期。随着中国汽车市场由新兴市场向成熟市场过渡，汽车行业的发展也将进入新常态：一是汽车行业增速在未来将继续保持微增长，同时商用车市场增长很可能徘徊不前甚至下降；二是汽车与能源、环境等的矛盾更加突出，发展节能和新能源汽车刻不容缓；三是结构调整的力度将会加大，行业增长的内生动力将更加依靠发展的质量和效益；四是汽车与互联网的跨界融合将更为深入，智能化将成为重要趋势，汽车行业新的增长点将向价值链高端延伸；五是汽车消费不断升级，个性化、多样化消费渐成主流。

在上述背景下，国内的汽车厂商必须加快战略转型，以适应新的竞争形势。东风汽车股份有限公司（简称"东风股份"，英文简称"DFAC"）是由东风汽车集团有限公司（简称"东风集团"）独家发起，采取公开募集方式于1999年7月创立的沪市A股上市公司。作为东风集团轻型商用车事业的承担者，东风股份主要从事全系列轻型商用车及东风康明斯系列、东风日产系列发动机的开发、设计、制造和销售业务。基于国内外环境变化，由于企业内部的资源匮

㊀ 本案例由中南财经政法大学工商管理学院MBA教育中心提供。中南财经政法大学MBA项目先后为东风汽车集团培养了100多名管理人员。东风汽车集团从1994年起就选派了大量管理人员参加中南财经政法大学的MBA项目学习，并与中南财经政法大学联合举办多期管理培训班。东风汽车集团先后有两任总经理由中南财经政法大学MBA校友担任，分别是1998级MBA校友朱福寿和1994级MBA校友李绍烛（2021年退休），1994级MBA校友陈昊目前任东风集团副总经理。

㊁ 作者简介：文豪，中南财经政法大学工商管理学院副院长兼MBA教育中心副主任，教授；余岳峰，广州东风南方汽车销售服务有限公司总经理，中南财经政法大学2014级MBA校友；王艳明，中南财经政法大学工商管理学院MBA教育中心校友与职业发展主管。

乏或生产管理水平低下，同时面临着网络布局不合理、售后服务管理水平整体落后、固定成本整体偏高问题，东风股份的企业战略受到经济下滑等因素的影响，之前投资扩产能等战略已经不能与东风股份的发展相契合，导致企业的行业竞争力下降。2012—2014 年，东风股份自由现金流基本在 −10 亿元左右浮动，未能达成年终转为正数的总体目标。企业内生的管理控制能力成为东风股份启动战略转型的内部动因，持续改善公司收益、加速存货和应收款项周转、提高现金回款比例是今后改善的重点。同时，企业战略转型外部动因是企业所处的外部动态环境的影响使得企业成长呈现衰退迹象。只有通过改进企业生产运作模式、组织管理、人力资源管理等，优化企业内部资源，进而提高企业的竞争力，才能使企业最终得到更长远的发展。

一、东风汽车股份有限公司概况

东风汽车股份有限公司是肩负东风轻型车事业发展壮大重任的大型股份制央企，是国内领先的轻型车整体运营解决方案提供商。

东风集团是中央直管的国有重要骨干企业之一，始建于 1969 年，前身是诞生在湖北十堰的第二汽车制造厂。集团建设发展 50 多年来，累计产销汽车超过 5 200 万辆，其中产销自主品牌汽车超过 1 920 万辆。集团现有资产总额约 4 350 亿元，从业人员约 13.7 万人。年产销汽车 350 万辆左右。2020 年，实现销售汽车 346 万辆，营业收入 5 993 亿元，利润 346 亿元；经营规模居中国汽车行业第 4 位、中国制造业第 7 位、《财富》世界 500 强前 100 名。

东风集团是目前行业内产品和价值链最齐全的汽车集团之一，业务涵盖全系列商用车、乘用车和军车、新能源汽车、汽车零部件、汽车装备、汽车金融、出行服务及汽车相关业务等。其中，东风商用车销量居行业第一。东风集团主要事业基地分布在全国 13 个省份的 20 多个城市，形成十堰、襄阳、武汉及广州 4 大基地，产品销往全球 80 多个国家，在瑞典、俄罗斯等国建有分支机构。

东风集团与日本日产、日本本田、法国 PSA、韩国现代起亚等 7 家国际汽车企业，及美国康明斯、加拿大麦格纳等 10 多个国际知名汽车零部件企业，建立了广泛深入的合作关系。集团始终坚持做强做优自主品牌，覆盖全细分市场、全系车型，形成完整的整车、发动机平台及关键零部件开发及产业化能力，自主品牌整体销量规模位居行业第 4 位。集团在新能源汽车领域也已基本完成战略布局（见图 22-1），覆盖电动、混动、氢动三大技术类型，通过实施"583"战略，计划建设两个"三电"产业化园区，初步解决电驱动、电池系统、IGBT、燃料电池电堆等"卡脖子"技术难题，在售新能源车型 20 余款，累计产销 29 万辆，其中，高端自主新能源汽车品牌"岚图"的首款车型，于 2021 年 7 月 1 日量产下线。在智能网联方面，公司始终坚持乘用车渐进式和商用车跨越式路线并行发展，目前均已达到 L4 级别，并在特定区域内进行示范运营。在军车方面，东风集团累计产销军车 40 多万辆，成为我国知名军车品牌，其中东风猛士获国家科技进步奖一等奖，圆满完成 6 次阅兵保障任务。

东风股份是东风集团轻型商用车业务的主要载体，生产的车型涵盖轻型卡车、轻型客车、客车底盘、新能源物流车，业务品牌包括东风凯普特、东风多利卡、东风途逸、东风小霸王、东风福瑞卡等轻型载货汽车和东风御风轻型客车等，发动机业务包括东风康明斯系列柴油发动机和雷诺及日产柴油发动机。

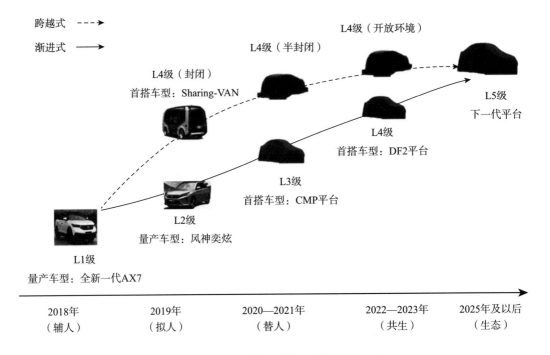

图 22-1 东风集团新能源汽车战略布局

东风股份秉持"客户体验领先的轻型车企业"的品牌使命,中期愿景为"智慧物流最佳合作伙伴"。公司深化技术创新,大力推进产品升级,强化降本增效,持续深化改革,进一步提升公司综合竞争力。在零部件采购环节,公司依托母公司零部件业务,采取"自配+外购"模式,坚持与供应商伙伴实现风险共担、成果共享的合作思路,推进供应商平台优化。在生产制造环节,公司推进制造阵地整合,推进制造效率提升,形成位于湖北襄阳的整车及东风康明斯发动机生产基地和位于湖北十堰的轻型发动机生产基地。在销售及服务环节,公司整车主要采取在全国建立营销网络的代理销售模式,通过经销商为客户提供整车、零部件销售和售后服务工作。2020 年,中国汽车市场销售车辆共计 2 531.11 万辆,同比下滑 1.88%,其中乘用车销售 2 017.77 万辆,同比下滑 6.03%,商用车销售 513.33 万辆,同比增长 18.69%。公司的轻型商用车(轻型商用车),在农用车升级换购和电商物流、公路货运、冷链配送等行业快速恢复的拉动下,全年共销售 254.30 万辆,同比增长 14.77%,其中轻型载货车销售 219.87 万辆,同比增长 16.76%;轻型客车(简称"轻客")销售 34.42 万辆,同比增长 3.49%。公司在新能源汽车领域也已基本完成战略布局。

二、中国轻型商用车行业发展概况

(一)中国轻型商用车行业发展历史

在第一汽车制造厂中国第一台商用车下线后不久,1958 年 3 月,我国轻型商用车的第一代轻型卡车(简称轻卡)产品在南京诞生。随后的二十世纪六七十年代,通过测绘五十铃车型技术，我国各地纷纷上马轻型载货车项目，逐步形成国家、地方2个板块、2种车型的格局。1978年以后，原有的几个130车厂又引进了新一代日本五十铃产品，其中"江（江西）铃"和"庆（重庆）铃"汽车厂快速发展起来。原来计划生产中重型卡车和轿车的"一汽"和"二汽"，也先后自主开发、生产了轻型商用车137。[一] 2000年以后，以农用车起家的北汽福田异军突起，成为轻型商用车行业的领军者。2010年之后，我国商用汽车总量呈波动增长：中重型车需求高速增长；轻型商用车缓慢或波动增长；柴油三轮汽车市场出现衰退。2013年，我国轻型货车（含非完整车辆）的销量已达190万辆。其中，北汽福田销量为38.9万辆，在行业内处于绝对领先地位。东风、江淮、江铃等企业则处于挑战者地位，而凯马、南骏等原农用车企业也已进入前几位。从当前汽车行业的发展形势来看，面临的挑战也在增多：受经济形势的影响，商用车市场需求可能继续下滑；国家第四阶段机动车污染物排放标准（简称"国四"）正式实施，商用车成本增加；市场竞争加剧，自主品牌发展形势趋于严峻；互联网对汽车产业发展的深远影响日益发酵；《汽车销售管理办法》的修订和实施，将增加汽车市场的不确定性；汽车经销商的发展模式面临深刻变革；限购城市不断增多。

（二）中国轻型商用车行业现状

2015年至今，全球商用车行业总体维持了增长趋势。商用车产业产值大、产业链长、关联度高、技术要求高、就业面广且对消费的拉动作用大。随着汽车保有量的不断攀升，城市的大气污染和能源紧张问题凸显，各商用车企需积极开拓和探索新车型。油耗法规、排放法规的实施和升级，将促进商用车节能减排技术的快速发展。随着城市化进程的加快以及城市环境质量要求的提升，市政、环卫等城市用车仍会在一定时期内呈现刚性需求态势。中国轻型商用车行业企业数量如图22-2所示。

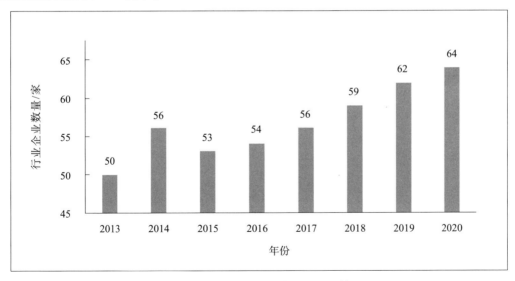

图22-2 中国轻型商用车行业企业数量

资料来源：根据中国汽车工业协会数据整理。

[一] 董文波. 转型期我国汽车产业发展策略［J］. 现代零部件，2013（3）：44-46.

从财务报告来看，2020年营业收入最高的是上汽集团，为7 421.32亿元，但净利润最高的是一汽集团，为467亿元，超过上汽集团的一倍（见表22-1）。2020年，上汽集团、一汽集团、东风集团、一汽解放营业收入均超过千亿元。但4家车企中，上汽集团、东风集团两家净利润却出现了下滑，幅度分别为20.20%、16.10%。除此之外，受新冠疫情影响较大的东风股份的营收利润也实现了双增长。东风股份业绩报告显示，2020年公司实现营业收入137.33亿元，同比增长1.58%；实现净利润5.54亿元，同比增长25.11%。其中，轻型商用车依旧是主要收入来源，营业收入为107.1亿元，占比达78.4%。

表22-1　轻型商用车行业主流品牌营业利润率

序号	车企	营业收入/亿元	同比增长率	净利润/亿元	同比增长率
1	上汽集团	7 421.32	−12.00%	204.31	−20.20%
2	一汽集团	6 960.00	12.70%	467.00	6.00%
3	东风集团	1 079.64	6.80%	107.92	−16.10%
4	江淮汽车	429.06	−9.42%	1.43	34.52%
5	江铃汽车	330.96	13.44%	5.51	272.57%
6	一汽解放	1 136.81	6.80%	34.88	58.45%

资料来源：根据上市公司2020年年报数据整理。

（三）中国轻型商用车行业发展趋势

1. 中国轻型商用车行业发展的影响因素

（1）宏观经济形势。2020年新冠疫情暴发，全球经济受到冲击。GDP增速趋缓，短期将对轻型商用车市场总量造成一定的负面影响，轻型载货车市场从原来的高速发展逐步进入成熟期。

（2）货运种类与行业结构。2020年，中央发布多个文件定调新基建，涉及5G基建、特高压、城际高速铁路和城际轨道交通、新能源汽车充电桩、大数据中心、人工智能、工业互联网等七大领域，网络通信、电力、交通、数字等多个社会民生重点行业。2020年1月1日至今的公路货运发货品类占比较为靠前的几类是建材、农用物资、食品饮料、金属钢材、煤炭矿产。

（3）邮政快递业务快速增长。随着电商、快递的发展，未来城市的配送将向"小批量、高频次"发展，尤其是电商物流、邮政快递业务的快速增长加大了对轻卡车辆的需求，近年快递业务增长迅猛，情况如图22-3所示。

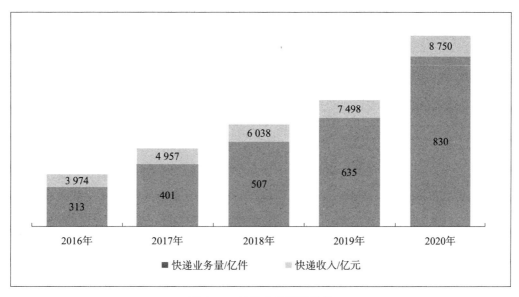

图 22-3 快递业务增量趋势

资料来源：根据国家邮政总局数据整理。

2. 中国轻型商用车的市场结构变化

（1）消费属性载货车上升。2019 年后，轻型商用车市场有了新的定义，不再包含客车、底盘和出口。

（2）行业格局稳中分化。近年，轻卡主流品牌主机厂在行业需求较弱的背景下竞争激烈，随着行业尾部产能出清，市场份额向头部企业集中，行业需求全面回暖将优化竞争格局，行业盈利能力有望逐步恢复。轻卡销量近两年来稳步增长，随着国家取消低速货车产品类别以及国内电商快递物流、冷链运输的快速发展，轻型卡车的市场需求不断增加。中国轻卡市场三年蓝天保卫战、蓝牌车营运证取消、轻卡下乡优惠政策等多重利好不同程度上促进了轻卡市场的平稳增长。如图 22-4 所示，国内新冠疫情有效防控及经济发展迅速恢复，汽车市场产销自 2020 年 2 季度开始持续、快速增长。轻型商用车市场受农用车升级换购和电商物流、公路货运、冷链配送等拉动，全年同比增长 14.8%。

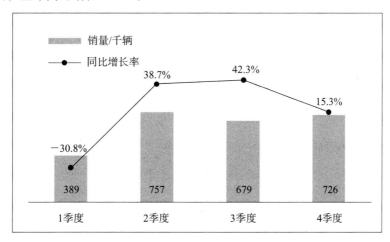

图 22-4　2020 年轻型商用车市场经营情况

资料来源：根据中国汽车工业协会数据整理。

（3）区域市场集中度增加。从2020年轻卡区域流向看，山东、广东、河北位居前三；销量前十名区域累计占比近7成。从图22-5可见，2020年轻卡主要流向山东、广东、河北、江苏、浙江、河南等经济或人口大省。销量前十名区域占比同比增加1.5个百分点，市场集中度进一步提高。

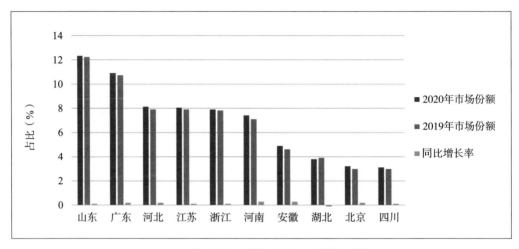

图22-5　轻卡销量前十名占各区域市场份额

资料来源：根据车辆上牌信息整理。

（4）行业供给需求双变。轻卡行业销量超预期的供给端驱动力有：国家大力整治"大吨小标"现象，严查蓝牌轻卡超载，加严蓝牌轻卡上牌，降低违规超额运力。需求端驱动力有：高速收费新规使合规蓝牌轻卡高速收费大幅下降；快递电商快速发展和直播带货的兴起引发区域物流、城市物流需求高速增长；城市冷链运输需求崛起打开中高端轻卡市场增量空间；"国三"淘汰、"国四"限行和"国六"落地引发存量更新需求；各地政府出台政策促进城配物流发展；多种机遇和时点重合，供给与需求合力驱动。

（5）用户需求持续升级。在物流业快速发展和排放标准不断升级的市场形势下，国内轻卡产品也随之更新迭代。相比于产品的快速迭代，当前轻卡行业售后服务的发展相对滞后，用户的需求与服务商实际提供的服务之间存在差距。轻卡的行业形势与用户形态都发生了变化，亟须轻卡厂家进行营销和服务方面的转型。虽然轻卡市场总量已趋于饱和，但在经济结构转型升级、"国三"老旧车辆置换等因素的推动下，用户形态加速由零售用户向专业型用户转变，尤其是随着组织型用户和专业物流用户比例的增加，用户对车辆专属定制服务、个性化服务的需求明显增多。轻卡销量的增长主要得益于物流行业的发展，受中国电商市场影响，物流需求逐年旺盛。未来轻卡市场的增长趋势还将延续。在电商快递物流、冷链运输等细分市场兴起，更严格的环保政策出台，城市限行范围进一步扩大，皮卡解禁范围扩大等多重因素的共同作用下，轻卡市场可以实现稳步增长。

（6）海外市场发展与机遇。一是战略转型，从"走出去"到"走进去"再到"走上去"，从贸易型出口模式向经销型出口模式转变，依托网络和资源深耕当地市场，从产品驱动转变为品牌驱动，提升品牌在海外的知名度和影响力；二是模式转型，根据市场需要，从单一整车出口模式逐步转化为整车和本地化生产双轮驱动模式，提升产品竞争力；三是共享平台，通过兼并重组、控股等方式，依托海外平台和资源，实现资源共享和优化，强化深度合作，借助海外企业品牌影响力和知名度提升我国公司的综合竞争力；四是"借帆出海"，加强与央企合作，共同探索和搭建合作模式和合作平台，实现互利共赢，推进战略合作和项目协作，联合出海。在国际化发展中，真正做到有量有质的提升突破。

2020年，轻型载货车出口主流企业是北汽福田、长城汽车、上汽集团、江淮汽车四家，份额约占70%，集中度较2019年有所提升。受益于皮卡的长城和深耕海外市场的上汽集团分别销售了超过1.9万辆和超过1.5万辆，同比增长12.8%和24.6%，表现优异如表22-2所示。近年来，行业的细分结构出现了变化，纯轻卡的比例相对下降，皮卡、小轻卡产品在轻型商用车出口产品序列之中逐渐增多，同时轻卡产品的结构偏重向GVW 6吨以下车型靠拢。

表22-2 轻型载货车企业2020年出口销量和份额变化

企业	2020销量/辆	2019销量/辆	同比变化	2020年份额
北汽福田	22 961	29 104	−21.1%	22.1%
长城汽车	19 880	17 631	12.8%	19.1%
上汽集团	15 415	12 370	24.6%	14.8%
江淮汽车	14 438	14 109	2.3%	13.9%
江铃汽车	6 749	7 970	−15.3%	6.5%
重庆长安	4 565	1 493	205.8%	4.4%
东风汽车	4 404	3 980	10.7%	4.2%
河北中兴	4 047	3 468	16.7%	3.9%
江西昌河	3 873	5 239	−26.1%	3.7%
唐骏欧铃	2 342	2 210	6.0%	2.3%
凯马汽车	1 251	1 119	11.8%	1.2%
金杯汽车	1 116	491	127.3%	1.1%
上汽大通	878	238	268.9%	0.8%

资料来源：根据中国汽车工业协会数据整理。

我国轻型商用车领域，重点聚焦轻型载货车及皮卡，按照厂家主流划分为亚太、非洲、美洲、中东及泛欧洲市场。各主流厂家已在各区域形成了自己的深耕市场，诸如美洲的智利、秘鲁，非洲的尼日利亚、突尼斯，以及越南、菲律宾、巴基斯坦、哥伦比亚等国。随着"一带一路"的特惠政策、双边经贸协议等的推行，我国国家层面不断提出带动全球经济复苏的大型区域合作倡议，我国政府一直奉行的独立自主的和平外交政策也为我国品牌轻型商用车拓展海外市场营造了良好的经济与政治环境，在某些地区我国还针对企业的出口车辆给予一定的补贴支持。加上我国轻型商用车企业已经积攒了多年的出口经验，总体具备良好的产品竞争力和完善的产品认证体系，这些支撑让中国商用车在世界范围内的话语权和影响力逐年提升，销量与盈利能力也稳步向上，基于自身的能力提升和国家层面的支持鼓励，我国国内轻型商用车产业出口前景继续向好，未来将存在更多机遇。

（四）中国轻型商用车行业竞争概况

我国的轻型商用车行业在前期发展过程中存在过度价格竞争的现象，为了争取更大的市场份额，汽车厂商经常过度扩大生产能力，在销售形势良好的情况下造成激烈的价格战，使得利润偏低。

由上文的产品结构分析可知，轻型载货用车占据了轻型商用车的大部分，而客车只有很少的一部分并且其市场还在持续萎缩，所以本文将主要以轻型载货车市场作为研究对象，结合东风股份公司主营的轻型商用车的特点，选择轻型商用车领域的竞争对手进行重点分析研究。

根据轻型商用车行业内企业现状、规模和未来发展的趋势，可以把行业内企业大致分为三个战略群组。

- 第一类，与外资建立了合资合作，目前处于行业前列，主要企业有：北汽福田、江淮汽车、江铃汽车和东风汽车。
- 第二类，具有特定的市场和产品优势，主要企业有：庆铃汽车、南汽跃进等。
- 第三类，新生的行业活跃分子，充分发挥低成本优势，主要企业有：成都王牌、成都新大地、重庆力帆、凯马汽车等。

以农用车起家并且在短时间内进入轻型商用车领域的北汽福田已经占据了重要的行业领先地位。从资源到研发以及品牌形象的构建，整个过程的优化构成了北汽福田公司的产品战略，包括最大限度利用可得资源为大总成供货提供保证、提升自身的研发水平并提高技术含量、树立公司的品牌形象等。2010年，戴姆勒公司与北汽福田携手成立重卡合资公司，共投入63.5亿元，用来生产福田欧曼和戴姆勒许可的重型发动机。福田汽车公司这些年来分别进入各层次市场，首先以时代轻型商用车占据低端市场，其次在中高端市场中用城市物流车型，如奥铃、捷运、欧马可等，占据一席之地，并且与东风、江淮形成激烈的竞争，试图改变传统的高端市场结构，冲击江铃和庆铃的固有市场。

作为东风股份在轻型商用车领域的另一个直接竞争对手，江淮汽车采用技术引进方式执行全方位、多元化的合作战略，采用合资方式合作生产具有国际先进水平的产品平台。通过四个平台产品的不断完善确保技术领先地位。江淮汽车在轻型商用车领域的产品按载重量主要分为1.5t和3t。从市场情况来看，这些年来轻型商用车市场向大吨位准中卡市场进军的同时，小吨位产品试图进入大型微卡市场而造成的两极分化使得江淮的传统项目2t级市场受到威胁。而随着东风股份的发展，在3t级市场对其形成挤压之势，但与此同时，在轻型客车底盘领域江淮汽车一直保持优秀。

三、东风股份的战略转型挑战

东风股份处于一个充分竞争的行业内，行业内竞争激烈，竞争者众多。因此，东风股份必须克服战略和运营两个层面存在的问题与挑战。

（一）战略层面存在的问题与挑战

1. 企业执行市场跟随战略，行业趋势把握能力弱

东风股份在轻型商用车行业属于后手入市，一直采用市场跟随战略，对行业发展趋势和用户需求的把握能力偏弱。尽管通过上市到现在的持续发展，东风股份取得了一定的行业地位，但前有堵截，后有追兵。福田和江淮依靠长期的市场领先战略耕耘，对用户需求有深刻把握，同时建立了一定的品牌优势；而有上汽集团和一汽集团做靠山的南京轻卡和一汽轻卡，将会背靠"大树"谋求高速增长；排放法规升级后，江铃、庆铃依靠长期形成的高端口碑迅猛增长。轻型商用车行业面临空前的对峙格局，市场变数更多，竞争更加激烈，竞争水平更高。

东风股份通过把握国家政策导向，先后成立了 LDT（轻卡）、W01（微卡）、CV03（微客）、旅行车（底盘、客车、纯电动新能源）、A08（轻客）、海外事业、特种车、工程车、铸造、轻型发动机等事业单元，抓住了当期的行业机遇，但由于自身企划、研发能力薄弱，无法把握行业和市场的发展趋势，缺乏发展"后劲"，使得很多事业单元销量持续萎缩、生存困难。

2. 前期战略性投资未达预期造成产能过剩和运营成本上升

2008—2011年，东风股份进行了大量的战略性投资。在产能投资方面有郑州日产二工厂项目、襄阳欧系轻客项目、襄阳新能源客车项目及常州微车项目；在产品投资方面有微车项目、欧系轻客项目等。但由于自身没有微车及欧系轻客等乘用车运营的经验，新能源项目对政策的依赖性过高，东风股份2012年以来长期处于产能过剩的状态，固定资产折旧额高企，运营成本过高。

3. 固定成本偏高

福田以及山东等地的同类企业，由于长期处于农用车行业，制造成本优势明显，摊销费用较低，人工成本也大大低于东风股份的员工，致使部分产品的价格在竞品的所在地市场没有竞争力，这也是导致市场占有率下降的原因之一。

图 22-6 列示的是东风股份 2013 年的成本结构。东风股份从轻型商用车起家，对产品配置、工艺要求比较严格，但在核心资源，如动力总成方面，没有自主权，造成零部件价格居高不下，同时由于销量规模还没有达到理想状况，因此整车单辆份研发、销售费用使用效率不高。随着未来人工成本刚性增长需求需要消化、更严格的劳务用工政策需要遵守，如果东风股份再不行动起来，研究降低运营成本、改善整体收益的方法，很可能被排放法规严格执行后新的行业对手（如江铃）所超越。

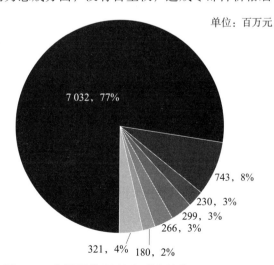

图 22-6 东风股份 2013 年成本结构

4. 产品竞争力低，营销能力、研发能力薄弱

（1）产品竞争力。由于采取市场跟随战略，东风股份轻卡产品在各个区隔的表现与竞争对手的表现都存在差距。高档轻卡具有双品牌整车与总成资源优势，但市场占有率低，未取得应有的市场地位。中端轻卡市场具有一定市场地位，但在2t与6t细分市场中与对手差距很大。低端各个细分市场表现不理想，影响东风股份轻卡规模效应。明星车种数量低于竞争对手，特别是年销量在5 000辆以上的车种数量，约是福田、江淮等主要竞争对手的1/3（见图22-7）。[注]

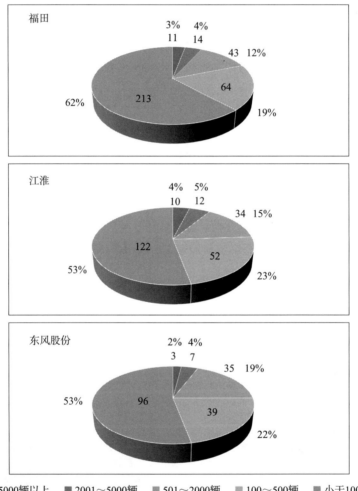

图22-7 轻卡各品牌明星车种年销量对标分析

（2）营销能力。东风股份有微车、欧系轻客、工程车和轻型商用车四套独立的营销网络，并且在轻型商用车细分市场上存在一定程度的产品雷同的情况，如图22-8和图22-9所示。但是由于公司对销量指标过于看重，将网络布局的均衡性放在了次要位置。一个区域内几个独立的经销商网络同时存在，网络重叠对品牌建设和资源的合理利用造成了负面影响：各子公司之间没有统一的形象建设，造成东风品牌形象混乱；各子公司之间产品同质化，内部竞争造成利润流失；各子公司销售队伍重复建设造成浪费；经销商重复投资造成浪费。

[注] 傅培根. 新形势下自主创新发展模式的探讨［J］. 轻型汽车技术，2013（7）：55-57.

网络布局不合理是东风股份经销商网络存在的最大问题。东风股份在树立品牌的高端产品及实现经营规模效应方面能力较弱。工程车和微车网络数量和网络战力都低于竞争对手，东风御风 2012 年处于上市初期，销量及网络战力也有待提升。

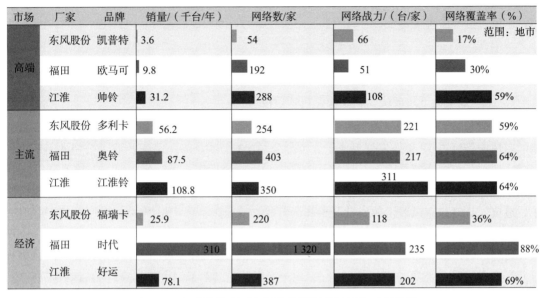

图 22-8　东风股份轻型商用车营销网络及战力对标分析

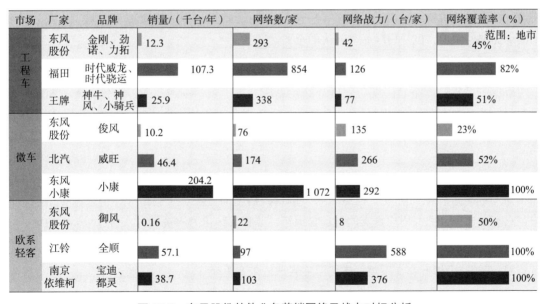

图 22-9　东风股份其他业务营销网络及战力对标分析

（3）研发能力。东风股份与市场主要竞品在开发能力上也存在一定的差距。由于在研发人数上少于竞争对手（福田 2 400 人，江淮 1 500 人，东风股份 800 人），东风股份在研发领域中无论是整车和发动机 CAE 能力还是发动机开发与试制能力均与竞争对手有一定差距，但在整车性能开发能力上还是存在一定优势的。

（4）缺乏新的盈利模式支撑企业的发展。长期以来的年报数据显示，东风股份自 2008 年起均是以东风康明斯、郑州日产的经营业绩弥补本部事业的亏损，导致本部事业长期处于"失血"状态，缺乏自我"造血"能力，经营模式单一。盈利能力不足问题主要集中在整车业务经营方面，主要表现为发动机自制率较低；变速箱自有资源产品线还不完善，产量相对低，收益差；车桥相比福田、江淮外协厂多，不利于打造品牌，竞争力、盈利性能力是短板。总体而言，东风股份缺少对重要核心总成的掌握以及对新的盈利模式的探索。

（二）运营层面存在的问题与挑战

1. 组织效率低下，板块发展成长存在"短板"

东风股份在经营过程、决策中缺乏清晰的战略目标，体现为市场跟随的机会主义经营战略。东风股份经过18年的发展形成了4个分公司、3个事业部、10家控股子公司的组织机构格局，这样的事业布局在市场持续增长阶段由于反应速度快、决策流程短，支撑了公司前15年的迅速发展。但当前，市场呈下滑态势，组织机构过于庞大、职能重叠的弊病就显现出来了，造成了近年来东风股份的经营调整和运营成本的居高不下，相当多的事业无法精耕细作，同时造成机构臃肿、人员杂多、组织效率低下。

通过公司内部的经营分析可以发现，东风康明斯发动机轻型发动机、重型发动机产品短板以及郑州日产商品竞争力下滑等问题在2015年都显现出来了：由于自身产品战略布局问题，东风康明斯全年受中型商用车市场大幅下滑影响，销量同比下滑19.7%；郑州日产受商品老化等因素影响，销量同比下滑31%，全年亏损2.49亿元，进入经营调整期。其他一些业务，如铸造、轻型发动机持续亏损，工程车、特种车的成长问题，未来如何定位和发展，以及公司未来的事业如何布局，也是后续必须解决的重要课题。

2. 品质管理体系覆盖面窄，品牌溢价难以体现

根据产品轴，商企、研发负责设计开发品质，工厂负责制造品质，销售负责营销服务品质。只有各个维度合理交叉与融合，质量才能真正融入工作的每个环节，责任明确，压力层层传递。东风股份的品质保证系统管理理念滞后，缺乏向汽车行业其他优秀企业学习管理理念的决心。

同时，品质管理的重点仍停留在制造现场，产品品质管理仍是"闭门造车"，还没有在商品生命周期全过程不同阶段实施不同的质量管控措施的方法。质量指标必须来源于市场、客户，只有走出去，把握用户真实的诉求与抱怨，并将其转化为质量语言，通过对标、取值，才能真正确保质量指标达成。目前，东风股份品质管理对品牌溢价的增值贡献没有体现。

3. 营销能力提升存在不足，市场跟随者地位未有改变

近年来，东风股份虽然在营销领域引入了改善销售结构的管理工具，但由于退出持续亏损的微车业务以及"国四"法规的严格实施，海外、工程车市场大幅收缩。2015年，公司汽车销量只有18.9万辆，同比下降20.9%，没有达到预期目标，行业地位下滑至第5位。

海外销售业务始终没有实现从"机遇型"出口转变为"自主型"出口，自主开拓国际市场的能力有限，寻找海外市场商机仍依靠代理商，没有完全走出贸易性、机遇性出口市场格局。公司在海外投入的资源不足，缺乏稳固的战略性市场，没有通过建立几个较稳固的战略合作伙伴关系支撑国际化轻型商用车战略。

四、东风股份的战略转型策略

（一）公司战略转型的总体目标

"十三五"期间，公司通过聚焦主业，不断改善产品质量，经营业绩持续向好。公司汽车销量增长56%，轻型商用车市场占有率提升1个百分点，公司本部业务持续盈利，达成"十三五"时期预期目标。"十三五"时期取得的成绩来之不易，"十四五"期间面对的市场将更加复杂，竞争也更激烈。

首先，根据最新市场预测，未来轻型商用车总体市场需求可能下滑。如何在存量市场竞争中实现销量提升，是我们需要首先面对的问题。其次，政策法规日趋严格。2021年7月1日，"国六"排放法规全面实施，法规升级将带来购车成本和运营成本的增加；同时，当前超重车治理日趋严格，新一轮超重车治理也已开始实施，重载蓝牌车市场必将受到冲击。最后，行业竞争态势加剧。近年来以重汽、一汽为代表的中重卡企业凭借品牌和资金优势，产品下延进入轻卡市场；五菱、长安等传统微车企业凭借成本、渠道优势，通过产品升级冲击轻卡市场。一方面，众多厂家的进入，使得轻卡市场竞争日趋激烈；另一方面，部分厂家为抢占市场，通过降价促销大打价格战，对轻卡行业收益造成冲击。

公司"十四五"期间的发展定位是：客户体验领先的轻型车企业，承担双飞燕品牌轻型商用车发展的责任。为达成这一目标，东风股份聚焦6个突破方向，推动公司高质量转型发展（见图22-10）。"十四五"期间的目标是挑战销量30万台，OP率6%，达到行业领先水平。为实现销量30万台、OP率6%和3MIS$^{\ominus}$小于10的目标，公司将以体制机制和企业文化突破为战略基础，聚焦商品、业务创新、营销服务和研发制造这4个突破方向。

愿景：智慧物流最佳合作伙伴 使命：客户体验领先的轻型车企业				
LCV销量Top2（30万台），收益行业领先（OP率6%），品质Top1（3MIS<10）			
商品突破	业务创新突破	营销服务突破	研发制造突破
T17/T15/EV18	EV/出口	网络力提升	质量MUST
M9T/ZD30	智能网联	服务领先CAN3	研发LINES
VAN	资本运作创新	创新营销模式	LDT能力中心
体制机制突破		企业文化突破	

图22-10　东风股份的新战略

$\ominus$ 汽车行业的质量术语，通常指3个月售后期内每1 000台车中的故障车辆数。

（二）公司战略转型的关键举措

1. 事业规划

聚焦轻卡，发展 VAN 车，推进轻型商用车新能源健康成长。对于轻卡业务，2021 年确保 T17 和 EV18 的成功投放，提升 M9T 和 ZD30 发动机的商品竞争力和内置率，实现 6M 及小轻卡战略市场突破。对于 VAN 车业务，重点提升 VAN 车质量，完善产品线，突破物流及改装车市场，尽快实现扭亏。对于新能源车业务，做好新能源应收工作，创新和实践新的商业模式，重点布局城市物流和专用车市场，打造轻卡新能源领先优势。

2. 技术规划

持续推进"LINES"五化（轻量化、电动化、智能化、网联化、共享化）领航工程，分阶段提升技术水平至国内行业领先。2021 年计划整车平均油耗降低 8%，推进 L4 级别开放道路预研，完成燃料电池样车试制。2025 年实现整车平均油耗降低 20%，L4＋自动驾驶示范运营，同时构建燃料电池开发匹配和标定能力，如图 22-11 所示。

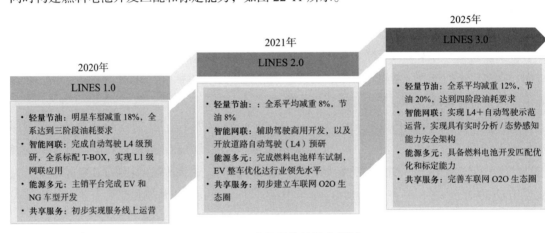

图 22-11　东风股份的技术规划

3. 四项升级举措

"十四五"期间，在渠道建设、品牌塑造、商业模式优化和服务升级四个方面，持续提升营销体系能力（如图 22-12 所示）。

图 22-12　东风股份的四项升级

- 渠道建设：加大渠道建设力度，通过"双千工程"和"群狼计划"，力争 2025 年 1、2 级网络均达到 1 000 家，规模经销商超过 215 家。
- 商业模式优化：向客户营销转型，提升数字营销和行业客户开发能力。
- 服务升级：推进服务深化改革，落实"CAN3"计划，实现服务升级。

4. 持续推进"MUST质量中期计划"

把持续改进的质量体系建设作为发展的基础，继续推进"MUST 质量中期计划"。通过全价值链业务协同、导入 NQAW 日产质量保证体系，构建彻底的以客户为中心的质量管理体系，目标为 T17 的 3MIS 小于 10，IQS/CSI/SSI 得分力争行业第一，实现质量行业第一，如图 22-13 所示。

图 22-13 东风股份的质量管理体系建设框架

5. 实施"131"登高计划

对标行业标杆，优化组织结构，提升管理效率，东风股份制定了"131"登高计划。"十四五"期间的目标为人均营业净收入年均提升大于 10%，人事费用率年均优化大于 3%，管理效率年均提升大于 10%。

6. 盈利水平提升举措

公司将从现有业务改善、新事业拓展和重构售后服务体系三个方面提升公司盈利水平，如图 22-14 所示。现有业务改善将聚焦轻发、御风业务扭亏并实现突破，改善车型收益，削减固定费用，实现营销体系能力提升；新事业拓展将围绕智能网联与智慧物流和新能源产业链延伸这两个新兴领域寻找新的利润增长点；在重构售后服务体系方面，将提高售后服务满意度，打造服务品牌，实现服务收益提升。

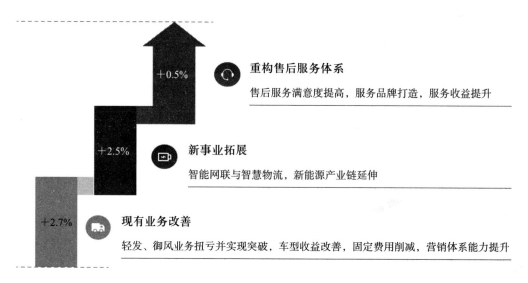

图 22-14　东风股份的盈利能力提升阶梯

7. 五大"领先战略"

根据东风集团"十四五"规划和轻型商用车竞争格局，东风股份结合未来市场发展态势、客户需求变化，制订了五个方面的"领先战略"。

- 行业地位领先：公司整体汽车销量挑战 30 万辆，进入行业前列。
- 高质量发展领先：经营质量、盈利水平达到行业领先；产品质量达到行业第一。
- 新事业领先：轻型商用车中新能源车销量及新技术达到行业领先。
- 国际化领先：轻型商用车海外事业实现突破，销售规模达到行业领先。
- 获得感领先：客户、员工、股东、合作伙伴信赖共享，获得感领先。

"市场是检验企业竞争力的唯一标准"，唯有坚持高目标，唯有持续为客户、为合作伙伴创造价值，才能营造干事创业的氛围，才能加快构建新发展格局，以更高的责任感、更好的业绩回报社会、员工和股东，让全体员工和股东分享价值创造的成果。为顺利推进"领先战略"的实施，东风股份将坚持目标、市场、价值三个导向，积极推进公司高质量转型发展。

参考文献

[1] 董文波. 转型期我国汽车产业发展策略 [J]. 现代零部件，2013（3）：44-46.
[2] 傅培根. 新形势下自主创新发展模式的探讨 [J]. 轻型汽车技术，2013（7）：55-57.

窝趣：
前路向何方[一]

◎朱沆　杨稷　温舒婷[二]

开完会从公司大门出来，团队成员都离开了，Louis，窝趣的CEO，站在门口，马上被一团湿气包围了。好大的雾气，把周围的一切都笼罩了，不远处的路灯也被湿气包裹，显得如此朦胧。这是广州春季典型的回南天，墙壁瓷片上凝结的水汽滑落下来，就像额头上流下的汗。

他突然感觉公司这两年的发展，像极了这一年多的天气。2014年，团队在铂涛集团的平台上启动白领公寓创业项目，走得顺风顺水，天使投资和第一个加盟商都很快签下，就如广州的冬日，天气和暖，艳阳高照，没有感觉到太多创业的艰难。接下来这一年多，烦恼却越来越多，合适的物业并不像原来预期的那么多，没有合适的物业，巨大的成长空间也就是看上去很美，就像进了春季，雨雾绵绵拖住人的脚步，到今天甚至出现一团浓雾，连方向都看不清了。算算日子已是3月12日，离一季度董事会例会只有8天了，团队还没就接下来公司的业务发展方向达成一致。一个月前开会，大家都提不出好的想法，今天开完会，大家反倒各执一词，提出若干方向。是坚持做白领公寓，还是介入蓝领公寓，抑或进入金领公寓？是多线同时运作还是寻求适当组合？20号的董事会越来越近，得快些拿出个合理的方案。

一、顺风顺水的开局

在7天连锁酒店工作数年的Louis负责过区域管理和连锁人员培训。2014年初，他被调回

[一] 本案例授权中国管理案例共享中心使用，中国管理案例共享中心享有复制权、修改权、发表权、发行权、信息网络传播权、改编权、汇编权和翻译权。由于企业保密的要求，在本案例中对有关名称、数据等做了必要的掩饰性处理。本案例只供课堂讨论之用，并无意暗示或说明某种管理行为是否有效。

[二] 本案例由中山大学管理学院朱沆教授和温舒婷根据采访记录和公开资料拟稿，窝趣副总裁杨稷帮助修改并提供了部分事实材料，窝趣CEO刘辉审阅案例并提出了反馈意见。作者朱沆、杨稷和温舒婷保留案例的署名权、修改权、改编权。

铂涛集团总部，出任铂涛集团中端酒店副总裁。当时 Louis 一心想赶快找个合适的地方安顿下来投入工作，然而随后的租房过程却让他头疼不已，在经历了黑中介、合不来的室友后，花费了三个月时间，他才好不容易租到一处相对满意的公寓。比起自己期望的小窝，租到的公寓有很多不尽如人意的地方，没有沙发，窗户又小。"年轻人来到大都市闯荡，不是为了过这种生活的，他们应该有选择自己的生活方式的权利。"自己的经历也应是市场的痛点，Louis 心中燃起了做公寓的想法。

此时铂涛集团[⊖]正向平台型企业转型，将集团的资源向内外部的创业团队开放，这更是让 Louis 按捺不住，很快就紧锣密鼓地为自己的想法忙开了。他先着手调研市场，一了解才发现自己找到了一个大金矿。过去十几年来房地产价格上涨，城市中很多年轻人都需要奋斗好多年才能买到一套属于自己的房产，越来越多的年轻人进入租房市场。按照专业机构的估计，目前租房人口占我国人口总数的 15%，这个市场已迅速膨胀到近 2.5 万亿元，而原有的民用住宅分散的出租方式越来越难以满足新一代年轻人的居住需要，进而带来对专业公寓的旺盛需求，现在市场为 7 000 亿~8 000 亿元的规模，而且还在迅速增加，但供应却明显跟不上，有品牌、有实力的参与者很有限，市场集中度很低。资本也发现了其中的机会，例如雷军的顺为资本曾在才创立几年的 YOU+ 上砸下了上亿元人民币的投资。

看到这么好的机会，Louis 下定决心，一边准备创业计划书，一边开始四处游说，寻找志同道合者组建团队。听到他对市场前景的描绘，几个朋友都很动心，在 Louis 富有说服力的游说下，集团负责项目开发的高管 Johnson 和另一家公司的营销高层 Ji 等精兵强将纷纷加入，团队的框架很快搭了起来。

经过讨论，团队决定做一个错位于现有公寓的产品。在深入研究消费者之后，他们发现青年白领消费者尽管收入不算高，却希望生活得相对舒适一些，对市场上提供基础配备的产品并不满意。团队经过深入的调研和讨论，认为不能仅仅着眼住房者的表层"需要"，而要关注他们的内在"需求"，以此为基础提出了自己的产品概念——公寓 2.0，具体而言就是要做集舒适生活品质与轻松社交环境于一体的轻社区。在激烈的争论之后，团队将产品的价值主张概括为新享乐主义，并将其定名为"窝趣"，意为舒适的小窝和有趣的生活。

在集团的投资决策会上，团队提出的创业计划和产品概念受到了一众评委的青睐，虽然项目偏离了铂涛原有的酒店业务，集团还是破例决定予以支持。于是以集团领投、团队跟投的形式组建新的公司，项目正式启动，Louis 成为新公司的 CEO。这帮从未做过公寓的新手一开始就提出了一个异想天开的想法，绕开建立自有自营样板店的形式，上来就做加盟。团队提出了管理直营的加盟模式：每一家加盟店能够获得与直营店相同的管理，投资人负责的是投资物业和资金，剩下的就全权委托给窝趣。开店后，投资人只需要看运营报表有没有达到自己的预期。窝趣不仅对运营的结果负责，也负责人事、财务、物业管理、文化运营等方面。

没有样板店，总得有具体可视化的东西给加盟商看啊！团队加紧丰富产品概念的细节，设

⊖ 铂涛集团由原 7 天酒店集团发展而来，会员体系是铂涛集团的重要资源。从 7 天酒店创立开始，公司就非常注意会员体系建设，2015 年 9 月被锦江国际收购后，铂涛集团成为国内最大的酒店集团，目前铂涛会会员人数超 1 亿名。
2014 年开始铂涛集团向创业平台转型，利用集团资源支持公司内外部的创业项目。一个有潜力的项目通过集团层面的评估后，会以集团领投、项目团队跟投的方式运作。2022 年，集团已采用这种方式发展了近 20 个品牌，业务涵盖酒店、公寓、咖啡连锁、艺术品公益平台等，门店总数超 4 400 家，覆盖全国 450 多个城市。

计出了"品味马卡龙""自由工业"与"格调北欧"等多种风格，并搭配"Loft房"及"榻榻米房"等时尚房型，房间除了2.5米的落地大窗外，还配有雅兰品牌床垫、左右坐客品牌沙发，为住客提供高品质的五星级床垫和享趣沙发，初步呈现的效果图就很吸引人。团队找到与集团长期合作的雅兰床垫和左右坐客沙发的负责人谈定制合作，对方不仅热情接待，还帮助窝趣进行产品的反复打样和测试，帮助窝趣增强产品的竞争力。

在完善方案的同时，工程人员也在加紧寻找合适的物业落地，并意外地在广州天河找到了一个潜在的加盟投资人。投资人正在进行批发市场转型为众创空间的探索，考虑到众创空间也需要配套创客的住宿空间，他专门请了设计公司帮他设计一个适合创客的公寓，并做了部分的基础工作。一接触到窝趣团队展示的方案，投资人马上就被吸引了，请了几个朋友一起看，大伙儿看了都叫好，尤其对时尚的榻榻米房青睐有加。虽然投资人非常熟悉建材，但毕竟不是专业做公寓设计的，听团队的工程人员帮他细致分析现有方案的问题后，也被负责工程设计的同事对下水、排水、排污等的专业程度所折服，进一步了解才知道高人来自铂涛集团，项目也是铂涛新推的项目。于是在开发人员初次登门拜访后一周，投资人就决定签约加盟。而仅仅在几天前，也就是2015年4月30日，集团才刚刚对外披露了将进军白领公寓市场。如此之快得到加盟投资人的肯定，让整个团队大受鼓舞，也让最初的质疑者大跌眼镜。

几乎在团队签下加盟第一单的同时，项目的天使轮融资也落定了。投资者在2014年下半年就了解到Louis团队准备运作的项目，由于对行业也很看好，他以考虑加盟的名义请团队帮助看了多个项目，由此也增加了对团队的了解。当团队方案成熟并邀请他加盟时，反而促成了第一笔投资。相比几家同行都是有了多家店之后才获得融资的情况，窝趣意外顺利地获得了首轮投资，这也是铂涛平台上最快获得外部投资的项目。

二、运营的门道

虽然开局良好，但运营开始之后，真正的挑战也接踵而来。尽管团队在准备阶段已将运营模式、产品模型和客户服务考虑得尽可能细致，然而真正实施才发现还是有很多意外的。

由于团队策划的产品是个新鲜事物，市场上并无成熟的范本，因此团队自然依据自己熟悉的经济型酒店模板来规划各个方面的运营工作。比如人员招聘，按计划每个店需要配一位社长，负责招揽房客，联系入住房客，协助组织社区活动。团队借鉴了经济型酒店的店长人才模型来选择社长，运营中却遇到了问题。例如选中的社长销售做得不错，新开的店很快满租，但社长与房客的关系却处理得不怎么样，后来甚至与部分房客对立起来，导致接下来组织的社区活动很难得到房客的支持。看起来，选择的社长必须首先能与房客打成一片。

公寓在很多方面都不同于酒店，管理公寓有额外的挑战。经济型酒店的住客一般停留时间较短，如果遇到对房间不满意的情况，比较容易通过换房、房价折扣等方式解决。但公寓的房客停留时间较长，遇到问题就比较在意、较真。比如由于厨房较密集，公寓的排烟系统比不上民用住宅，一些喜好辛辣食物的房客在房间猛火爆炒，就经常引来旁边房客的投诉；还有一些做直播的"网红"入住公寓后，经常因夜半歌声干扰邻居。协调房客不同的生活习惯确实考验社长的沟通和协调能力。了解到这种情况后，团队赶紧修改用人模型，不再看重酒店的从业经验，转而关注候选人是否活跃、是否具备较强的社交能力、是否善于组织文化活动。

原来设想好的工程设计也在实际运营中遭遇挑战。公寓最初的服务沿用了经济型酒店普遍采用的无线网络覆盖,方便房客随时随地上网。然而,运营不久后却成为房客反映意见最集中之处。仔细了解下来,原来公寓房客的上网模式不同于酒店住客。酒店住客待在房间的时间差别较大,上网时间不同,而且上网时间多数较短,因而对网络速度等方面的要求不高,无线网络较容易满足需求。但白领公寓的房客大多数是白天上班,晚上待在房间,上网时间高度一致,多数青年人又喜欢通过看视频、听歌等方式娱乐,对网络速度要求高,众人集中上线很容易导致网络阻塞或速度缓慢。团队请了业内公认水平最高的公司来帮助寻找解决方案,最终却发现无法找到可行的无线解决方案,无奈之下只得重新对公寓进行布线改造。

改造为有线网络后,问题还没完。网络服务该采用何种带宽的解决方案呢?采用高带宽,每月上网费用高,每月租金也相应增加,一些对带宽和流量要求较低的房客就投诉网络费用收得太贵。统一采用较低的带宽,对带宽要求高的房客又有很多抱怨。而且一遇到网络问题,不论是运营商的原因,还是公寓的设施问题,房客都会投诉公寓管理者。本想为客人提供更多的服务便利,未曾想到众口难调,吃力不讨好,团队只得重新调整产品模型,把服务交给外部运营商,把选择权交给房客自己,只提供网络基础设施,网络服务由房客自己联系运营商选择。

在理顺运营的一般问题后,团队开始考虑如何贯彻自己的价值主张——新享乐主义和"我-享-趣"。显然,宽大的窗户、舒适的床垫和沙发只能体现"享受","有趣"还需要团队发挥创造性做文章。创业伊始,团队就考虑到了这个问题,他们觉得住宿只是与房客的一个连接点,必须要在满足房客的基本需求之外做文章,希望通过活动的组织创造有趣的生活体验,帮助年轻人成长,当初设计的 200 米^2 大堂现在就可以派上用场了。按照活动组织方案,当公寓入住率达到 60% 时,社长就会组织一次窝友见面会,通过聚餐这个最多人接受的形式,帮助大家彼此认识。社区每周有一个电影日,每周四晚在大厅电影区放映窝友们选出的得票最高的电影。在传统的节假日,还会组织窝友的聚餐会。但在活动组织过程中,团队发现要实现最初提出的价值主张也不是件容易的事。最初的见面会,窝友们参与很积极,但后来的活动很快就丧失黏性。免费的社交活动还有一个尴尬之处——往往报名人数很多,到活动执行时出席率却很低,导致准备的食品等材料浪费,显然这样继续下去不仅难以增加顾客感知价值,还会加重公司的成本负担。

团队不得不停下来,用心考虑如何组织有趣的活动来帮助窝友们从认识到成为朋友,再到成为知己,甚至成为伴侣。一次,公司文化部门尝试组织的旧物改造活动意外取得成功,让团队打开了思路,一些富有创意的活动逐渐被创造出来,其中就有广受好评的"线上 7 天恋爱"。单身青年人最渴望结识异性朋友,在社交活动中找寻自己的另一半,但以往吃吃喝喝的方式不足以让大家深入了解。在冥思苦想中,团队产生了一个大胆的想法:征集有意认识异性朋友的窝友,根据窝友提交的需求信息进行匹配,让匹配成的两人扮演 7 天的线上情侣。每对情侣有一个单独的体验群,恋爱体验官每天在群里发布当天的任务,让每对情侣可以借此融入对方的生活。在体验过程中,有数位"恋爱达人"现身活动大群分享恋爱话题,情侣们可在有趣、轻松的讨论氛围中,更自然地了解对方内心的思考与想法。到活动最后一天,组织者在尊重个人意愿的原则下邀请顺利通关的情侣参与线下见面环节,之后就由参与者自由交友。这次活动的参与度和反响超乎想象,很多参与活动的窝友成了很好的朋友,有的窝友还感谢组织者富有创意的活动让自己打消了与异性接触的恐惧,学到了不少与异性相处的技巧,很多窝友都强烈要求社区再组织此类活动。活动还在社区外引起了极大的反响,深圳市团委也慕名上门,想与公司合作举办类似的活动，一起解决大龄青年们的交友问题。

面对社区内的旺盛需求，团队发现光靠自己的力量已不足以组织足够多有趣新颖的活动，开始打开思路寻求外部的支持。偶然的机会，团队结识了一位热心社会创新活动的朋友，双方一见如故，深入交流之后发现双方有很好的合作基础。社会创新活动的组织者热心组织有意义的社交活动，有能力，有创意，但缺少场地和参与者，而这二者恰恰是窝趣的长处。借助合作，更多有趣的活动得以引入，这些活动即使收费，窝友们报名也很踊跃。随着这些活动的开展，窝趣轻社区的名气不胫而走，给公寓吸引房客带来了很大帮助，虽然公寓的租金略高于YOU+、魔方和万科泊寓，但入住率和到期的续约率稳居业内前列。

经过一年左右的不断调整和优化，窝趣最终建立了在行业里的核心竞争力：品牌、运营能力、会员输送。窝趣对在住窝友的调研也验证了这些能力的强化和对用户的吸引力（见附录）。

三、成长的烦恼

团队逐渐理顺了运营上的问题，产品和服务也越来越适应市场的需要，该是大显身手、迅速复制的时候了。本以为一炮打响，可以快速增加门店数量，孰料在广州和深圳发展了几家店后窝趣就遭遇了成长的烦恼。

广州的第一家店推出后，经媒体报道，参观的人络绎不绝，吸引来的不仅有潜在的房客，还有很多潜在的加盟商。很多人看的时候赞不绝口，可回去之后却没了下文。仔细了解才发现，很多潜在的加盟商其实各有自己的小算盘。有的人有合适的物业，也有意做公寓，但没想做品牌公寓，只想借鉴点经验，做些简单投资快速获得回报，因此只是来看看有哪些设计可采用；有的人正在运营经济型酒店，目前行业饱和，入住率下滑严重，因此想要转型，但一看转型白领公寓还需要不少投资，就打消了想法；还有的人本身就租下了物业在做二房东运营公寓，过来参观说白了就是来"偷师"，看看哪些好的经验可以照搬，自己管理可以省却支付给总公司的管理费。

除了这些参与者，随着投资者的涌入，行业内也有不少有实力的玩家加入。由于统一规范管理的公寓能够解决民房出租难以管理的问题，又便于征税，政府在税收方面也给予了鼓励措施，而市场上现有的品牌公寓运营商不多，市场集中度不高，因此吸引了不少团队甚至有实力的公司加入，除了与窝趣相近的YOU+，还有魔方、未来域、自如公寓等先入者迅速扩张，甚至还有万科这样的地产大鳄加入战团，青年公寓市场一时硝烟四起。

YOU+的创业团队早在2011年10月就进入了这个行业，起点也在广州。创始人为刘洋、刘昕两兄弟。2012年6月，YOU+第一家门店广州凤凰店正式对外营业。在摸索过程中，YOU+逐渐形成了自己的模式：在创业公司集中的产业园或者交通便利的地方租用价格较低的整栋楼进行重新改造，再出租给刚走上工作岗位的青年人，卖点是适用的公共空间和紧密的社区氛围，让年轻人之间有更好的社交机会和环境。在每个对外出租的20米^{2}左右的房间中，YOU+将生活必备的床改造成吊在空中的吊床，为租客留出更多的生活空间，房间内有单独卫生间，但没有厨房，有需求的租客可以在公共厨房做饭或者在食堂用餐。整个公寓的一楼是大厅，类似酒店大堂，是租客的公共区域，大厅里还配备了一些公共娱乐设施，如健身房、台球室、吧台、书架、游戏机等，同时还经常在大厅里组织各种内部的创客活动和沙龙。2014

年6月，项目吸引了原车库咖啡创始人苏菂加入；同年8月，项目获得了雷军领衔的顺为资本1亿元的A轮投资，YOU+迅速借"小米公寓"的品牌引爆社交网络。团队也迅速将门店复制到广州的多个地点和北京、上海等大城市。2016年，广州的YOU+公寓每间房租金为1 800~3 200元/月，每月收取租金的10%作为物业管理费，水电费等都按照商业性质收取。

成立更早的魔方公寓规模更大、实力更强。魔方公寓由葛岚于2009年创办，首创了连锁集中式公寓租赁模式，即寻找市场上的整栋闲置物业，然后按照统一的标准装修改造，并为房间配备统一的物业服务，进行集中式管理。葛岚雄心勃勃地称："我们就是要颠覆传统的房屋租赁模式。"2013年3月，魔方公寓获得数千万美元的A轮融资，并抓住了2014年长租公寓的风口，顺势成为国内长租品牌公寓第一阵营成员，获得了各方资本的青睐；2015年5月，公司又获得B轮2亿美元融资；同年8月，再获得美国华平投资集团等的2亿美元投资。在大资本支持下，魔方公寓迅速在全国跑马圈地，业务迅速扩展到北京、上海、广州、深圳、南京、武汉、苏州、杭州、成都、西安等全国大中型城市，拥有80多家门店，房量逾1.2万间。创始人葛岚向媒体透露，公司每年房间数量稳定增长30%，一年要谈将近1万个项目，一栋楼的招租时长是2个月左右。与窝趣和YOU+不同，为便于连锁化扩张，魔方公寓更接近经济型酒店，很少组织房客之间的社交活动。

随着转型城市运营商定位的提出，万科也加大了在公寓市场的运作。2014年底，万科成立"万科驿"团队。2016年初，公司整合旗下原有的Vcom和万科驿等品牌，推出了一个面向18岁~40岁青年群体的长租公寓品牌——万科泊寓。万科泊寓除了提供住宿服务，还为租客们提供更多休闲娱乐服务，如自助影音区、游戏娱乐区、健身房、自助厨房、洗衣房等空间，以及自助贩卖机、自助快递柜等便利设备。与窝趣相比，万科泊寓的设施和配备档次要低一些，公司显然着眼于刚毕业、支付能力还很有限的青年人市场。

虽然进入市场相对较晚，但这个地产大鳄对长租公寓极有野心。2015年底，广州万科长租公寓才有500多间，2016年更名后增长迅速，房间数超过1 500间。为了加速推进青年长租公寓市场布局，万科还和魔方等市场的现有玩家一起竞争第三方物业，而且不惜代价。万科泊寓在广州棠下的15年经营权就是经过了激烈的举牌竞拍方才取得。当时参拍的有好几家公司，最终被万科以溢价率超100%拿下。

跟随万科的动作，龙湖、招商等地产公司也"磨刀霍霍"，纷纷进入市场。此外，链家等中介企业也已借助产业链的延伸介入公寓市场，链家从2011年起开始做长租公寓业务，推出了自如友家O2O长租公寓品牌，利用其房源优势经营分散式公寓，抢占青年公寓市场。随着大资本和大玩家的纷纷加入，现有经营者在客源和物业两条线上同时驳火。与客源相比，物业的问题反而更为困难。由于交通条件好、适于公寓开发的物业本就有限，大批玩家加入竞争导致物业租金迅速上涨，实力强的公司为挤掉竞争对手不惜代价，大大提高了初始投入，所有参与者都被挤到了亏损边缘。即便是早先进入广州长租公寓市场的YOU+也面临这样的盈利难题。以其白云区的项目为例，如果该公寓为普通的商住物业，邻近的绿地时代、云都汇等楼盘在售的一手公寓均价约为20 000~30 000元/米^2，如此算来，物业年回报率仅为3.6%。若再加上运营成本，项目难言盈利。

虽然需求旺盛，但经营者很难将成本加到价格中转嫁给顾客。年轻人的支付能力有限，而租金加上物管费，再加上高于民用住宅的水电费（按商用住宅标准收取），顾客的总支出并不低。不少顾客虽然喜欢集中式的公寓，但一看收费标准，估算一下每个月的总支出，又转回了民用住宅出租市场。根据亿欧网的估算，2016年，2 000元/月以下的民用住宅和分布式公寓（租用民用住宅统一装修后出租）仍然占据了70%以上的市场份额。采用分布式经营的自如友家与集中式公寓的经营者虽然不存在直接的物业竞争，也可以享受比民用住宅较低的水电成本，但由于管理缺乏规模经济，同样面临盈利压力。现有经营者的部分项目仍有盈利，很大程度上是由于早期物业租金较低，加之国家在税收上给予扶持，只采用6%的低税率。如果将来优惠税率取消，市场上几乎所有的竞争者都会面临盈利的问题。看起来，青年公寓市场也只是看上去很美！

然而，二房东的抄袭和市场竞争加剧还并非制约公司快速成长的关键，窝趣和行业里所有玩家都期望进入这个容量达万亿的行业后能高速增长，但也必须共同面对一个事实，由于适合公寓的物业有限，集中式公寓全行业1年的新增项目数远低于品牌经济型酒店1年的新增项目数（2015年各主要经济型酒店品牌新增门店接近2 000家，而品牌集中式公寓门店新增不到500家），尽管酒店行业的整体市场容量不足公寓行业的40%。全行业各主要品牌的增长都低于自身预期，为了让公司发展速度能符合预期，魔方开始在青年公寓市场收购部分二房东的公寓，并寻找其他细分市场的成长机会。YOU＋则开始探索去公寓化，希望将来公寓租金的收入占公司业务总营收的比例逐渐降低，通过其他收入（如社群活动收入）的增长来推动公司的成长。对于窝趣这类初创公司，尽管将业务放在白领青年公寓市场仍然能获得快速增长，但要获得高于行业的成长速度，从后入者变成领先者，还需要为公司业务注入新的强增长点。下一步路在何方？2月初，团队商讨无果，Louis决定让大家分头调研，一个月后再讨论下一步方案。

四、路在何方

今天的会议让Louis颇感意外，经过一个月的调研，伙伴们似乎一下子找到了方向。

分管运营的Nice表现得有些迫不及待，一进会议室就宣布她发现了个大金矿。会议一开始，她就给大家提出一个问题："你们说，哪种公寓最赚钱？"眼看大伙都没猜中，她得意地卖起了关子。在大家一再催促之下，她才说出了自己的发现——蓝领公寓。原来，Nice到上海出差时，偶然听人谈起解决蓝领工人住宿问题的安心公寓经营得不错，于是办完事后她就换了身便装，扮作潜在房客，前往求租。

没想到初次探访却吃了闭门羹，原来安心公寓做的是B端的生意，只接受企业签约。Nice再次以单位后勤负责人的身份前往另一间安心公寓探访，这次受到了热情接待。她了解到安心公寓主要服务于都市中雇用较多人员的服务业企业，在上海等一线城市中，服务业一般蓝领的工资是每月3 000多元。如果企业不包吃住，一个月下来，员工住房、吃饭、交通、生活用品的花费几乎超出了一个月的工资，为了稳定员工队伍，这些企业不得不为员工就近寻找住宿，但是如果安排多人租住一间民用住宅，不仅房东不愿意，出于安全考虑，政府相关管理部门也不允许，解决员工住宿问题让很多企业很头疼。

安心公寓就瞄准了企业这个痛点，在服务业聚集的区域找到1 000米^{2}左右的整栋楼租下，装修成五六十个房间，每个房间安排4~8个床位，根据地段和房型，每个床位收费450~800元。由于床位费、管理费和水电费均由企业支付，价格不再成为房客的问题。由于公寓价格低、计费透明、集中居住、易于管理、安全有保证，很多重视稳定员工队伍的企业往往一次租下很多房间或床位，其中包括永和大王、吉祥航空、携程等知名服务企业，公寓长年供不应求。由于面向企业，公寓也无须做过多的宣传，企业之间自然会口口相传。Louis 想起在上海负责 7 天酒店业务时，帮员工安排住处确实是个大问题，也点了点头。

看到大家听得很认真，Nice 越说越兴奋："我看过他们的六人间，面积不比我们的大，但坪效[⊖]高得多。你们算算，就按每个床位最低 450 元计算，一间房就是 2 700 元一个月，如果是 800 元一个床位，每月就有 4 800 元。而且房间面向服务业的蓝领员工，硬件要求低，少很多投资。你们算算，利润率能有多高！"Nice 见大家都张开嘴，接着推荐她的方案，"我了解过了，安心公寓还没进广州。你们想想，广州服务业本来就发达，现在房租越涨越高，得有多少企业需要为员工找住处！这种公寓对物业的要求也不高，照我看，咱们应该利用地理优势赶快切进去抢占广州、深圳的市场。"Nice 一面说，一面忙着把带来的资料分发给与会者。

此时，一个质疑的声音响起："Nice，你有没想过，安心公寓赚钱，别人也能看到，说不定魔方也准备'杀'进去。如果魔方也进去了，我们有什么优势？"大家循声望去，是负责品牌的 Ji。看到大家望过来，他接着说："如果做蓝领公寓，我们还能用窝趣这个品牌吗？大家细想看，不仅要推新品牌，我们还得重新摸清一种新的运营模式。大家想想，我们真正了解白领公寓的运营花了多少工夫？"他的提醒让大家刚刚的兴奋感一下子冷却下来，想想也有道理。Nice 一下子被问住了，忍不住反问："那你有什么高见？"

Ji 也有备而来，他摊开面前的资料，问大家："目前市场上适合改造成公寓的物业还多不多？"负责开发的 Johnson 回应："确实不多，而且竞争很激烈。"Ji 微微一笑，说："其实比我们想象的多！大家想想现在房地产商手头积压着多少没卖出的商业物业？万科为什么想做公寓，还不是想解决手头商业物业的空置问题，但开发商未必熟悉公寓的运营，我们为什么不去帮帮开发商的忙呢？"

"可是之前怎么没有开发商接触我们呢？"Johnson 对这个想法有些疑问。Ji 显然有所准备，回答道："那是因为我们目前的模式不适合他们的物业，开发商怎么会让我们把他们的物业改造成房间密集的青年公寓？他们还要考虑公寓的客源档次和自己的形象、自己业务的目标市场相近。我们其实可以转换一下思路，考虑什么样的模式适合他们的物业。之前一个朋友和我谈到外派外地工作的艰辛，他厌倦了酒店千篇一律的商务感和漂泊感，由于在外居住 3 天以上，还会有每天洗衣及偶尔做饭的需求，这些都是传统酒店不能满足的，普通的酒店式公寓干净程度很低，也缺乏品牌可信度，找来找去就是找不到合意的。见到的要么是面向青年白领的公寓，住得太密、生活服务不足，要么是二房东的公寓，空间大点，有些配备还不错，但基本没什么服务。这个月我了解了一下，80 后的商务短租客基本都有相似的感受，他们还希望公寓里有简单的娱乐设施以供放松，通过社交增加生活的趣味性。同时我从铂涛会员内部数据了解到，目前铂涛会员每次入住时长超过 3 天的客户占比超过 1/3，这也是我们的一个机会，如果我们做面向中高端人群的服务式长短租公寓，不仅开发商闲置的物业可为我所用，我们组织的活动也能吸引这些有支付能力的金领，只要考虑增加客户需要的服务，定价的空间就大很多。"Ji 侃侃而谈，"做服务，这可是铂涛的强项啊！"

经过几分钟思考，Nice 也为自己的观点找到了依据："合适的物业是很重要，但如果我们快些下决心，趁安心公寓和魔方公寓还没进来，先把合适的物业签下来，接下来很多年它们也

⊖ 指每单位面积创造的营业收入。

就奈何不了我们了。"Ji 反问："如果做蓝领公寓，我们现在的白领公寓还做不做？""当然接着做啊！""那你觉得我们团队谁有能力兼顾吗？"负责人事的 Tracy 之前一直在听，听到这里忍不住插话："从人力的角度来讲，我们团队确实难以应付短期内启动一个全新的项目。"负责工程的 Mengan 显然不太同意 Tracy 和 Ji 的观点，说道："做金领公寓就没有这个问题吗？"Ji 马上帮忙解释："我想 Tracy 应该是觉得金领公寓的管理和人力模型比较接近酒店，我们比较好驾驭。"Tracy 望了望 Ji，点了点头。

不过 Mengan 显然也有自己的观点，他接着说："我觉得我们还是应该专注一些，想办法做自己擅长的事。大家想想，当初我们设想得有多细致，但进入市场以后不断修正原来的设计方案，费了多少工夫！大家不要一有困难就转向，广州、深圳不行，我们可以试试其他大城市，为何局限于珠三角地区？"

负责财务的 Shirley 也表达了自己的观点："我觉得大家也需要考虑一下我们当前的财力，如果自己去拿项目，一个项目就可能花掉目前集团和天使投资人注入的资金，新一轮的融资还没敲定，集团下一步能给多大的支持目前也还很难确定。"Shirley 还没说完，Johnson 就表示了不同意见："现在群雄逐鹿，不抓紧时间跑马圈地就没机会了，如果能确定好的项目，融资应该不是问题。"

随着争论的继续，现场气氛愈加热烈了，但大家并没有达成一致意见，而是各执一词。Nice 坚持应该进军蓝领公寓，Ji 和 Tracy 主张进入金领公寓，Johnson 则表示可以两条线与白领公寓同时运作，Mengan 和 Shirley 则主张聚焦主业。

五、尾声

Louis 希望借新业务引领行业发展方向。他虽然不乏决断力，但不愿用自己的想法左右团队的讨论，认为让团队充分讨论能尽可能集思广益，但会议现场大家的建议却分歧很大，每种方案似乎各有道理，让他也感觉有必要仔细理一理。看到不知不觉已至午夜，Louis 决定先散会，大家都思考一下别人提出的方案，两天后再讨论并拍板。

参考文献

[1] CHEN M J. Competitor analysis and interfirm rivalry : toward a theoretical integration [J]. Academy of management review, 1996, 21 (1): 100-134.

[2] PENROSE E T. Ther theory of the growth of the firm [M]. New York : John Wiley &Sons, 1959.

[3] PRAHALAD C K, HAMEL G. The core competence of the corporation [J]. Harvard business review, 1990, 68 : 79-91.

附录
窝趣对在住窝友的调研结果

1. 窝友最终选择入住窝趣的原因：地理位置的方便性通常是房客租房选择的首要或次要原因，但在窝趣的房客中却排在第四。

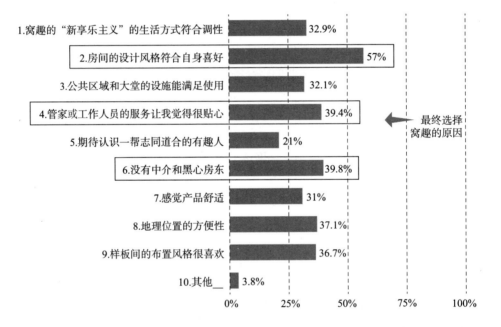

2. 窝友对窝趣的舒适性感知：床垫排在第一在意料之中，管家工作人员提供的服务和相处氛围排在第二则有些出人意料，但这也反映了窝趣在运营上的优势和竞争力。

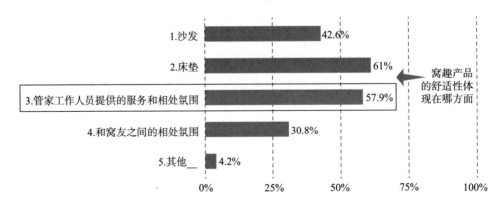

3. 窝友对窝趣的趣味性感知：窝趣通过自己开发的趣味测试系统和社区内部的文化运营，让窝友明显地感受到品牌和服务的趣味性。

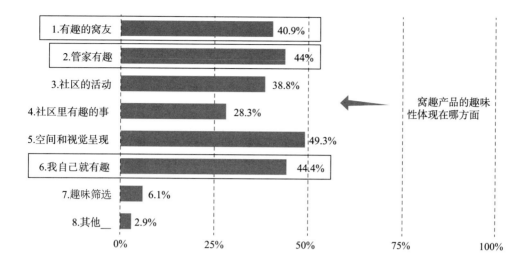

励精更始，开放融合：
朝阳集团管理变革之路

◎蒋晓荣　秦婧怡

———

一阵急促的电话铃声打破了办公室宁静的氛围，杨立天接起电话，话筒里传来徐教授的声音："立天啊，学校的70周年校庆马上要到了，学校想邀请你作为优秀校友在校庆上演讲，分享你这些年的成功经验，你可以来参加吗？"杨立天的语气里有掩饰不住的愉悦，说道："当然没有问题了，这本来就是我的荣幸！要不是母校的栽培，我也走不到今天这一步，校庆这么重要的事情，我会按时去的！"挂掉电话，杨立天站起来，走到了窗前，看着窗外的蓝天，想起这些年朝阳集团披荆斩棘的发展之路，陷入了回忆之中……

一、朝阳集团概况

朝阳集团位于山西省吕梁市，创立于1983年，原名为朝阳煤炭公司，1998年更名为朝阳集团，集团资产达12亿元，职工15 000余人。多年来，朝阳集团形成了以原煤采集、精煤生产、焦炭冶炼、销售运输为一体的煤炭产业链，涉及煤炭行业、油气、黑色金属产业、房地产、酒店、金融等多个领域。朝阳集团曾多次入选"山西省民营企业十强"，获得"山西省制造业100强企业""山西省AAA级企业"等多项荣誉称号。

朝阳集团立足省内，放眼全国，更有意向与国际接轨。朝阳集团坚持"路在脚下，事在人为"的核心价值观；秉承"团结、奉献、求实、进取"的企业精神；在产品质量上，树立"合格不是目的，精品才是目标"的质量观；践行"职务就是责任，责任重于泰山"的领导理念。

㊀ 本案例受到国家社会科学基金项目（20BGL147）、国家社会科学基金项目（23BGL081）、陕西省科技计划项目（2023CXRKX040）资助。

㊁ 作者简介：蒋晓荣，1971年生，女，新疆塔城人，博士，西安理工大学经济与管理学院教授，硕士生导师，研究方向为组织与人力资源管理；秦婧怡，1999年生，女，陕西渭南人，西安理工大学经济与管理学院硕士研究生，研究方向为组织与人力资源管理。

朝阳集团产权纽带紧密，集团对下属子公司的经营战略、重大投资决策和人事任免均具有绝对控制权。集团董事会是在杨立天走马上任后于1998年成立的，只是为了与其他企业合作时对接方便，其实与集团共用一套领导班子，杨立天既是集团董事长又是总经理，拥有最高的决策权，董事会成员包括杨家兄弟四人以及杨家亲戚朋友，他们对杨立天的主张绝对言听计从。杨立天的四个弟弟是全资子公司的"一把手"，除此之外，杨立天还是所有二级控股（独资）公司的董事长、法人代表。从人员配置上看，各部部长都是由对应的主管副总兼任，即他们除了能实际协助所在层级的领导人工作外，还有权在自己的职能范围内向下层人员下达指令。朝阳集团的组织框架图及主要子（分）公司情况分别见图24-1和表24-1。

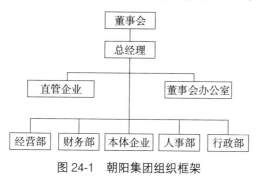

图24-1 朝阳集团组织框架

表24-1 朝阳集团主要子（分）公司情况

分公司、控股子公司	企业性质及集团股权	员工人数及在集团地位	主要业务领域	公司地点
华田油气能源股份有限公司	分公司	2 100人 主干企业	煤炭、石油、天然气的勘探和开采	大同
鹏阳矿业有限责任公司	全资子公司	3 600人 主干企业	煤炭、黑色金属矿的勘探、开采	阳泉
信达地产有限责任公司	全资子公司	700人	房地产业务	太原
信源房地产开发有限责任公司	全资子公司	700人	房地产开发	北京
友众能源股份有限公司	控股子公司，51%	2 000人 主干企业	焦炭、煤焦油、煤气等煤干馏产物的开发	秦皇岛
青西能源股份有限公司	控股子公司，51%	2 000人 主干企业	天然气等新能源的开采	兰州、西宁
海树地产有限责任公司	全资子公司	300人	房地产、酒店业务	三亚
朝阳大酒店	全资子公司	300人	酒店业务	西安、郑州、长沙
华南发展银行	控股子公司，70%	200人	金融业务	广州
方元投资公司股份有限公司	控股子公司，70%	200人	金融业务	杭州

二、家族企业，问题频发

杨立天，1968年出生于山西的一个农民家庭。20世纪80年代初，在杨立天十几岁时，他的父亲杨福顺成立了朝阳煤炭公司。杨福顺虽然因家境贫寒，初中没毕业就辍学回家务农，但是，他知道读书的重要性，农闲时节，在别人打牌、聊天时，他总是在看书、看报纸，因此，他敏锐地抓住改革开放的机遇，淘得第一桶金。从杨立天十几岁时，父亲杨福顺就忙于公司事务，作为家中长子，杨立天时常帮助父亲在公司打打杂，帮助母亲管教四个弟弟，父母的言传身教对杨立天影响很大，他做事勤奋踏实，待人厚道真诚。父亲杨福顺看在眼里，记在心上，在欣慰之余，也有意栽培杨立天作为家族企业接班人。杨立天从采矿工程专业本科毕业后，22岁进入朝阳煤炭公司，逐渐接手集团的业务，28岁正式成为家族企业的"一把手"。他的四个弟弟在高中毕业后也相继进入公司，并逐渐成为杨立天的左膀右臂。

在公司内，杨立天持股51%，杨家兄弟五人在公司的持股比例共达到80%，可以说他们对公司具有绝对的控制权。杨立天上任伊始，公司在杨立天的带领下发展得非常迅速，业绩蒸蒸日上，从开始的一座小煤矿发展成涉及多个领域的大型跨区域民营企业，并更名为朝阳集团。总公司各部门"一把手"、分公司总经理无一例外全部是杨家的亲戚。杨立天对集团非常上心，对集团大小事务都亲力亲为，随着集团规模越来越大，他开始慢慢感觉到力不从心：从集团来看，高管成了摆设，成了"提线木偶"，有的高管完全以杨立天为中心，唯马首是瞻，大小事务都向他汇报，不担责任，没有主见；有的高管曾经尝试过自己拍板决策，但杨立天会插手大小事务，一旦他认为决策不正确就全盘推翻，高管前期个人拍板决策所做的全部工作都付之东流，还存在轻则受指责、挨批评，重则受处分、扣奖金的风险。渐渐地，朝阳集团里形成了"凡事都听杨总的"这种风气。从杨立天自己的情况来看，由于埋首事务堆中，每天只能睡三四个小时，身体长期处于超负荷状态，好几次因疲劳过度住进了医院，就算在医院里，他也闲不下来，吩咐下属每天下班后到医院给他汇报集团每天的工作。

杨立天虽然为朝阳集团付出了很多汗水，但是集团的业绩却没能回报他的付出，集团的财务绩效开始出现下滑的情况（见表24-2），同时，不断地有员工离职，公司的员工离职率越来越高。杨立天察觉到这一情况后，先是提高了整个公司的基本工资（见表24-3），离职的情况暂时得到了缓解，但是，仅仅过了一段时间，离职率又上升到之前的水平。杨立天觉得，既然不是钱的问题，那就是现在的年轻人太浮躁、坐不住，该走的留不住，就随他去吧。

表24-2 朝阳集团1999—2001年部分财务指标

年份	总资产/元	本年比上年增减	净利润/元	本年比上年增减	ROA
1999	927 236 453.56	17.65%	68 941 732.48	14.23%	7.44%
2000	1 083 476 687.77	16.85%	73 928 684.34	7.23%	6.82%
2001	1 203 915 979.35	11.12%	53 687 518.44	−27.38%	4.46%

表 24-3　朝阳集团工资概况　　　　　　　　　　　（单位：元）

职位	调整前基本工资	调整后基本工资	岗位工资范围	调整后总额
一般管理人员	100	125	125~200	250~325
副部长	200	250	150~300	400~550
部长	200	250	200~500	450~750

眼见着离职的人越来越多，杨立天身边可用的人越来越少，他也变得越来越忙。有朋友劝他："你休息休息吧，看看你，整天心急如焚，干不完的活儿，才30多岁的年纪，就满头白发，身体是革命的本钱啊！"杨立天听了很多类似的话，虽然他隐隐感觉到目前集团的管理出现了问题，倍感困惑，常常辗转难眠，却不知从哪里着手解决。依他来看，纵观集团上下，家族成员们能为他分忧的实在太少，个别想分忧的，经深入交流后，杨立天发现其忠心可嘉，但其视野、见解都有限，大多数人都只是在集团里拿着工资，"背靠大树好乘凉"，过着悠闲的生活。但是，话说回来，杨立天一直觉得集团重要的职位必须由自己信任的人担任才放心。放眼公司，无论是家族子弟，还是外聘招来的、在普通岗位上工作的年轻人，做事都不够认真，工作的积极性也不够高，怎么敢放心地把工作完完全全交给他们？何况，煤矿业作为特殊行业，稍微管理不善就可能发生安全事故。

2002年，除国家控制的计划内发电用煤仍然执行国家指导价格外，其他行业用煤实现了市场定价，此时煤炭市场供应有较大缺口，煤炭价格开始上升。杨立天感觉到了危机，如果同类型的企业发展迅猛，而朝阳集团还深陷管理困局中，一旦产能跟不上，抓不住这次机会，很有可能会被社会淘汰。杨立天本科毕业于一所矿业大学，专业是采矿工程，从读大学到成为家族企业的"一把手"，他一直以为，只要自己掌握专业知识，熟悉集团的业务，理顺工作流程，依自己待人厚道真诚的性格，又有基于家族血缘、亲缘而构建的集团高层群体辅佐，集团的财务绩效、集团的发展都是水到渠成的事。他万万没想到，会有这么一天，集团发展进入瓶颈期，是受制于自己管理理念、方法的匮乏。于是，他决心报考工商管理专业硕士（MBA），期望能在攻读工商管理专业学位的过程中获取真知，带领集团走出困境。

三、移樽就教，茅塞顿开

经过一番努力，杨立天如愿考取了工商管理专业硕士。离开大学校园十几年后重新回到大学，他感到振奋和兴奋。振奋的是，工商管理专业硕士的课程设计都极具实用性，企业经营战略、组织行为学、人力资源管理、管理信息系统……无一不是自己在日常企业管理中需要用到的知识，兴奋的是，授课教师不仅有扎实的理论基础和很高的学术素养，而且有丰富的企业咨询经验，在授课中，通常针对学员特点深入浅出地讲解，善于理论联系实际。每每上过一堂课，杨立天和同学都有茅塞顿开之感，更不要说那些难忘的案例讨论，大家在争论中开阔了视野、加深了认识、借鉴了经验。

他慢慢领悟到，组织目标的实现，或者说组织财务绩效的提升，要依托两个路径，一是技术进步，二是管理水平提升。必须两条腿走路，才能走得又快又稳。

他如饥似渴地在知识的海洋里汲取着丰富的营养。渐渐地，从前积压在自己心头、百思不得其解的很多企业管理问题被他想通了，不过，他还希望获得专家的指点，使自己进步得更快。于是，他联系到了组织行为学授课教师徐教授面谈，希望徐教授可以从专业角度给他一些更好的建议。

杨立天按照约定时间到达徐教授的办公室后，徐教授给他倒了一杯热茶，认真地听杨立天讲述朝阳集团的现状及存在的问题。徐教授在了解了杨立天的个人情况及公司运营情况后，说道："你勤劳踏实，头脑灵活，待人实在，善抓机遇，这是你的优势，因此，你能把家族企业做到一定规模。可是，当企业做到一定规模，尤其还面临激烈竞争时，管理和管理者的作用就体现得越发明显了。什么是管理者？就是能发动一群人完成既定的组织目标的人。你单打独斗，其他人都是摆设，这是不对的。何况，你现在这样太累了，做企业不能以你的身体健康为代价，这得不偿失，也违背了你做企业的初衷。当然，你及时进行了反思，希望通过攻读工商管理专业硕士，找到破解企业管理难题的解决办法，这做对了。那你有没有考虑过，当企业做大了之后，你实现了之前定下的目标（让全家过上富足的生活），以后企业将何去何从？"杨立天回想了自己过去几年的心路历程，说道："坦白地讲，企业做大了之后，事情千头万绪，来这里学习之前，我还真没有静下心来好好思考企业该如何发展。在企业中工作的时候，每天我一直在不停地处理事情，很辛苦，也没有时间思考。不过在这里学习了一些管理理论后，我认识到，自己不懂得放权，总以为血缘、亲缘是世界上最牢不可破的纽带，我以真心能换来他人的真心，反过来，其他人也应该这样想。我以为在公司管理中，有基于亲情的信任，加上管理经验，这就足够了。这个观念，算是任人唯亲吧。我现在感觉到集团发展已经走到了瓶颈期，所以想改变集团的管理方式，但是不知道从何入手，所以来请教您，不知道您有什么思路吗？"

徐教授看到杨立天诚恳的眼神，笑着说道："其实这是家族企业的通病，你们的'亲情式'管理和现代企业管理要求的理性是冲突的，决策随意性大，风险也大。在你们的集团中，那些中层管理者们很清楚，尽管他们属于这个家族，但是，即使他们工作做得再好，也不会进入集团的高管行列，因为你和你的兄弟是整个集团的实际控制者。更不要说那些外聘进入集团、在普通岗位工作的员工了，权力未充分下放，他们做起工作来束手束脚，既没有成就感，又看不到希望，积极性自然不高，离职率也就高。企业发展到今天这个地步，必须要以精细管理取代粗放管理了，你是否考虑过给大家授权，考虑过放手让家族之外的、能干的人协助你做事呢？"杨立天回答道："我想过，但是，我思来想去，集团里都没有合适的人选。"徐教授又问道："那你考虑过从外部招聘人才吗？外部招聘要有时间、精力和金钱等成本，甚至是较高的成本，也要冒着外聘人员与集团氛围不匹配的风险，但是，在组织迫切需要进行变革的情况下，外部招聘人才可以给集团带来先进的管理理念和方法。国内外很多企业都有这样的成功实践。"

经徐教授一番开导，杨立天瞬间有醍醐灌顶之感，他激动地说："徐教授，您不愧是专业人士，几句话就抓住了关键，给我指明了方向，我回去后，结合我们集团的实际情况，仔细想一想如何具体地放权、启动精细管理，真的太感谢您了！"徐教授听完，哈哈大笑道："得天下英才而育之，吾之乐也。你以后如果有什么不懂的，欢迎随时再来咨询！"就这样，杨立天和徐教授的面谈愉快地结束了。

四、改弦更张，大胆变革

杨立天回到公司后，在本子上写下"精细管理"几个大字。他看着这四个字，思考了许久，决定先从集团高层开始进行变革，首先要做的，就是从外部招聘具有丰富管理经验的高管，为集团注入新鲜血液。但是，当杨立天在公司高管会议上宣布这一议题时，会议室里顿时变得嘈杂起来，大家窃窃私语，面露不安，终于有人鼓起勇气，站起来怯怯地说："杨总，从外面招人，我们对这个人的品性都不清楚啊！让外聘人员担任那么高的职务，他不一定对我们集团忠心，万一卷款而逃怎么办？或者经营不善怎么办？把这么多年辛苦打下的江山交给外人管，您不担心吗？"其实，这样的质疑已在杨立天的意料之中，他明白，假如自己没有读MBA，也不会理解这样的决定，在座的各位家族成员们，有一些人的文化水平并不高，除了担心外聘高管对集团的忠诚度，还担心自己会不会丢了饭碗。

杨立天安抚了大家的情绪，说道："不要急，不要急，我慢慢跟你们说。以前，我和你们的想法一样，但是后来我发现，国内外很多先进的大公司都采用了所有权和经营权分离的管理方式，以前我们只是凭经验管理集团，但是，现在环境变化快啊，竞争又激烈，以前的管理观念不适合现在的环境了，我想通过猎头公司从外面高薪聘请优秀的高管，把经营权充分交给外聘高管。不仅如此，我还打算将我持有股份的三分之一用作高管持股，以充分调动外聘高管的积极性，使集团管理迈上一个新台阶。"

杨立天说到这里，在座的听众面面相觑，个个一副困惑的模样。杨立天顿了顿，清清嗓子，继续说："不明白什么叫猎头公司？就是我们集团出钱，请专业公司按照我们集团的要求，在全国乃至全球招募具有经营管理才华的人，为我们所用。这叫'专业的人做专业的事'。至于大家担心的职位问题、收入问题，各位不用担心，所有权和经营权分离，是建立规范的现代公司制度的一部分，各位都是集团的股东，大家拥有所有权，集团经营业绩好，年末分红也水涨船高，这是一个多赢的局面，集团受益、高管受益、股东和员工也受益。关于外聘高管是否忠心这个问题，假如我们把现代公司制度贯彻到位，真正做到'管理科学，两权分离'，加之有股权激励，那么就不必担心高管决策的短视行为，高管会尽心尽力贡献才华，为公司服务。股东和外聘高管的目标最终是一致的。"会议室里的其他人互相看了看，点了点头，对杨立天说："杨总，虽然感觉你说得有些高深，我们一时半会儿还没有完全理解，但是听起来很有道理，我们同意你的这个决定。"杨立天笑着说："没事，只要你们能体会到这个决定的确是为集团的长远发展着想，这就可以啦。那接下来，我来谈谈目前担任高管的家族人员的去留问题吧！"大家又吃了一惊，杨立天继续侃侃而谈："我决定，给目前担任高管的家族人员三个选择，这里的高管是指集团副总、总公司各部门'一把手'和分公司'一把手'。一是不再担任高管职务，保留股份，离开公司的，我会一次性发放补贴约50万元；二是想继续担任高管职务的，必须与外聘高管竞争，竞选成功，留任正职，竞选失败，但集团认定能力和素质符合现在的岗位要求，则留任，担任副职，领取应得的薪酬，同时保留股份；三是主动让位，不再担任高管职务，但愿意留在公司继续发光发热的，集团会依据大家的现有能力重新安排一个合适的岗位。对于这三个选择，我给大家一个月的考虑、准备时间。"随后，第一次关于集团管理改革的大会就结束了。

一个月后，绝大多数担任高管的家族人员选择离开现有岗位，平稳过渡。经过猎头公司的严格把关和筛选，朝阳集团成功地聘用了几位具有扎实管理理论基础和丰富管理实践经验的高管，杨立天得以脱身，把大部分事务都交给了高层管理者和中层管理者，自己打算未来专注于企业战略制定和文化建设工作。那一天是杨立天时隔几年后第一次按时下班。在回家的路上，他摇下车窗，看着夕阳西下，享受着微风过耳，他满心欢喜，一份轻松和惬意油然而生。

五、创新突破，融合共进

杨立天认为，家族成员离开高管岗位、外聘高管只是改革的第一步，集团内部的管理模式还需要进行变革，现在的管理太过粗放，经营模式比较落后。杨立天在阅读了很多文献后，与新近招聘的高管们就如何进行精细管理进行了讨论。杨立天首先总结了现在集团内部管理方面存在的问题：一是决策效率低，很多事务无章可循，出现问题时，大多数情况是"人治"发挥主要作用；二是整个集团已发展到一定规模，但部门具体事务界定尚不够清晰，加之各个部门之间的信息沟通不及时，信息存在不对称性，部门之间有相互"踢皮球"的现象，有些事务的办理磕磕绊绊，过程拖沓冗长，也不能做到紧密协作；三是集团目前缺乏系统的人才培养机制，没有充足的人才储备，人力资源战略与集团的发展战略不匹配，集团一直以来在人事方面采用的是"一把手"行政任命的形式，主观性强，难以做到精准的人岗匹配，这种选拔方式对人才也缺乏吸引力。

关于以上几个问题，杨立天与高管们反复研讨，最终，朝阳集团确定了当前的改革举措：一是成立人力资源部，从过去简单地负责保管档案、发放工资等工作的人事部转型而来，按照人力资源管理六大模块，在部门内分别设置人力资源规划科、招聘与配置科、培训与开发科、绩效管理科、员工关系科和薪酬福利管理科，使人力资源管理科学化、人性化；二是健全规章制度，学习其他同类型先进企业的管理方式，同时结合朝阳集团自身特点，循序渐进，建立煤矿安全管理体系和其他管理体系，强化内部控制。

依照精细管理的理念，朝阳集团制度及机构建设初步完成后，杨立天下决心解决那些家族的"小字辈"年轻人的安置问题。当初，只要是家族五服内的年轻人，不管是否有本科学历，不管所学专业是不是公司紧缺专业，一律招进公司，且岗位工资不受公司薪酬制度限制，比同年进公司的非家族年轻人的工资高一档。杨总通知家族内年轻人到办公室，与他们进行了一次谈话。十几位年轻人坐在沙发上，看起来有些惶恐，杨立天说："你们不用紧张，今天找你们来，就是说一些工作上的事情。你们应该也听说了，最近集团内部正在进行管理变革，我以前向咱们家的人承诺过，家里的孩子们来了，无条件接纳，甚至可以安排副职一类的职位。但是，现在不行了，我们要做精细管理，不再是关系优先，而是以业绩、能力论英雄。在公司里，你们的身份首先是朝阳集团的员工，要和其他员工一样参与绩效考核。因此，我考虑了，如果你们愿意的话，我可以帮你们联系高校，专门送你们去高校培训，培训一年，通过考试者，可以留在目前的岗位上。如果有人对自己的学习能力没有信心，不太想学习的，也可以选择离职，集团也会给予适当的补贴。基本情况就是这样，你们有什么想法吗？"这些杨家小辈认真听着、思考着，最终，他们都选择去高校参与培训，他们明白，现在的集团是"能者上，庸者下"，接下来的路需要靠自己的努力，只有不断提高自己的能力，为组织奉献、体现自己的价值，才可以留任。

六、激发潜能，赋能成长

解决了决策、放权的问题，完成了管理模式的初步变革，杨立天认为，下一步的改革工作应该是调动全体员工的工作积极性。经过 MBA 阶段的学习，他对个体差异及挖掘个体潜能有了更多、更深刻的认识。他认为，个人的智慧是有限的，加之集团内新生代员工占比很大，约为 60%，新生代员工成长于中国经济繁荣时代，有清晰的职业规划，自我价值感强，有个性，做事讲求效率，对于科学民主的管理方式更加敏感，视野开阔，并强烈希望得到社会和上级的认可，因此可通过搭建管理者和员工之间的互动桥梁，集思广益，倾听广大员工的真知灼见，探寻组织未来变革的方向。随后，杨立天向全集团宣布开通"总经理信箱"，整个集团无论级别高低，所有员工都可以给总经理信箱发送邮件，一般邮件在三日内给予答复，重大事件在一周内给予答复。邮件里可以是对集团的管理建议，也可以是自己对一些集团事务的看法，在会议最后，杨立天欢迎广大员工踊跃发送邮件。

在五天的等待后，杨立天终于收到了第一封邮件。看落款，是人力资源部一位名叫高轩的员工写来的，邮件表达了三层意思，一是对杨总管理变革的举动感到吃惊而感动，认为这样的变革一改过去的暮气沉沉，使得包括新生代员工在内的广大员工看到了希望，对未来有了信心；二是建议在对高管实施外聘并实现持股后，对广大员工的薪酬体系加以调整，以激发员工的工作热情，达到员工个人发展和集团发展的融合，将个人价值发挥到最大；三是为应对当前复杂、动态的环境，加之组织战略的调整，建议集团建立系统的员工培训体系，加强人才储备。邮件中还附有详尽的资料和数据，诸如同行业的平均薪酬水平、薪酬结构、标杆企业构建的培训体系等，以佐证自己的建议。邮件并不长，但邮件中所提的三点建议都切中要害。

杨立天阅读完这封邮件，如获至宝。一方面，高轩的建议触及关键问题，与杨总的想法不谋而合，正是杨总下一步想做的；另一方面，杨立天也为公司里有这样敢于直言的人才感到欣喜。杨立天在周一公司的例行会议结束后，专门留下了人力资源部张部长，了解高轩的具体情况。张部长听到高轩的名字，也露出了一副非常欣赏的神情，说道："这孩子真的很不错，他是'985 大学'人力资源管理专业毕业的硕士，毕业后直接进入了我们集团，他已经工作三年了，工作能力强，态度认真，还非常勤快，我看好这孩子。"听到这里，杨立天更高兴了，对张部长说："高轩给总经理信箱发了一封邮件，邮件中提到的几项建议都非常好，我打算把高轩提拔成人力资源部的副部长，将员工薪酬制度和培训体系改革工作交给他去做，我相信，假以时日，他一定能成为公司的骨干！"张部长欣然同意。

高轩走马上任后，优先解决了困扰集团已久、员工呼声强烈的问题。一是构建了新型薪酬制度。他提高了那些为集团做出主要贡献的技术人员的薪酬，缩小了技术人员与管理人员的薪酬差距，将全集团的职位分为 14 个职级，使职级间的工资更加合理（见表 24-4）；同时，又根据员工的能力素质和工龄重新建立了薪酬定档模型，一共分为 5 档，在薪酬定档模型中，工作绩效、最终学历和专业技术职称所占比重大幅提升，鼓励员工努力提高自己的素质，努力工作，多出成果、出好成果（见表 24-5）。高轩还优化了集团的福利制度，使集团员工拥有了更丰厚的福利，在国家法定的"五险一金"之外，还增加了交通补贴、餐费补贴、高温补贴，同时，每年为所有员工免费提供一次健康体检的机会，与过去相比，年终奖金也大幅提升（见表 24-6）。薪酬制度的改革使员工有了实实在在的幸福感、获得感。这一举措极大地调动了员工的工作积极性。二是建立了员工培训体系。鉴于目前集团的员工文化水平整体较低，其中大学本科及以上员工占比仅为15%，他以长远视角，着手建立了员工培训体系：针对新入职员工，加强岗前培训，使其了解集团的管理体系、组织氛围和工作流程，帮助其更好地适应组织和工作；针对在岗员工，开展定期轮岗和培训，持续教授行业最新技术，减少员工焦虑，保证员工始终胜任工作。

表24-4　朝阳集团月薪酬等级标准　　　　　　　　　　　　（单位：元）

职位		职位等级	一档	二档	三档	四档	五档
总经理	总经理	14级	9 000	9 146	9 470	9 742	10 000
	副总经理	13级	8 000	8 302	8 554	8 704	8 921
矿长	矿长	12级	7 532	7 662	7 889	7 946	8 000
	副矿长	11级	5 000	5 223	5 621	6 697	7 098
一般管理人员	业务主任	10级	4 032	4 256	4 485	4 688	5 000
	业务主管	9级	3 100	3 325	3 544	3 756	3 960
	业务助理	8级	2 021	2 230	2 456	2 688	2 854
	一般管理	7级	1 500	1 631	1 789	1 854	1 937
技术员	高级技术员	6级	4 148	4 356	4 580	4 745	5 000
	中级技术员	5级	3 560	3 705	3 819	3 903	4 000
	初级技术员	4级	3 000	3 131	3 243	3 366	3 420
一线工作人员	作业主任	3级	2 821	2 944	3 043	3 231	3 500
	作业小组组长	2级	1 900	2 045	2 290	2 477	2 700
	一线工作人员	1级	1 400	1 546	1 635	1 733	1 867

表24-5　朝阳集团初次薪酬定档模型

评价要素	权重	对应分值						
		1	2	3	4	5	6	7
工作绩效	25%	完成目标20%以下	完成目标20%~30%	完成目标30%~50%	完成目标50%~70%	完成目标70%~80%	完成目标80%~100%	完成目标100%
企业工龄	15%	0~1年	1~3年	3~6年	6~10年	10~15年	15~20年	20年以上
初始学历	10%	初中	高中/中专	大专	本科	本科（双学士）	硕士研究生	博士研究生
最终学历	25%	初中	高中/中专	大专	本科	本科（双学士）	硕士研究生	博士研究生
专业技术职称	25%	初级0~3年	初级3年以上	中级0~3年	中级3年以上	高级0~3年	高级3~6年	高级6年以上

表 24-6 朝阳集团年终奖分发情况　　　　　　　　　　（单位：元）

项目	职位				
	一线工作人员	技术员	一般管理人员	矿长	总经理
年终奖	500	1 000	2 000	3 000	5 000

同时，高轩因为一封建议信被杨总提拔成副部长的消息在很短时间内就传遍了集团，大家终于认识到杨总所谈的"精细管理"不是会议上随便说说，而是真心地想要与广大员工沟通、集思广益，以提高企业管理水平，于是，各种好点子、好想法如雪片般发到总经理信箱，其中不乏一些优秀的想法。在集团管理层和员工的共同努力下，朝阳集团经过一系列管理模式、理念和方法的变革，突破了家族企业遇到的瓶颈，完成了由"粗放管理"向"精细管理"的转变。

在杨立天的带领下，朝阳集团顺利地搭上了煤炭市场"黄金十年"的顺风车，业绩一路飙升。在其他领域，朝阳集团也不断地扩大市场，即使在2008年遭遇席卷全球的金融危机的冲击，各子公司的利润仍保持了正数。

七、乘风破浪，绿色转型

2012年下半年，煤炭市场的形势发生变化，煤炭价格开始下跌，市场总体供大于求，煤炭业务的利润开始大幅度下滑，煤炭市场的"黄金十年"彻底结束。

2013年底，虽然煤炭业务的业务收入仍保持正数，但是，收入增长率已经转负，这对主营业务是煤炭的朝阳集团来说，无疑是一个危险的信号。年末的业绩总结大会上，会议室里的气氛略显压抑。杨立天率先打破了这沉闷的气氛："现在，咱们讨论一下，国务院今年发布了《大气污染防治行动计划》，大家也能感受到现在的空气质量不太好，雾霾的产生原因之一是长期的燃煤，这意味着，以后国家可能会相继出台一些环保政策，也会不断降低煤炭占能源消费的比重，增大清洁能源的供应。面对外部环境的变化，集团必须做出战略上的调整来应对，各位有什么想法吗？"

市场部的李部长先提出了自己的想法："一直以来，咱们的煤炭销售品种都很多，如果要从环保角度来考虑，还是动力煤、无烟煤、炼焦煤这三种煤比较环保，市场前景好，也许我们可以整合资源，追求煤炭品质提升，大力生产环保煤，这也是煤炭行业未来发展的一个方向。"

销售部王部长表示赞同："这两年客户对煤的质量要求确实越来越高，不提高质量的话，销量也会下滑，不少小煤矿都是这样倒闭的。"

杨立天说："你们说得很有道理，除了提高煤炭质量，我想，我们也应该履行社会责任，应当加强矿区的生态修复，尽量避免开采区的地面坍塌现象，在技术上要推行煤炭清洁化，在装备上进行减排处理，地下水的排放、煤矸石的堆放问题和粉尘污染都要加以改善，集团要承担起环境保护的责任。"

大家讨论的热情越来越高涨，很多人都踊跃地发表了自己的看法，经过商讨后，大家在会上达成共识：绿色转型是破解新危机之道。

会议结束后，朝阳集团又对相关政策进行了深入了解，探寻了转型的可能性和可行性，最终，决定实行以下几条转型措施。

第一，加大低碳煤创新的研发投入，同时，积极引进国内外先进技术，提高煤炭的洁净化利用水平，形成以销售高质量环保煤为核心的生产体系。

第二，深化信息技术和采矿技术的融合，提高精煤的质量与回收率，建立现代化矿井，同时建立安全生产监测系统，最大限度避免安全事故的发生。

第三，合理规划煤矿开采，开展填充式开采，防止地表坍塌，引进先进技术，提高回采率，最大限度减少资源浪费。对于已完成开采的矿山，进行生态修复，根据各个矿山的不同情况进行林地恢复或耕地复垦，将煤矿开采对环境的破坏程度降到最低。

朝阳集团在积极实现转型的同时，还积极地参与慈善事业、投身公益，在捐资助教、植树造林、城市绿化、公路建设等方面捐款近亿元，积极地履行了社会责任，获得了"绿色模范企业""环境友好型企业"和"节能企业"等多个荣誉称号。

八、尾声

回望这些年朝阳集团的发展历程，杨立天很庆幸自己当年选择去读MBA，在他看来，如果不是这一次有意义的教育经历，他便不会突破个人认知、思维的局限，不可能系统地学习管理知识，朝阳集团也难以在短时间内化解危机、实现突破。杨立天深深懂得，学无止境，在未来，不管风吹浪打，他都会带领朝阳集团乘风破浪、勇往直前！

参考文献

[1] 冯卫红，赵军.山西民营煤炭企业发展的SWOT分析与对策研究[J].煤炭经济研究，2007（8）：10-13.

[2] 张建平，王珍，路聚堂.精细化煤矿安全管理体系研究与应用[J].煤矿安全，2012，43（1）：190-192.

[3] 韩李萍.煤炭企业人力资源管理中人本管理的运用研究[J].煤炭经济研究，2017，37（12）：77-80.

[4] 李永勤，杨增福，殷世勋，等.煤炭企业精细化管理的实现路径分析：以神东榆家梁煤矿为例[J].企业改革与管理，2018（21）：69，73.

[5] 李定国.浅谈中小民营企业精细化成本管理[J].现代商业，2019（33）：138-139.

[6] 曹海霞，王宏英.新形势下山西煤炭产业转型发展路径研究[J].中国煤炭，2015，41（1）：6-10.

[7] 党晋华.山西省煤矿区生态环境的问题与挑战[J].中国煤炭，2021，47（1）：117-121.

[8] 胡振琪，肖武.关于煤炭工业绿色发展战略的若干思考：基于生态修复视角[J].煤炭科学技术，2020，48（4）：35-42.

[9] 孙旭东，张蕾欣，张博.碳中和背景下我国煤炭行业的发展与转型研究[J].中国矿业，2021，30（2）：1-6.

"开心"就是生产力:
开心麻花基于价值共创的成长之道

◎王学秀 陈琰[○]

北京开心麻花娱乐文化传媒股份有限公司由南开大学MBA学员张晨(现任董事长)与朋友共同创建于2003年。近20年来,开心麻花以"为人民娱乐服务"为宗旨,首创"贺岁舞台剧"概念,自2012年至今创作出品近百部舞台剧。2019年,开心麻花全国演出场次突破3 000场,演出足迹覆盖全国超117个城市,已成为创造优质原创喜剧的新型娱乐公司。

2015年,电影《夏洛特烦恼》在全国院线上映,以14.45亿元的票房成绩被业界誉为"华语2D影片票房黑马"。之后开心麻花陆续成功推出了《驴得水》《羞羞的铁拳》《西虹市首富》《李茶的姑妈》和获金鸡奖提名的《半个喜剧》等"爆款"电影,实现了票房与口碑的双丰收。目前,开心麻花年度演出场次、票房收入、观众人次等指标稳居行业之首,已形成"演艺+影视+艺人经纪+院线"业务板块,具有较强的品牌号召力与影响力。

作为一家喜剧内容生产机构,从一年一部舞台剧到目前的生态化发展,开心麻花的成长过程经历了什么?检索开心麻花的相关资料及与张晨访谈时,观众、原创、市场、价值、创新、尊重这一类词汇不断涌现,让我们想到了"价值共创"这一颇具互联网气质的管理理论,或许,这就是开心麻花的"成长之道"。

价值共创是指企业通过与内外部各利益相关方的互动,持续整合各类资源为用户创造最佳消费体验的过程。价值共创理论最早出现于2002年,有狭义和广义两个研究角度。狭义的价值共创聚焦消费者体验,多从营销视角进行微观研究;而广义的价值共创则基于服务主导逻辑,已经跳出了企业营销及消费者视角,将价值共创的主体延伸到了和企业产品与服务创造相关的各利益相关方,倡导各方以用户为中心,通过资源整合与服务交换共同创造新价值。目前,理论界的大部分研究基于服务主导逻辑展开,其研究视野持续扩展,由传统的个人消费者逐步转向与企业协同的价值网络上的各类参与者,研究目标也由之前的二元互动持续扩展到多

○ 作者简介:王学秀,1965年生,男,南开大学现代管理研究所副所长、副教授;陈琰,1975年生,男,南开大学商学院MBA教育中心主任。

主体之间的多元关系，研究的核心问题包括资源如何整合、服务如何交换以及相应制度安排等。㊀同时需要说明的是，随着价值共创理论在更多领域应用，关于不同情境下参与共创的各主体如何进行复杂的协同、怎样参与、怎样行动以及他们各自为价值共创带来了什么等，依然存在许多需要厘清的问题。㊁这为我们将价值共创理论引入开心麻花成长之道的研究提供了指导，因为开心麻花的案例中，既有观众这样"传统的消费者"，也有企业内外部各类创造主体的持续互动。

因此，本文将基于开心麻花成长史，围绕企业内外部的各类参与者、他们的行动及行动产生的共创价值进行分析，力图揭示开心麻花品牌成长的"秘密"。

一、"观众"驱动的共创行为

在湖南卫视的访谈节目《我的中国梦——中国杰出人物梦想追访》中，主持人问张晨："观众走出剧场的时候，会对剧做出一些评价，有一些可能不那么顺耳，你有那样的经历吗？"张晨说："有过。演出的时候，我们会看观众的反应；一场演出结束的时候，我会在剧场的大厅，听一听各种人的不同评论意见。"作为开心麻花的创始人，长期在一线接触大量观众，听听他们对作品的评价，是张晨一直坚持做的。

在开心麻花，用户驱动变身为"观众"驱动。与有形的产品不同，观众在开心麻花成长中的价值共创参与行为，更多来自他们对作品的现场感受、自然的语言和行为反馈以及部分观众主动在网上进行的分享（包括评价与推荐）等。而这些行为不完全是自然呈现的，需要企业有意识地去获取，而且这种获取贯穿喜剧创作与演出的始终。

（一）从观众中来，到观众中去

为人民娱乐服务，给更多人带来欢乐，是开心麻花的使命。这一使命的确立，起源于张晨等创始人决心做喜剧的时候。他们发现，当时的电影早就既有严肃作品又有喜剧作品，但话剧市场上却鲜有喜剧。于是三人一拍即合，要做就做喜剧，而做喜剧的初衷就是锚定观众需求，希望给观众带来更多快乐。用开心麻花总裁刘洪涛后来的话说就是，喜剧市场本来就有，看你怎么去撬动它。归根结底，要尊重观众，做出让观众觉得新鲜、好玩、满意的作品。㊂

下决心容易，制作一两部剧作也容易，但对于怎样赢得观众的喜爱，开心麻花一开始摸索得颇为艰辛。《想吃麻花现给你拧》第一轮在中戏逸夫剧场演出了40多场，只卖出了几千元的票。一个下雪天，一场剧只卖出7张门票，开心麻花创始人和员工站在剧院门口，给前来看戏的观众道歉、退票，并赔给人家来回路费。即使这样，剧还得演，座位也不能空着，于是张晨几人想了各种办法到处拉人白看戏，甚至动用大巴一车一车地接送。值得欣慰的是，演出的效

㊀ 张延平, 冉佳森, 黄敬伟, 等. 专业孵化器主导的创业生态系统价值共创：基于达安创谷的案例 [J]. 南开管理评论, 2022（3）：105-117.

㊁ 王满四, 霍宁, 周翔. 数字品牌社群的价值共创机理研究：基于体验主导逻辑的视角 [J]. 南开管理评论, 2021（3）：92-101.

㊂ Maggie. 刘洪涛：寻找撬动喜剧市场的那根杠杆 [EB/OL].（2021-02-03）[2022-12-20]. https://m.thepaper.cn/baijiahao_11050982.

果非常好，这就坚定了几位创始人的信心，于是，第二轮在海淀剧院的演出终于实现了收支平衡。当然，这也是开心麻花从创始人到员工辛勤付出的结果。比如，为了研究海淀剧院的客流情况，创始人之一的遇凯在剧院门口守了一整天，观察过往有多少车辆、行人，看有多少人在附近驻足和消费，有多少人最终走进剧院看剧。

初获成功后，如何长期保持"为观众带来更多快乐"的能力？张晨说，开心麻花的大部分观众是大中城市的年轻人，80后、90后是主力军，他们的文化水平较高，日常生活中对这一类文化产品的需求也很强烈，同时欣赏水平高，能分辨作品的好坏。㊀ 如何应对这一挑战？张晨认为，开心麻花的主创团队比较年轻，本来就是普通大众的一员，他们的作品实际上是"都市青年做给都市青年的剧"，素材来自都市的真实生活，对同时代年轻人的需求"感同身受"，反映了年轻群体的快乐与痛苦、情感和梦想，作品能够表达他们的心声；同时，开心麻花的编导等主创人员大多是从演员做起，经过多年实践、一步步从舞台上走出来的，他们具有较强的专业能力，而且很"接地气"，知道观众需要什么，"说句难听话，让他们做不接地气的他们还不会了"。㊁ 用导演闫非在接受媒体采访时的话说，开心麻花通过了市场的检验，演员和表演上的特点更为观众所认可，这样的土壤适合年轻人，呈现了年轻、乐观、热爱生活的诉求。在表演中，开心麻花的演员没有艺术家的"范儿"，不是让观众来买票来"崇拜"的，观众觉得好看、开心、钱花得值，就够了。

源于观众需求、为观众创造快乐，是开心麻花创建时就确定的服务宗旨。早在《想吃麻花现给你拧》演出时，有一场演出中开心麻花顺带租了剧场能容纳50人的最大贵宾室，和观众说好散场后可以去参加演员见面会。结果演出结束时，700人的剧场居然有500人没走，没办法，只好在台上摆了一排椅子，导演、演员和观众交流一起交流。

（二）"因您而变"

在源于观众需求之外，开心麻花剧作成功的另一个重要原因，是随着时代的变化和观众需求的变化而持续迭代。在一定意义上，可以说观众参与到了原来由开心麻花自己来完成的剧作品研发、生产和演出运营等价值创造过程中，以持续提升价值创造能力，更好地满足观众需要，充分体现了"因您而变"的理念。㊂

开心麻花的第一部舞台剧《想吃麻花现给你拧》，剧名来自一部老电影《渡江侦察记》的台词："各位客官楼上请，包子馒头热乎饼，想吃麻花现给你拧。"开心麻花总裁刘洪涛说，这就是开心麻花的态度：观众来这儿，不是"我们这里有什么，你就凑合吃吧"，而是"你想吃什么，我们就做什么"。所以他认为，开心麻花的剧作，不是要"接地气"的问题，而是就要"在地气当中"，创作团队要接触真实的生活，而不是在空中飘着。㊃

随着时代进步，身处互联网之中的观众接触的作品越来越多、越来越丰富，大量观众可以同步看到全球最好的作品，网络上到处都是各种"爆笑段子"。因此，要让已经"被过度刺

㊀ 张曦.开心麻花创始人张晨：想吸引年轻人进剧场只能靠作品［EB/OL］.（2017-10-17）［2022-12-20］. https://www.chinanews.com/yl/2017/10-17/8354084.shtml.
㊁ 王蕊.开心麻花张晨：张——总不在［EB/OL］.（2013-08-26）［2022-12-20］. https://business.sohu.com/20130826/n385111268.shtml.
㊂ 楼芸，丁剑潮.价值共创的理论演进和领域：文献综述与展望［J］.商业经济研究，2020（8）：147-150.
㊃ 艾修煜.CEO刘洪涛谈开心麻花的"开心秘籍"：内核必须温暖［N］.羊城晚报，2018-9-13.

激"、口味不断变化和升级的观众笑起来越来越难。这个时候,必须顺应观众需求,持续迭代,不断提高自己,拿出具有商业价值的独特产品。所以刘洪涛认为,作品是主创人员和观众共同完成的,在演出过程中,演员每抖出一个包袱就会观察观众的反应,主创团队每场都会记录观众的笑声间隔与对笑点包袱反应的强弱,之后再通过反复的"舞台实验"对剧情和节奏进行优化,不断调整表演,为舞台剧积攒人气和口碑。以《夏洛特烦恼》为例,在拍电影之前相关演出已经演了上千场。每次演出后,导演和演员不仅要复盘当天的问题,还要集思广益,看看有什么可以新增的有趣内容,哪怕是细微的升级调整。

这样,观众的反应就成为演员表演的支点,表演可以持续修改,随着演出增多,表演效果就会越来越好。○ 基于这样的认知,不断关注演出效果就成为开心麻花的必修课。《羞羞的铁拳》的导演宋阳说,在舞台剧中观众反映到哪儿都是自然而然的,你在台上感觉别扭了,观众一定感到别扭,你对演出有一点点疑虑,观众就会有同样的反馈。演员吴江的理解是,开心麻花的喜剧不是表情夸张、加大肢体动作,真正的喜剧效果是在了解观众需求、符合情境的前提下,创造意外惊喜。所以,随着演出场次的增加,他会慢慢摆脱开始的框架,不断创新和塑造角色,同时观察观众的反应再调整。○

随着舞台剧演出在全国范围举办,开心麻花"因您而变"、强化与观众实现价值共创的另一个特色,就是在创作中持续融入地方因素,比如当地发生的一些有趣的事情,也包括吸收当地小有名气的演员加入演出以及让广播电台和电视台的嘉宾做一些客串表演等,但都不会担任主角。比如,在与天津公司访谈时我们得知,天津公司复排剧目时十分注重本地化,引入了一些天津本地元素并不断精磨,比如《婿事待发》中的父亲和母亲本身就是本地人;对一些经典台词,演员们就用充满"津味儿"的演绎,逗得观众们哄堂大笑。又如,开心麻花上海公司历经一年两个月创作打磨的新剧《皇帝的新娘》,从创意到剧本,从编剧、导演到主创和主演工作,都由上海公司培养起来的本地创作团队独立完成,最终演出的上座率超过80%。

在研究海尔的"人单合一"商业模式时,王钦阐述了"用户领导力"的概念,认为"用户领导力"引导海尔跳出了管理者和被管理者的分析框架,将焦点集中在用户身上,寻找用户评价驱动企业资源配置的最佳实践,并取得了意想不到的企业绩效。○ 为了强化对观众意见的认知,开心麻花管理团队每天都会盯着网页浏览大量评论,新剧作和新电影演出后更是如此。其中有负面的、正面的、赞扬的、谩骂的,各种各样的意见他们照单全收,并马上将其中有价值的意见汇聚到作品的迭代中。可以说,观众尤其是"粉丝"的意见,是开心麻花作品的重要源泉。从这一意义上说,价值共创绝对不是虚言。开心麻花的会员,是从当年每晚散戏时工作人员拿着登记表请观众一张一张填写积累起来的,所以公司对大家的意见倍加珍惜。迄今为止,开心麻花的每一场新剧试演都会有"粉丝"加入,演出后主创人员会征求大家的意见,下一场就会加以调整。开心麻花天津公司总经理孙文岩说:"'粉丝'对剧目内容的贡献很大,每场演出以后,我们都会通过面对面交谈、剧评、线上发调查表等方式,对人物、剧情、框架等方面进行评价,现在的趋势是大家的评价越来越细,因为观众越来越专业和执着。"

○ 大牙,宁咏微."春晚"赢家开心麻花:话剧商业化的10年探索之路[EB/OL].(2014-02-13)[2022-12-20]. http://www.iheima.com/article-58586.html.
○ 螃蟹.开心麻花|幽默制造器+喜剧工厂[EB/OL].(2018-10-27)[2022-12-20]. https://www.sohu.com/a/271715843_115299.
○ 王钦.人单合一管理学:新工业革命背景下的海尔转型[M].北京:经济管理出版社,2016:49.

二、用心打磨原创精品

星巴克创始人霍华德·舒尔茨说,每个公司首先必须代表某样东西,比如星巴克代表了优质咖啡和烘焙咖啡豆至黑的深度加工法,它们使产品货真价实而且超凡脱俗。舒尔茨还认为,公司不能仅仅向顾客提供他们想要的东西,如果你能给予某种他们并不熟悉却又超乎他们品位的东西,就能给他们带来全新发现的兴奋感,并将他们与你结为一体,培养他们的忠诚度。他认为,这样做花费的时间会长一些,但如果你的东西确实绝佳,顾客就会喜欢上你的产品,而不必向大众市场顶礼膜拜。○

舒尔茨因为喜爱意大利式浓缩咖啡而加入星巴克,纵观开心麻花的成长之路,舒尔茨和星巴克的故事似乎完全适用于开心麻花。在这个过程中,麻花团队因喜爱而创作,因原创而美好,因用心而精益,因创造而生长,与观众和相关主题共创,真正为社会奉献了诚心之作。

(一)为意义而生

与张晨访谈时,他谈到创业的"初心"就是因为自己喜欢。喜剧是他"一个内在的个人的重地",包括电影、戏剧,也包括相声、脱口秀之类。因为喜欢做这样的事情,所以早期和几位同道者一起做喜剧时,关于做什么样的企业、做多大规模并没有想那么多,但是,既然大家因为热爱聚在一起来做这件事,就必须有真诚的态度和勤奋的精神,这两点是比企业会怎样发展、选择什么样的商业模式更早确定下来的。马丽接受采访时也有类似的观点:在这个团队里大家都是一路人,都是为了自己喜欢的事情坚持着。

以这样的方式坚持下来,开心麻花用喜爱和执着,一点点撬动单一的舞台演出市场。随着剧作数量增加和影响力慢慢扩大,大家就慢慢从中找到了做事的"意义"。"每年能够吸引那么多观众,对开心麻花、对文化市场来说,都是一件很有意义的事情。"刘洪涛在接受媒体采访时也说,一个合法发展的企业大概可以分成两类:一类是以营利为第一目的,另一类是以赢得人心为第一目的。开心麻花愿意做后一种企业,他认为这样的企业更可爱、更持久。由于自己对喜剧的喜爱,开心麻花以匠人思维打造产品,同时尊重市场和观众需求,以赢得人心为第一目的。"我们坐在剧场里,坐在电影院里,听到观众的掌声、笑声、欢呼声,总是觉得体内有一股暖流。我们的工作给他们带来了快乐、被他们认可,我们的人生也很有意义和价值。这样,我们在未来就更有动力"。○

在《麻花来啦》一书中,刘洪涛表示,对于开心麻花人而言,幸福感更多来自内心,来自内心的平衡、平和、知足、感恩……观众坐在那里,你可以真切地感受他们的呼吸、他们的浓浓爱意。"麻花人"觉得,这就是幸福的人生,而这一切,都源自我们给大家带来了快乐。因此,"在剧场里,我总是感觉到,那些洋溢着幸福的面孔,尽管陌生,但大家的内心是相通的。我们与观众之间不是简单的商家与客户的关系,而更像是久违的亲人,他们真心地喜欢我们的作品,喜爱我们这个品牌,他们不遗余力地支持我们前行"。传递快乐是有功德的,我们能给

○ 舒尔茨,扬.将心注入:一杯咖啡成就星巴克传奇[M].2版.文敏,译.北京:中信出版社,2015:25.
○ 李秀芝.开心麻花刘洪涛:为了观众的快乐,喜剧才能持久[EB/OL].(2017-12-15)[2022-12-20].http://www.baijiahao.baidu.com/s?id=1586844568665244369.

大家带来快乐，不仅我们个人内心是快乐的，我们的人生也因此更有意义。[○]

因为自己的喜爱，给其他更多人带来了快乐，这就是开心麻花人追求的那种"意义"。

（二）用原创凝聚品质

在创作理念方面，开心麻花定位于"原创、真诚、真实、观众"几个方面。所谓原创，就是从故事情节到每一句台词、每一个包袱、演员言语动作中的一个细节，都必须来自团队的原创。在开心麻花，原创意味着向观众传递真实的感情，严禁那种皮笑肉不笑、插科打诨和不真诚的喜剧。目前，开心麻花已经制作出品原创喜剧近百部。因此，从塑造喜剧品牌的角度来说，原创精神是推动开心麻花持续奋斗的方向和事业的"引擎"，原创就是开心麻花的核心竞争力。张晨说，吸引更多的年轻人走进剧场，关键还是靠作品，"舞台剧是靠口碑传播的，得买票，作品本身的品质要站得住脚，没有其他任何可能性"。[○]

原创意味着对剧作品质的严格甚至严苛要求。开心麻花既然因为热爱而致力于为观众奉上高品质、好口碑的作品，就有着极高的质量要求。开心麻花团队是一群骨子里有趣的人，但他们对待自己喜爱的"有趣的事业"时自我要求甚严，会对剧本内容与角色进行反复雕琢，包括创意、台词、节奏掌控，等等，都必须充分打磨，才可能形成一部"麻花式"的作品。[○]所有的年底大戏，如果作品在剧本编号、排练阶段不能通过质量审核，则不能面世。2012年，张晨开始担心一个问题，就是随着公司领导层年纪变大，作品决策人的个人偏好有可能与年轻的市场主流群体产生审美偏差，由此造成对市场需求判断不准确，会给公司发展带来极大的风险。为了保证剧作质量，他提出建立包括开心麻花团队的高管和主创人员在内的"艺术决策委员会"（简称"艺委会"），目前发展到十几位成员。在剧作投入市场前，"艺委会"对其进行审核和投票表决，表决通不过的就会被放弃。"每一部都要超过上一部"，这是开心麻花团队内部不成文的"军规"，而要不断超越，只有不断地勤学苦练。

严格的质量要求之外，持续沉淀也是开心麻花打造精品的"独门绝技"。所谓"沉淀"，就是坚持长期主义，持续改进。张晨说，在与百老汇的大制作人探讨作品时发现，大家走的路子基本一样，就是只有持续改进才能让一部原创作品变成经典之作，比如百老汇经典音乐剧《变身怪医》的开发过程就是如此。而开心麻花电影的成功，就是"沿用"了这样的模式。一部舞台剧通过上千场的舞台演出，不断打磨、不断修正和调整剧本，同时孵化最好的项目和团队，最终由主创班底来演出制作电影。这种"试验田"模式的特点就是"深耕""精耕细作"，缺点则是创作的周期比较长，导致电影作品长期处于"低产"状态。品质决定产量，这是开心麻花的坚守。

（三）"好包袱是用命换来的"

2017年11月，张晨在清华文创课程讲座中说，他很敬重的一位相声界前辈说，这辈子就做一件事：研究怎么抖包袱。同样的"老梗"，为什么这位大师说就觉得好笑？张晨说，这涉

[○] 开心麻花团队.麻花来啦[M].青岛：青岛出版社，2013.
[○] 张曦.开心麻花创始人张晨：想吸引年轻人进剧场只能靠作品[EB/OL].（2017-10-17）[2022-12-20］. https://www.chinanews.com/yl/2017/10-17/8354084.shtml.
[○] 马冬.开心麻花王亮：喜剧的执与不执[EB/OL].（2021-04-19）[2022-12-20］. https://www.thepaper.cn/newsDetail_forward_12243497.

及"一些所谓的工艺细节",而这样的过程,就是开心麻花团队从创立伊始就坚持的,他们每天干的活也是重复的,就是琢磨喜剧的节奏。

任何骄人的业绩都离不开勤奋与汗水,开心麻花人一直宣称,他们的团队依靠的不是天分,而是热爱和勤奋。在阅读媒体资料和访谈的过程中,"劳动密集型"这个词汇多次出现,这是开心麻花人对自己的评价——我们从事的其实是一个劳动密集型的产业。仔细想想,与其他行业相比,开心麻花在资金密集、研发创意(技术)密集之外,还真的具有"劳动密集型"特征。比如,公司拥有几十个剧组,在全国各地巡演,几乎常年无休。正是这种勤奋和执着,才强化了开心麻花产品的品质和品牌价值。导演、签约演员徐可在访谈时说:"许多看起来'光鲜亮丽'的包袱,其实是经过几十场、上百场演出打磨出来的。我们所有的出发点完全是观众,演员和观众就是一家,大家在一起打磨。为了保证饭碗,认真和真诚地演出,才能赢得观众,有了观众才能一直演下去。我们的态度一直是场场都很认真,良性的发展和口碑效应一点点发酵出来,很多戏是越演越带劲儿。"

开心麻花通常的工作状态是排练和打磨一部剧需要两三个月。编导牵头提出一个剧本大纲,然后就是剧组十几个脑袋碰撞出包袱和情节。在这段时间里,创造团队就盯着干这一件事,每周六天、每天十几个小时都在排练,只有星期天可以休息。而到了最后准备演出的"冲刺阶段",大部分人一天也就睡有限的几个小时。到真正上台演出时,因为剧中的每一个片段都排练过数不清的次数了,台词和动作几乎变成了"下意识"和"肌肉记忆",所以演员们就知道该怎么表演、以什么样的节奏能够调动观众、能取得最佳演出效果。

刘洪涛接受媒体采访时讲了几个故事,可以作为开心麻花人勤奋刻苦的代表。《羞羞的铁拳》的编剧、导演宋阳,因妻子做手术在医院陪床,最终在走廊里完成了剧本。这还不算,每写完一句台词他都要自己演一遍。当时,医院的走廊里总是他一个人在那儿手舞足蹈、念念有词。《婚前旅行指南》的编导演黄盈脚骨不慎骨折,他坐着轮椅指导排练,演出结束后拄着双拐在大堂听观众的意见,接下来再去和演员说戏,一说就说一两个小时。2013年"春晚"小品《今天的幸福2》的编剧冷旭阳,在经过了数月的熬夜创作和无数次推翻重来后,某一天凌晨发了一条微博称:"好包袱是用命换来的。"演员田甜在访谈时说:"这种'用命换来'的说法我特别有感觉,2014年我和徐可参加一档综艺,就是深夜不睡觉,一连磨好几天,处于头发都抓爆了的那种状态,就为了找到可能才一分钟的段子的那种爆发点。"

(四)坚守内核,持续创新

正如前文中霍华德·舒尔茨说的,好的企业应该给客户持续提供那些他们"不熟悉却又超乎他们品位的东西"。在开心麻花,要应对观众越来越高的欣赏品位,在保持作品固有特色和内核的同时,持续创新才是关键。演员艾伦在接受采访时曾说,开心麻花比较厉害的地方是,时刻提醒自己永远走在观众的前面,也就是在观众对剧作产生厌倦之前就知道自己该往哪个方向创新,而不是被动适应观众。为了达到这个目的,演员们之间相互调侃:"添加新的包袱是我们每天的娱乐项目。"

开心麻花的创新之处很多,比如在形式上,由成立之初的"贺岁舞台剧"持续创新,慢慢将阶段性演出的贺岁喜剧转化为常规性演出,形成了一种独特的"麻花文化作品"消费现象。又如,在作品内容方面,初期的剧作集中了许多包袱,再加上"新闻盘点",过多的"梗"使有的观众感觉在一定程度上"湮没"了故事主线,所以才有了越来越慎重地往戏中加内容的意识,更注重剧作的结构、逻辑和更丰厚的意义等。《麻花来啦》介绍闫非时说,他喜欢让剧本在秉承开心麻花风格的同时又能时时给予观众一些意想不到的惊喜——如果你习惯了开心麻花包袱的堆砌,那么就再给你一些故事情节;如果你想看看会不会有更曲折的剧情,那么就再给你一些感动……他喜欢这样"坏坏地"去给观众惊喜。再如,开心麻花越来越注重开发风格类型多样的喜剧,希望给观众不一样的感受。以电影为例,开心麻花的每部电影都在"喜剧"外壳下有"个性"上的区别。比如《夏洛特烦恼》代表开心麻花舞台风格的典型爆笑喜剧,《驴得水》具有黑色幽默气质,偏向思想性和艺术风格的独特性;《李茶的姑妈》制作上更有"洋范儿",同时也十分注重结构的严谨性等。最后,在开心麻花 IP 的价值扩展上,随着公司业务的成长而慢慢扩大到各类产品及服务。

三、活力文化与合伙人机制下的团队共创

谈到以客户(观众)为中心和聚焦产品,就必然涉及组织与激励问题。从目前的企业整体情况来看,互联网公司及少数传统企业在组织支持与员工激励方面能够支持企业整体面向市场与客户,但大部分企业在这些层面上做得并不理想,这或许就是一些文化创意型企业无法持续成长的原因。

在开心麻花,多年来打造的活力文化与合伙机制在较大程度上解决了组织活力如何持续的问题。同时,由于编导和演员独立成本中心等机制的实施,开心麻花团队的合作已经超越了传统的组织内部合作,在有些业务领域实际上已经是组织之间的合作了。基于这样的前提,即便是开心麻花公司"内部"也存在着像其他企业那样的价值共创主体,而研究与观察开心麻花公司内部价值创造中不同行为主体之间的联通方式和资源配置模式,弄清楚相关主体之间互动合作的方式与效率,有利于我们揭示开心麻花成长的组织"机密"。⊖

(一)文化认同度高的创意团队

王石在谈到价值观时认为,"共性"或者"共同价值观"对一个群体十分重要。他认为,工作层面的"志同道合",就是一个人的"个性"和一个群体的"共性"在价值观上是一致的。所以,"价值观一致,个人就会选择加入这个群体,也会在这个群体内得到个性伸展的空间"。⊜

开心麻花的文化是怎样的?团队成员为什么认同?张晨讲了一个故事:第一部戏《想吃麻花现给你拧》主演何炅看了剧本之后非常兴奋,主动找来试戏,而且对报酬没有要求,给不给钱无所谓,"我就是喜欢"。⊝ 演员艾伦第一次来开心麻花剧组排练时暗自观察,观察沈腾组排练的方法和氛围,发现和自己曾经接触过的剧组完全不同。在其他影视剧组,等级分明,分工明确,而麻花剧组却是大家围成一个圈,有说有笑,打打闹闹,一起聊得特别开心。冷旭阳讲

⊖ 孔海东,张培,刘兵.价值共创行为分析框架构建:基于赋能理论视角[J].技术经济,2019,38(6):99-107.
⊜ 王石.我的改变:个人的现代化 40 年[M].北京:生活·读书·新知三联书店,2019:62.
⊝ 王蕊.开心麻花张晨:张——总不在[EB/OL].(2013-08-26)[2022-12-20]. https://business.sohu.com/20130826/n385111268.shtml.

的故事更有意思，排练《夏洛特烦恼》时的一件事，给他留下了深刻印象："那天我去曾经合作过的影视公司取资料，可能因为是做正剧的缘故，工作的氛围非常压抑。我大气不敢出地整理着我的东西，一整天的时间让我感觉异常沉闷。晚上我回到了开心麻花的排练场，刚进门，只见文腾趴在滑板上，宋阳推着他在地上滑，远处是一大堆汽水瓶子——人肉保龄球，看谁撞倒的瓶子最多。那一刻我知道了，这里就是我的家，是我应该归属的地方。"○

所以，开心麻花团队文化的特点就是，员工与组织及员工之间的相互认同度都比较高。大家"能够聚集在一起就很难得"，这是因为这些人的"三观"和审美标准比较接近，在做人和艺术方面相互认同，才有了相互的信任感与深厚的合作基础。○这样的文化慢慢形成一个"场域"，会吸引更多志同道合的人加入进来，就像谷歌一样，"吸引创意精英的因素，不应只限于金钱，还应有大展身手的机会、并肩共事的同事、肩上的责任和享有的机遇、激发灵感的企业文化和价值观，当然了，或许还有免费的美食以及办公桌旁悠闲蹲坐的狗狗"。○

（二）团队共创：民主机制与自由风气

比尔·盖茨曾说过一句很经典的话，力量并不来自掌握的知识，而是来自分享的知识，这一点应该在企业的价值观及奖励机制中体现出来。有幸的是，分享知识的文化，的确在开心麻花团队体现出来了。张晨在访谈时说，开心麻花的运作采取团队模式，所有剧作都是团队合作的结晶，不可能完全靠一个人把所有的包袱和故事从头到尾做好，而是依靠团队一步一步完成。即使是公司领导人，也没有决定权，只有否决权，张晨等高管不会去要求编导具体做什么内容，谁做导演谁来负责，公司只会提出时间和质量要求，并按照公司的标准审核。刘洪涛说得更直接，他认为团队创作需要一些基本的"游戏规则"才能够真正调动团队成员的积极性，这就是"民主机制"加"自由风气"。

所谓民主机制，不仅体现在公司和导演之间，也会传递到创作团队中。导演对剧作有主导权，但每个团队内部也是全开放的，演员们最大的感受就是创作时的民主氛围。只要有大家认可的好想法，就很快能够变成现实。有时候，即便是一位在剧本中只有三句话的演员，也可以成为很出彩的角色。在开心麻花，所有剧作的内容都是团队碰撞出来的，作品的名字都由全公司员工投票决定。

所谓自由风气，就是开心麻花实施了"没有管理的管理"。比如，公司早年在东三环一个很旧的家属院里办公，每天，剧组成员都会来排练厅谈创作、头脑风暴、设计包袱，然后就是无休无止的排练，大家工作在一起、吃在一起、玩在一起，一泡就是十几个小时，深夜才回家，第二天上午又回来集合。被称为"鬼才导演"的彭大魔说，刚进入开心麻花团队时，反思了一下自己以前的工作状态："以前都是边打游戏边排练，现在到了新团队，我是不是应该改变一下以前的工作方式。"结果来到开心麻花团队之后，彭大魔发现这里的工作气氛比自己之前的工作气氛更轻松，他甚至有点儿不适应。之所以需要这种自由的风气，就是因为开心麻花的演员不仅要在台上表演，还要具备创作喜剧包袱的能力，大家一起演练，将只有大概框架的

○ 开心麻花团队.麻花来啦[M].青岛：青岛出版社，2013：177.
○ Maggie.刘洪涛：寻找撬动喜剧市场的那根杠杆[EB/OL].（2021-02-03）[2022-12-20].https：//m.thepaper.cn/baijiahao_11050982.
○ 施密特，罗森伯格，伊戈尔.重新定义公司：谷歌是如何运营的[M].靳婷婷，译.北京：中信出版社，2015：111.

剧本在集体创作中不断"添油加醋",使其日渐丰满。

整体来说,基于创意企业和创意团队的本质需求,开心麻花在团队管理上采取了相对"无为"的方法,力图为创意人员创造一个自由、轻松、快乐、互助的完整工作体系,在给予创作人员充分信任的同时,也收获了他们对企业的忠诚。

需要说的是,在开心麻花的这种管理模式下,不会出现有人担心的那种"精英主义"和"自由散漫"问题。有一个事例可以证明:有一年的年底戏是公司内外两位导演一起做的,两位导演的理念差异大,结果11月份彩排时发现了大量问题,但票早已售出,戏必须按时上演。这个时候,开心麻花的所有人都说:"开心麻花不能丢人!"于是,每个人都自发且不计报酬地抽时间来剧组帮忙,甚至包括"春晚"的主创。就这样,聚集了开心麻花最强人才的四组人马三天没日没夜地连轴转开会,谁困了就去睡一会儿,但会议一直持续,终于把这部戏理清楚了。结果剧作如期上演,观众反响很好。

(三)以制度"连接"团队

与一般文创企业不同,基于之前多年商业经验,加上南开大学MBA面向实践、求真务实的导向与扎实的学习与训练,张晨一直强调开心麻花用现代企业管理制度支撑喜剧内容创作、团队管理并形成持续发展能力,将经营管理重心放在对知识产权的保护、管理和开发上,从创业之初就确立了以知识产权保护促进创新的理念,希望围绕舞台剧、电影等主营业务,在产业链上下游进行多元拓展,以建立内部产业生态格局为目标,并坚定以原创喜剧内容出品制作为主,确保处于行业领先地位。

说到公司的管理和制度设计,张晨坦言,公司发展得很快,全国范围内仅签约的艺人就超过了数百位,所以公司在管理方面难度比较大,一直在探索更好的模式。当然在探索过程中,开心麻花也隐隐约约地在制度设计等方面具备了一些"面向未来的优势"。受篇幅所限,本文只简要介绍开心麻花几种有特点的制度设计。

第一,类合伙人制与股权分享。为了保证资本回报,也为了留住核心创造人才,开心麻花与创造人才之间有创作费、票房分成等合作形式,对于有独立创作能力的团队或个人,开心麻花实行独立成本中心制,让优秀创造力量创建自己的独立成本中心,其本质就是成为开心麻花的"合伙人";另外还有开心麻花的股权分享机制,在实施"利益捆绑"的同时也实现了"事业捆绑",这也就是前文提到的开心麻花内部存在传统企业没有的"价值共创"主体的原因。因为价值共创是企业与其利益相关者之间的一种共生关系,可以用来解释企业内部及外部价值网络的发展状况。㊀

第二,制片人制。开心麻花的制片人基本可以理解为互联网公司的产品经理,他要懂得文化产品创造的基本规律,更要懂市场、懂观众,作为产品与市场之间的桥梁,他更多需要从市场角度逆向整合产品与服务。张晨认为,导演制也有很多成功案例,但在市场对接方面显然是制片人更有优势,所以制片人制是必然趋势。

第三,子公司扩权。从2012年起,开心麻花开始在全国布局子公司或办事处。在子公司发育相对不成熟时,总公司方面管控相对较多,注重内部协同。随着全国市场的拓展和开心麻

㊀ 俞珊,郝斌,任浩. 开放式创新下的价值共创:理论回顾与拓展[J]. 重庆工商大学学报(社会科学版),2013, 30 (4): 39-46.

花品牌影响力的扩大,公司逐步赋予子公司在团队建设、产品策划与创造、排演与运营等方面相对独立的决策权,专注观众需求,注重"爆品"创作,鼓励它们适应当地文化与消费需求,机动灵活且深入地立足区域市场。自然,在决策权之外,分配权、用人权方面也有相应的政策。在这样的政策指导下,一些子公司在管理上持续创新,比如天津公司就进行了"项目制"探索,试图通过拉通部门分工,创建职能齐备、敏捷行动的业务团队。

四、基于开心麻花IP的生态建设

生态型组织涉及"组织生态"和"企业种群"概念,强调企业不是孤立的,而是与其所在的复杂环境(如供应商、客户、竞争者、政府等主体)密切相关的。在生态理念中,企业应追求与生态伙伴共同进化,从生态的共同成长中获取红利。㊀因价值共创行为而生成生态,或因生态互补而产生价值共创,已经是优秀企业成长过程中的常态。

多年来,作为一家"喜剧内容供应商",开心麻花持续创新舞台剧演出,不断革新与提升产品品质,并通过产品线的延伸触达越来越多的观众,涉足产业链中越来越多的领域,逐步完善了以舞台喜剧为中心的产业生态格局,在产品、剧场运营、人才培养与运营、商业生态等方面持续呈现生态化成长趋势,向着集演艺、影视、剧场运营、数字娱乐、艺人于一体的综合喜剧内容服务商的目标前进(见图25-1)。

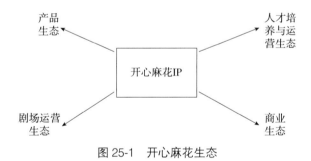

图25-1 开心麻花生态

(一)逐步完善的产品生态链

自2003年创业开始,开心麻花专注于舞台剧的品质,基于观众需求,在持续增长的演出场次中不断迭代内容与表演,为开心麻花系列产品线的打造奠定了坚实的基础,成为产品生态的"孵化器"。这种依靠培养演员和创意人才、立足于团队默契和能力的商业模式,与一般演艺公司项目化运营的模式差别较大,被公司联席总裁兼上海公司总经理汪海刚称为开心麻花"累积的能量"。㊁

从2012年开始,开心麻花以强大的原创实力把九个节目带上央视"春晚",并成为各地卫视"春晚""御用"班底。2014年,开心麻花基于十余年喜剧创作实力和深厚的观众基础,打

㊀ 穆胜.释放潜能:平台型组织的进化路线图[M].北京:人民邮电出版社,2017:176.
㊁ 邱俪华.开心麻花"乐观力"感人,"船长"汪海刚放话:哪天宣布剧场恢复,我们第二天就能演出[EB/OL].(2020-04-07)[2022-12-20]. https://www.shxwcb.com/421259.html.

造独树一帜的开心麻花喜剧电影风格。2015 年，开心麻花的首部电影作品《夏洛特烦恼》在全国院线上映，成为现象级影片。2020 年，电影《半个喜剧》荣获第 33 届中国电影"金鸡"奖 7 项提名，第 27 届"华鼎奖"最佳编剧、最佳女主角、最佳歌曲奖、最佳男配角和最佳新锐演员提名。

2015 年，开心麻花将"即兴喜剧"引入国内，希望打造一套集人才发掘、社群成长、平台建设于一体的即兴喜剧表演和培训体系，创建"麻花即兴"品牌。2017 年，开心麻花创立了笑点密集、可定制的"麻花脱口秀"演艺子品牌，将单口喜剧从酒吧搬入大中型剧场。2018 年，推出儿童戏剧演艺及教育品牌，将培训、演出、剧场体验集于一体，培养小朋友感受艺术魅力和快乐生活理念的能力素养。2019 年，开心麻花在持续革新产品的基础上推出沉浸式喜剧演出，强化观演互动，《偷心晚宴》等集戏剧、餐饮、互动于一体的"沉浸式喜剧"得到全国观众热捧。2020 年 11 月，开心麻花在深圳创办首届"龙岗喜剧节"，包括演出、论坛、培训班、喜剧嘉年华等多个板块，是继舞台剧、小品、电影、网剧、综艺等之后，开心麻花在喜剧领域的新拓展。

近年来，开心麻花实现双线战略，线上产品创新持续实现新突破。40 多集的网络自制剧《开心麻花剧场》的观众反响很好。2020 年初，新冠疫情来袭，在线下业务"停摆"期间，开心麻花迅速组织全员，充分拥抱线上平台（如抖音、快手等短视频娱乐平台），并组织演员以开心麻花擅长的喜剧内容为主，创作出品了短视频、精品短剧等大家喜闻乐见的娱乐内容，如《贼想得到你前传》成为热剧置顶，为缓解当时大众的焦虑情绪贡献了精神力量，并形成线上线下联动的喜剧娱乐形式，对后续的剧场演出形成"反哺"效应。2020 年 6 月，首部网络短剧《亲爱的，没想到吧》上线 12 小时登上优酷短剧榜单第一，抖音平台获超 13.6 亿次的话题播放量；短剧《兄弟，得罪了》接连上线。同时，开心麻花还与平台共同创作了《发光的大叔》《今日菜单之真想在一起》等精品微短剧，通过价值共创行为打造新 IP。此外，开心麻花与天猫联手打造的国内首档喜剧直播秀《请您笑纳》，将直播与场景内容的创意制作融合，开启了一种全新的综艺形式。

（二）互动成长的人才生态

在开心麻花，喜剧创作人员被看作公司宝贵的财富。2018 年以来，开心麻花喜剧平台上已产生了沈腾、马丽、常远、艾伦等明星演员，由于良好的团队文化和机制，开心麻花始终重视团队创作，作品输出比较稳定。随着麻花事业的持续拓展，持续延揽、发掘和培养有独特才华的喜剧创作人才，是开心麻花发展战略的重要任务。

导演闫非说："开心麻花是个挺励志的集体，像家一样，即便你感到灵感枯竭也不会慌，回过头来，朋友们都在，我喜欢这种融洽的氛围。"这或许就是开心麻花人才生态的真髓。在人才生态建设方面，开心麻花做了这样一些工作。一是做好艺人经纪业务，作为国内喜剧艺人签约量最大的公司，助力艺人的成长是经纪业务的首要任务，因为这直接关系到公司核心业务的成长及艺人自身的利益。二是强化培养机制，公司每年在人才孵化方面都投入了不少资金。张晨认为，与单纯追求利润率相比，孵化人才和好的作品，代表着公司未来更高的产出。为此，从 2011 年起，开心麻花以公益方式举办了多届喜剧表演培训班，面向全社会培养编、创、演等综合性喜剧人才，和他们共同打造喜剧产业人才生态。三是通过在表演中带学生的方式培养演员，让年轻演员迅速成长，形成公司的"造血"与传承机制。比如，在开心麻花，多名老演员为年轻演员配戏是一种常态。四是强化团队合作与协同机制，团队合作，编、导、演拉通是开心麻花的"看家本领"。随着各区域自主组建演员团队和自主复排，区域之间的相互学习、竞赛与赋能机制也在形成。导演张凯在访谈时说，天津组的《婿事待发》是同期全国各组中演得最好的。此外，不同城市有相互学习的机制，团队可以受邀去其他城市演出，可以相互借调演员支援，这样就在持续的融合中碰撞出新的火花。张晨介绍说，比如沈腾在宋阳的戏中做配角，就是对他的一种帮助。这样的组合越多，相互的交叉互动性就越强，创作中互相给予的营养就越足。目前，这种模式在持续吸引一些新锐喜剧创作者，因为开心麻花一直让演员参与到创作中来，合作者在这里能够充分发挥内容生产和创作方面的协同效应，大大提高了做出好作品的概率。五是重视编导人才的培养，开心麻花中闫非、彭大魔、宋阳、张吃鱼、杨沅翰等编创人才，大多是演员出身，而他们在成为编导人员后，又会变成一个个小型"人才培养中心"，所以，开心麻花十分重视编导人才的培养，将其视为人才生态的"重心"。

（三）颠覆传统的剧场院线生态

借助多年来在演出领域的深耕，开心麻花积累了全国性的营销渠道、优秀作品和人才。在此基础上，公司于 2017 年迈出了建设剧场院线的关键一步，力图在舞台剧、电影和艺人经纪之外找到自己的"第四阵线"，进一步延伸演出产业链。开心麻花的剧场院线分布在北京、上海、深圳、天津、杭州、成都、武汉、厦门、济南、合肥、南京等一、二线城市，运营模式包括自营剧场、股权合作、托管合作和政府合作 4 种，其中自营剧场约 20 个。

与传统的剧场不同，开心麻花的剧场院线中位于购物中心的比例达到 70%，这与公司试图打造的"戏剧主题互动体验空间""前店后场"模式相关。在经营方式上，剧场院线颠覆了传统的"戏剧"经营概念，着力创建"剧场＋文创、酒吧、咖啡厅、餐饮"业态，集演出、孵化、创作、互动、策展、戏剧培训以及主题餐饮于一体，打造面向年轻消费者的新文化休闲中心。① 开心麻花剧场院线总经理文娟认为，开心麻花剧场希望与购物中心相互引流、相互赋能，建设一种有机嵌入购物中心/商圈的复合戏剧业态和丰富的新型消费场景，消费者在这里既能吃又能逛，还可以看演出，而在剧作演出之外开发的麻花咖啡、麻花即兴、麻花儿童剧团等衍生出来的"戏剧周边"业态，更吸引了年轻观众的注意力。

开心麻花的剧场院线生态是一种多层级的商业生态，在剧场经营方面有自营与合作等类型，在地理位置上有与购物中心及其他业态相互赋能的状态，在院线自身有剧作、餐饮、教培等业态的融合（见图 25-2）。其中涉及多种市场主体，它们在多层级的生态中相互连接，形成了一个典型意义上的价值共创网络。

---

① 陈海峰. 开心麻花王亮谈未来规划：新产品链、演出板块新布局［EB/OL］.（2018-05-31）［2022-12-20］. http://www.chinanews.com/yl/2018/05-31/8527386.shtml.

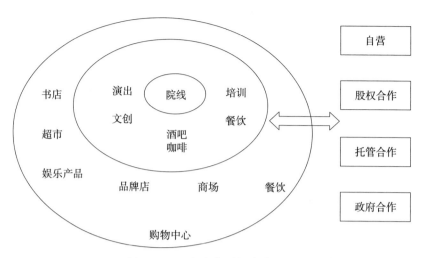

图 25-2 开心麻花剧场院线生态

（四）别出心裁的商业合作生态

开心麻花商业与客户的合作，早在诺基亚包场的第一部戏《想吃麻花现给你拧》时就开始了。后来，从《谁都不许笑》中演员何子君在演出中走下台向观众撒雀巢的巧克力，到本田飞度车出费用制作节目单，可口可乐开始在开心麻花演出现场做新产品派发，麦当劳早餐时段举行开心麻花剧目抽奖活动，中国电信携《白日梦》全国巡演等，再到MINI、携程、联想、Kappa 都陆续和开心麻花建立合作关系，《乌龙山伯爵》中的 Alen 警官将一辆由 MINI Cooper 改装的警车开上舞台，都给观众带来了极大惊喜。○

近年来，随着开心麻花线上业务的持续增长，商业合作业态呈现更丰富的形式与内容。2020 年 10 月 17 日，开心麻花携手天猫推出了国内首档喜剧直播秀《请您笑纳》，首创在创意喜剧表演中植入直播带货的模式，将喜剧内容碎片化，用金句与用户建立情感连接。五期直播获得近 10 亿人次曝光量，被誉为"开创直播 2.0 时代的创意节目"。2020 年 10 月 20 日，快手与开心麻花携手演出由蒙牛臻享冠名的《今日菜单之真想在一起》短剧，讲述都市男女的喜剧爱情故事，融入美食题材，助力蒙牛臻享浓牛奶上市推广。2021 年 4 月 14 日，开心麻花联手国窖 1573，在北京康莱德酒店连续 4 天演出主题体验式爆笑喜剧《偷心晚宴》，300 余位"国窖荟"会员变身"北平名流"，沉浸到剧情中参与场外互动，收获了独特的体验。

五、以社会责任提升"价值共创"的意义

作为文化产品，开心麻花满足的是人们精神层面的需求。尽管很多时候他们并不刻意去追求"高大上"一类的意义，但正如哲学家陈嘉映所说，"人但凡有点儿灵性，不可能从不对生活中的某些事情感到困惑，继而加以思考"。○ 所以，张晨认为，开心麻花坚守的一个理念就是，喜剧是给人希望的。做喜剧的人，自己要快乐地生活，快乐自由地创作，并持续通过优秀的作

○ 开心麻花团队.麻花来啦[M].青岛：青岛出版社，2013：18-19.
○ 陈嘉映.何为良好生活：行之于途而应于心[M].上海：上海文艺出版社，2015：19.

品鼓励大家以积极乐观的态度面对生活。①

当然，正如剧作本身的持续迭代一样，开心麻花在追求"意义"的层面上也经历了一个不断升级的过程。开心麻花早期的作品倡导自身成为都市白领的减压方式，讲述的大多是惩恶扬善的故事，以诙谐幽默的调侃追求爆笑的剧场效果，能够在一定程度上抚慰都市青年的焦虑、抱怨甚至愤怒。因为生活本身并不会时时如意，甚至心灵的快乐多半和辛苦、艰苦、痛苦、忧伤等连在一起，所以为观众提供欢乐的确是一件对社会有价值的事情。近年来，随着观众需求的更新及创作团队的持续创新，开心麻花开始了喜剧效果丰厚化和立体化的尝试，在保持原有风格之外，以有梦想、有情怀的励志故事强调作品内核的温暖感，态度可以犀利，也可以有批判，但一定要让观众看到希望和梦想，要向社会传递正向的意义。

2020年，开心麻花以《神笔马亮》参与电影《我和我的家乡》的拍摄，沈腾与马丽在剧中演绎了一段知识青年放弃俄罗斯列宾美术学院进修深造机会回乡扶贫的故事。影片中，扶贫干部马亮对妻子秋霞说，他在一个小山村长大，觉得自己的家乡是世界上最美的地方，可如今村子发展落后了，他想要为家乡做点什么……

关于开心麻花践行企业社会责任还有一个动人的故事。2020年2月23日，武汉参与抗击新冠疫情不幸被感染的护士汪欢发了一条微博，说了自己有一次错过开心麻花演出的事情。演员沈腾看到后，和王欢进行了微博互动，表示一定为抗疫英雄做一次公益演出。马丽跟上点赞，让受疫情影响而停演的开心麻花又被广泛关注。2020年8月25日北京复演，9月11日和12日，由沈腾、马丽、艾伦领衔的开心麻花最"强悍"演员阵容在武汉琴台大剧院为抗疫一线的医护人员献上经典爆笑舞台剧《乌龙山伯爵》，因公没能赶赴现场的常远也积极参与线上互动，开心麻花是武汉"解封"后第一个做公益演出的民间文艺团体。"做公益，致敬抗疫工作者，我们毫不犹豫、义无反顾。"马丽在演出结束后说。

在演出工作之外，开心麻花也积极参与社会公益活动。2020年12月1日，开心麻花的演员沈腾、马丽、常远、艾伦参加了由国家卫健委、教育部等单位主办的《老师请回答》防艾特别节目。为了配合此次活动，开心麻花还拍摄了四条防艾公益短片，在线上平台及一些高校的大屏上播放。而公益小品《迟到的爱》将防艾科普与雅俗共赏的小品结合在一起，达到了寓教于乐的目的。为此，活动组委会授予开心麻花"爱心企业"的光荣称号。

从为观众提供快乐到化身"温暖天使"，从抗疫助威到防艾宣传，开心麻花积极履行企业社会责任，坚守和持续践行"为人民娱乐服务"的宗旨，并在社会公益活动中将宗旨不断丰富和延伸，体现了一家具有现代意识的文创企业应有的品格与担当。用霍华德·舒尔茨的话来比喻就是："每周有500万人来到星巴克，排队等候的似乎只是一杯浓缩咖啡，但当顾客每周数次光顾星巴克时，他们所要的就不仅仅是一杯咖啡了，而是为了得到这个空间带给他们的感受。与这种感受直接相关的是——我们不像其他有些人那样苟且于世，我们不放弃用更好的方式服务公众的希望。"②

---

① 王润. 开心麻花推出喜剧节：将喜剧事业进行到底［EB/OL］.（2012-12-04）［2022-12-20］. https：//baijiahao.baidu.com/s?id=1685106112756552805&wfr=spider&for=pc.
② 舒尔茨，扬. 将心注入：一杯咖啡成就星巴克传奇［M］. 2版. 文敏，译. 北京：中信出版社，2015：289.

六、结论

价值网络内包括顾客与企业在内的网络成员之间的互动,是实现价值共创的根本方式。本文基于开心麻花近20年的成长经历,试图从广义的价值共创视角分析价值网络中各主体对开心麻花成长的促进作用:第一,从观众需求出发,在与观众的持续互动中不断迭代升级剧作,是开心麻花基于原创打造高品质产品、实现价值创造的源泉;第二,企业内部包括独立成本中心、演员公司等多种合作模式的存在,使开心麻花超越了一般意义上的"组织",以各主体在创造与运营层面的共创行为,极大提升了开心麻花的产品生产和价值创造能力;第三,基于产品、人才、剧场与商业合作层面的多重生态系统打造及其持续延展,开心麻花形成了包括政府、企业、观众及其他相关业态在内的更大的价值共创网络,并成为支持开心麻花应对包括新冠疫情在内的各种外部挑战、实现永续经营的坚实基础;第四,以社会责任提升"价值共创"的意义,是新时代文创企业及从业者必须坚守的职业道德,也是价值共创在更广泛意义上的延伸(开心麻花价值共创网络见图25-3)。

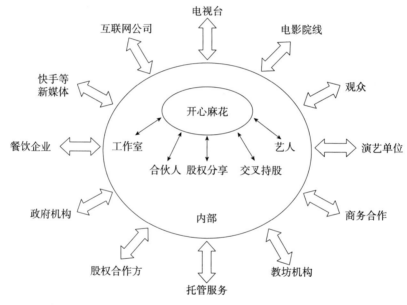

图 25-3 开心麻花价值共创网络

参考文献

[1] 张延平,冉佳森,黄敬伟,等.专业孵化器主导的创业生态系统价值共创:基于达安创谷的案例[J].南开管理评论,2022(3):105-117.

[2] 王满四,霍宁,周翔.数字品牌社群的价值共创机理研究:基于体验主导逻辑的视角[J].南开管理评论,2021(3):92-101.

[3] 楼芸,丁剑潮.价值共创的理论演进和领域:文献综述与展望[J].商业经济研究,2020(8):147-150.

［4］孔海东，张培，刘兵．价值共创行为分析框架构建：基于赋能理论视角［J］．技术经济，2019，38（6）：99-107．

［5］俞珊，郝斌，任浩．开放式创新下的价值共创：理论回顾与拓展［J］．重庆工商大学学报（社会科学版），2013，30（4）：40．

［6］王钦．人单合一管理学：新工业革命背景下的海尔转型［M］．北京：经济管理出版社，2016．

［7］舒尔茨，扬．将心注入：一杯咖啡成就星巴克传奇［M］．2版．文敏，译．北京：中信出版社，2015．

［8］开心麻花团队．麻花来啦［M］．青岛：青岛出版社，2013．

［9］穆胜．释放潜能：平台型组织的进化路线图［M］．北京：人民邮电出版社，2017．

［10］王石．我的改变：个人的现代化40年［M］．北京：生活·读书·新知三联书店，2019．

［11］施密特，罗森伯格，伊戈尔．重新定义公司：谷歌是如何运营的［M］．靳婷婷，译．北京：中信出版社，2015．

［12］陈嘉映．何为良好生活：行之于途而应于心［M］．上海：上海文艺出版社，2015．

以精专树立品牌，携真诚服务于民：
南京容平药房的"精诚"发展之路⊖

◎丁晟春　叶子　蔡律　包舟⊖

在容平药房最显眼的地方，摆放着一块精心制作的牌匾，上面写着药王孙思邈《大医精诚》里的一段话："凡大医治病，必当安神定志，无欲无求，先发大慈恻隐之心，誓愿普救含灵之苦。若有疾厄来求救者，不得问其贵贱贫富，长幼妍蚩，怨亲善友，华夷愚智，普同一等，皆如至亲之想。"这是容平药房的企业文化，也是容平药房每一位药师与员工上岗后的第一课，而容平药房的创始人任萍对这段话更是熟烂于心、倒背如流。

容平，以包容心接纳每位进门客，用慈悲心对待每个平常人。在这个浮躁的社会，容平药房坚守着以诚为本、以专立业的药者之心，怀揣着与时俱进、开拓创新的进取之心，用真诚与专业赢得了到店买药的顾客的一致好评，先后获得建邺区"质量强区"先进单位、2014年度建邺区食品药品安全先进单位等荣誉称号，公司执业药师荣获"身边最美药师""诚实守信服务为民好药师"等荣誉称号。今天，让我们一起走近这家南京的本土药房，看看她是如何通过实践与担当，将"大医精诚"融入企业发展的。

一、以诚为本，逐步发展

（一）自主创业，艰难险阻

20岁起，任萍便开始在药房一线工作。十几年前，由于家庭的变故、生活的窘迫，任萍

⊖ 资助基金项目：江苏省社会科学基金项目"面向突发事件应急决策的知识服务智能化研究"（编号：20TQB004），2022年江苏省研究生科研与实践创新计划项目"基于知识图谱的企业舆情风险智能感知研究"（项目编号SJCX22_0155）。

⊖ 作者简介：丁晟春，1971年生，女，南京理工大学经济管理学院教授；叶子，2000年生，女，硕士研究生；蔡律，1999年生，男，硕士研究生；包舟，1999年生，女，硕士研究生。

用柔弱的肩膀毅然挑起了生活的重担，走出了一条创业自强之路。2012年的南京市建邺区沙洲街道工地众多，到处泥泞。任萍白天工作，夜晚探寻门面房。按照开药房的标准，她花了大半月时间，跑遍方圆三公里，最终选中了一个新建好的门面房，创办了南京容平药房有限公司，成为单体药店的掌门人。从此，她不仅是以一个执业药师的身份在工作，更是以一个企业负责人的身份奋斗在医药行业一线。

药王孙思邈在《黄帝内经·素问·四气调神大论》中曾说："秋三月，此谓容平。天气以急，地气以明，早卧早起……"其中，"容平"为万物繁盛壮美，果实饱满成熟之意，任萍受此启发将药房取名为"容平"。在容平药房成立后，任萍带领员工不断提高药店每一位员工的药学专业知识，以专业的药学服务为每一位到店客户提供帮助；带着"博爱是药学服务的动力"的行为准则深入社区，为社区百姓提供健康保健培训，提供上门服务，建立健康档案；而对于药房之外的公益事业，任萍认为，让每一位员工都真正参与进来，才能使他们真正认同并践行企业文化。

（二）服务人民，走向容平

不忘药学初心，坚守药师使命，积极提供延伸药学服务已是容平药房的常态化工作。多年来，任萍坚持参加政府每年开展的"安全用药月"活动，聚焦特定社会问题，她的足迹也遍布了药房周围的社区、学校和工地：她为社区老人讲解慢性病病因以及用药知识，耐心地解答他们咨询的健康问题；她主动走进南京中华中学附属小学、南京育智学校等，为小朋友普及用药知识以及独自处理身体不适状况的方法；对于药房附近没有医保、常在高温天作业的民工朋友，容平药房不仅坚持"问病卖药，卖药问病"的服务方针高效解决问题，还积极为他们科普夏季病知识，并为他们提供免费防暑药品以及血压测量服务。

最初的善念或许都是这样的，没有多少感天动地、荡气回肠，一份同理心足矣。久而久之，附近的老人以及工人师傅都成了容平药房的常客。在任萍身上，执业药师丰富的知识技能与高尚职业道德的完美统一得到了充分体现。

容平药店用"问病卖药，卖药问病"和"一问，二看，三解答，主动，耐心，面微笑"的"14字服务法"，温暖着每一个买药的人。不仅如此，每到炎炎夏日，任萍还给附近工地的工人师傅们普及夏季常见病的相关知识，免费测量血压，赠送防暑药品等。久而久之，任萍和附近的工人师傅都成了好朋友。在服务过程中，任萍总是认真倾听，仔细观察，尽可能详尽地告诉顾客治疗疾病的知识。

"这家店很好。无论什么时候去咨询、买药，任萍都笑脸相迎。我特别愿意去她的店里买药！"每一句来自顾客的真心赞扬都是对容平药房多年真诚服务的最好回报。

在这样认真积极的掌门人的带领下，容平药房先后荣获食品药品安全工作先进企业、药品经营诚信单位、建邺区"质量强区"工作先进单位、建邺区食品药品安全先进单位等荣誉称号。任萍荣获江苏省药品监督管理局授予的"诚实守信服务为民好药师"称号，还获得了2021年国家药品监督管理局执业药师资格认证中心授予的"身边最美药师"称号，该称号全国只有30人获得，江苏省只有2人，可以说，这是医药行业的顶级勋章之一（容平药房及任萍所获部分荣誉证书见图26-1）。

图 26-1　容平药房及任萍所获部分荣誉证书

（三）关注民生，担当责任

企业社会责任本质是对自身行为的一种道德约束，它既是企业的宗旨和经营理念，也是企业用来约束内部生产经营行为的一套管理和评估体系，这种约束对有些企业而言是一种束缚和牵绊，但一个企业只有致力于承担社会责任，才能在发展中始终保持高度的情怀，建立良好的口碑，使企业经营发展与社会发展、人文关怀同步成长，积蓄更多的发展动力和人气。

目前，医药零售市场特点鲜明：一方面，人口老龄化加剧，社区医疗走向常态化；另一方面，慢性病年轻化，需要专业药学服务。而随着新冠疫情的暴发，百姓的养生保健意识进一步增强，改善亚健康、传统滋补养生需求进一步增加。这些都要求药店服务人员承担社会责任，为百姓提供专业的药学服务。容平药房积极承担企业应负的社会责任，在日常经营、新冠疫情期间都展现了强烈的社会责任担当，秉承"为更多人享受健康生活，提高生活质量"的初心，以良好的企业口碑树立品牌形象。

（四）精益管理，发展转型

财政部、工业和信息化部于 2021 年 1 月联合印发《关于支持"专精特新"中小企业高质量发展的通知》，容平药房积极响应号召，针对"专业化、精细化、特色化、新颖化"，专注于药房这一细分市场，作为区域规模连锁品牌，依托"最美药师＋药学服务＋滋补品保真服"等服务，拥有专业的药学服务，保证产品的质量，对营销进行进一步创新，实现精益管理。

1. 品种齐全，产品质量保障

容平药房经营多年，有来自国内外一级医药代理商和诸多厂家直供渠道资源，产品品种齐全。容平药房只销售大品牌药品和国内外一级代理商的药品，严格执行进货检查，保证产品质量。

2. 专业药学服务，对症卖药，效果好，客户黏性强

容平药房已经形成了一套完善的药学培训体系，每家门店都将配备了药学顾问，药学顾问将结合中西医问诊模式，对每位客户进行精准的病症判断，并根据病症对症下药，客户吃药少，吃药后病症好得快，效果显著，可以有效增强客户黏性。

3. 社区健康档案，为社区老人和慢性病患者提供帮助

容平药房以线下推广为主，下沉到社区，面向社区提供药学服务、健康讲座、健康体检等，同时为社区老人和慢性病患者建立社区健康档案，全程追踪，实现长久的健康指导。

4. 场景化套餐模式，客户选择更有效

容平药房在保证药品零售业务的同时，拓展更多的药品和保健品的应用场景，采用场景化套餐模式，将药品和保健品打包销售，让客户选择更高效，针对性更强。同时提供更多团购业务，包括防疫物资团购、传统滋补品团购等。

千磨万击还坚劲，任尔东西南北风。从对家庭到对工作，再到对社会，任萍无论身处逆境顺境，始终在执业药师的平凡岗位上默默奉献；从艰难起步到全面发展，容平药房也在医药零售市场中稳步前进，逐步开拓。

二、营销创新，客户至上

（一）营销问题初步显露

在容平药房成立初期，药房的营销模式较为传统，以线下药店为主，以线上营销为辅。虽然做到了线上与线下销售相互结合的营销模式，但是由于产品覆盖面太广，营销模式还是偏向于大众化。此外，药房销售的产品较为保守，针对性并不强，在药品功能上和竞争对手的差距不大，没有十分明显的优势。

面对网络化、全球化的竞争环境，容平药房开始感受到营销方面的问题制约了盈利能力。一方面，容平药房没有像其他连锁药店一样拥有资本市场的支持，在其他连锁药店发展日益强大的时候，药店之间的竞争在每个传统的营销层面刀刃互现；另一方面，传统的广告产品和营销模式对于如今的客户来说已然不能很好地应对消费诉求，缺乏创新。

随着互联网时代的发展，"互联网＋""大数据"等概念频繁出现在各行各业中，任萍开始思考，容平药房是否也可以利用这些新方法进行一些改革，借助网络，实现从传统的市场营销方式到更高效的精准营销的转变呢？在南京理工大学EMBA高级工商管理硕士班的学习过程中，通过对管理与营销知识的学习，任萍逐渐发现容平药房在客户管理与数据利用方面存在许多问题，这些问题恰好限制了药房的营销能力。

"在客户管理方面，一开始我们只依托于顾客价值进行有计划的营销，并没有细致化地了解客户的真实需求，难以做到精准营销，更不用说为优质客户提供定制服务；在数据利用方面，我们药房虽然拥有一套较为完备的数据库系统，但是管理人员却从未重视这些数据，忽视了客户数据中存在的潜在信息，如对近期消费习惯的改变等情况的追踪，因而无法真正实现客户关系管理在门店销售上的价值。"

经过认真的分析与思考，任萍将容平药房存在的问题归纳为三个方面：第一，传统的"推"式营销，运用大量的促销手段，将药品"推"给客户，原本是为了促进消费，但这种"推"式营销往往造成了极大的浪费——药店花费了大量资源和精力，但由于缺乏与客户的有效沟通，无法及时捕捉客户的需求变化；第二，客户信任感减弱，随着网络上虚假广告等新闻事件频发，客户对药店的宣传信任度逐渐降低，对药店的信任感也大幅下降；第三，商业模式模糊，由于缺乏有效数据、信息系统的技术支撑，药房的商业模式模糊，药房的价值主张不明晰、目标客户群不明确，缺乏核心竞争力，面对市场环境的变化，药房不能快速响应，缺乏系统性变革。

（二）挖掘数据潜在信息

在大数据时代，对数据的利用程度决定了改革的深度与措施的有效性。针对以上问题，任萍与容平药房的员工进行了一系列针对解决措施的商讨与实践。

首先，根据医疗零售行业的精准营销框架，利用客户消费行为和5W2H的分析方法，细分了客户的消费步骤和需求。紧接着，在了解医疗零售行业客户特征后，分析客户的消费策略，收集客户的基本特征数据，进而使用聚类统计分析法和4P理论对客户进行分类，最终将药房的客户分为四大类。然后，针对细分的四大类客户，容平药房从营销组合设计、产品促销手段开发、营销推广策略、网络化促销策略等几个方面进行了精准的营销策略优化，并针对分析出的不同类型的目标客户设计出不同的营销策略。最后，在实施具体的营销策略后，容平药房收集了客户反馈并对不同客户群体的营销策略进行调整，对正在执行中的精准营销策略方案进行及时优化。

（三）营销改革初见成效

根据数据分析的客户分类结果，容平药房制定了精准的营销策略，提升客户价值，提升销售业绩，并取得了较好的实施效果。

容平药房与南京市某医院的多位内科主任、药剂师和营养师取得联系，定期举办一些针对长期购买处方药的老年人的公开健康养生课题讲座和用药知识宣传活动，为老年人普及一些疾病的注意事项；对于使用电子产品较多的中青年顾客，容平药房通过电子邮件、微信公众号或微信订阅号发布一些活动信息和优惠信息来吸引这类顾客。同时，为了吸引更多的潜在顾客，容平药房结合了自身发展历史及药房特色设计了药房海报，利用POP广告或者其他手段吸引顾客进店，实现顾客引流；同时还通过开发会员顾客、提供增值服务、地图软件标注等方式吸引消费者，提高了顾客的忠诚度。

通过这些有针对性的营销措施，容平药房一方面宣传了自己，提高了企业形象与社会影响力，挖掘了潜在顾客，进店消费人数与营业销售额得到明显提升；另一方面向顾客展示了药房员工真诚热情的服务态度、彰显了自身的专业实力，从而增强了顾客黏性，为药房的未来持续发展奠定了良好基础。

三、聚焦专业，提升服务

（一）互联网＋药学服务

2019年10月，南京市卫生健康委员会发布了《南京市深化医药卫生体制改革实施方案（2019—2020年）》，文件提出："完善药物政策体系。开展药物临床综合评价和儿童用药临床综合评价，落实临床药事管理制度，提高合理用药水平。推进临床药师队伍建设，加大药学专业技术人才引进力度。推动医药分开，医疗机构不得限制处方外流，患者可凭处方到药店购药。加大药品市场调整力度，使药店逐步成为向患者售药和提供药学服务的重要渠道。"

药学服务是指以患者为中心全程化的主动服务，是药学人员通过专业知识和技能向公众提供药物相关的技能服务，以提高治疗的安全性、有效性、适宜性，进而提高生活质量（见图26-2）。近年来，互联网技术的飞速发展为药师创新药学服务模式搭建了更广阔的平台，药学服务模式及工作重点也发生了巨大的改变。2015年，国务院在出台的《国务院关于积极推进"互联网＋"行动的指导意见》中指出："发展基于互联网的医疗卫生服务，充分利用互联网、大数据等手段，提高重大疾病和突发公共卫生事件防控能力。"2019年，随着《关于促进"互联网＋医疗健康"发展的意见》的发布，全国多家医院已初步建立"互联网＋药学服务"慢性病管理体系。"互联网＋药学服务"模式为容平药房经营战略创新提供了新的思路。

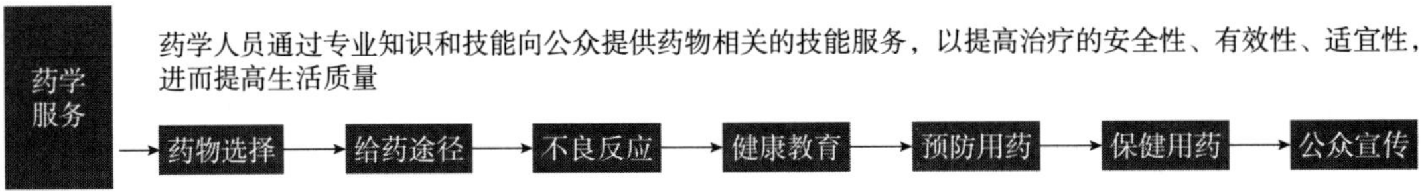

药学服务：药学人员通过专业知识和技能向公众提供药物相关的技能服务，以提高治疗的安全性、有效性、适宜性，进而提高生活质量

药物选择 → 给药途径 → 不良反应 → 健康教育 → 预防用药 → 保健用药 → 公众宣传

图 26-2　药学服务简介

（二）提供个性化健康服务

经过多年的经营，容平药房在南京建邺区积累了良好的口碑，拥有大批忠诚的顾客。新医改政策启动后，医药分家进入倒计时，为药品零售市场带来超过百亿元的市场份额。此外，医院"处方外流"对药品零售门店也是考验。面对这一现状，任萍认为提升药学服务的专业性是容平药房目前的首要改进项，也是深化"容平"这一品牌的关键和必要举措。那么，该从哪里入手提升专业性呢？

根据多年的销售经验与对门店销售记录的统计分析，任萍发现，在容平药房的老顾客中，有许多顾客患有慢性疾病，需要长期用药，这对许多人来说是一笔大开支；同时，患者在日常生活中对饮食、运动等细节稍有不慎，就可能造成严重后果，甚至还可能面临生命危险。发现了这一情况后，任萍开始思考，容平药房是否可以做点什么，在帮助顾客更好地掌握自身健康状况、保持身体健康的同时，又能实现容平药房的"专业化服务"改革？

此时，逐渐兴起的中医药学中的"药食同源"理论给了任萍灵感。"药食同源"理论认为：许多食物既是食物也是药物，食物和药物一样能够防治疾病。而对于慢性疾病患者来说，也可以通过日常的膳食计划维持与改善身体健康状况，从而减少更大的医药费用支出。任萍提到："我们药房的每位员工都学习了营养学与营养医学的专业课程，具备对人体营养状况及膳食营养进行评价、管理和指导的能力。营养学主要研究机体代谢与食物营养素之间的关系，而营养药学整合了医学及临床营养，研究营养素与疾病预防治疗的关联。严格按照食品特性和个人体质选择适当的食物，可以达到预防疾病的功效，使人身体健康。

"我们门店还为长期购药的慢性病患者建立个人健康档案，将顾客的基本信息、健康指标等数据录入系统。通过对录入数据进行分析，我们努力做到科学、规范地为患者制定合理的个性化用药方案，实现长久的健康指导。根据不同顾客的不同情况，我们为每个人都制订了个性化的健康计划，帮助他们通过日常饮食、运动计划等健康管理措施，提高身体素质。此外，我们也会为这些顾客建立微信群，方便他们及时与我们联系、咨询；通过定期举办健康科普讲座，顾客可以了解到更多的健康常识与药学知识，同时我们也可以提醒他们需要注意的事项。"

任萍认为，学好药学知识能够让药师更好地为顾客服务，而自己作为容平药房的执业药师，不仅要带头学好药学知识，更有责任带动店里所有的员工共同提高药学服务质量。对药房的每一位员工，她也要求他们像孙思邈倡导的那样，真诚、平等、专业地善待每一位顾客。

（三）活到老，学到老

一开始，"活到老，学到老"只是任萍对自己的个人要求，她在忙碌的工作和生活之余，抓紧业余时间勤奋学习，一个只有中专学历的普通药师先后拿下大专、本科学历，不断提升自身在医药方面的专业能力。而后她又继续参加了南京理工大学 EMBA 高级工商管理硕士班的学习，发表了两篇关于药学专业研究和药店管理的研究论文，并以论文最高分、一次性全票通过的优异成绩取得了EMBA学位证书。

而现在，深刻体会到学习带来的巨大红利的任萍也开始将不断学习、不断进步的思想融入容平药房的发展理念和对企业员工的专业培训中。任萍始终主张预防大于治疗，容平药房的经营也绝不仅是被动卖药，而是要主动提供专业药学服务，在顾客前来买药时致力于做到"小病当医生，大病当参谋"。

容平药房"以患者为中心，以人为本"，目标是让更多人享受健康生活。任萍希望，通过所有员工对药学专业知识的共同学习与进步，容平药房可以成为南京医药零售市场上专业能力最强的零售药房，为顾客提供最专业的药学服务，帮助他们远离疾病、保持健康。

四、深化品牌，不忘初心

（一）社会责任融入企业发展

不论哪一个行业，企业的口碑与客户黏性都是企业实现持续健康发展的前提，而对于零售药店行业来说，品牌质量更是开拓发展的重要保障。目前，多数药房选择通过降价来形成竞争优势，但长久的价格战必然导致恶性循环，随着价格竞争的日益激烈，其效果也会逐渐弱化。

看到市场的这层困境，任萍将眼光从眼前的短期利益移开，另辟思路，为容平药房选择了另一条可持续发展战略：将履行社会责任与企业战略布局结合，通过赢得顾客与公众对品牌的信任，深化品牌形象、提高自身竞争优势。社会责任作为企业的无形资产，可以为企业创造良好的口碑，与用户建立信任纽带，帮助企业在稳定发展的基础上获得新的竞争力。除了战略方面的考虑，这份担当也是与任萍个人的价值追求契合的，她将林巧稚视作偶像，林巧稚所倡导的大爱精神也是任萍成长的动力。如果药房仅将卖药作为唯一目的，格局未免不足，为顾客普及更多专业药学知识，是任萍的追求与理想。

"一个称职的执业药师不仅要有扎实的药学知识，还要有极强的社会责任感和高尚的品德修养，因为执业药师的工作事关大众的用药安全和身体健康。药者和医者一样，要与患者有'见彼苦恼，若己有之'的感同身受，而不只是将谋取钱财当作自己的目标，这样才能真正救济患者。"任萍凭借发自真心的责任感和大医精诚的精神，实现了自我价值观念、企业文化与社会价值的完美契合，为企业的持续发展创造了良好的内外部环境。

（二）提供社区医药服务

由于退休人员、下岗人员与流动人员数量增加，"社区"逐渐成为社会人员聚集与活动的主要场所。而随着我国的社会经济发展与城市化的进一步深入，生活方式与社会组织形式日益多样化，人们对生活质量的要求不断提高，这对社区服务的质量提出了新的更高的要求。社区服务与社区商业深受社会各界重视，社区服务是指社会各界直接为社区成员提供公共服务和其他物质、文化、生活等方面的服务，以满足社区居住人民的日常生活消费需求。

尽管在互联网时代，人们对线上模式的依赖性增加，但线下服务仍必不可少，尤其是对于长期居住在社区的老年人来说，医药服务进入社区为他们提供了极大的便利。目前，我国正在进入老龄化社会，2020年，老年人口达到2.48亿人，老龄化水平达到17.17%。随着国家医改进程，各类老年人口的医疗进入社区常态化。因此，任萍认为，抓住社区便是抓住稳定客源，容平药房要继续坚持社区医药服务，为社区居民提供专业、热情的服务，药房才能走得更稳、更远。

坚定了"社区医药服务"的发展思路，容平药房推出了一系列社区服务措施，针对老年人群体，提供老年慢性病、老年术后恢复、老年神经损伤恢复、老年心脑血管保健等服务，下沉社区，建立社区用户档案，实现持续有效的康复服务；针对孕期和产后妈妈，提供孕期保健、产前滋补、产后恢复、产后滋补等全程药学服务，同时为孩童提供从出生到成长期的全部健康服务。同时，任萍还带领容平药房的员工深入社区，定期为社区居民举办讲座，为容平药房积累了深厚的顾客基础。

在提供社区服务的过程中，发生了许多事情。社区一位老人干咳数月前来买药，跑遍了各大医院都查不出病因，吃了不少抗生素与止咳药却不见效果。交谈中，任萍注意到一个细节，郭大爷的干咳症状是在更换降压药不久后出现的，熟悉药学知识的任萍立刻意识到该药品的不良反应之一正是干咳。她将这一情况告知郭大爷并建议他在医生指导下更换降压药。果然，在换了其他降压药后，郭大爷的干咳症状消失了。在这之后，郭大爷成了容平药房的常客，并积极为容平药房介绍社区的新顾客。

而社区的张阿姨则对容平药房推出的送药上门服务十分满意，有时她不方便去店里买药，只要拨打容平药房的电话，药房的药师就会在电话里仔细询问她的需求，了解她的病史，对症荐药。随后，容平药房将会派人将药物送到张阿姨家中。"上门送药真的是一个很暖心的举动，考虑了我们老年人的情况。容平药房提供的服务非常好，他们都是急我们所急，想我们所想，我们都很感谢他们。"

在容平药房，像郭大爷、张阿姨这样的顾客数不胜数，大家都对容平药房热情的服务态度与专业的服务质量赞不绝口，这也证明任萍选择的"社区医药服务"是符合社会现状的正确发展战略，既为顾客提供了便利，也提升了企业品牌。

（三）疫情下的药企担当

2020年春节期间，新冠疫情暴发，牵动着全国人民的心。本该是万家团圆之际，广大医护人员却冲在疫情防控第一线。任萍身在南京心系武汉，当时，防疫物资紧缺。尽管无法做到在一线奋战，任萍仍然急切地想为前线防疫物资供给出一份力。她第一时间全力调控了身边有限的资源，打了无数电话，抢购了医用护目镜等防疫物资，并全数捐给了武汉蔡甸区人民医院，只为在帮助国家成功渡过抗疫难关的进程中尽一份力。

"虽然远在南京，但作为医药行业的从业者，武汉疫情还是深深地牵动着我们的心，我们也希望能为奋战在一线的医务工作者们和深受病痛折磨的病人们贡献自己的一份微薄力量。"

而就在2021年7月，南京出现新一轮新冠疫情。这一次，作为南京本地人，任萍与容平药房的所有员工义不容辞，与广大医务工作者、社区工作者和社会志愿者再次投身抗疫工作。炎炎夏日里，身负封控隔离任务的志愿者和街道抗疫一线社工每天穿着如铠甲般的防护服，不便进食、不敢喝水、汗湿衣衫。不分白天黑夜的辛劳被任萍看在眼里，疼在心中，她急切地想为他们做点什么。面对当前抗疫物资的紧缺，她发挥药店优势，带领药店的员工组织抗疫物资,一次性向南京市慈善总会捐赠藿香正气水 13 箱共 2 600 盒,价值达 20 280 元。

在南京疫情防控的关键时刻,南京一家大型物业公司接管了河西地区所有的隔离点,大部分员工都在一线,为参与抗疫任务的每位员工紧急配制防疫包的任务落到了容平药房。为了赶制 1 600 人份的防疫包,任萍带领员工加班加点,三天两夜中,她只睡了 4 个小时,及时把 150 箱、重达 5 吨的物资分装成了 1 600 个防疫包送到一线员工手上。

科普药学知识也是延伸药学服务的重要方式,任萍始终坚持提供专业药学与健康观念服务。疫情期间,开展线下讲座受限,任萍就充分运用"互联网+"的思想,积极利用微信等网络平台,开设微信群进行线上科学防疫公益讲解。运用新媒体平台,药房员工开设了 5 个微信群进行线上科学防疫公益讲解,并在微信朋友圈不定期推送防疫相关知识,努力帮助顾客以及身边的人通过合理的方式提高自身抵抗力。

任萍和容平药房用自身的行动诠释着药师与药房的责任与担当。

五、立足当下,展望未来

《大医精诚》中说,医学是"至精至微之事",需要习医之人"博极医源,精勤不倦"。一名医药者要"精",更要"诚",精湛的专业知识是前提,高尚的品德修养是保障。任萍与容平药房对药学专业服务的不断追求与对顾客的满腔热忱,是对"大医精诚"四个字的最好诠释。

耕耘多年,容平药房已经形成了一套完善的药品零售业务流程和药学培训体系。未来,容平药房将会如何运用最美药师 IP、专业药学服务、社区服务、滋补品保真、场景化销售等独特的运营优势,抓住我国药店连锁的大趋势,进一步实现品牌扩张与企业发展?让我们拭目以待!

参考文献

[1] TSAI C Y, CHIU C C. A purchase-based market segmentation methodology [J]. Expert systems with applications,2004,27(2):265-276.

[2] 孟小峰,慈祥.大数据管理:概念、技术与挑战[J].计算机研究与发展,2013(1):146-149.

[3] SCHWARCZ S L. The alchemy of asset securitization [J] Stanford journal of law, business and finance,2018,1:133-154.

[4] 谢果珍,唐雪阳,梁雪娟,等.药食同源的源流 内涵及定义[J].中国现代中药,2020,22(9):1423-1427,1462.

管理的力量：
华西医院应急韧性锤炼

◎ 吴鹏　吴昊　金茂竹　李珊　郑蕾[一]

2020年除夕，一个合家团聚的日子。

华西医院设备物资部部长吴晓东正准备离开医院，突然接到首批援助湖北医疗队发出的紧急通知。家人正在准备年夜饭，多年从事呼吸专业护理的薛秒却坐立不安……

2020年1月25日，大年初一清晨7点，华西医院感染管理部党支部书记乔甫一人拎着行李箱，踏上成都开往荆州的动车，成为四川前往武汉疫情最前线的第一人；薛秒取消了假期安排，回到华西医院科室，临危受命担任华西医院新冠治疗中心69护理单元护士长；当天下午，设备物资部已经准备好了华西援鄂医疗队20人7天的医用物资和生活物资；医院防控工作组紧急腾空包括传染病区在内的150张病床，用于隔离病人的收治。

春节的第一天，华西医院上下已经做好进入"战疫"的准备。感染管理部已经开始部署医院感染管理与控制流程，同时在第一时间向医院提交抗疫决策方案，参与全省的疫情防控工作；早在1月17日，华西医院就启动预案，开设发热门诊，实行应急三级分诊；19日，华西医院成立防控工作小组和医疗救治专家组，开设隔离病房；23日，抽调的20余名医护人员加入四川省第一批援鄂医疗队。

华西医院全力投身抗疫，截至2020年9月，累积诊治2.7万余名发热病人，筛查疑似病例3 000余人，隔离治疗345人，仅用10天时间改建成了300张床位的独立诊治中心，率先建立"三通道""三个分开"院内防控机制；在全国首次建立5G远程多科、多地会诊模式，第一时间开通疫情专项心理干预咨询电话和网络问诊；后续深度参与全球疫情治理，派出了

[一] 作者简介：吴鹏，男，四川大学商学院副院长、教授、博士生导师；吴昊，女，四川大学商学院案例研究中心案例研究员；金茂竹，男，四川大学商学院副教授；李珊，女，四川大学商学院MBA教育中心主任、教授；郑蕾，女，四川大学商学院2020级硕士。

19位顶级专家赴意大利、埃塞俄比亚、阿塞拜疆等地支援海外新冠疫情防控。在抗疫持久战中，华西医院一直在努力。

在多次抗击自然灾害及突发公共卫生事件的经历中，华西医院是如何一步步构建应急管理中的"韧性"的？在危机事件发生后，如何能在保证常态化运行的同时，迅速恢复、适应新的环境要求，并在危机后保持持续的创新能力？

一、管理探索：跟随改革开放步伐

华西医院起源于加拿大启尔德医生1892年在成都四圣祠北街建立的诊所，其管理经历了百年探索。

1978年，党的十一届三中全会提出实行对内改革、对外开放的政策。由于经济体制变革，新旧的观念交替，医疗服务一时间很难脱离整个社会环境的制约，华西医院依然保留传统的行政化管理。1989年，国务院批转各相关部门《关于扩大医疗服务有关问题的意见》，打破了国家过去给医疗机构设定的运营边界，医药卫生体制改革必须走市场化道路。

1993年，是我国实行改革开放的第十五年，中共十四届三中全会审议通过了《中共中央关于建立社会主义市场经济体制若干问题的决定》，市场经济体制的总体规划蓝图已展现。没有先进的医院管理经验指引，华西医院经历了病区改造、设立联合病房等尝试，却始终未能打开管理新局面。当时的华西医院面临三大挑战：医院管理没有成熟的理论可借鉴；华西医院身处洼地；国家医疗政策不断完善，华西医院迫切需要管理革新突破困境。

1994—1998年，华西医院提出了由"行政化管理"转向"服务型管理"，逐步开始立足于医院运行的四个主要板块——医疗、教学、科研、后勤，部署渐进式改革。然而，维持了几十年的纵向行政化管理，该如何实现医院管理的纵横协同？

二、管理革新：实现横向协同

从2000年开始，华西医院进入规模扩张期。2002年，华西医院的床位数已超过3 000张，临床科室38个，职能部门25个。华西医院已经成长为一个超大型综合性教学医院，员工多、服务对象多、流程环节多，很多复杂的工作，如疑难杂症会诊、医疗资源调配、应急医疗输出等，需要跨部门协调完成。管理者面临的一大难题就是：医院科室和部门之间缺乏协同，管理和发展面临瓶颈桎梏。该如何解决科室及部门之间的严重割裂问题呢？

（一）组建运营部

华西医院与当时国内其他医院相似，依然采用传统的纵向管理模式，即根据职能把医院分成若干个管理单元，运行过程中各个层级对上级负责，高层逐级向下级传达任务。随着临床、医技、行政、后勤等子系统的分工越来越细，管理专业化程度不断提升，部门内部流程效率也逐步提高，但是跨职能部门流程的优化协调却无人负责。然而，医院服务的核心流程如患者就诊、医疗教学、应急诊疗等，都横跨医院多个科室与部门，各个部分碎片化分段，考评标准没有衔接，需要大量管理努力依据流程端到端的表现进行协调优化。

科室是医院的基本业务单元和执行单位。科室医护人员承担的诊疗和学科任务非常繁重，并没有太多精力去思考科室内运营流程的改进以及科室与其他部门的协调，还可能存在科室利益和医院利益不一致的激励兼容问题。当时，国内的医院多由院行政办公室兼领全院横向统筹协调工作。然而，行政办公室是主要的服务行政机构，本身就承担着各项繁杂的行政事务，并不直接服务于主要的医疗职能部门；院办临时性的横向协调工作缺乏机制保障，无法持续改进，形成运营改善的循环；院办的统筹协调管理工作本质上还是自上而下的传达，缺乏自下而上的反馈。

如何进行横向协同？华西医院的管理层提出了两个策略：一是推行"大部制"，即整合临床服务部门；二是组建医院"运营管理部"。

时任运营管理部部长的程永忠还记得医院管理层就运营管理部的职能进行过一次深刻的讨论。

"首先，运营管理部应该是专业的运营管理团队，是各个科室间的横向枢纽，在院、部、科各层面建立良好的信息交流、沟通与反馈机制。其次，运营管理部的目标就是提升医院的服务效率，自然包括强化人力资源、管理设备、药品及材料、床位和空间甚至能源等专项的管理。"

当提出组建运营管理部的目标时，也有领导表示了担忧，毕竟传统的纵向管理方式已经延续了很多年，国内亦没有成功的横向协同经验可借鉴，各个科室部门之间的壁垒是否能够通过一个新增的部门打破，而实现横向协同？华西医院管理层对此难题反复斟酌。程永忠对运营管理部的职责做了进一步解释："运营管理部的功能就是要及时发现医院、科室在运营中的问题，提出改进意见，以项目方式推进运营管理创新；它就是要做一个医院资源配置评估与建议、后效评价与反馈的实施者。"

讨论中的另一个担忧是，运营管理部如何与各个部门和科室协调工作？其他职能部门买横空出世的运营管理部的账吗？"运营管理部就是发现各个部门的问题并提供改革的决策意见！"华西领导班子最终直接拍板，如同给运营管理部的组建定下了基调。

运营管理部设立后，同时成为医院成本核算与控制、经营分析、绩效分配的实施者，通过后效评价及时、客观、真实地反映医院和各科室经营的成果与问题，为医院经营管理提供资料、数据和决策意见（华西医院运营管理部与其他部门工作关系示意见图27-1）。

运营管理部虽然成功设立了，可如此专业的部门并无对口人才培养，又该从哪里招人呢？

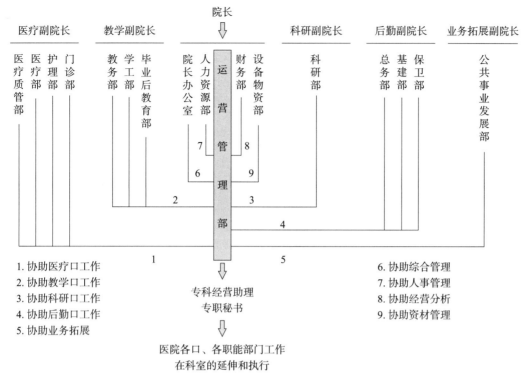

图 27-1　华西医院运营管理部与其他部门工作关系示意图

（二）医院管理人才培养

2004年，华西医院启动了"运营创新"计划，即遴选一批人才，随后进行一年的脱产培训再上岗。应聘者是来自院内各科室对管理感兴趣的医生、护士以及来自各个专业的院外报名者。为期一年的培训课程包含管理沟通、服务运作管理、质量管理、流程管理、医院后勤管理、卫生经济学等内容。学员掌握了扎实的管理知识，具备了开展病床资源配置、人力资源规划、评估设备 NPV 和边际贡献、计算盈亏临界点等运营管理工作的理论基础。

2005年，27名代表国内第一批专业化的医院管理人员的全职专科经营助理正式上岗。同年，华西医院将科室分类并整合成若干个中心，每个中心配备一名专科秘书，负责参加医疗专业之外的会议、撰写申请报告、应对医疗纠纷、协助医生排班等。专职秘书来自院外招聘，首批40余名，上岗前两个月先接受科室事务操作流程及技巧的培训。

"专科经营助理"的上岗，"专职秘书"的设置，一方面解放了科室专家，使其专注于临床诊疗、科研和教学工作；另一方面促成了横向协同在医院各个职能部门落地实施，促进医院整体高效运营（见图27-2）。

2007年，华西医院实行了"分口负责管理制"，院长和副院长分模块管理负责，运营管理部在中间起到横向协同、提供量化决策支持的作用。华西医院不断有运营创新的案例见诸报端，包括门诊运营、住院运营、急诊运营、ICU 运营、手术运营、医技运营、日间手术管理、入院服务中心管理等，背后都有运营管理部的身影。例如，由于专科经营助理提供设备使用报告，某科室在一年内就获准了两年19台血透机的增购计划，大大刺激了业务的快速拓展，而在2008年，由于上一年使用情况不支持该科室的再增购计划，原先的继续购置计划被叫停，避免了资金的浪费。

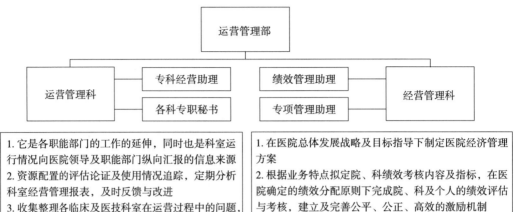

图 27-2 "专科经营助理"与"专职秘书"的工作职责

为了进一步扩充医院管理后备人才队伍,四川大学于 2006 年开设了医院管理 MBA 项目。程永忠部长亲自参与了项目培养方案的设计。随着四川大学医院管理 MBA 学生源源不断地毕业走上工作岗位,华西医院运营管理的人才储备更加丰富,医院管理专业人才培养不足的困局基本得到缓解。医院管理 MBA 项目的毕业生也大都走上了医院管理的工作岗位。

自 2006 年医院管理 MBA 项目开办以来,总计 267 人获得学位,其中 81 人(含 2 名在读)为四川大学华西医院在职员工。目前担任本部院领导的有 2 名:黄勇常务副院长和护理学院李卡执行院长;派驻华西医院各领办分院的院领导 5 名:薛凡、钟彦(上锦分院副院长)、邱雪菡(双流分院副院长)、余秀君(营山医院)和陈弟洪(绵竹医院);职能部门或临床科室负责人(科长及以上)共计 42 人,包括:肝胆外科、神经外科、神经内科、小儿外科、眼科、手术室、药剂科、门诊部、病案科、放射科、实验医学科、入院服务中心,总计 17 人在临床医技科室担任科室主任、副主任、护士长、科长等职务,以及信息中心、运营管理部、护理部、教务部、毕业后教育部、宣传部、院办、党办、工会、人力资源部、团委、组织部、采供维保部、医务部、科技部等,总计 25 人在各职能部门担任科级以上干部。

在运营管理体系的支撑下,医院各部门的常态化运作通畅了。但医院作为人民生命安全提供保障的重要部门,还必须接受应急状态下更加严格的考验。在日后华西医院面临重大突发事件时,"专业化"的创新管理模式是否能发挥出作用,医院的横向协同该怎样在应急时刻联动开展应急处理,形成一种动态能力,建立起应急的"韧性"呢?

三、韧性的激活:汶川地震冲击

2008 年 5 月 12 日,突如其来的汶川地震牵动了全国人民的心。巨大的震动削平了山峰、阻塞了江河、抹去了村镇,造成了巨大的生命财产损失,大量伤员亟待救治。一时间,全国乃至全球的救援和医护人员汇集四川。

（一）全力以赴救治

华西医院作为距离震中最近的大型医疗机构之一，几千名职工紧急投入应急救援工作，在参与医疗救援的同时，还需要有序融合外来的救援力量，承担援川医疗队伍的后勤保障工作。

华西医院于地震当天下午组建了由24名医务人员和6辆救护车组成的抗震救灾医疗队，备齐物资奔赴前线。同时，为接纳更多伤员，华西医院开展了医院改造工作，增加接诊能力。伤患人数激增，医院的应对能力与医院突发事件的管理能力、医院规模、医院基础设施和医院的医疗技术水平息息相关，由此，华西医院将"短期内通过合理资源调配、加强医院伤患激增应对能力"作为增强应急管理"韧性"的关键。

短时间内，2 000余名地震伤员被送至华西医院，远远超出华西医院急诊日常的接诊能力。华西医院快速行动，仅用两天时间再腾出900余张床位，接收由一线或其他医疗机构转运过来的伤病员。空间弹性在应急管理中的重要性得到医院管理层的高度重视。在汶川地震医疗救援期间，华西医院将骨科病区扩展至邻近的眼科、感染科、消化内科等科室的病区，加强监护病房由危重ICU统一管理，外科ICU、胸心外科ICU、CCU与移植ICU均收治创伤患者。

此外，华西医院通过互联网将受灾患者救治流程、救治质控经验、感染防控举措等与多个医疗机构进行交流与共享。随着2011年华西医院最后一名汶川地震伤员出院，华西医院出色地完成了此次医疗救援任务。

（二）系统总结短板

汶川的救援场景还历历在目，华西医院已经开始着手思考如何在今后的地震等突发灾害中更好地进行应急救援了。

程永忠部长对汶川地震救援中合作的意大利国际医疗队印象深刻。这是一支世界卫生组织（WHO）认证的国际应急医疗队（EMT[①]），队伍规模虽然不大，却能迅速搭建一座小型帐篷医院，管理有序，配合默契，自我保障有力，在异国他乡缺乏支持条件的情况下能够迅速独立开展救治工作，也能迅速整合当地救援力量发挥更大作用。医疗队带来的多件急救医疗设备在队伍撤离后留给了当地的医院。医疗队高水平的应急管理服务能力在程永忠部长心中埋下了种子："华西医院也应该有一支这样的队伍，作为医院中应急管理韧性提升的领头羊，带动华西医院应急医疗管理韧性总体进步。"

一方有难，八方支援。来自全国各地的大量物资援助使得华西医院医疗救援的物资供应在总体上能够满足需要。少量药品器械由于运送困难未做到供需匹配。然而，华西医院已经敏锐地感觉到自身物资储备在应对突发公共卫生事件过程中的重要性。

在医院改造创伤治疗病房的过程中，医院规划设计时对改造的冗余以及灵活度考虑不足的

[①] 国际应急医疗队（emergency medical team，EMT）是WHO应对全球在发展过程中面临各类突发事件多发、频发，而且关联性、偶然性事件不断增强，危害和影响不断加大的形势的过程中，为确保国际医学救援服务质量，认证的具有质量保证系统、标准化的国际医学救援团队。国际应急医疗队的建设标准分为三大类：EMT Type 1（1类）、EMT Type 2（2类）、EMT Type 3（3类）。目前EMT Type 3是最高级别的国际应急医疗队。
EMT Type 1：达到基础的现场分诊要求，提供基本急救和生命支持，具备相应的转诊能力。
EMT Type 2：达到复杂伤情的现场分诊要求，具备高级的生命支持能力，可接收转诊的病人，提供住院救治服务，可对创伤和其他重症进行手术。
EMT Type 3：提供复杂的住院转诊、手术救治、重症监护能力，接收来自1类和2类医疗队的以及其他机构的转诊病患。

短板也暴露出来。华西医院快速的改造工作源于医院员工全力以赴的响应和超越常人的付出。但是，这一管理韧性激活后如何保持？今后能否进一步加快改造速度，降低改造成本？华西医院开始提前布局，谋划未来的医疗空间建设与改造。

应急响应中的信息管理也进入华西管理层的视野中央。汶川地震后通信中断，当时华西医院一共只有5部卫星电话，派往一线的支援队伍无法及时准确传回大量一线伤情信息。应急救援过程中，华西医院与政府部门、兄弟医院、媒体均产生了大量信息沟通，而及时统计伤员情况都十分费劲，后续成本核算也不能跟上。回想当时的情形，现任华西医院运营管理部部长杨翠感叹道："每个华西医治的地震伤员进出信息，都是我一个个手工填写的，那时候医院的管理信息系统跟不上，要统计患者的信息和类别，只能靠人工筛选。"自此之后，信息系统应急模块的建设纳入了华西医院的规划。

（三）激活初见成效

华西医院管理层将自身的韧性理解为在公共卫生事件冲击下能够快速恢复，并积极发挥作用，同时逆势成长的动态能力。

随着华西医院对韧性动态能力的总结提升，华西医院的应急响应时间从汶川地震时的72小时内实现灾区救援覆盖，发展到九寨沟地震震后1小时便完成医院内部全部应急安排。随着救援响应速度的提升，组织协调能力逐步完善；同时，华西医院应用新媒体和移动医疗新技术，开展了远程医疗，应急的韧性能力逐步增强。

2008年至2011年期间，华西医院的信息化建议进一步完善，医疗主体业务系统布局基本完成，建设了应急管理模块，并与资源管理系统相结合，构建了运营管理系统。从2011年开始，教学管理系统也融合进来，逐步形成了医疗、教学、科研、运营为一体的综合信息化管理系统。

四、韧性的适应性重构：从汶川到武汉

2020年初，新冠疫情来袭，武汉陷入危机。与地震灾害不同，疫情的风险性、传播性、复杂性以及不确定性都对医院的应急管理能力带来持续挑战，是对其应急管理韧性的一次大考。在重大突发公共卫生安全事件中，医院保持正常运行的能力，迅速恢复、适应以及后续创新的能力，都是应急管理中的关键。华西医院在完成自身抗疫任务的同时，还向武汉和其他疫情严重地区伸出了援手。

从汶川到武汉，华西医院不断增强自身动态能力，预判突发公共卫生安全事件风险，展开适应性重构，在人、物、场三方面投入管理资源，形成"平战结合"的应急管理机制，其韧性经受住了疫情的考验。

（一）人的平战组织重构

平时，乔甫是华西医院感染管理部党支部书记。2020年2月8日，武汉雷神山医院收治新冠患者的第一天，乔甫作为院感专家到达雷神山医院，面临的任务是2个重症医学病区、3

个亚重症病区以及 27 个普通病区，近 1 500 张床位的感染控制流程设计，以及全国各地医疗队队员的感染控制培训。2021 年 4 月 2 日，乔甫再次奔赴云南瑞丽，作为国务院联防联控机制院感防控组专家，这已经是他本次疫情开始后的第 7 次出征。他的背后，一群华西医院的同事经过调休和重新排班，已经完全接管了他在华西的日常工作，使他在外支援时不必分心。

乔甫只是华西医院众多支援抗疫一线医护工作者中的一员。从 2020 年 1 月 25 日起，华西医院陆续向湖北武汉市派遣 5 批次共 175 人的医疗队，其中 25 名 EMT 骨干队员是援鄂医疗队的重要组成部分，涵盖了重症医学科、传染病科、呼吸内科。

"平战结合"的人员管理、培训和拉练，正是华西 EMT 队伍韧性建设的成果。汶川地震之后，根据世界卫生组织和国家卫生健康委员会的要求，由国家卫生健康委员会指导，四川大学华西医院牵头，四川大学华西第二医院、四川大学华西口腔医院、四川省疾病预防控制中心、成都市疾病预防控制中心共同参与建设。核心队员有 166 人，覆盖所有临床医学专业二级学科，其中医生 41 人、护理人员 65 人、疾病防控及后勤等其他人员 60 人。2018 年 5 月 4 日至 5 日，队伍接受并通过世界卫生组织的评估认证，成为全球第 15 支世界卫生组织的国际应急医疗队，同时也是全球第一支最高级别的非军方国际应急医疗队，是中国第一支、全球第二支国际最高级别 EMT Type 3 的国际应急医疗队。这支队伍在应急救援中的作用，正如世界卫生组织在其认证报告中的表述：能够根据前期预评估的结果快速响应整改，病人就诊流程的安排、手术室管理、传染性疾病防控、水电管理、信息系统等方面表现出色，实验室、药房和指挥信息管理水平极高，可作为标杆向全球推荐。

华西医院国际应急医疗队的建设形成了医院应急管理能力的标杆，并且辐射至全院。当年在地震现场景仰意大利国际应急医疗队的程永忠部长，此时已走上华西医院党委副书记的岗位。在 2020 年 8 月对阿塞拜疆进行抗疫医疗援助的过程中，程永忠书记偶遇当年意大利派往四川的国际应急医疗队专家。此时华西医院国际应急医疗队的级别已经高于意大利国际应急医疗队的 EMT Type 2。意大利专家向华西专家表达了华西援助意大利抗疫的感谢，并赠送了国际应急医疗队徽章作为纪念。

运营管理部在保障人力资源韧性方面也发挥了重要作用。华西医院人力资源规划由运营管理部牵头，结合医务部、护理部、科室的发展需求协调完成。根据医院未来在厦门、乐城开设分院的长期战略规划，运营管理部提前招募储备人才，优化调休排程，保障新冠疫情中医院向外派出大规模医疗支援队的同时本院正常运营。在医院内部，对涉及抗疫的核心科室进行人力资源的动态规划和协调；对外，对援助医疗队实行"精兵尽遣"的调配原则；针对在本次疫情中受疫情影响较大而导致业务受阻的科室，医院鼓励其人员参与抗疫志愿者服务或者调休年假。

（二）物的平战管理重构

2020 年 1 月 17 日，华西医院设备物资部库房总管吴蓉焦急地找到部长吴晓东。

"我们系统里有 20 多家应急供应商，但是现在防控采购已经开始紧缺了！"

"立刻扩大供货渠道，第一时间保障临床防护物资的供应。"

除夕夜，设备物资部部长吴晓东接到任务，立刻召开第一批志愿武汉物资筹备会。2020 年 1 月 24 日，华西医院志愿武汉的第一批医疗队伍集结待命，即将带着华西医院整体防疫物资的三分之二奔赴武汉驰援新冠疫情一线。

"能较好地满足本院区重点科室防护物资及外援医疗队物资供应的双重需求，很大程度上受益于华西医院近年来系列自然灾害及突发公共卫生事件下医疗救援的丰富经验，尽管地震等灾害救援与疫情防治的物资种类并不一样，但二者的应急响应方式却存在诸多共同点。"就这些共同的应急响应方式，吴晓东做了更详细的解释，"这得益于我们华西医院采用了三级库房运行机制。存储物资的种类有相应的物品清单明细，存储量是自新冠疫情暴发以来，消耗物资最大单日量的90倍，以此作为3个月的战略物资储备量。"

这与常态的物资需求数量差异是如此之大，这么短时间，华西医院是如何筹集的呢？

"对于华西而言，不存在后备供应商。我们通过供应商系统发布采购公告，监控供应商可供应的货物数量，同时供应商也可以根据华西医院发布的采购信息调整企业的生产运作计划。这就是EMT供应管理体系灵活的地方。"吴晓东自信地回应这个问题。

"另外，我们有缺货预警，也就是说当监测到的库房物资数量小于3个月用量时，仓库会及时对缺货物资进行补货。当突发紧急缺货时，医院会在供应商供货系统中发布公告，不计成本地收购缺货物资。"同时，在库房物资调配上，只有当物资从战略储备库房调配到医院仓库时，医院才需要向供应商支付货款。物资调配有两个去向，一是调配给各家医联体医院，二是调配到华西医院仓库进行使用。

"但是在疫情形势严峻时期，物质紧缺是全国性的难题。"吴晓东此时眉头紧锁，点了点头，继续说道，"我们在提升防疫物资使用率上，主要采用'精准管控'，这在一定程度上缓解了紧缺。"

"首先，分级、分类管理是关键。应急时刻，首要是满足临床使用需求，实现物资使用效率的最大化。"吴晓东解释了为了保障临床使用，华西医院的做法第一是对防疫物资进行分类，明确各类防疫物资的用途及标准；同时，将防疫物资按照重点科室及区域划分，如按重症、隔离及普通病房，发热门诊，普通门诊进行分类发放，不同级别配备不同类别的防护物资，分类分级，精准管控。

"其次，对物资发放周期需要进行精准的规划与内控，如重点科室按天配送，普通病房每3天一配送。如果有普通病房申请使用防护物资，设备部门与院感、护理部门也要精准管理，先要明确申请病房是否收治疑似患者、收治数量及具体治疗方案等事项后，再予以相关物资的发放。"

"针对捐赠物资，也是一样的精准管控。"吴晓东所负责的华西设备物资部联合院感部一起，对所有捐赠物资进行了分类及鉴别，进行每周盘点，准确发放，全程记录。针对重症医疗单位需要使用的捐赠物资，华西设备物资部门须在食药总局出具鉴定报告后，才向重症医疗科室发放，全程对医疗质量安全进行把控。

疫情的反复促使华西医院对未来应急物资管控进行了深远的思索和谋划，其重点是建立"平战结合"的应急物资战略储备体系。

应急物资不能"零库存"，这是业界的一个共识，并且各机构着手研究战略储备数据模型，具体到库存该保持多少等细节做法，标准并不统一。吴晓东解释了华西医院的做法："所谓'平战结合'，就是指战略储备物资与常态消耗相结合。医院战略储备仓库存储的物资会在一定周期内调配到医院仓库作为日常的消耗，临近保质期的防护物资（如防护服）将会被医院运用到每年的应急演练中进行消耗。"华西医院针对"平战结合"拟订了三个工作重点。

第一，以平时防护物资的消耗量为基准制定战略储备标准，核心是在保证临床日常工作中迅速消耗的前提下，能在突发情况下维持两周左右的使用量。

第二，强化库房的储备。面对本次新冠疫情的防治，物资严重短缺，但是库房存储空间又不足，捐赠物资均无处存放，库房整体运作效率受影响。"战时征用"的方式就是事前遴选并建立备用存储场地，这样可以缓解库房压力，提升"战时"各类物资的管控效率。

第三，加强本地化储备的能力，减少医院对外部物资援助的依赖并有效规避因外部援助无法及时供应等带来的潜在风险。

防疫物资使用需求几度激增，华西医院的运营却从未因应急物资短缺而停滞，多年来应急救援物资的管控经验历练出的"韧性"为抗疫提供了保障。

"物资是保障，我们的同事都很周到，当时谢成老师负责援外医疗队物资准备，考虑到除了气温低、要保暖外，在一线洗衣服也不方便、不安全，我们甚至紧急抢购了一批一次性内衣裤。还给出征队伍准备了加绒外裤、电热毯，还有自嗨锅、泡椒凤爪、麻辣牛肉等川味食品。援外医疗队女同志较多，我们还准备了日常护肤用品。"吴晓东回忆起当时的艰苦与紧迫，眼中却洋溢着暖意。

（三）场的平战规划重构

作为重症病例医疗救治专家组副组长，宗志勇的首要任务就是负责华西医院院内疫情防控，并参与制定四川省级层面几乎所有的新冠防控流程和制度。华西医院在本次疫情中抵御疫情影响的能力，体现在很快出台应急管理规定，并能够在第一时间落实执行。场地的空间管理是其中的重要部分。

与常态下患者流动足迹管理不同的是，疫情下要尽量减少交叉感染的发生，所以医院应根据院内空间结构重新规划患者的就诊路线，设计"单行道"；在宣传上，强调人群聚集带来的风险，并在疫情潜伏与发生的高峰期内控制门诊人数，减少患者不必要的就诊；对住院病人的管理在于院内加强人群疏导。宗志勇牵头建立的三级预检分诊体系成为四川省抗击新冠疫情的标准化体系，其目标是：最大限度将可疑患者或密切接触者引导至医院规定的区域进行处理，减少此类患者在医院的活动轨迹，尽可能避免交叉感染。引导和跟踪是从患者及随行人员进入医院大门开始的，一旦有可疑病患，则由专人引导护送至发热门诊。

华西医院对空间进行了重新设计和规划。院内实行了"单向流动线"，医院的门诊大楼设置了不同的出口与入口，通道分离，保证人员单向流动，并且有保安人员和志愿者在各个出入口进行指引。在医院的急诊广场充分利用医用帐篷进行临时的发热筛查，需要初次筛查的人员不用进入医院大楼便可完成。疫情初期，医院第一时间临时改造医院预留病房用作观察隔离室，建成可收治重症患者的负压病房20间。

诊疗场所的规划改造离不开后勤部门的支持。焦修文是医院负责后勤运维的老员工，一旦有突发应急事件，必有他忙碌的身影。疫情一开始，他主动要求守在医院过年，方便随时响应运维需求。"我的任务就是在发热门诊装空调、增加洗手池、加热水装置，为隔离病房增加缓冲间、临时帐篷增加电力、中央空调清洗消毒等。医生保障患者，我们保障医生。"

在新冠疫情期间，后勤保障系统常规的运维管理模式会受到挑战。华西医院常态化的服务保障内容、业务受理响应速度、各项安装改造等在疫情中的应急状态，被提出了新的要求。华西医院提出：后勤支持保障系统运维能力的增强，是提升应急管理"韧性"能力的关键一环，是要在一种在常态模式下强化运维的管理，提升整个系统在应急状态下的保障能力。

华西医院对后勤支持保障系统的管理实施了整体部署。首先，成立后勤支持保障系统增强运维小组，分管院长、后勤支持保障管理部门领导分别担任组长和副组长，以确保各个科室、人员权利和责任明晰，工作有序开展。其次，医院感染管理部、设备物资部、安全保卫部以及纵向各个科室之间联动，在疫情防控、应急物资管理、资金拨付、后勤支持保障和治安等方面协同作战。

规范和实施过程中，速度第一。后勤保障系统进一步优化管理、简化流程，提前把控及评估风险、降低风险。

"疫情期间，针对零星的安装和改造需求，临床科室人员不需要用 ERP 报审，他们可以通过医院管理微信群留言或直接联系我们运维班组，我们就会第一时间过来。"焦修文想了想，继续说道，"对，重要的是院内公共区域清洁力度更大、频次更高，平时是清洁，现在升级为消毒清洁。疫情期间医疗废物都有单独的暂存间。"

在提升后勤效率的同时，对安全也不能有丝毫放松。针对发热门诊等感染风险高的区域，后勤保障采用三班轮值的方式，确认人员安全后返岗；针对院内其他感染风险较低的区域，在原有片区化管理的基础之上进一步细分，明确同一片区内不同工作人员负责的业务楼栋、楼层，专人专责受理临床科室报修业务；进一步优化院内人员进出流动线路的应急方案，紧急增设隔离通道。

华西医院的自媒体"华西微家"和微信工作群在宣传和培训上发挥了重要的作用。后勤职工可以通过自媒体查看工作职责、工作流程以及紧急状态下处理技能的培训等信息和反馈路径。

监督落实上，由部门、科室、班组三级监督落实系统的运维。

五、韧性的转化：面向人民生命健康

站在更长远的角度，华西医院正逐步实现韧性的长期转化，将国家的重视和投入转化为更加强大的韧性，将人民的关注和意愿转化为更加持久的韧性，朝着面向人民生命健康的方向不断前行。

（一）整体一流引领

"面向人民生命健康"已经成为国家科技发展的主攻方向。为应对重大疾病防控、灾害救治、人口老龄化等重大民生问题，华西医院将会得到多部门持续的建设投入。顺应这一时代发展趋势，华西医院预期加快推进医学整体迈入一流，进一步做大做强，应急韧性也同步增长。

在近期的建设方案中，华西医院与成都市东部新区合作建设由"三院一区"（综合性医院、国际化医学院、研究院、产业园区）组成的未来科学城，建成一批包括 P3/P4 实验室在内的国际一流医学科研平台，争创国家医学中心，形成应对突发公共卫生事件的快速科研能力。根据拓展华西医学品牌的战略，华西以"医院＋研究院"模式，打通在"海峡经济区""海南自贸区"等地的出海通道，建设华西厦门医院和华西乐城医院。

新医院的蓝图中，骨干人员的储备已由运营管理部提前统筹。院区的规划预先考虑了"战时"转化，在供水、供电、供气、运管防护方面科学规划，预留了足够的功能区域供进行ICU、隔离病房的改造。空间通道保持了更大的冗余度，便于应急改造。华西医院应急韧性建设的经验也被国家相关标准在调整过程中吸收推广。

（二）数据科技赋能

2019年开始，华西医院推动互联网医院上线，着力打造智慧医院。整个医院信息化管理中的动态应急模块，在抗疫的各个关键环节提供了及时、动态的解决方案及技术支撑。"数字化建设不是一蹴而就的，它是一个需要持续推进的过程。"华西医院主管信息技术的常务副院长黄勇这样说道。

疫情期间为减少人群聚集，在对内沟通协调中，华西医院信息管理部向各个科室推广各类远程会议工具，与科室业务相结合；在财务科室使用VPN和堡垒机远程办公；在应急状态下，OA系统紧急上线健康上报和职工复工证明的模块。医院的核心业务群，如HIS、LIS、RIS、自助机、微信服务号等加强巡检，增强网络防护等级。经过磨炼，新型信息化运营方式已经成为常态，提升了医院平时工作效率和应急管理的长期韧性。

为在疫情期间持续服务患者，华西医院在三天内开通网络在线咨询服务，让患者足不出户就能得到初步诊疗。疫情期间的三级分诊也充分依托信息技术。信息管理工作使线下问询和登记的工作信息化、移动化，患者只需要扫描二维码即可自助进行流行病学调查登记。住院患者的入院须知、注意事项等植入在线调查中，扫码操作便可完成，简化了线下入院办理流程，降低了感染风险。

"本次新冠疫情期间，我们已经建立了基于5G通信环境的远程多学科联合会诊中心，为患者提供在线诊疗、救治服务。以互联网、移动数据、手机信令等为基础建立新的大数据服务平台，帮助提供疫情防控预警信号。同时，通过对大数据进行分析与对比，我们可以预测疫情发展情况，最大限度发挥数据资料在疫情防控中的作用，从而制定全面的防控措施，实现精准防控。"黄勇的一番话解释了华西医院日常的"信息管理"如何转变为应急状态下的"科技抗疫"。

六、未来与挑战：管理韧性的持续创新

2020年9月8日，在"全国抗击新冠肺炎疫情表彰大会"上，华西医院荣获了"全国抗击新冠肺炎疫情先进集体"称号。回顾华西医院多次抗击自然灾害及突发公共卫生事件的经历，应急管理韧性的构建并非一蹴而就，而是几十年的探索和实践，伴随中国医疗改革的历程，同时凝聚了医务人员的艰辛付出。

突发公共卫生事件有很强的不确定性，在未来，华西医院的应急管理体系依然需要不断升级完善。如何在每次的危机应急管理中反馈和总结，达到更好的应急管理水平，让管理的"韧性"保持持续创新，这也是华西医院管理层一直思考的事。

如何对本次新冠疫情应急过程中的措施和效果进行合理评估？如何在正反两方面经验的总结中，对相对薄弱的环节进行整改和完善？如何在推动学科协同和资源整合上与医院的战略相结合？在未来国家医学中心的战略规划中，如何更好地智能化应急管理的预案，提高应急管理的灵活度，持续保持应急管理创新？

正是这些宝贵的经验和反思，让华西医院的应急管理逐步具有突发紧急状态时不被折服的"韧性"，持续保障人民的健康。

参考文献

[1] 文进，曾锐，徐才刚，等．华西医院抗击新型冠状病毒肺炎疫情的十大管理举措［J］．中国循证医学杂志，2020，20（3）：365-368.

[2] 汪剑，杜栩，代勇，等．新型冠状病毒疫情下医院后勤支持保障系统运维增强设计［J］．解放军医院管理杂志，2020，27（4）：312-315.

[3] 崔鑫宇，叶枫，杨翠，等．四川大学华西医院九寨沟地震紧急医疗救援经验介绍［J］．中国循证医学杂志，2017，17（12）：1461-1464.

[4] 朱培嘉，李雷，张龙浩，等．新型冠状病毒疫情在线防控的"华西项目化工作模式"探索与实践［J］．中国普外基础与临床杂志，2020，27（3）：257-260.

[5] 王怡凡，周典，姚辰欢，等．面向重大突发公共卫生事件的医院应急管理弹性能力研究［J］．中国医院管理，2021，41（6）：12-15.

[6] 程永忠．用一流运营管理支撑学科发展［J］．中国卫生，2021（8）：52-53.

[7] 郝秀兰．新思维＋新实践 构建有中国特色的现代医院运营管理新模式：华西医院石应康院长医院发展战略一席谈［J］．中国医院，2005（5）：34-36.

[8] 马秀清．华西医院专科经营助理详解［J］．中国卫生产业，2009，6（7）：68-69.

[9] 单宇，许晖，周连喜，等．数智赋能：危机情境下组织韧性如何形成？：基于林清轩转危为机的探索性案例研究［J］．管理世界，2021，37（3）：84-104，7.

东方电机：
领导力铸就"硬核"实力

◎万军 马嘉 白冰峰①

2021年5月27日，由四川省经信厅、四川省电力行业协会共同举办的"2021年中国（成都）水电创新应用成果大会"在成都召开。大会旨在贯彻落实国家创新驱动发展战略，展示水电产业最新的创新发展成果。东方电机有限公司（简称东方电机）作为水电设备参展商参加了此次大会，并郑重承诺：自主研制的全球单机容量最大的金沙江白鹤滩巨型水电机组、国内最高水头的长龙山抽水蓄能机组将在当年"七一"前并网发电，以实际行动庆祝中国共产党成立100周年。同时，东方电机将坚持绿色低碳和数字化转型发展，不断推进水电产品智慧化。仅一个月后，6月28日，白鹤滩1号机组通过72小时试运行，实现满负荷发电，各项参数指标优异，达到精品机组要求。在建党100周年之际，首台"东方造"精品机组正式移交白鹤滩电厂，以卓越的品质向党和国家交上了一份精彩答卷。

"十三五"期间，东方电机累计投入研发经费超过20亿元，获国家科技进步特等奖1项、省部级以上科技奖项39项，获得授权专利280项。2021年6月28日，金沙江白鹤滩水电站首批机组安全准点投产发电，标志着我国大型水电工程建设完成了从"中国制造"到"中国创造"的历史性跨越。习近平总书记向金沙江白鹤滩水电站首批机组投产发电致信祝贺，指出全球单机容量最大功率百万千瓦水轮发电机组，实现了我国高端装备制造的重大突破。东方电机向世界级工程技术的创新赶超不止于此，更是成功研制出国内"第一高"水头的长龙山抽水蓄能机组，在超高水头段水泵水轮机的水力研发方面达到世界最先进的水平。巴西杰瑞机组项目使东方电机水电真正大批量"由国内走向国际"，使世界认识到东方电机贯流式水轮发电机领先的技术开发和生产制造能力。

"经济社会发展""全面绿色转型"，为实现中国装备崛起的宏伟目标与神圣使命，东方电机付出了一代代人的努力，脚踏实地，久久为功。作为东方电气集团旗下的企业，东方电机的

---

① 作者简介：万军，清华大学经济管理学院、清华大学国有资产管理研究院资深编辑；马嘉，清华大学经济管理学院MBA教育中心主任；白冰峰，上海大学管理学院管理科学与工程专业博士研究生。

前身是东方电机厂，位于四川省德阳市，始建于 1958 年，是中国三大发电设备制造企业之一。经过 60 余年的艰苦奋斗，特别是 20 世纪 90 年代以来，历经深化改革、转变机制、自主创新、文化建设、走跨越式发展道路，如今已成为中国重大技术装备制造骨干企业，装备制造能力已达世界一流水平。

展望未来，在迈向"百亿东电、世界一流"的新征程上，东方电机将继续坚持以习近平新时代中国特色社会主义思想为指导，深入贯彻落实习近平总书记关于国有企业改革发展和党的建设的重要论述，坚定不移贯彻新发展理念，聚焦"碳达峰、碳中和"目标，坚持稳中求进工作总基调，以推动高质量发展为主题，统筹发展和安全，主动融入新发展格局，牢牢把握新时代大国重器的使命担当。

一、求变转型，在改革中破局

如今，东方电机研制的大型发电设备服务于国内 300 多座大中型电站及上千家工矿企业，至今在国内火电市场约占 1/3 的市场份额，在大水电市场占有逾 40% 的市场份额，在核电市场几乎占据半壁江山。然而，30 年前，东方电机却面临严峻挑战，陷于重重困境。

从宏观经济形势看，20 世纪 90 年代，东方电机正面临国企深化改革的大背景。1992 年 10 月党的十四大召开，第一次明确提出了建立社会主义市场经济体制的目标模式。1997 年 9 月，党的十五大和十五届一中全会指出，用三年左右的时间，通过改革、改组、改造和加强管理，使大多数国有大中型亏损企业摆脱困境，力争到 2000 年底，大多数国有大中型骨干企业初步建立现代企业制度。东方电机还面临国家政策和电力市场计划调整的巨大压力。1999 年 1 月，针对电力供需基本平衡的情况，国家电力公司宣布将对电力建设实行总量控制，不再追求开工规模，除已经签订的合同外，原则上今后三年不再开展常规火电项目，即"三年不开工"。这意味着东方电机三年没活干，意味着"三年碗里的饭将大为减少，甚至碗里没有饭"，而火电在东方电机的综合产量中约占 3/4 的份额。

东方电机还面临着激烈的市场竞争。20 世纪 90 年代，国外发电设备制造知名公司纷纷涌入中国市场，国内发电设备制造业已由"三足鼎立"的格局发展为"诸侯争霸"的局面。"三足"是指国内三大发电设备制造厂，即位于东北的哈电集团、位于上海的上电集团和位于西南的东方电气集团。特别是外资的进入，使"九五"期间，中国发电设备市场的半壁江山被外国机组占去，在"九五"期间发电设备有所增长的情况下，国内企业的市场份额都相对减少。

从企业内部管理体制机制看，作为国企，东方电机的计划经济色彩并未褪去。当时企业的主要弊端表现在几方面。第一，"吃大锅饭"是当时国有企业痼疾，"企业吃国家的大锅饭，职工吃企业的大锅饭"这一现象严重。第二，人浮于事，不能与效益挂钩。主要表现在"职工能进不能出，干部能上不能下"，人员一般一直干到退休，不存在下岗。第三，分配制度不公平，不能发挥激励效应。主要表现在"工资能高不能低"。这些国有企业中存在的僵化问题随着计划经济向市场经济过渡，日益尖锐起来。同时，东方电机建立现代企业制度的进程并不顺利，甚至还出现了问题，东方电机一家兄弟企业遭受了异常严重的"股票门"事件。

在上述背景原因及各种复杂因素的交织影响下，东方电机业绩逐年大幅下跌，陷入重重困局。1999 年全年实现主营业务收入 7.42 亿元，同比大幅下降 25%。2000 年比 1999 年更为困难，全年实现主营业务收入 6.63 亿元，同比大幅下降 23.9%。2001 年发电设备综合产量跌入深谷，出现巨额亏损，年终财务报表显示，主营业务收入约 3.7 亿元，较上年减少 44.19%，最终亏损 2.6 亿元，每股亏损 0.58 元。东方电机陷入前所未有的困局。

作为东方电气集团旗下的重点骨干企业，东方电机很早就认识到，在由计划经济转向市场经济的重要历史时期，企业必须进行体制机制改革，逐步建立现代企业制度，而不能仅靠政府来协调解决矛盾危机。东方电机求变转型迫在眉睫。早在 1992 年，党的十四大召开时，东方电机审议通过了《中共东方电机委员会关于贯彻中央工作会议精神、深化企业内部改革的决议》，决议指出，"当前，'大锅饭''铁饭碗''铁交椅'是国有企业普遍存在的弊端，要通过改革建立和完善企业的激励机制，转换经营机制，增强活力，提高效率，促进发展，为国家政治稳定和经济发展发挥骨干作用"。这项决议获得通过，标志着企业深化内部改革正式开始。

第一，坚决果断决策，砸烂"铁饭碗、铁交椅、铁工资"这"三铁"。针对劳动、用工和分配的三项制度，东方电机领导集体果断决策，坚决采取行动，开展企业内部改革。1993 年，铸造分厂有一位叫薛体良的普通工程师，他的一项"炉窑改造"为企业长期的大锅饭砸下了重重的一锤，这一锤可以看作是东方电机深化企业内部改革的一个大动作。当年 5 月 18 日的《东电报》的头版头条刊登了一条消息，"炉窑改造功臣薛体良获得分厂千元奖金奖励"。同时还配发一篇评论，赞扬这一举措带来的正面效应，称"这一行动给奖金分配上的大锅饭格局抡上了重重的一锤"。在当时的历史背景下，重奖对企业做出贡献者需要一种勇气，还要"敢公开、敢宣传"。这正是国有企业深化内部改革的难点所在，但东方电机在行动上迈出了这重要的一步，凸显了企业坚强的领导力。

第二，统一思想认识，加大对企业职工的宣传引导工作。东方电机实行企业内部改革必然会触动不少企业职工的短期个人利益，使得这些人"想不通"。东方电机领导集体及时发现问题，随即组织开展宣传工作。《东电报》的"东电论坛"连续刊登署名文章，对各种错误的思想进行了批评，指出当时国企改革中，"三铁"是从根本上阻碍国企发展的问题，因此"砸三铁"势在必行。当年《东电报》在三版的一个角落还刊登了行政处党支部在本处职工中开展的"破'三铁'得人心"的问卷调查结果，其中 88% 的职工认为，企业效益差的根本原因是吃大锅饭和存在"三铁"，96% 的职工认为，打破"三铁"对国家、集体、个人都有好处。当时《东电报》还开辟了"并非闲话"的栏目，时常针对改革这一热门话题，对职工对改革的思想、行为进行引导。经过深入调查交流，进一步证实了职工当时的真实心态，报纸最后得出结论："显然，不仅勤劳的人在盼望改革，懒汉们也在思考改革，看来改革的确深入人心，改革不仅能奖勤罚懒，还能改造懒人，变懒为勤，这恐怕是最具现实意义的。"在推行企业内部改革的过程中，及时统一思想认识、转变职工思想观念十分关键，有利于改革向纵深发展。

第三，强化组织领导和自身建设，组成强有力的决策集体。东方电机很早就认识到，组织领导和自身建设对于企业的改革发展至关重要。斯泽夫，1983 年加入东方电机厂，先后任技术员、厂团委副书记、书记，铸造分厂副厂长、厂长兼党总支书记，生产处党支部书记兼副处长；1993 年考入清华经管学院 MBA 班，1995 年毕业，取得清华大学工商管理硕士学位。1995 年以后，他历任东方电机厂副厂长、厂长、党委书记，东方电机股份有限公司副总经理、副董事长、总经理、董事长等职务；2003 年 2 月至 2016 年 8 月，调任中国东方电气集团有限公司党组副书记、董事、总经理。他对东方电机有着深厚的感情，对那段经历记忆犹新，他回忆进入领导班子后，1997 年他组织有管理思想的年轻人讨论改革问题，形成了细致具体的改革方案。直到他调任德阳市担任副市长一年多，于1999年6月重返东方电机后，再亲自推动实现了改革。

1999—2001年，东方电机的领导班子开始"换血"，破冰之旅正式启航。2001年2月4日，调整完毕的新领导班子成员在一起召开了议事会议，会议由东方电机厂党委书记、厂长、股份公司董事长斯泽夫主持，新班子成员朱元巢、秦泽俊、张继烈、周宏喜、李红东、韩志桥、龚丹、荆甲川、贺建华等参加会议。会议认为，要把东方电机的改革和发展搞好，关键就是要抓好班子的自身建设。斯泽夫归纳提出了加强东方电机党政领导班子自身建设的12字方针：团结开拓、勤奋高效、廉洁奉公。他强调，班子成员要"多学习，少应酬，多实干，少空谈，多奉献，少计较"。班子成员在议事会上表示，要不断提高决策能力，肩负起东方电机改革和发展的重担。经过领导班子重组和自身建设，企业领导力得以进一步增强，决策机制更加健全。

第四，稳步推进、逐一实施转换机制方案，将企业内部改革引向深入。1993年，东方电机领导集体决定以岗位技能工资作为深化工厂改革的突破口，着手实施分配制度改革。经历测评、分配制度建立完善，定岗定员考核，岗位工资兑现三个阶段，开始有条件地打破了"大锅饭、铁饭碗、铁工资"的分配格局，初步拉开了岗位差距和收入差距，逐步推进东方电机分配方式的转型。《公司法》正式颁布后，东方电机提出"进一步深化企业改革的目标是建立适应市场经济的内部经营机制"的改革方向，从单纯的表层改革深入到"体制、机制"层面的改革，革故鼎新把企业引向建立现代企业制度的轨道上来。同时，公司成立了"抓管理、转机制、增效益"领导小组，由股份公司总经理陈卫建任组长；设立"方案组"，由时任副总经理的斯泽夫任组长，公司办公室主任张继烈、董事办秘书田武任副组长，负责提出实施方案。随后，东方电机开始实行劳动合同制，这标志着职工的身份发生了从固定工到合同工、从国家职工到企业职工的重大变化，在法律意义上"终身制""铁饭碗"被打破了。1996年2月，中层干部会议召开，党委书记、公司董事长袁长河主持会议，搬走"铁交椅"的改革随即在东电打响，不作为、不在状态的干部随时可能被"搬掉椅子"。1997年，东方电机开展国企三年改革的攻坚战，实行"减员增效"。深化改革要触及"灵魂深处"，必然步履维艰，形成市场机制也非一蹴而就。1999年底，公司董事长、总经理斯泽夫于履新之际，站在保护民族工业的高度，迎接挑战，把握机遇，引领东方电机加大力度深化改革，开创企业发展的新局面。

经过深化内部改革和进行股份制改制，东方电机逐步完成了公司化改造，建立起了现代企业制度。股份制改制，以产权体制的改革进一步推动企业方方面面的制度变革，从而建立新的管理机制，激发广大干部职工的积极性，极大地解放了生产力。体制决定机制，机制决定活力，东方电机深化体制改革取得了斐然的成绩。成绩的取得在很大程度上受益于东方电机有一个坚强的领导集体，这个领导集体展现出"自我再造"的领导力，以此为基础，坚定不移、有条不紊地推进企业改革，并最终引领企业取得了跨越式发展。

二、坚持自主创新，铸就民族企业

随着中国建设步伐的不断加快，缺电成为长期困扰国家发展的瓶颈，巨大的电力需求缺口，加上加入WTO后国外发电设备业的巨头纷纷抢滩中国市场，竞争格局悄然发生变化。同时，"九五"期间及之后，西部大开发特别是西电东送等项目的启动，给电力市场带来了变化。

内外环境条件的变化，对东方电机来说意味着挑战与机遇并存，而对东方电机的领导们来说，仿佛暗示着大考在即。东方电机领导层迅速研判形势：通过初步的体制机制改革，企业的竞争力得以逐渐提升，在市场激烈的竞争中已较好地适应了市场。2001年在产值产量跌入深谷的同时，企业获得了10亿元订单，比起1999年的3亿元订单和2000年的5.5亿元订单增加了近一倍，这是有利的一面。

然而，东方电机的技术发展态势却仍令人担忧。副总经理、总工程师樊世英认为，"即便拿座金山来激励也没有用，因为我们与西方在技术上存在巨大差距"，董事长斯泽夫听了这番话深受触动，认为要想改变这一不利局面"非一日之功"，也坚定了企业走自主创新之路的决心。而且在当时的国际环境下，必定要建设自己的装备工业，要有自己的"国之利器"，完全依赖进口就会在装备工业上丧失主动权，在民族企业的发展方向上，东方电机应树立起更远大的志向。之后，东方电机的领导层面对复杂的市场环境，立足自主创新，采取有力举措，逐渐在激烈竞争中立于不败之地，并获得长足发展。

在技术市场层面，要实施"赶超工程"，打造核心竞争力。随着发电设备市场开始回暖，东方电机决定启动科技创新工程，推动科技革命。正如2000年初在东方电机组织召开的"西部大开发讨论会"上院士们所说的，科学技术创新对企业来说至关重要，东方电机要尽可能建立科技创新体系。

2001年3月26日，东方电机新千年以来首届科技创新大会召开，企业正式启动了未来5至10年的"赶超工程"。"赶超工程"实施的总体目标是通过5至10年的不懈奋斗，构建主导产品具有一流竞争能力，拥有发电设备研制所需要的关键核心技术，取得行业领先优势。实施"赶超工程"就是为了构建东方电机的核心竞争力，东方电机要在与国内外诸强的竞争中，用科技核心竞争力争夺发电设备市场的"话语权"，争夺中国民族工业的地位。"赶超工程"蓝图的构想者是时任东方电机董事长斯泽夫和总经理朱元巢，具体的组织实施者是总工程师贺建华，他曾主持完成了三峡电站巨型水电机组、大型抽水蓄能、大型贯流式机组的开发工作，消化、吸引和转化了100万千瓦级超超临界汽轮发电机等高端产品的核心技术等。

随后，东方电机科技发展及产品开发十年"赶超"计划开始正式启动。"赶超"计划的基本原则是实现从研发到产品的技术基础及能力的科技创新，打造具有东方电机优势的产品，提高市场竞争能力。其重点放在当前和今后一段时期内有较大市场需求的混流式、贯流式机组，有广阔发展前景的抽水蓄能式机组，适应超临界运行的大型汽轮发电机、大中型空冷汽轮发电机。"赶超"计划的指导思想是以转轮开发为龙头，以研制开发大型灯泡贯流式机组、大型抽水蓄能机组、大型空冷汽轮发电机为目的，全面进行水力开发、结构研究、电磁研究、绝缘研究、工艺攻关等科研攻关；以重点、关键工艺为突破口，以规范基础工艺为主要内容，推动工艺上水平、上速度、出成果。

2005年5月，东方电机股份有限公司总经理韩志桥在接受媒体采访时总结评述认为，东方电机在2001年制定的"十年规划"，"以市场带技术、以技术促市场"，不断完善产品结构、不断提高企业核心竞争力。通过和世界知名企业合作，东方电机的技术创新能力、自主知识产权不断增加，自主创新能力不断提高。同时，东方电机认真贯彻科学发展观来实现企业的可持续发展。低耗能、高技术的自主创新成为东方电机的发展方向，这不仅与国家的整体产业政策相适应，还是企业可持续发展的必然选择。

在战略发展层面，走自主开发之路。东方电机时刻都能感受到来自世界强手的竞争压力，项目投标常会遇到 GE、西门子、阿尔斯通、东芝等世界一流企业。来自外部的竞争对企业凝聚力和竞争力是极大的考验。斯泽夫回忆，1996 年，东方电机开始讨论是否与西门子合资的问题，领导班子中有人赞成，有人反对。于是，斯泽夫向总工程师、负责项目的技术人员赵昌宗等提出如下三个问题：合资能带来什么？合资能否给东方电机带来技术？如果合资，东方电机的技术能否超过合资厂的技术？结果答案均为否定，因此，斯泽夫认为没有必要合资。从清华大学 MBA 班毕业前，傅家骥老师的博士生邓小刚在论文答辩时，看到傅老师有一个数学模型，阐明合资厂技术能否超过某个亩产量的问题，与此类似，结论也为否定，所以后来他也从经济学的角度出发思考，从市场效益来说，合资似乎可以很快带来市场变化，但从长远发展来说，过度依赖国外技术，很难最终做大做强中国自己的民族企业。斯泽夫反对合资，他相信中国企业一定能够发展起来。临毕业那天晚上，他还专门找过徐国华导师，也深入探讨了合资问题，得到了同样的答案。斯泽夫学成返回东方电机，结合企业发展情况，指出了合资并不合适。当时的决策者陈卫建、袁长河不再同意合资。后来，东方电机走出了自主创新的"一条土路"。

2001 年 6 月 7 日，三峡工程重大装备工作会议在北京召开。会后，6 月 12 日，东方电机董事长斯泽夫随同时任国务院副总理吴邦国出访欧洲。谈到中国重大装备业以及东方电机在其中的地位等情况时，吴邦国副总理问及东方电机能否独立制造三峡的装备。斯泽夫说："当然可以。通过三峡左岸机组的合作生产，东方电机以及哈电的制造能力和工艺水平已经有了很大进步，在某些方面不比外国差。当然，我们也有很多问题，主要在研发和管理水平上与国际领先者有差距，现在有向好的迹象。东方电机已经利用三峡项目引进的 CFD（计算流体动力学）技术，开发出了福堂坝、盐锅峡等电站的高水平的水轮机转轮，效率已经达到世界先进水平。"

此前两年，国务院三峡办曾提出，要在三峡电站右岸开发出性能优于左岸的巨型转轮，因此解决三峡电站转轮的"压力脉动"问题至关重要，也是右岸电站发电机组核心技术争夺的焦点。转轮是水轮发电机的心脏，其性能的优劣将直接影响到水轮机的效率，三峡电站水轮发电机组的关键技术——巨型转轮就成为东方电机在技术上的突破口。东方电机在消化吸收国外公司流体计算机软件的基础上进行了二次开发和创新，创建了自己的集水轮机转轮设计、流态分析和性能预测于一体的水力开发软件系统，对三峡电站右岸转轮进行水力优化设计，并开发出包括三峡电站右岸机组在内的十余个高水力性能的转轮。

三峡右岸电站发电机组是一个技术和质量要求极高、难度极大的挑战，东方电机为实现"中国装备装备中国"的宏愿，在此前就组织了自己的优秀专家团队进行研究，经多次模拟转轮试验，证实了东方电机的专家团队新开发的 D298A 转轮具有优良的综合性能，尤其是具有良好的水力稳定性。转轮开发的成功是东方电机科研创新的集中表现，意义重大。最具代表性的是时任东方电机水力发电总设计师石清华为三峡右岸电站设计的世界上第一个无特殊区域压力脉动混流式水轮机转轮，完全消除了三峡左岸水轮机存在的压力脉动问题，证明了中国人有能力制造七十万千瓦以上的水轮机，真正开始跟外国人在技术创新方面同台竞技。东方电机无特殊区域压力脉动混流式水轮机转轮的成功研制，推动了三峡右岸电站工程的如期开工，为三峡右岸机组的国产化奠定了坚实基础，受到国家主管部门的高度评价，也使东方电机在举世瞩目的三峡右岸电站的投标竞争中赢得了决定性胜利。

用中国装备装备中国，成为东方电机的历史使命，深深地融进了东方电机人的血液，正如当年参加三峡工程重大装备工作会议的原国家计委领导们所说，中国不发展装备工业就不能成为一个强国，政府有责任为国内装备工业提供好的环境，重点支持需求面广的、有效的装备工业。三峡工程左岸工程以后的其他水电工程，包括三峡右岸工程以及龙潭、小湾、溪洛渡、拉西瓦等水电工程都要以国产化装备为主，这也是国家对机电设备制造业的要求，三峡重大装备的国产化应成为我国其他装备国产化的指路标。东方电机自主创新的研发模式，从"中国制造"走向"中国创造"，从正面反击了"中国制造"始终处于价值链的低端等疑问，产生的"溢出效应"显而易见。

"十三五"期间，东方电机乘风破浪，实现从"脱困振兴"到"中国最好"的巨大跨越，尤以金沙江白鹤滩水电机组、巴西杰瑞机组、抽水蓄能机组为代表的自主技术创新占据世界领先地位。东方电机研制的白鹤滩百万千瓦巨型水电机组，单机容量达到世界第一，形成包括机组总体设计、磁极绕组空内冷技术、低损耗轴承技术等一系列自主核心技术，引领世界水电装备研制迈向"无人区"。巴西杰瑞水电站是同期世界上机组台数最多、单机容量最大、转轮直径最大的灯泡贯流式电站。2017 年，东方电机设计制造的巴西杰瑞水电站左岸 22 台机组全部投产发电，标志着中国大型水电成套装备首次大批量跻身南美市场，真正开启了国际市场的大门。抽水蓄能机组被誉为水电设备领域"皇冠上的明珠"，其研发和制造是水力发电行业最难啃的"硬骨头"。2021 年 9 月，中国第一高水头抽蓄机组——长龙山抽水蓄能电站 4 号机组转子成功吊装，标志着东方电机在超高水头段水泵水轮机的水力研发方面已达到世界最先进的水平。

在东方电机成功迈向自主创新的道路上，企业领导层再次发挥出统领全局的主导作用，展现出卓越的领导力。无论是对宏观形势的分析判断，还是对发展道路的认识反思，大到对重大装备组织专家论证，小到对具体工艺进行反复试验，都显示出优秀领导者所具有的审时度势的眼光、谦逊严谨的作风以及缜密思考、精准把握的能力。

三、发扬"三峡精神"，把握战略机遇

1997 年 12 月 25 日，东方电机开始与三峡工程紧密相连，三峡电站发电机组的研制是中华民族跨世纪的工程，是东方电机人无比高尚的事业，也是眼前千载难逢的大好机遇，东方电机将以此为契机，登上新的发展台阶。起初，三峡电站左岸电厂装机 14 台机组以国外公司承接制造为主，国内公司分包 25% 以上的关键部件后，两台机组由国内制造商制造。面对中国与国外在转轮水力开发上的能力差距，东方电机人肩负民族工业崛起的神圣使命，发扬顽强拼搏的奋斗精神，最终依靠自身实力，参与三峡右岸机组的公开市场竞标，牢牢抓住了这一重大历史机遇。东方电机有一位叫贺元的亲历者、参与者，2004 年出版了《无悔的追求——东电三峡世纪行》一书，浓墨重彩地讴歌了那一时期东方电机人在三峡工程中展现出的奋斗精神、献身品质。

第一，设计独创，勇闯难关。在三峡工程的巨大成就中，机组的成功以转轮的设计开发为主要标志，以石清华为首的技术团队在转轮开发的征途上艰难前行。转轮是水轮发电机组的"心脏"，其性能的优劣直接影响到水轮机的性能和效率。三峡左岸机组率先开建以后，专家检测到每当机组进入转轮高部分负荷的运行区域时，整个水轮机都在振动，从而对机组造成潜在危害。高部分负荷的特殊振动问题，国外专家认为是机组固有的，并没有解决方案，这一度让三峡运营方不敢在这个区间正常运行机组。设计三峡右岸机组时，招标方要求技术人员设法消

除这个振动，艰巨任务落到石清华团队身上。

石清华坚信水轮机的振动并非源自外部条件，而是来源于转轮本身。项目难题攻关过程中，石清华甘坐冷板凳，心无旁骛地开展科研工作，复杂公式和数据的计算分析丝毫没有消磨团队追求卓越的激情。经过半年多的日夜努力，石清华在消化吸收三峡左岸水轮机水力设计技术的基础上，创新三峡右岸水轮机水力设计的方法，通过转轮叶片型线和转轮形式的创新，独创"小上冠出口混流式水轮机转轮"，由此孵化出的三峡右岸水轮机转轮成为世界上首个无"特殊压力脉动"的混流式转轮，相关指标已明显优于三峡左岸转轮。三峡电站水轮机转轮技术的科研攻关和发电机的不断优化，为获得三峡电站右岸机组的订单取得了话语权。三峡右岸电站12台套水电机组，东方电机一举获得4台套，与国内外知名公司平分秋色。石清华的转轮设计大大提高了三峡右岸水轮机的水力稳定性和运行可靠性，标志着中国水电设计开发技术达到国际先进水平，告别了没有中国人自行设计的巨型水电机组的历史。

第二，排除万难，征服座环。2001年4月30日，三峡电站机组国产首件重要部件——座环出厂发运。三峡电站机组座环尺寸和重量为世界之最，座环所有焊缝需磁粉和超声波探伤，相关尺寸精度要求高，制造难度巨大。负责座环工艺、设计的科技人员许健、马勇、王维平、李代强、曹大伟等人是改革开放后成长起来的青年技术人员，十多年的磨砺使他们的技术日趋成熟。研究开发出先进的制造技术后，他们经常深入各分厂做好详细的技术交底和服务，使先进技术贯彻座环生产的始终，确保了座环的制造质量。为加工出固定导叶上的深孔，工艺部高级工程师王维平采用带冷却器的扁钻，与重金工分厂秦冠军技师一起，经过反复试验改进，终于攻克了深孔加工难题，不仅费用大幅降低，而且质量也完全满足图纸要求。

一台座环共有焊缝160多米，探伤高级工程师刘文高、邓伟勇和高级技师王志华等人认真对过渡板与上下环板的焊缝进行探伤，他们克服了高空作业带来的不便，不怕苦，不怕累，在高高的座环上爬上爬下，不放过任何一个细节，顺利完成了座环的探伤工作，从而保证了过渡板组装焊接的质量。为了缩短加工进度，水轮机分厂派工长张勇带领一批铲磨工，积极与焊接分厂配合，修磨焊缝，铲磨工们上下一心，克服了铲磨中不能碰伤座环本体等重重困难，加班加点，全身心地投入三峡座环的铲磨焊缝和根部的工作中，一干就是3个月。重金工分厂领导精心组织工人师傅，二班连三班，提前铣完座环坡口，赢得宝贵时间。重金工年轻的划线工熊伟，协助质检部在加工完的座环上划线测尺寸，把座环尺寸的最终检查当成了自己的分内工作。负责涂漆的青年工程师张艾带领工人们对座环"精心打扮"，经过他们的巧手装饰，庞大的座环变成了精美的大型工艺品……2001年6月5日下午，举世瞩目的三峡工程发电机组国产首台座环安装完毕。

第三，众志成城，服务电站（即"机组安装"）。毕业于西安理工大学的杜宇，未到而立之年，有幸作为东方电机参与三峡电站机组技术服务的第一人，于2000年3月来到了工地。一到工地，杜宇就投身繁重的工作中，并很快适应了艰苦的生活。在首台座环施焊时，杜宇一连八个晚上主动承担了夜间的技术指导，在20多米深的潮湿基坑里，指导焊工检测预热温度和焊接电流大小、控制座环变形，一步步做起来有条不紊，终于圆满完成了座环的焊接任务。杜宇还善于博采众长，外方安装说明书中的质量控制报表指导性强，经他及时建议，公司其他机组的安装也采用这一表格，收效甚佳。三峡这方神圣的热土倾注着杜宇的满腔热情，也同样凝聚了冷瑞、李锦志、王笑君等一群热血男儿以及东方电机三峡建设工地服务总代表刘根常的奉献。

第四，淬火成钢，转轮攻坚战。东方电机承制三峡电站机组转轮有四大难关：叶片加工、转轮焊接、转轮加工和转轮发运。三峡电站机组转轮叶片数控加工的攻坚战终于打响，王贞凯、吴勤、谢贤斌这批年轻数控工程师开发了一种在三维造型中延拓、剪裁和求交的曲面计算方法和用可调球形支撑座支承叶片的高速装夹找正方法，他们心无旁骛地终日伏案操作电脑，解读调试电脑程序，处理浩繁数据和复杂图形，全身心地投入研究工作中。2001年4月5日，东方电机在国内率先加工出了第一块三峡电站机组转轮叶片，精度和效率都超过了国外公司。转轮制造的第一道难关宣告攻克。

转轮制造难在组焊。焊工们不顾高温酷暑，把转轮攻坚战推向新高潮，十多根钻满孔的蛇形管中喷出的熊熊烈焰将转轮加热到140摄氏度以上，2米多高的下环将13片叶片团团围住，里面超过50摄氏度，宛如一个"炼丹炉"。年轻的焊接攻关队员们身穿厚厚的工作服，头戴工作帽，脖系大毛巾，指挥人员一声令下，他们毫不犹豫地钻进炽热的转轮里。

转轮焊接和加工过程中需要翻身，这是一项需要胆大心细、具有高超技艺的高难度系数的技术工作。经验丰富的陈信刚技师指挥着吊车工林强将转轮缓缓上升，平移480吨转轮和吊具顺利地完成了180度翻身，平稳地停立在固若磐石的支座上，丝毫不差。

三峡电站的巨型转轮发运出川并非易事，同样经历了重重艰难。转轮途经264公里，在大件公路运输5天。又经过1 147公里、历时5天的水运航程才安全顺利运抵三峡重件码头。8月20日，在三峡重件码头举行了东方电机首台转轮交接仪式，东方电机副总经理荆甲川和三峡总公司副总经理杨清出席交接仪式。

三峡电站右岸机组项目成功拓宽了水电市场，也奠定了东方电机在水电装备制造行业无可争议的领先地位。小湾、龙滩和水布垭等水电站水电机组相继招标，掀起新一轮的水电建设高潮。西电东送、西部大开发，东方电机把握历史性机遇，为腾飞创造了良好条件。首台国产化三峡电站机组转轮的成功研制，深受世人瞩目，使东方电机跃上时代的潮头，跻身世界一流企业。三峡工程的宏伟和壮观也感动了很多人，其中主要包含着建设者的奋斗精神，可以概括为"三峡精神"。东方电机全体人员以献身中国装备事业的强烈责任感，用自己的青春和风采，谱写了三峡工程的凯歌，铸就了三峡工程的奇迹。

四、注重文化建设，擘画理想蓝图

（一）构建企业文化

东方电机的企业文化建设起步很早，20世纪80年代中期提出的"求实图强"，赋予了当时东方电机人追求成功的精神力量。进入21世纪，东方电机开始塑造真正具有市场经济特征、具有战略性质的企业文化。

斯泽夫成为企业文化建设的最早"推手"，时任董事长的朱元巢又进一步推动"理念体系"的构建，使企业文化上升到企业战略的高度。在他的统筹下，2003年6月，东方电机的企业文化"理念体系"经过企业高层领导的最后讨论确定了下来。在公司干部大会上，朱元巢对东方电机的企业文化十条理想逐一进行公开宣讲，透彻阐释了东方电机企业文化的内涵和意义："与时俱进、追求卓越——超越传统、超越现在、超越自我；东方电机与时代同行——博弈世界一流，领先行业发展，与用户共辉煌；求实图强——真诚做人、踏实做事、开拓创新、奋进不止；我们始终追求——用户至上、股东至上、员工至上、效益至上；规范、明确、高效；始于用户所需，终于用户满意；一次就把工作做好；学习是我们不断进取的动力；立业东方电机，实现人生理想，为每一个人搭建宽广的舞台；做优秀员工、出名牌产品，造一台机床、树一座丰碑。"

东方电机形成自身独有的企业文化理念体系，意义重大。正如朱元巢在企业文化宣言中所言："东方电机应当立志，在制造产品的同时，产出文化，在提供产品时，展示文化，让文化伴随着产品成长，让产品伴随着文化提升，让企业在产品和文化两翼的鼓动下，持续、快速、健康向前。"东电企业文化的核心理念立足于"与时俱进、追求卓越"，涵盖"超越传统、超越现在、超越自我"的自我修炼精要，要求每位员工在吸纳历史经验和博采众家之长的同时，坚持持续创新，把创新作为企业不断进步的灵魂。

时任总经理的韩志桥认为："没有先进的企业文化，就不可能有强大的凝聚力和向心力，企业的综合竞争实力就会大打折扣。因此，从这种意义上说企业文化建设水平是企业综合竞争实力的最好体现，文化力就是竞争力。企业文化理念越是广泛地被职工所接受，企业的综合竞争实力就会越强。"东方电机的文化理念由公司高层领导提出并倡导，经过广大员工的充分讨论，最终形成"内外兼修"的企业文化，印刻在企业文化卡和手册上，并确保发到每一位员工手中。通过企业自办媒体的强势宣传，东方电机全面开展"一个导入、两个渗透、三个支撑"的企业文化宣传教育活动，力争把企业文化提升为企业竞争的实质软实力，实现文化转型，找到开启 21 世纪大门的钥匙。

（二）推行人才战略

东方电机的企业文化建设倡导以人为本，不仅体现在服装、形象标识、厂容厂貌等表层硬件上，公司还非常注重价值理念的软件建设。通过推行人才战略，坚持把更多精力集中在人的培养上，东方电机培育和塑造出一批又一批团结奋进、积极向上、忠诚敬业的职工。在深入技术、管理方面的人事制度改革中，东方电机首先开展的举措是稳定人才，对比哈电位于哈尔滨这样的省会城市的区位优势，东方电机所处的中小城市的人才吸引力明显不足，为改善这一状况，公司早期推出"两个 100 万"政策稳定人才，即引进的人才并非单纯"吃大锅饭"，而是每个月施行 1 000、800 和 600 元的差额人才补贴。此外，为充分调动人才的创新积极性，东方电机针对员工产出的优质成果和技术，会再额外发放奖励。

斯泽夫意识到，东方电机如要追求更大的发展，必须持续引进大批优秀人才。从 2006 年开始，他每年亲率人力资源部门到清华大学去招揽人才，其他副总也到西安交大、上海交大、华中科技大学、浙江大学和哈尔滨工业大学等顶尖名校吸引人才，加强人才引进。据不完全统计，在东方电机实施十年"赶超"计划的过程中，相关人才政策的配置、规划和落地对于赶超目标的实现具有战略意义。斯泽夫回忆起，当时召开总经理办公会议，谈到技术创新的问题指出，东方电机员工画图基本上依靠图板，描图员、描图工手动作业，对比国外清一色 CFD 仿真软件的自动化制图，可以说在技术上相差了一个时代。对此，东方电机加大力度奖励科技人员的技术创新，对于一般的用工模式加快分配制度、人才政策的改革，制定新的公司目标把人才力量汇聚到一起，始终把人才战略跟企业创新战略紧密结合起来。

在三峡工程中,东方电机的人才战略体现出关键作用。三峡建设的主案交付都是采用外国人的设计工艺,中国公司完成后续的制造工作。然而,2001年三峡机组整个压力脉动出现故障,机组震动、绝缘、烧热也出现问题。当时三峡的左岸已经发电,是否需要立即停建,工程决策陷入争议,时任水利部部长的钱正英老专家认为情势危急,提议右岸停止。斯泽夫回忆说,正是东方电机技术人才石清华团队的转轮研发使恶劣情形在2002年春节期间发生扭转,无特殊区域压力脉动混流式水轮机转轮的成功设计带给三峡集团极大鼓励,设备在中国水利科学院的见证下在瑞士洛桑的中立水泥实验台顺利通过测试,为三峡大坝装上了"中国心",并带给欧美竞争对手很大震动。2005年全国科技创新大会上,时任国务院总理温家宝在讲话时高度赞扬了石清华在三峡机组的技术创新成果。

在"选用育留"的人才发展核心环节上,无论外部经营环境遭遇怎样的挑战,创业至今公司始终紧扣干部的选贤任能机制,采用以劳动效率提升为导向的用工机制、以绩效为导向的市场化分配激励机制,来支持公司整体的运作,建立开放、灵活、创新、高效的人力资源工作机制。东方电机以制度改革为抓手,按照"职工职业发展通道畅通有序,薪酬水平与市场接轨,收入分配凭能力贡献"的总体思路,深入推进人才机制改革。基于此,东方电机相继实施了多种人才工程战略,积极推进"卓越领导者培养工程、科技领军人才培养工程、复合型管理人才培养工程、优秀党务人才培养工程、高技能人才培养工程",打造出一支规模适当、结构合理、适应公司改革和转型发展要求的人才队伍。

(三)实施组织变革

在东方电机的企业文化中,组织变革起到破旧立新的作用,促成各机构部门在企业机制运转中的相辅相成。董事长刘辉指出:"组织变革中管理者的任务就是采取措施改变新旧两种力量的对比,只有将企业文化作为东方电机持续健康发展的精神支撑和力量源泉,才能顺利促进和有效驱动变革。"比如,2014年版本的东方电机企业文化体系中"共同奋斗,共享成功"的核心价值观,作为一种团体主义文化,倡导职工在推动企业发展的过程中实现企业与个人共同成长、共同进步,极大培养了员工对企业的归属感。东方电机深化组织变革的进程中,企业文化成为绝大多数职工支持改革、参与改革的重要因素。

从企业生命周期的视角来看,东方电机组织变革的全过程与企业自身发展、社会经济文化的发展相适应,每个发展阶段都有与东方电机内外部形势相匹配的文化氛围和精神传承。创业发展时期(1958—1977年),东方电机孕育了"自力更生、艰苦奋斗"的宝贵精神,推动创业阶段的组织形成;成长发展时期(1978—2000年),"求实图强"为东方电机的持续稳定发展提供了精神动力,促成改革环境下领导班子的加强与组织机构的重构;快速发展时期(2001—2015年),则形成了"与时俱进、追求卓越"的文化理念,进一步丰富东方电机精神内涵的同时,强化了企业人员成长与组织日益健全的和谐统一;转型发展时期(2016年至今),更形成了"求实创新、求变探索、担当进取"等企业精神,促使组织孕育更强大的内生动力。

展望未来,数字革命正在驱动企业运营模式、管理构架和管理方式发生巨大变革,随之带来组织架构重组、技术演进、要素配置、人才开发等方面的颠覆性的变化。这就向东方电机的企业经营和组织管理提出了全新的挑战。全体东方电机人将继续坚持"与时俱进、追求卓越"的价值观,坚定信心,锐意改革,进一步完善组织文化体系,努力实现新的跨越式发展。

五、尾声

回首东方电机近 30 年的发展史，20 世纪 90 年代国企深化改革的大潮涌起，东方电机面对错综复杂的内外部环境，乘风破浪、砥砺前行。正是一代代企业领导者发挥坚强的领导力，在变局中求变，在改革中破局，志存铸就民族企业的梦想，坚持走自主创新之路，为企业的大发展夯实了坚实的组织基础。

以时任董事长、总经理斯泽夫为代表的东方电机领导在变局和动荡中持续推动企业发展，集中体现为东方电机独有的变革型领导力。既有"变"，又有"不变"，变的是与时俱进的多谋善断，不变的是追求卓越的企业情怀与文化信念。"多谋"，比如，1996 年东方电机面临是否与西门子合资的决策争议问题，斯泽夫坚定认为中国必定要建设自己的装备工业，坚持通过自主技术创新来拥有"国之利器"，完全依赖进口就会在装备工业上丧失主动权。这也使得在民族企业发展方向的谋划上，东方电机较早树立起更远大的志向，面对复杂的市场环境，逐渐在激烈竞争中获得长足发展。"善断"，则如东方电机抓住三峡工程的契机，实施"赶超工程"，自主研发发电设备所需的关键技术以取得行业领先优势。三峡工程项目的技术突破，在很大程度上激励了东方电机从"追赶先进"到"领跑先进"，走自主创新之路。因此可以说，无论是"多谋"还是"善断"，在不断求索的"变"中，东方电机领航人永远胸怀"中国装备装备中国"的不变情怀与坚定信念。

回顾东方电机的成长壮大之路，本质上也是变革型领导力驱动组织建设的过程。在这一过程中，东方电机领导集体的组织领导作用主要表现在以下三个方面。其一，不断加强组织的凝聚力。面对国企改革的浪潮，东方电机领导班子在深化企业改革过程中逐步统一全体人员的思想认识，在此基础上制定"理念体系"，构建企业文化，明确目标战略，使企业上下齐心，走自主创新的国产化道路，促使组织在持续变革、转型和发展中发挥主导作用。其二，积极构建组织的协同力。通过在三峡工程等重大项目中的部门协调运作，东方电机在实践中形成了强有力的组织系统，实现了全员高效协同，不但铸就了三峡工程的奇迹，更树立了民族企业的坚定信心。其三，充分调动人才的创造力。东方电机通过人才强企战略，大力鼓励人才创新。从斯泽夫到刘辉，作为东方电机的领航人，他们始终坚持"人才是第一资源""人才优先发展"的工作理念，坚持人才队伍建设与企业改革发展同谋划、同部署、同推进，通过人才工作积极引领和有效支撑业务战略的发展，最大程度上激发全体东方电机人的提质增效。

任何企业的成功各有其因，东方电机之所以取得如今的斐然成就，很大程度上在于企业铸就了坚强的领导力，构建了符合企业发展道路的高效的组织架构与独特完善的文化体系。东方电机领航人将传承优秀，追求卓越，继续秉承"中国装备装备中国"的使命担当，稳步引领企业驶向光明的未来。

参考文献

[1] 东方电机党委宣传部. 国器铸就：东方电机建设最具国际竞争力发电设备制造企业纪实 [M]. 成都：四川大学出版社，2012.

[2] 东方电气集团东方电机有限公司. 东方电机亮相 2021 年中国（成都）水电创新应用成果大会 [N]. 东电新闻，2021（7）.